LAS SETENTA GRANDES BATALLAS DE TODOS LOS TIEMPOS

LAS SETENTA GRANDES BATALLAS DE TODOS LOS TIEMPOS

JEREMY BLACK

BLUME

Contenido

Colaboradores 8
Mapamundi 10
Introducción 12

Título original:
The Seventy Great Battles of All Times

Traducción:
Remedios Diéguez Diéguez

Revisión científica de la edición en lengua española:
Teresa Florit Selma
Licenciada en Geografía e Historia
Facultad de Geografía e Historia
Universidad de Barcelona

Coordinación de la edición en lengua española:
Cristina Rodríguez Fischer

Primera edición en lengua española 2006

© 2006 Art Blume, S.L.
Av. Mare de Déu de Lorda, 20
08034 Barcelona
Tel. 93 205 40 00 Fax 93 205 14 41
E-mail: info@blume.net
© 2005 Thames & Hudson Ltd., Londres

I.S.B.N.: 84-9801-095-0

Impreso en China

Todos los derechos reservados. Queda prohibida la reproducción total o parcial de esta obra, sea por medios mecánicos o electrónicos, sin la debida autorización del editor.

CONSULTE EL CATÁLOGO DE PUBLICACIONES *ON-LINE*
INTERNET: HTTP://WWW.BLUME.NET

Portadilla *Soldados del ejército rojo durante la operación Bagration, la ofensiva soviética llevada a cabo en el verano de 1944.*

Portada *Batalla de Waterloo, 18 de junio de 1815.*

Los soldados hoplitas dieron la victoria a Grecia en Maratón, 490 a. C.

El mundo antiguo

Introducción 16
1 Maratón (490 a. C.) 19
2 Salamina (480 a. C.) 23
3 Gaugamela (331 a. C.) 27
4 Cannas (216 a. C.) 32
5 Gaixian (203 a. C.) 36
6 Actium (31 a. C.) 38
7 Bosques de Teutoburgo (9) 42
8 Adrianópolis (378) 44

CONTENIDO

El mundo medieval

	Introducción	46
9	Poitiers (732)	49
10	Lechfeld (955)	51
11	Hastings (1066)	54
12	Manzikert (1071)	58
13	Hattin (1187)	61
14	Liegnitz (actual Legnica, 1241)	65
15	Bahía de Hakata (1281)	69
16	Bannockburn (1314)	71
17	Crécy (1346)	74
18	Ankara (1402)	78
19	Agincourt (1415)	81
20	Caída de Constantinopla (1453)	85
21	Bosworth (1485)	89

Ejército mogol en la primera batalla de Panipat, 1526.

En Crécy, 1346, los arqueros ingleses acabaron con los franceses.

El siglo XVI

	Introducción	92
22	Flodden (1513)	95
23	Tenochtitlán (1521)	98
24	Pavía (1525)	103
25	Panipat (1526)	107
26	Mohács (1526)	110
27	Lepanto (1571)	113
28	La Armada invencible (1588)	118

CONTENIDO

El siglo XVII

    Introducción   122
29 Sekigahara (1600)   125
30 Breitenfeld (1631)   129
31 Nördlingen (1634)   133
32 Shanhaiguan (1644)   136
33 Naseby (1645)   138
34 Viena (1683)   142

El príncipe Eugenio derrota a los turcos en la batalla de Belgrado, 1717.

El siglo XVIII

    Introducción   146
35 Blenheim (1704)   149
36 Poltava (1709)   153
37 Belgrado (1717)   156
38 Rossbach (1757)   159
39 Plassey (1757)   163
40 Quebec (1759)   165
41 Saratoga (1777)   169
42 Yorktown (1781)   173
43 Jemappes (1792)   177

Liberación del asedio de Viena, 1683.

CONTENIDO

El siglo XIX

	Introducción	180
44	Trafalgar (1805)	183
45	Leipzig (1813)	188
46	Waterloo (1815)	193
47	Ayacucho (1824)	198
48	Ciudad de México (1847)	200
49	Inkerman (1854)	203
50	Antietam (1862)	206
51	Gettysburg (1863)	210
52	Sadowa (1866)	215
53	Omdurman (1898)	218

Un tanque Sherman norteamericano entrando en Saint-Lô, en la batalla por Normandía, 1944.

La época contemporánea

	Introducción	222
54	Tsushima (1905)	225
55	Tannenberg (1914)	229
56	Jutlandia (1916)	232
57	Verdún (1916)	236
58	El frente occidental (1918)	240
59	Batalla de Inglaterra (1940)	245
60	Batalla de Moscú (1941)	250
61	Stalingrado (1942)	255
62	Midway (1942)	260
63	Batalla del Atlántico (1940-1943)	264
64	Batalla de Normandía (1944)	268
65	Operación Bagration (1944)	273
66	Ataque aéreo norteamericano sobre Japón (1945)	276
67	Huai-Hai (1948-1949)	279
68	Dien Bien Phu (1953-1954)	282
69	La ofensiva del Têt (1968)	284
70	La guerra de Iraq (2003)	287
	Lecturas adicionales	291
	Fuentes de las ilustraciones	297
	Fuentes de las citas	298
	Índice	298

Batalla de Trafalgar, 1805.

Colaboradores

Jeremy Black es profesor de historia en la universidad de Exeter. Nació en Londres y estudió en Cambridge y Oxford. Más tarde ejerció la docencia en la universidad de Durham. En 2000 recibió la medalla que le acredita como miembro del Imperio británico por sus servicios en el diseño de sellos. El profesor Black colabora con frecuencia en programas de televisión y radio, y ha dictado conferencias en Estados Unidos, Canadá, Australia, Nueva Zelanda, Japón, Dinamarca, Alemania, Italia, España y Francia. Entre sus obras figuran: *War: Past, Present and Future* (2000), *World War Two* (2003) y *Rethinking Military History* (2004). **33, 35, 39, 40, 41, 42**

Gábor Ágoston es profesor asociado en el Departamento de Historia de la universidad de Georgetown (Washington D. C.), donde imparte cursos sobre el Imperio otomano y Oriente Medio. Sus investigaciones se centran en la historia otomana, en las guerras islámicas y europeas de la Edad Moderna y en el estudio comparativo de los imperios otomano, Habsburgo y ruso. Su publicación más reciente es *Guns for the Sultan: Military Power and the Weapons Industry in the Ottoman Empire* (2005). **18, 20, 26, 27, 34, 37**

Charles R. Bowlus es profesor emérito de historia en la universidad de Arkansas, en Little Rock. Ha publicado más de cuarenta artículos en inglés y alemán sobre historia medieval de Centroeuropa. Su obra más importante es *Franks, Moravians and Magyars. The Struggle for the Middle Danube* (1995). Su estudio más reciente se titula *August 955. The Battle of Lechfeld and the End of the Age of Migrations in the West* (en prensa en 2005). **10**

John Buckley es profesor adjunto de estudios sobre la guerra en la universidad de Wolverhampton, Reino Unido. Ha publicado numerosas obras sobre diversos aspectos de historia militar, aunque está especializado en fuerzas aéreas, en la época de entreguerras y en la Segunda Guerra Mundial. Entre sus publicaciones figuran: *Air Power in the Age of Total War* (1999) y *British Armour in the Normandy Campaign 1944* (2004). **59, 63, 66**

Bruce Coleman pertenece al Departamento de Historia de la universidad de Exeter. Sus obras sobre la historia británica del siglo XIX incluyen: *The Idea of the City* (1973) y *Conservatism and the Conservative Party* (1988). **49, 53**

Philip de Souza es profesor de clásicas del University College Dublin y está especializado en historia griega y romana. Es autor de *Piracy in the Graeco-Roman World* (1999), *Seafaring and Civilization: Maritime Perspectives on World History* (2001), *The Peloponnesian War 431-404 BC* (2002) y *The Greek and Persian Wars 499-386 BC* (2003). **2, 6**

Michael Duffy es profesor adjunto de historia británica y director del Centre for Maritime Historical Studies en la universidad de Exeter. Asimismo, ostenta el cargo de vicepresidente de la Navy Records Society. Entre sus publicaciones recientes se incluyen: *The Glorious First of June: A Naval Battle and its Aftermath* (2002), *The Naval Miscellany,* vol. 6 (2003) y artículos sobre la batalla de Trafalgar en *Mariner's Mirror* y *Journal for Maritime Research* (2005). **44**

Bruce A. Elleman es profesor adjunto en el Departamento de Historia Marítima del US Naval War College, donde se centra en historia naval, militar y diplomática china. Entre sus obras recientes figuran: *Modern Chinese Warfare, 1795-1989* (2001), *Wilson and China: A Revised History of the 1919 Shandong Question* (2002), y *Naval Mutinies of the Twentieth Century: An International Perspective,* editado en colaboración con Christopher Bell (2003). Actualmente trabaja en un manual de historia de China y en un libro sobre bloqueos navales coeditado con S. C. M. Paine, además de otra obra sobre la historia naval de China. **67**

Charles J. Esdaile dispone de una cátedra, en la escuela de historia de la universidad de Liverpool. Gran experto en las guerras napoleónicas y, en especial, en la España napoleónica, es autor de numerosos libros y artículos sobre esa época: entre ellos, *The Wars of Napoleon* (1995), *La guerra de la Independencia: una nueva historia* (Barcelona, Crítica, 2004), y *Fighting Napoleon: Guerrillas, Bandits and Adventurers in Spain, 1808-1814* (2004). **46**

John France es profesor de historia medieval en la universidad de Swansea y está especializado en historia de las Cruzadas y guerras medievales. Su obra *Victory in the East* (1994) es un estudio sobre la historia militar de la Primera Cruzada, mientras que *Western Warfare in the Age of the Crusaders 1000-1300* (1999) analiza el desarrollo de la guerra europea en su conjunto. Su último libro, *The Expansion of Catholic Christendom, 1000-1714* (2005), aúna los temas de la guerra y las Cruzadas. **9, 11, 12, 13, 14**

Jan Glete es profesor de historia en la universidad de Estocolmo. Entre sus publicaciones recientes figuran: *Navies and Nations: Warships, Navies and State Building in Europe and America, 1500-1860* (1993), *Warfare at Sea 1500-1650: Maritime Conflicts and the Transformation of Europe* (2000) y *War and the State in Early Modern Europe: Spain, the Dutch Republic and*

COLABORADORES

Sweden as Fiscal-Military States, 1500-1650 (2002). **28**

David A. Graff es profesor adjunto de historia en la Kansas State University. Ha escrito *Medieval Chinese Warfare, 300-900* (2002) y es coeditor de *A Military History of China* (2002). **4**

Ross Hassig es antropólogo historiador especializado en el México precolombino y colonial. Entre sus publicaciones figuran: *Trade, Tribute, and Transportation: The Sixteenth-Century Political Economy of the Valley of Mexico* (1985), *Aztec Warfare: Imperial Expansion and Political Control* (1988), *War and Society in Ancient Mesoamerica* (1992), *Mexico and the Spanish Conquest* (1994) y *Time, History, and Belief in Aztec and Colonial Mexico* (2001). **23**

Harald Kleinschmidt es profesor de historia de las relaciones internacionales en la universidad de Tsukuba y de estudios europeos en la universidad de Tokio. Entre sus numerosas publicaciones figuran: *Geschichte der internationalen Beziehungen* (1998), *The Nemesis of Power* (2000), *Understanding the Middle Ages* (2000, reedición 2003), *Menschen in Bewegung* (2002*), Fernweh und Grossmachtsucht. Ostasien im europaischen Weltbild der Renaissance* (2003), *People on the Move* (2003) y *Charles V. The World Emperor* (2004). **15, 29**

Peter Lorge imparte historia y cine de China en la Vanderbilt University. Está especializado en la historia militar y política de la China de los siglos X y XI, y es autor de *War and Politics in Early Modern China, 900-1795* (2005). Su siguiente proyecto es una historia sobre los efectos de la pólvora en la guerra y la sociedad asiáticas. **32**

Philip Matyszak estudió historia antigua en la universidad de Oxford, donde obtuvo su doctorado sobre el senado de la República romana. Actualmente trabaja como administrador de sistemas informáticos en Cambridge y también se dedica a escribir. Entre sus obras figuran: *Chronicle of the Roman Republic* (2003), *Los enemigos de Roma: de Aníbal a Atila el huno* (Madrid, Oberon, 2005), y *The Sons of Caesar* (de próxima publicación). **1, 3, 5, 7, 8**

Charles Messenger sirvió en el Royal Tank Regiment durante veinte años antes de convertirse en historiador militar y analista de defensa. Ha escrito numerosos libros, principalmente sobre conflictos del siglo XX. Entre sus publicaciones recientes se encuentran: *The D-Day Atlas* (2004) y *Call to Arms* (2005), un estudio profundo sobre el ejército británico de 1914-1918. **60, 61, 64, 65**

Michael Neiberg es profesor de historia en la academia de las Fuerzas Aéreas de Estados Unidos. Sus obras recientes incluyen: *Warfare and Society in Europe, 1898 to the Present* (2003) y *Fighting the Great War: A Global History* (2005). **47, 52, 55, 57**

Gervase Phillips es profesor de historia en la Manchester Metropolitan University y autor de *The Anglo-Scots Wars 1513-1550* (1999). Además, ha colaborado con numerosos artículos en publicaciones académicas como *The Journal of Military History, War and Society, War in History, The Scottish Historical Review* y *Technology and Culture*. **21, 22, 24, 25**

Michael Prestwich es profesor de historia en la universidad de Durham. Sus investigaciones se centran básicamente en la Inglaterra de los siglos XIII y XIV. Entre sus libros figuran: *The Three Edwards* (1980), *Edward I* (1988), *Armies and Warfare in the Middle Ages: The English Experience* (1996) y *Plantagenet England 1225-1360* (2005). **16, 17, 19**

Brian Holden Reid es profesor de historia americana e instituciones militares y jefe del departamento de estudios sobre la guerra del King's College, Londres. Ha escrito numerosas obras sobre la historia americana de mediados del siglo XIX. Entre sus libros figuran: *The Origins of the American Civil War* (1996), *The American Civil War and the Wars of the Industrial Revolution* (1999) y *Robert E. Lee: Icon for a Nation* (2005). Es miembro electo de la US Society for Military History. **48, 50**

Lawrence Sondhaus es profesor de historia en la universidad de Indianápolis, donde también ejerce de director del Institute for the Study of War and Diplomacy. Sus obras más recientes son: *Navies of Europe, 1815-2002* (2002) y *Navies in Modern World History* (2004). **54, 56, 62**

Tim Travers es profesor emérito de la universidad de Calgary y autor de tres libros sobre la primera guerra mundial: *The Killing Ground* (1987), *How the War Was Won* (1992) y *Gallipolli 1915* (2001). Además, es coautor de *World History of Warfare* (2002). Actualmente escribe una historia de la piratería. **58**

Spencer T. Tucker se retiró en 2003, después de treinta y seis años ejerciendo la docencia universitaria (los últimos seis como catedrático John Biggs en historia militar en el Virginia Military Institute). Actualmente ejerce de asesor en historia militar para ABC-CLIO Publishing, y es autor o editor de más de veinte libros sobre historia militar y naval: los más recientes son la *Encyclopedia of World War II* (2004), en cinco volúmenes, y *Stephen Decatur: A Life Most Bold and Daring* (2004). **51, 68, 69, 70**

Peter Wilson es profesor de historia contemporánea en la universidad de Sunderland. Entre sus obras recientes figuran: *Absolutism in Central Europe* (2000) y *From Reich to Revolution: German History 1558-1806* (2004). Actualmente escribe una historia de la guerra de los Treinta Años. **30, 31, 36, 38, 43, 45**

Introducción

En esta obra, un grupo de eruditos reconocidos intenta dar forma al caos de la guerra en momentos culminantes. El libro incluye batallas terrestres y navales, además de asedios y campañas aéreas. Nuestro enfoque es global. No sólo se tratan las batallas más célebres, como las de Waterloo (1815) y Stalingrado (1942), sino también las menos conocidas, aunque igualmente importantes. Y entre éstas figuran la de la bahía de Hakata (1281), en la que una fuerza de invasión mongol con base en China fue derrotada cuando intentaba invadir Japón. De este modo, el país nipón, a diferencia de Corea, logró mantenerse fuera de la órbita de los chinos (entonces gobernados por los mongoles) y su historia siguió un rumbo distinto. Sekigahara (1600), otra batalla que aparece en esta recopilación, resultó crucial en la consolidación de Japón al final de la guerra civil que venía del siglo XVI. Ello contribuyó a garantizar a largo plazo que un Japón unido estuviese en disposición de conservar su independencia con respecto al control occidental, cosa que otras zonas más divididas no lograron. Otra batalla ignorada, Panipat (1526), en India, condujo a la supremacía de los mogoles en el Indostán, creando así la unidad política básica en el sur de Asia durante dos siglos.

Al explicar la naturaleza de las batallas desde tiempos antiguos hasta el presente (sus causas, su desarrollo y sus consecuencias), todos los colaboradores de esta obra nos recuerdan no sólo que la lucha es el elemento crucial de la historia militar, sino también que la variedad es una de sus características. La guerra no es el resultado de la corrupción de la humanidad por la sociedad, sino que se trata de algo intrínseco a la sociedad humana. Desde el principio de los tiempos, los humanos se han enfrentado a otros animales y se han alimentado y protegido a través de esos enfrentamientos. Los actos de muerte y mutilación tienen significados distintos para las diferentes culturas. Desde la inmediatez física del combate cuerpo a cuerpo entre griegos y persas en Maratón (490 a. C.) hasta el distanciamiento con respecto a la muerte en casi todas las guerras modernas, los autores también nos recuerdan la variedad de formas de luchar.

Las diferencias también afectan a la frecuencia de la batalla. En términos de combates a gran escala (de los que existen fuentes fiables), se puede afirmar que las batallas no presentan un reparto uniforme en el mundo. Existen determinadas zonas y culturas dadas a la guerra, mientras que otras, como por ejemplo los aborígenes de Australia, han procurado desde siempre resolver sus diferencias con conflictos a pequeña escala y éste es el motivo por el que resulta difícil recuperarlos de la historia.

Los caballeros con armadura, como este ejemplo turco del siglo XV, fueron protagonistas de las guerras en la Baja Edad Media en Asia occidental y central.

Selección de batallas

Cualquier selección de batallas implica un debate, y parte del interés que ofrece la lectura de este libro radica en decidir qué otras batallas habría elegido el lector. Nos hemos guiado por diversos factores, entre los cuales resultan muy importantes las fuentes fiables: para ciertas batallas decisivas, esas fuentes no existen. Asimismo, se ha recurrido a la selección para indicar los cambios en la naturaleza de la guerra (algunos de esos cambios se pueden presentar como avances en el arte de la guerra). Sin duda, la complejidad que surgió en el siglo XIX a raíz de la necesidad de responder a las tropas desplazadas en tren, y en el siglo XX debido a la mecanización y a las guerras aéreas y submarinas planteó problemas a los mandos. Otro factor que se ha tenido en cuenta es el de las batallas decisivas que determinaron el destino de los pueblos e influyeron en la distribución del poder: por ejemplo, Quebec (1759), que garantizó que el poder y la cultura franceses no dominasen en Norteamérica. El dramatismo de estos enfrentamientos es muy distinto, pero todos suponen eventos cruciales en la historia.

Más difícil resulta evaluar qué ocurría en los campos de batalla. Cuando existen varias fuentes, la necesidad de reconciliarlas plantea los problemas (de omisión) a que se enfrentan los estudiosos que disponen de una única fuente en la que basarse. Si existe la posibilidad de pasar de una única fuente a varias, se gana en comprensión. Este factor subraya el inconveniente del trabajo que intenta basarse en una gama limitada de materiales, idea señalada por Hans Delbrück (1848-1929), figura clave en el desarrollo de la historia militar alemana. Delbrück seña-

La derrota de la Armada española en 1588 supuso una de las batallas navales más importantes de la historia y tuvo como consecuencia el liderazgo marítimo de los ingleses.

INTRODUCCIÓN

La llamada «batalla de las Naciones», ocurrida en Leipzig entre el 14 y el 19 de octubre de 1813, marcó el comienzo de la caída del Imperio napoleónico, ya que provocó la expulsión de las fuerzas francesas de Alemania.

ló el valor del examen crítico de las fuentes. Esto resulta cierto en el caso de batallas más recientes. Un estudio sobre el número de tanques de las divisiones acorazadas en 1942-1943, elaborado para las historias británicas oficiales sobre la segunda guerra mundial, afirmaba que las prioridades en las bajas y las fluctuaciones en el reaprovisionamiento eran factores importantes a la hora de marcar las diferencias:

«Demuestra cómo se pueden comparar las dotaciones formales engañosas con los efectivos reales (y fluctuantes) de una división, e ilustra la importancia de tener en cuenta este factor. Sin duda, es aplicable a todos los ejércitos en un momento u otro de su trayectoria bélica».

El general de brigada C. J. C. Molony añadió: «Soy propenso a mirar con cierto cinismo los datos sobre efectivos, tal vez por los recuerdos vagos de mi época de ayudante, hace mucho tiempo». La potencia de los tanques fue un tema destacado porque, como señaló el capitán Basil Liddell Hart, «Para deducir conclusiones correctas es necesario, sobre todo, determinar el número de tanques de cada parte en cualquier operación importante». La reconciliación de fuentes pasaba por tratar temas como el mejor modo de distinguir los tanques aptos para el combate, así como el tratamiento de tanques ligeros que resultaban apropiados únicamente para misiones de reconocimiento. Esto sirve para destacar algunos de los problemas junto a la explicación de lo ocurrido. Por tanto, afirmar que los colaboradores han puesto todo su empeño supone un gran elogio. Estas contribuciones eruditas subrayan lo que se puede conseguir cuando se arroja luz sobre episodios cruciales de la historia mundial.

Organización del libro

Este libro está dividido en siete partes. Cada parte contiene información sobre batallas importantes del período tratado, y además se tratan aspectos clave

INTRODUCCIÓN

en el año 1905. Dos ejemplos evidentes de que la guerra estaba presente en todas las partes del mundo.

Esta proyección de fuerza no implicaba por entonces el éxito seguro. Y, por supuesto, la capacidad de abrir un camino por rutas determinadas y obtener el control de lugares concretos no significaba en absoluto la subyugación de una sociedad. Lo que resultaba crucial era la voluntad de acomodar (e incluso culturizar) a los conquistadores. Las cosas han cambiado mucho, y continuarán haciéndolo, lo que demuestra que hay que entender la batalla como un aspecto de un proceso que resulta mucho más amplio. Por ejemplo, tras la conquista de los Imperios azteca e inca por parte de los españoles en 1519-1521 (*véase* Tenochtitlán, pág. 98) y en 1531, respectivamente, llegaron los colonos con su ganado, el proselitismo cristiano y la destrucción de rituales religiosos distintos, la introducción de estructuras administrativas españolas y también, a pesar de todo, cierto grado de aceptación de las elites locales por parte de los españoles y la adaptación de los nativos a los recién llegados.

Cada batalla, por pequeña que haya sido, ha contribuido al estado del mundo actual, tanto política como militar y socialmente, y seguirá influyendo en nuestras reacciones cambiantes ante los conflictos.

El combate aéreo fue una innovación decisiva en la guerra del siglo XX. Durante la batalla de Inglaterra, en el verano de 1940, el avión de combate Spitfire resultó ser más que un equivalente de los Messerschmitts alemanes.

de las contiendas. La organización del volumen (mundo antiguo, mundo medieval, siglos XVI, XVII, XVIII y XIX, y época contemporánea, incluyendo la guerra de Iraq, en 2003) refleja la mayor frecuencia de batallas decisivas en la última mitad del milenio y la disponibilidad de fuentes. Esa mayor frecuencia se debe en parte a la expansión del poderío militar, surgido no sólo del desarrollo de transatlánticos, sino también de la voluntad de utilizar esas embarcaciones con el fin de crear imperios marítimos transoceánicos (un método empleado especialmente en el caso de las potencias de Europa occidental, cuyos navíos fueron los primeros en dar la vuelta al mundo). Felipe II de España, que reinó entre 1556 y 1598 y que dio su nombre a las islas Filipinas, fue el gobernante del primer imperio en el que nunca se ponía el sol. Como consecuencia, las fuerzas occidentales se desplegaron a grandes distancias: por ejemplo, los británicos tomaron Plassey (con éxito), en India, en 1757, y la flota rusa se desplegó (sin éxito) en Tsushima

15

El mundo antiguo

Los nacionalistas alemanes del siglo XIX erigieron una gran estatua de Arminio, jefe tribal germánico, en 1875. La figura blandía la espada de la venganza para celebrar su victoria sobre los romanos en los bosques de Teutoburgo, en el año 9 de nuestra era. Se trata de una muestra más de la resonancia de las grandes batallas de la antigüedad en el mundo moderno. En 1914, estrategas alemanes planificaron la repetición, a expensas de los franceses, de la victoria de Aníbal sobre los romanos en Cannas (216 a. C.). Los triunfos de los griegos sobre los invasores persas, especialmente en Maratón y Salamina (490 a. C. y 480 a. C., respectivamente), todavía se emplean para indicar que las tropas más numerosas podían ser derrotadas por ejércitos más «civilizados», aunque el retrato de los persas suele ser demasiado duro. En este primer capítulo también se incluyen otras batallas importantes. Gaixian (203 a. C.), un evento clave en el auge del duradero Imperio Han en China, supone un recordatorio de que las contiendas cruciales no se limitaron a Europa; por su parte, la victoria de Octavio sobre Marco Antonio y Cleopatra en Actium (31 a. C.) hace hincapié, junto con la batalla de Salamina, en el papel clave de la fuerza naval, que condujo al dominio de Roma en el Mediterráneo oriental.

Las batallas de la antigüedad presentan dificultades considerables para el historiador, aunque existen nuevas perspectivas gracias a diversas fuentes. Por ejemplo, el aumento de los testimonios arqueológicos arroja nueva luz sobre batallas como la que tuvo lugar entre Esparta y los invasores persas en las Termópilas, preludio del combate más importante que se produjo en Salamina unos meses más tarde. Otras perspectivas novedosas proceden del estudio del ar-

La infantería de los hoplitas, armados de pies a cabeza (aquí aparecen en un vaso corintio de figuras negras de h. 625 a. C.), se convirtió en el estándar según el cual se medían otros soldados en la antigüedad.

Reconstrucción a escala real de un trirreme, el Olympias. *La necesidad de hombres para impulsar la embarcación limitaba en gran medida su autonomía, ya que tenían que detenerse para reaprovisionarse de agua y alimentos. Esta limitación afectaba a los barcos de guerra a remo de todo el mundo, ya fuesen trirremes o las canoas de guerra del Pacífico.*

mamento y del equipo militar. Así, una valoración de las características de las galeras ha resultado ser crucial para entender las opciones y las elecciones en las batallas de Salamina y Actium. Del mismo modo, el hecho de entender los factores ecuestres ha ayudado a dilucidar cuestiones sobre si los carros cargaban *en masse* y, por tanto, resultaban realmente mortales en combate. El impacto global de la investigación consiste en ofrecer conocimientos más profundos que actualmente surgen de una simple confianza en las fuentes literarias. Por ejemplo, en el caso de Cannas, resulta importante ampliar la versión clásica del historiador Polibio con el fin de ir más allá de una descripción esquemática de la batalla.

Las batallas de la antigüedad suelen tratarse desde el enfoque histórico de los «grandes hombres», con comandantes como Alejandro Magno en Gaugamela (331 a. C.), Aníbal en Cannas, y Arminio en los bosques de Teutoburgo. Este enfoque se ha solapado frecuentemente con el género literario de la épica y con el estilo de las novelas, de manera que las batallas se han tratado como obras de teatro. Los grandes hombres resultan fascinantes, y, en los casos citados, sus dotes de mando resultaron decisivas en la batalla, pero puede llevar a ignorar por completo a los mandos de segundo rango, o simplemente a aquellos eclipsados por los más extravagantes o aparentemente dignos de mención. Esto dificulta todavía más la valoración de las habilidades de mando, por no citar otros factores que intervienen en la victoria. Por ejemplo, los romanos, como los Han en China, creían en un ejército concentrado basado en los varones adultos de la población agrícola, de manera que disponían de una gran reserva de hombres. Los romanos se sirvieron de estos hombres contra Cartago y en la conquista de Grecia.

Además de las contiendas con fuerzas regulares similares, los ejércitos de los estados más asentados tuvieron que enfrentarse a tropas nómadas. Así, después de que los Han obtuviesen el poder en China tras la guerra civil, se vieron retados por la confederación de tribus nómadas Xiongnu. Los romanos, por su parte, se vieron sometidos a una creciente presión a finales del siglo IV, cuando el emperador Valente fue derrotado y asesinado por los visigodos en Adrianópolis (378). La gran serie de ataques entre los años 250 y 500, conocida como invasiones «bárbaras», que destruyeron o debilitaron los imperios de Eurasia y acabaron con el Imperio romano occidental supuso, en realidad, otra etapa de una larga serie de luchas y diplomacia compleja entre esos imperios y tribus. Esas invasiones, además, obedecían a las grandes migraciones. Algunas fueron organizadas por la caballería, más efectiva como resultado de la invención del estribo en Asia central, región donde se domesticaron caballos por primera vez. No todos los «bárbaros» disponían de caballería, pero muchos de los invasores y conquistadores más eficaces fueron jinetes.

Maratón

Fecha: agosto de 490 a. C.   Lugar: Ática, Grecia

[…] pues en verdad fuimos los únicos entre los griegos que combatimos solos contra el persa y, tras acometer semejante empresa, ganamos y vencimos a cuarenta y seis pueblos.
(Los atenienses reclaman el puesto de honor en Platea) Heródoto, 9.27

Maratón fue una lucha entre adversarios muy diferentes. Una diminuta ciudad-estado democrática frente a un imperio despótico que la superaba en tamaño en varias centenas. Un ejército estaba compuesto casi en exclusiva por soldados de infantería; el otro, por jinetes y arqueros. Este choque de culturas iba a influir profundamente en el desarrollo de la civilización occidental.

Y es que la ciudad-estado era Atenas, donde se había creado una democracia eficaz sólo dos décadas antes. El anterior gobernante de Atenas, Hipias, huyó a la corte de Darío I (521-486 a. C.), rey de Persia, cuyo imperio se extendía desde el mar Egeo hasta las orillas del río Indo. Las colonias griegas de Asia Menor fueron independientes hasta que los persas las conquistaron. Como era de esperar, sentían mayor afinidad con su antigua tierra natal de Grecia que con su gobernante persa, a miles de kilómetros. Los griegos de Asia Menor se rebelaron contra los persas y recibieron la ayuda de los soldados atenienses, que capturaron y quemaron Sardes, capital de Lidia, en 498. Heródoto, el historiador, lo explicó así:

«[…] preguntó [Darío] quiénes eran los atenienses, y después de oírlo, pidió su arco, colocó en él una flecha y la lanzó al cielo, y mientras disparaba al aire, dijo: "Dame, oh Zeus, que pueda yo vengarme de los atenienses". Y dicho esto, ordenó a uno de sus criados que al servirle la comida, le dijera siempre tres veces: "Señor, acuérdate de los atenienses"».

Preparativos para la batalla

Tras sofocar la rebelión en Asia Menor, en 490 a. C., las fuerzas invasoras persas llegaron a Maratón, a unos

Derecha *Soldados de infantería persas en un mural polícromo de ladrillo del palacio real de Susa (Irán). Su principal arma era el arco, que utilizaban con gran pericia.*

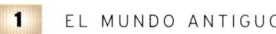

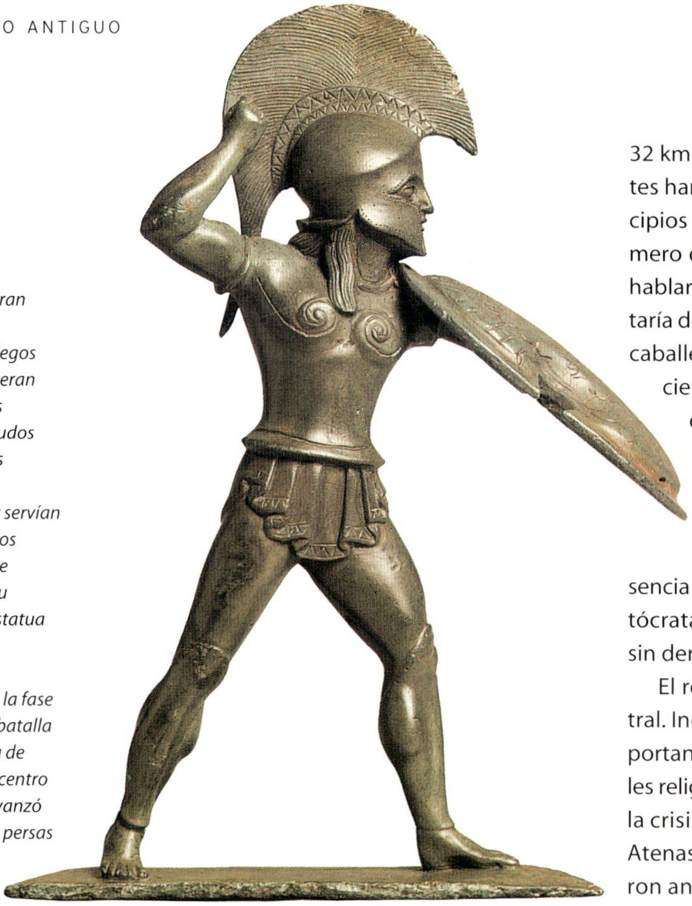

Derecha *Gran parte de los soldados griegos de Maratón eran hoplitas. Sus grandes escudos circulares les brindaban protección y servían de apoyo a los soldados que llevaban a su izquierda. Estatua de bronce.*

Inferior *En la fase inicial de la batalla en la llanura de Maratón, el centro ateniense avanzó y cogió a los persas por sorpresa.*

32 km al este de Atenas. Las investigaciones recientes han adelantado la fecha de esta llegada de principios de septiembre a agosto. Se desconoce el número de la fuerza invasora, aunque se ha llegado a hablar de 100.000 hombres. Probablemente se trataría de unos 20.000 soldados, incluyendo remeros y caballería. Se eligió Maratón porque estaba lo suficientemente lejos de Atenas para un desembarco ordenado y porque el terreno llano resultaba el adecuado para la caballería persa, que superaba a la griega.

Hipias, antiguo tirano de Atenas, acompañó a los invasores. Se esperaba que su presencia provocase un alzamiento por parte de los aristócratas conservadores de Atenas y una rendición sin derramamiento de sangre.

El resto de Grecia se acobardó y se mostró neutral. Incluso los espartanos, el poder militar más importante de Grecia, estaban celebrando varios rituales religiosos que los mantuvieron ocupados durante la crisis. Sólo Platea, una pequeña dependencia de Atenas, envió refuerzos a los atenienses, que formaron ante la llanura de Maratón, en una zona llama-

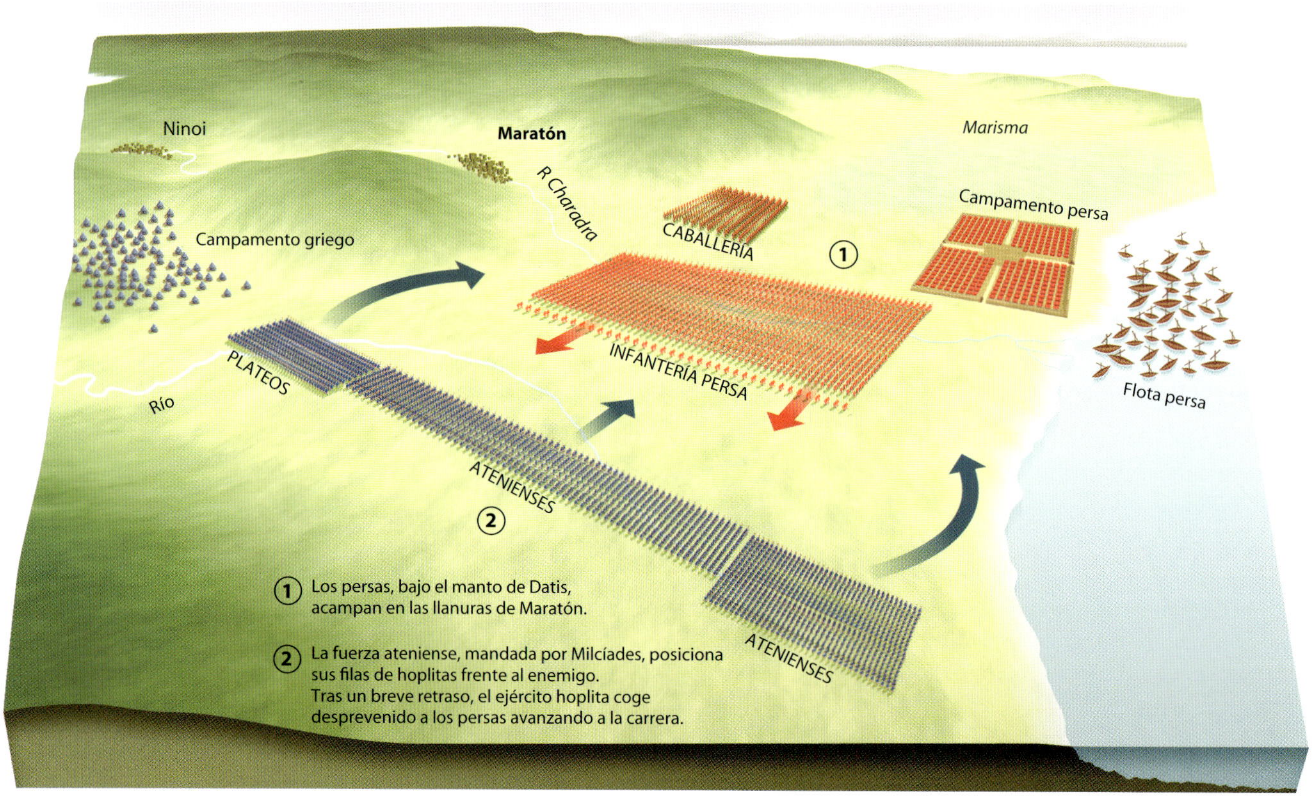

Ninoi
Maratón
Marisma
R Charadra
Campamento persa
Campamento griego
CABALLERÍA
1
INFANTERÍA PERSA
PLATEOS
Río
Flota persa
ATENIENSES
2
ATENIENSES
1 Los persas, bajo el manto de Datis, acampan en las llanuras de Maratón.
2 La fuerza ateniense, mandada por Milcíades, posiciona sus filas de hoplitas frente al enemigo.
Tras un breve retraso, el ejército hoplita coge desprevenido a los persas avanzando a la carrera.

da Vrana (situada en un emplazamiento entre las montañas y el mar).

Los atenienses contaban con 7.200 hombres, aproximadamente. En su mayoría estos soldados eran hoplitas, término que procede de *hoplon*, el gran escudo circular con el que se protegían. Cada escudo ofrecía apoyo al soldado que iba a la izquierda del que lo portaba, de manera que podía utilizar su brazo derecho para atacar al enemigo con su principal arma: la lanza.

La infantería persa prefería el arco, en cuyo manejo los arqueros se mostraban grandes expertos. Éstos disparaban desde detrás de grandes escudos de mimbre que les protegían de las armas enemigas, aunque el valor de los mismos contra la infantería era casi nulo.

Milcíades, el líder ateniense, conocía al enemigo, ya que había servido en el ejército persa. Tenía que convencer a diez generales de la eficacia de su plan de ataque. Cada general ostentaba el mando durante un día, y aunque cedieron el poder a Milcíades, éste esperó hasta el día que tenía asignado para ordenar el ataque.

Probablemente, este retraso se debió a razones militares y no políticas. A fin de neutralizar la superioridad de la caballería persa, los atenienses tal vez necesitasen construir *abatis*, defensas de madera acabadas en punta, para proteger los flancos. O tal vez esperasen a que la caballería persa consumiese los suministros y se viera obligada a realizar una incursión. Otra posibilidad era que Datis, comandante persa, rompiese el *impasse* y ordenase una marcha sobre Atenas.

Los atenienses desplegaron gran parte de su fuerza en los flancos, tal vez con el fin de absorber la ofensiva de la caballería o para poder extender su línea y contrarrestar el ataque persa. De ese modo, el centro quedaba peligrosamente debilitado, en especial cuando las tropas persas más hostiles se desplegaron contra ese centro.

El combate

Con el fin de minimizar la exposición a las flechas enemigas, los atenienses hicieron algo sin precedentes tratándose de un ejército hoplita: descendieron por una ladera suave a la carrera. Los persas,

Inferior En las etapas finales de la batalla, aunque los persas lograron penetrar por el centro, los atenienses los rodearon por los flancos y les obligaron a retirarse.

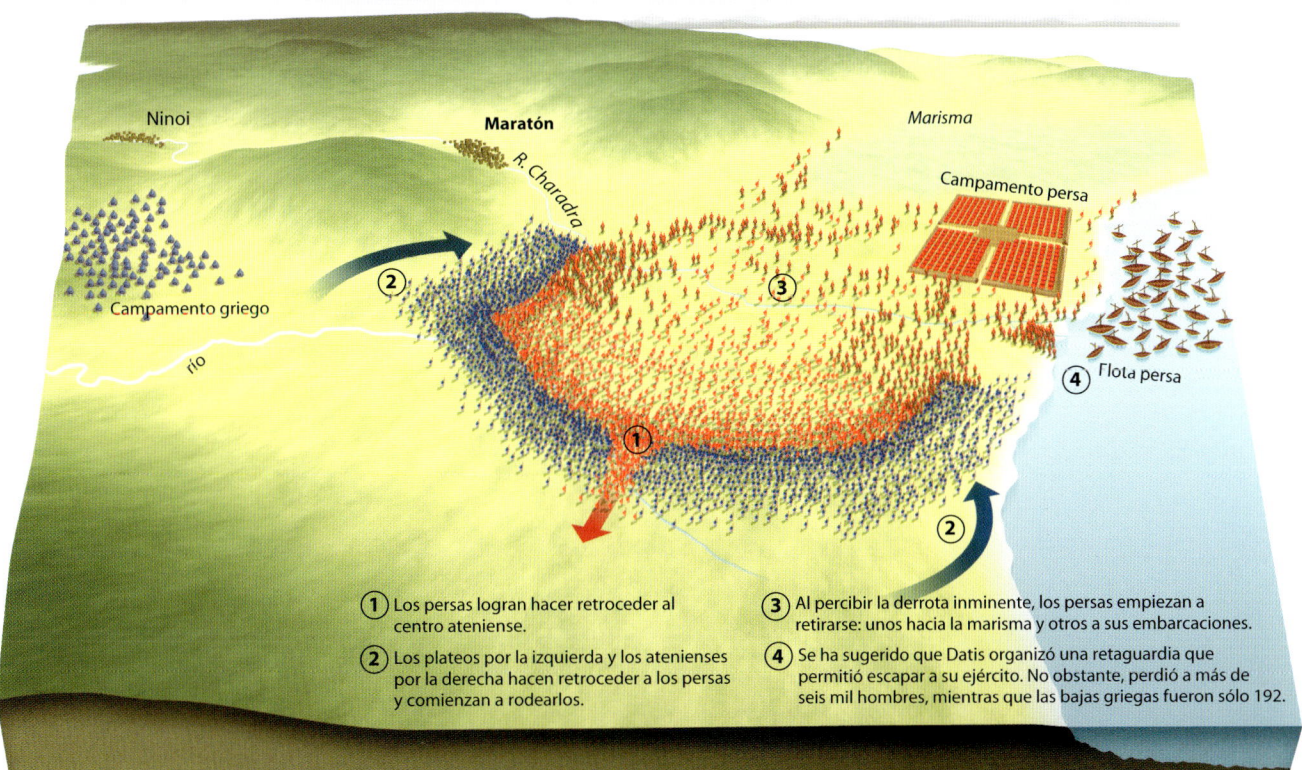

① Los persas logran hacer retroceder al centro ateniense.
② Los plateos por la izquierda y los atenienses por la derecha hacen retroceder a los persas y comienzan a rodearlos.
③ Al percibir la derrota inminente, los persas empiezan a retirarse: unos hacia la marisma y otros a sus embarcaciones.
④ Se ha sugerido que Datis organizó una retaguardia que permitió escapar a su ejército. No obstante, perdió a más de seis mil hombres, mientras que las bajas griegas fueron sólo 192.

asustados, calcularon mal la velocidad del avance ateniense y muchas de sus flechas pasaron por encima de las cabezas de los hoplitas sin provocar ningún daño.

Aunque el ataque les cogió por sorpresa, los persas eran luchadores duros y con capacidad de recuperación. Lograron deshacer el centro ateniense y abrirse paso hacia Atenas. Sin embargo, la fuerza hoplita destruyó los flancos y provocó su desbandada antes de atacar a los militares persas que habían destruido el centro. La lucha se extendió hasta el campamento persa mientras los persas luchaban por recuperar sus barcos; los que no lo consiguieron huyeron hacia las marismas, detrás del campamento.

Los atenienses alcanzaron a capturar sólo seis barcos (tal vez porque la caballería persa reapareció con retraso). No obstante, fue una victoria sorprendente. Más de seis mil persas perdieron la vida en el campo de batalla, frente a las 192 bajas de los atenienses.

Sin embargo, no había tiempo para felicitarse. La flota persa puso rumbo a la zona de la costa donde Atenas se encontraba desprotegida. En la carrera entre el ejército por tierra y el que llegaba por mar, los atenienses volvieron a salir victoriosos. Al ver al ejército ateniense de nuevo reunido para impedir su desembarco, los persas dudaron por un momento y acabaron marchándose.

Consecuencias

Sin una victoria griega en Maratón, tal vez Atenas nunca habría asistido al nacimiento de Sófocles, Heródoto, Sócrates, Platón o Aristóteles. El mundo no habría conocido a personalidades como Euclides, Pericles o Demóstenes. En resumen, la herencia cultural de la civilización occidental habría quedado profundamente alterada.

Y tampoco habría sido posible que un joven corredor llamado Fedípides llevase la noticia de la victoria a la ciudad de Atenas. Fidípides había acudido primero a Esparta en busca de ayuda, y su corazón no resistió el esfuerzo. Sin embargo, una carrera de 41 km todavía lleva el nombre de la batalla de Maratón.

Superior derecha
Pelike *ático de figuras rojas* que muestra el enfrentamiento entre un soldado de infantería griego y un jinete persa.

Inferior Antiguo túmulo funerario griego en la actual Maratón.

COMBATIENTES

Griegos
- 10.000 hombres, de los cuales 7.200 eran soldados de infantería hoplitas atenienses.
- Bajo el mando de Milcíades y Calímaco.
- 192 muertos.

Persas
- 25.000 hombres.
- Bajo el mando de Datis.
- 6.400 bajas (según los griegos).

Salamina

Fecha: septiembre de 480 a. C.   Lugar: entre Ática y el Peloponeso, Grecia

*Al principio el torrente del ejército persa resistía,
pero como la multitud de las naves estaba agrupada en un estrecho,
en donde no podían prestarse ayuda, y se golpeaban unas a otras
con sus espolones de bronce, rompían todo el aparejo
de sus remos. Entonces las naves helénicas,
no insensatamente, las rodean y embisten; […].*
ESQUILO, LOS PERSAS, 412-418

En 480 a. C., los persas volvieron a invadir Grecia. El rey Jerjes lideró un numerosísimo ejército que llegó desde Anatolia, acompañado por una flota de aproximadamente mil doscientos barcos de guerra. Muchas de las ciudades-estado del sur de Grecia se unieron bajo el liderazgo de Esparta a fin de resistir por tierra y por mar. Los intentos coordinados de bloquear el avance del ejército de Jerjes en el estrecho paso de las Termópilas y frenar a su flota en Artemision fracasaron cuando las fuerzas terrestres griegas se vieron obligadas a retirarse. Una pequeña retaguardia espartana y tespiana resistió heroicamente, pero resultó aplastada.

La flota griega combinada se desplazó a la isla de Salamina, y dejó las ciudades de Tebas y Atenas en manos del enemigo. Una profecía que instaba a los atenienses a depositar su fe en una muralla de madera hizo que algunos fortificasen la Acrópolis con ese material, pero la gran mayoría mostró su acuerdo con el general electo Temístocles de que su única esperanza radicaba en los 200 trirremes de madera de que disponía la ciudad, el contingente más numeroso de la flota griega. Una vez terminada la evacuación de los atenienses en Salamina, la flota griega se reunió en la bahía de la parte oriental de la isla.

Cuando llegaron las noticias de que los persas habían ocupado la Acrópolis de Atenas, el comandante espartano Euribíades ordenó a sus capitanes que se retirasen, aprovechando la oscuridad, a una posición más defendible en el istmo de Corinto. Sin embargo, aquella misma noche el comandante cambió de opinión y los griegos pusieron rumbo hacia los

Cabeza de lapislázuli de un joven príncipe persa, posiblemente de Jerjes I, hijo de Darío I. Siglo V a. C.

persas para enfrentarse a ellos a la mañana siguiente. Heródoto afirma que Temístocles envió un mensaje secreto a Jerjes para advertirle de que los griegos estaban a punto de retirarse, haciendo que el líder persa enviase barcos a Salamina con la intención de cortar la retirada de los griegos y obligar al comandante Euribíades a presentar batalla.

Esta historia resulta muy poco creíble, ya que da por sentado que el rey Jerjes y sus hombres confiarían ciegamente en el mensaje y que Temístocles consideraría conveniente provocar un ataque persa. Es más probable que los persas planeasen rodear a los griegos, tal como ya lo habían intentado en una ocasión en Artemision. Su objetivo habría sido conducir los barcos griegos hacia el norte y el oeste y así ale-

2 EL MUNDO ANTIGUO

jarlos del estrecho canal que separa Salamina de tierra firme, hacia las aguas abiertas de la bahía de Eleusis, para después atacarlos desde ambos lados. Con ese propósito, Jerjes envió 200 barcos egipcios a primera hora de la tarde para rodear Salamina y llegar hasta los griegos desde Eleusis. Asimismo, envió una flotilla para patrullar las aguas alrededor del extremo sur de la isla, mientras que su flota principal (alrededor de seiscientos barcos) se trasladaba a su posición en los accesos orientales a los estrechos, lista para avanzar al amanecer.

Arístides, un político ateniense exiliado que regresó para enfrentarse a los persas y que probablemente había sido enviado en una misión de reconocimiento para determinar si la ruta de huida hacia el oeste se hallaba despejada, fue quien informó a los griegos de estas maniobras. Sus noticias causaron una gran consternación en el campamento griego, pero los mandos decidieron hacerse a la mar de madrugada y atacar a los persas en los estrechos entre Salamina y la península, con la esperanza de que la superioridad numérica del enemigo no fuera una gran ventaja en espacios tan reducidos.

La batalla

En ansiosa expectación de una magnífica victoria, el rey Jerjes en persona se posicionó frente a Salamina con una buena vista de la pequeña isla de Psitaleia, donde había desembarcado un destacamento de tropas persas durante la noche. Pero en lugar de presenciar el triunfo final de su flota sobre los griegos, Jerjes fue testigo de un desastre naval. Los diferentes contingentes étnicos de la flota persa se alinearon en varias filas en el estrecho canal, con los fenicios a la derecha, más cerca de Jerjes, y los jonios a la izquierda, más próximos a Salamina. Cuando se aproximaron al canal, sus barcos formaron tal caos que les resultó imposible conservar la formación. Las tripulaciones estaban cansadas, y para empeorar todavía más las cosas, se desató un fuerte oleaje que impidió el avance de los barcos. Temístocles se anticipó a este hecho y, al parecer, convenció a los otros mandos griegos para que retrasaran el enfrentamiento con los persas hasta que éstos se encontrasen sumidos en el caos. Con los barcos atenienses al frente, los griegos se alejaron remando de la orilla y se dirigieron hacia el enemigo. A una señal, las tripulaciones en perfectas condiciones avanzaron y rompieron las líneas persas, embistiendo a los barcos que intentaban maniobrar.

Los persas habían imaginado que los griegos huirían al ver su superioridad, según el plan trazado el día anterior. Sin embargo, como en todas las batallas antiguas, una vez comenzada la acción fue imposible mantener un plan específico y los capitanes de los barcos se vieron obligados a tomar decisiones en el momento. La decisión más importante que tomaron varios capitanes de Jerjes consistió en huir de los griegos, provocando una gran confusión al encontrarse con otros barcos de su propia flota que intentaban avanzar. En ese caos, los capitanes griegos alentaron a sus tripulaciones, que no estaban cansadas, y llevaron a cabo el ataque con gran éxito.

Resulta imposible describir el transcurso de la batalla en profundidad. Nuestra principal fuente, el historiador Heródoto, ofrece únicamente una serie de

Copia romana de un busto de Temístocles de Ostia, posiblemente basado en un original de Atenas del siglo v a. C.

anécdotas sobre diversos grupos de combatientes. Se afirmó que 70 barcos corintios al mando de Adimanto huyeron hacia la bahía de Eleusis. Es probable que esta retirada supuestamente cobarde hacia el norte, y que Heródoto presenta como una difamación de los atenienses contra los corintios, fuese un movimiento deliberado para hacer que el escuadrón egipcio entrase en combate e impidiese que atacase a la retaguardia griega. Los corintios mantuvieron que sus barcos no se encontraron con los egipcios, sino que regresaron a la batalla y lucharon como los griegos. Una de las anécdotas más curiosas tiene que ver con Artemisia, gobernadora de Halicarnaso, la ciudad natal de Heródoto. Artemisia estaba al mando de su propio barco, en primera línea de la flota persa. Cuando un trirreme ateniense estaba a punto de echársele encima, ella intentó escapar pero se encontró el paso bloqueado por otros barcos persas. Desesperada, ordenó a su timonel que embistiese a uno de esos barcos, que se hundió con toda la tripulación. El capitán ateniense que la perseguía dio por sentado que la embarcación de Artemisia estaba de su parte y se desvió para atacar a otro barco persa. Jerjes y sus consejeros presenciaron el episodio y reconocieron el barco de Artemisia por su insignia, pero al creer que lo que había hundido era un trirreme griego, Artemisia se ganó la admiración del rey. Se dice que Jerjes comentó: «Mis hombres se han comportado como mujeres, y mis mujeres como hombres».

Existe otra historia que tiene como protagonistas a los soldados persas en la isla de Psitaleia. Se situaron en esa isla pensando que sus barcos obligarían al grueso de la flota griega a alejarse de la isla hacia el norte y el oeste. Pero por el contrario, el resultado fue otro muy distinto: quedaron aislados de sus propios barcos y vulnerables al ataque desde las costas cercanas de Salamina. Ante los mismos ojos de Jerjes,

Acuarela de la batalla naval de Salamina. Esta imaginativa reconstrucción transmite con viveza el carácter caótico de la batalla en el estrecho.

25

2 EL MUNDO ANTIGUO

Otra victoria más de los griegos cuando derrotaron a la flota persa al anochecer.

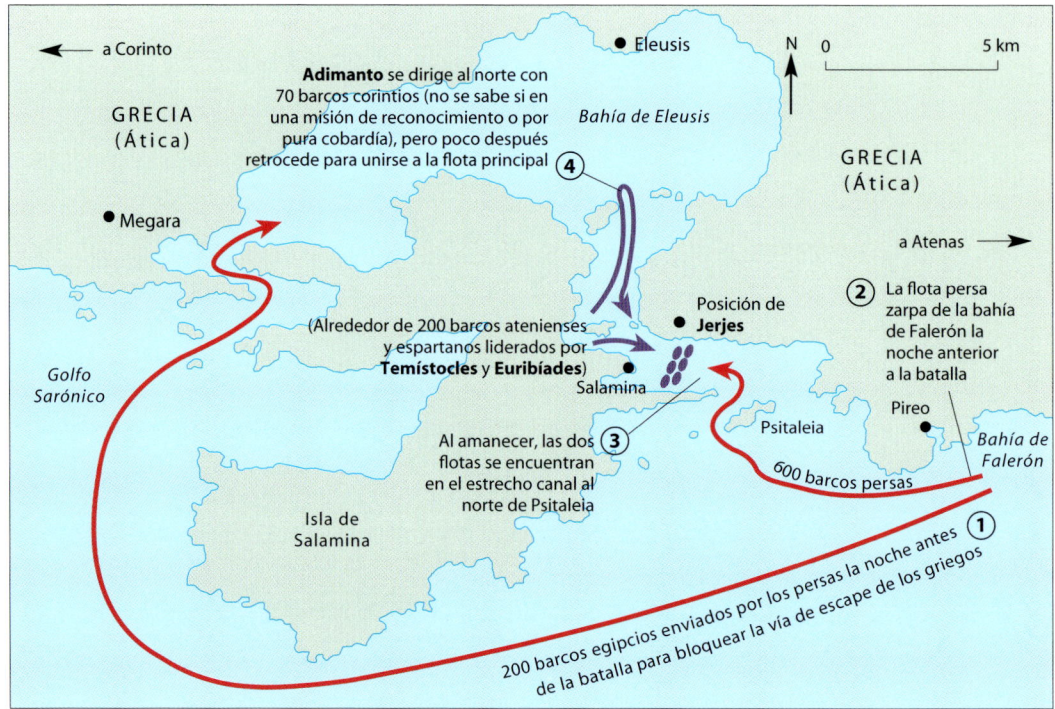

sus tropas de elite (que incluían a tres de sus sobrinos) cayeron a manos de los atenienses. A lo largo de la costa de Salamina, otros persas que lograron llegar a la orilla después de ver cómo se hundían sus barcos fueron asesinados o capturados. Hacia el final del día, la flota persa se retiró, presa de la confusión, a la bahía de Falerón. Habían perdido más de doscientos barcos y habían fracasado en su objetivo de expulsar a los griegos de Salamina. Éstos sólo acusaron la baja de 40 embarcaciones y obligaron a su enemigo a retirarse derrotado.

Repercusiones

Jerjes regresó con los restos de su flota y gran parte de su ejército a Anatolia, mientras su general Mardonio permaneció con un ejército considerable en Grecia central. Al año siguiente, un ejército griego liderado por el rey espartano Pausanias los derrotó en Platea, al norte de Atenas, de manera que la Grecia continental quedó por fin libre de la amenaza de la dominación persa. Temístocles recibió honores por parte de los espartanos debido a su papel en la victoria, pero sus propios compatriotas se volvieron contra él y le obligaron a refugiarse con los persas. El hijo de Jerjes, Artajerjes I, lo nombró gobernador de Magnesia, situada junto al río Meandro, donde murió en torno a 459 a. C.

COMBATIENTES

Griegos
- Más de 300 barcos.
- Mandados por Euribíades (espartano), Temístocles (ateniense) y Adimanto (corintio).
- Pérdidas: 40 barcos.

Persas
- 800 barcos aproximadamente.
- Bajo el mando del rey Jerjes.
- Pérdidas: más de 200 barcos.

Gaugamela

Fecha: 1 de octubre de 331 a. C. Lugar: Mesopotamia (actual Iraq)

Alejandro dijo que Darío había aliviado su ansiedad uniendo sus fuerzas de manera que en un día pudiera decidirse todo, y que pasarían un largo período de dificultades y peligros.
DIODORO SÍCULO, BIBLIOTECA HISTÓRICA, 17.56.1

El 1 de octubre de 331 a. C., dos ejércitos se encontraron en Mesopotamia para decidir el destino de un imperio. Con diferencia, el más numeroso de esos ejércitos era el liderado por Darío III, rey de reyes y amo de todas las tierras entre el Éufrates y Afganistán. En cierta ocasión, sus dominios llegaron hasta el Mediterráneo, pero los invasores macedonios de Alejandro Magno conquistaron esas tierras. Darío ofreció a Alejandro un gran soborno en un desesperado intento de garantizar la paz. Parmenión, uno de los generales de Alejandro, comentó: «Si estuviese en tu lugar, yo lo aceptaría». Y Alejandro le respondió con aspereza: «Sí, yo también lo aceptaría si fuese *tú*».

Tras el rechazo de su oferta, Darío reunió un impresionante ejército de aproximadamente un cuarto de millón de hombres, que incluía escitas de las orillas del mar Negro y bactrios de las estribaciones del Himalaya. Además, reclutó a 6.000 mercenarios griegos como guardias personales.

Darío eligió el campo de batalla con gran detenimiento. En Isos, en el año 333 a. C., el terreno no le permitió emplear todo su ejército, superior en número. Para esta ocasión pensó en la llanura de Gaugamela, cerca de Irbil, en la actual Iraq (el historiador griego Plutarco afirma que Gaugamela significaba «casa del camello», en referencia al animal que en una ocasión puso a salvo a un rey refugiado en este lugar).

La caballería de Darío, su principal baza, contaba con arqueros a caballo y *cataphracts* con armadura. La ancha llanura ofrecía una buena oportunidad para que su caballería superase a la de Alejandro. Aunque los hombres de éste eran superiores en calidad, eran 7.000 frente a los 40.000 de Darío. La caballería macedonia llevaba armadura y casco, pero probable-

Guardias persas del rey con sombreros estriados. Ocuparon el centro de la línea de infantería persa en Gaugamela. La elite de la infantería persa se conocía como «los inmortales». El vestido ceremonial probablemente se sustituiría por atuendos más prácticos en el campo de batalla. Además de lanzas con un contrapeso de «granada», llevaban arcos como casi toda la infantería persa.

mente lucharían sin escudos, ya que necesitaban las dos manos para controlar sus largas lanzas de madera de cornejo (llamadas *sarisas*). La caballería que luchó junto a Alejandro se conocía como los «Compañeros».

El historiador Arriano cifra la infantería macedonia en unos 40.000 hombres, una parte de las huestes de Darío. Sin embargo, la infantería persa apenas disponía de armas y de formación, mientras que Alejandro estaba al frente de veteranos curtidos y acostumbrados a la victoria. Algunos macedonios eran *hypaspists* («portadores de escudos») armados de forma convencional, pero el grueso de la infantería se componía de falangistas. Éstos luchaban en filas de hasta ocho, aunque cada hombre podía ejercer presión con sus picas inmensamente largas. Cuando se bajaban, las picas formaban ante el enemigo un seto de puntas de lanza. Esta «falange» resultaba formidable sólo si se conservaba la formación. Si se perdía el orden, podía ser derrotada y, para ello, Darío contaba con carros equipados con guadañas.

Estos carros presentaban dos puntos débiles: eran vulnerables a la caballería y requerían un terreno muy liso, ya que las enormes guadañas hacían que la pérdida de la formación resultase catastrófica. Darío dependía de su caballería para proteger sus carros, y en el campo de batalla preparó a conciencia varios caminos libres de obstáculos para conducir los carros hasta el mismo centro de la infantería de Alejandro. Es posible que contase con algunos elefantes que siguieran a los carros, y cuando la caballería hubiese roto todavía más la falange, la infantería persa terminaría el trabajo sin perder ni un solo hombre.

Inferior *Darío escogió un campo de batalla en el que esperaba que sus carros rompiesen la infantería macedonia, permitiendo así que su enorme superioridad numérica se «tragase» a los invasores antes de que éstos pudiesen atacar. Alejandro contraatacó pero no lanzándose de frente contra su enemigo, sino desplazando sus fuerzas todavía más hacia el flanco a medida que los dos lados se acercaban.*

COMBATIENTES

Macedonios
- 7.000 de caballería, 40.000 de infantería.
- Bajo el mando de Alejandro Magno.
- 300 muertos.

Persas
- 120.000/250.000 hombres, con 40.000 de caballería.
- Bajo el mando del rey Darío III.
- 35.000 muertos.

En el campo de batalla

Alejandro se puso en marcha enseguida. Interpretó un eclipse lunar ocurrido unos días antes como un presagio de victoria. Estableció su campamento principal junto al río Boulemus y siguió adelante con sus hombres, transportando únicamente equipo para la batalla y provisiones para unos días.

Los macedonios llegaron a Gaugamela a primera hora de la tarde del 30 de septiembre y se encontraron con el ejército del rey en formación, cuyo frente se extendía varios kilómetros a lo largo de la llanura. Alejandro quería entrar en batalla de inmediato, pero Parmenión le rogó que se contuviese. Probablemen-

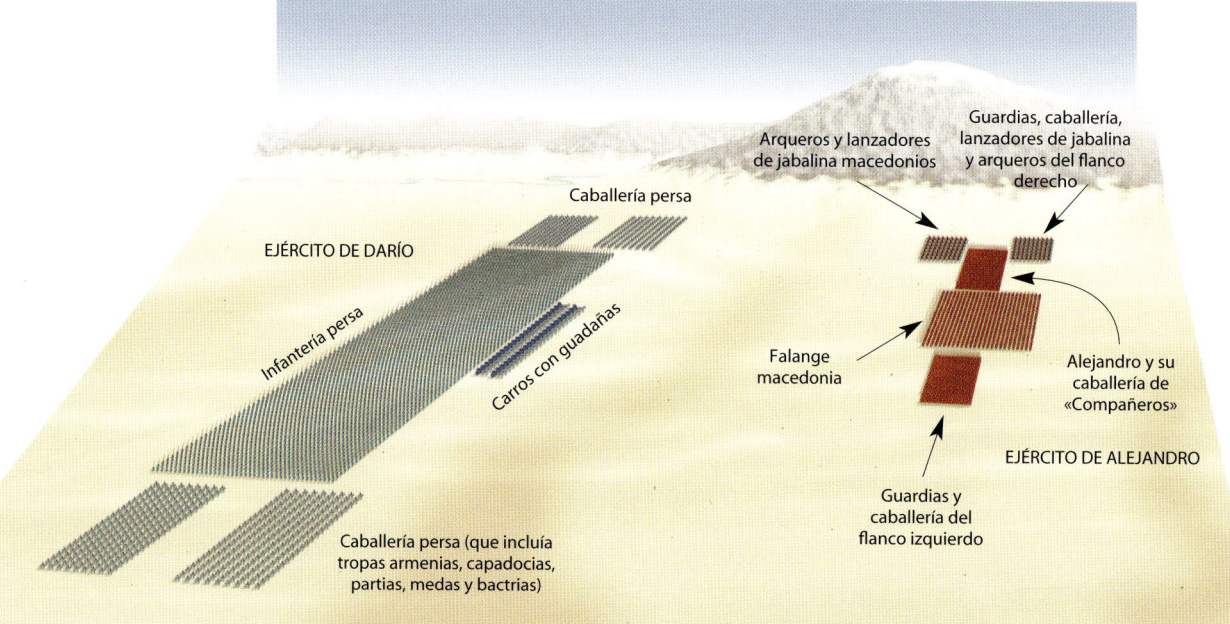

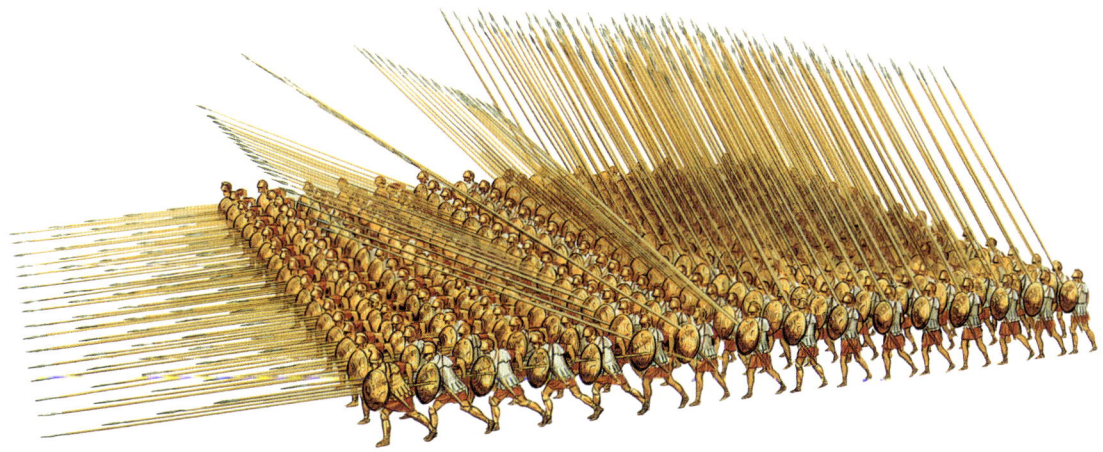

Izquierda *Parte de una falange macedonia en formación para la batalla. La principal función de la falange de Alejandro consistía en inmovilizar las fuerzas del enemigo hasta que la caballería pudiese aprovechar las debilidades de la línea enemiga.*

Inferior *El avance macedonio en ángulo obligó a adelantar la entrada en batalla de los carros, y la caballería tuvo que galopar desde el flanco derecho, muy alejado, antes de entrar en combate. Para entonces, Alejandro ya había golpeado el flanco opuesto y avanzaba hacia el centro y hacia Darío.*

te, este gesto salvó al ejército, ya que Alejandro dispuso así del tiempo necesario para reconocer el terreno y descubrir los caminos para los carros de la trampa de Darío.

Sin embargo, Alejandro rechazó la idea de Parmenión de luchar por la noche, cuando la oscuridad mitigaría la ventaja persa en cuanto a número. «No hurtaré la victoria», declaró Alejandro con altanería. Darío se vio así obligado a mantener sus tropas vigilantes toda la noche por si acaso, mientras que los macedonios aprovecharon el descanso nocturno.

Al amanecer, el ejército de Alejandro formó con precisión de plaza de armas, ligeramente a la izquierda del centro persa en el que Darío se encontraba. Avanzó, pero de forma oblicua y hacia la izquierda de los persas. Este ataque como de cangrejo les alejó de los caminos para los carros de Darío y obligó al rey persa a prolongar el flanco izquierdo de su ejército.

Darío tuvo que poner en marcha los carros antes de lo que había planeado. A medida que se acercaban, se enfrentaron a jabalinas y flechas. Cuando los últimos llegaron a la falange, las filas se abrie-

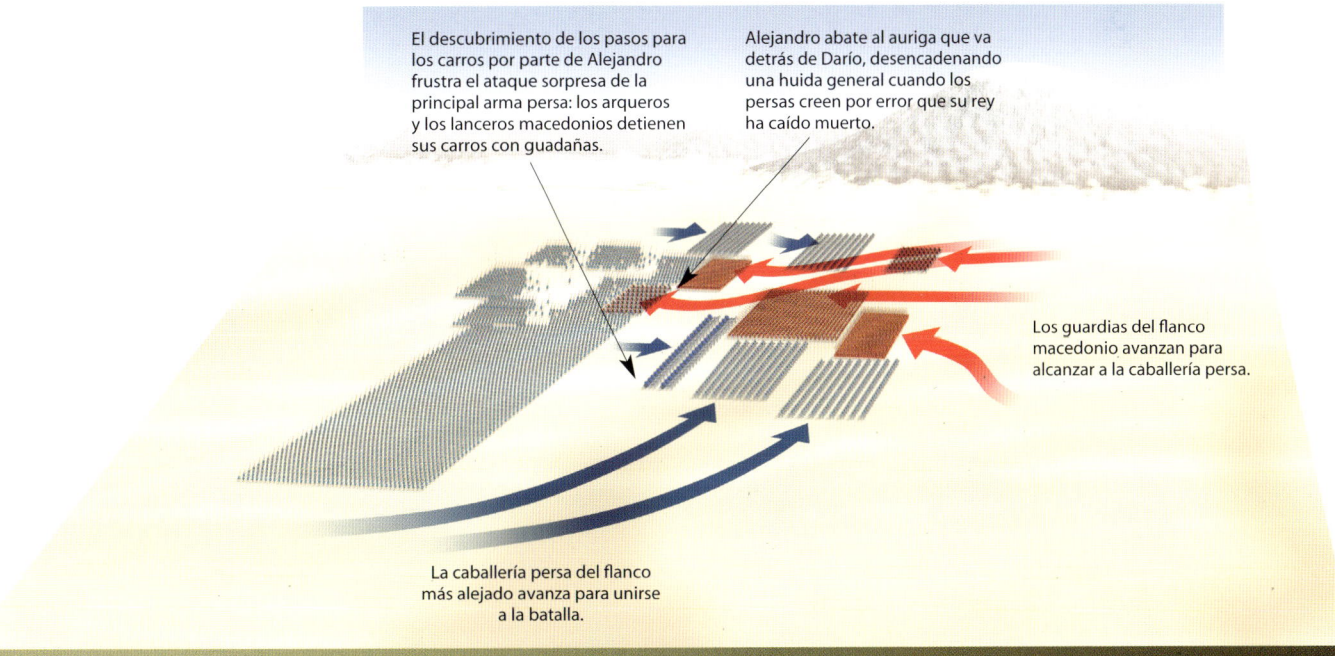

ron poco a poco y las atravesaron sin sufrir ningún daño.

Tal como Darío había planeado, la falange ya era vulnerable. Pero los carros habían atacado demasiado pronto, y la caballería destinada a aprovechar la apertura de la falange quedó bloqueada por un contraataque de los lanceros de Alejandro. Darío ordenó a toda prisa a la caballería del flanco derecho que se uniese a la batalla, pero había mucho terreno que cubrir antes de llegar al flanco izquierdo macedonio, liderado por Parmenión.

Alejandro se unió personalmente a la batalla y guió a sus «Compañeros» contra el ala izquierda de la infantería persa. Según Plutarco, «replegáronse los bárbaros, y se les perseguía con ardor, procurando Alejandro impeler los vencidos hacia el centro, donde se hallaba Darío».

La batalla fue muy equilibrada. Los carros de Darío fallaron, pero su caballería arrinconó a los lanceros. En el flanco derecho, la caballería persa había golpeado a la izquierda macedonia, ya muy desgastada. Si la caballería conseguía introducirse entre los falangistas y desestabilizarlos, Darío podría dominar al resto con su infantería.

Lo que comenzó siendo una batalla entre generales se convirtió en una refriega caótica. La caballería provocó enormes nubes de polvo, cegando a todos los combatientes excepto a los que se encontraban en su propio rincón del terreno. Alejandro estaba demasiado ocupado con su intervención personal en el combate como para ver el panorama en su conjunto; Darío, por su parte, sufrió las dificultades de un ejército muy numeroso e inexperto.

Darío contra Alejandro

En consecuencia, cuando la caballería persa se abrió paso entre la izquierda macedonia, los soldados creyeron que la victoria era inminente y se dispusieron a tomar el campamento de Alejandro. Mientras tanto, la derecha macedonia atacó el flanco izquierdo del ejército persa, siguiendo a Alejandro en su intención de alcanzar a Darío. Como si de una partida de ajedrez se tratase, si se atrapaba al rey, se ganaba el juego. El historiador siciliano Diodoro Sículo creía que Darío luchó bien:

«El rey persa recibió el ataque macedonio en su carro, lanzó jabalinas a sus enemigos y tuvo la protección de sus guardias. Cuando los dos reyes acercaron sus filas, una jabalina lanzada por Alejandro contra Darío falló, pero

derribó al conductor del carro que iba detrás del rey. Los persas que rodeaban a Darío gritaron al ver la escena, y los que se encontraban más alejados creyeron que su rey había caído. Éstos fueron los primeros en huir, y después los que estaban a su lado, y así sucesivamente hasta que todo el ejército persa se desintegró. Con el enemigo en los dos flancos, el rey se mostró preocupado. Se retiró, y ésa fue la señal de una huida general».

Los biógrafos de Alejandro (Arriano, Curcio Rufo y Plutarco) cuentan que Darío huyó con sólo ver al emperador, pero no son narraciones coetáneas. Una descripción lacónica de un calendario astronómico ba-

Imagen de Alejandro en un sarcófago que hoy descansa en Estambul. Probablemente, el sarcófago perteneció al noble persa Mazaeus, a quien Alejandro nombró gobernador de Babilonia después de su victoria en Gaugamela.

bilónico apoya la sugerencia de Diodoro de que el ejército de Darío *le* abandonó y no al contrario.

Repercusiones

Las noticias del éxito de Alejandro tardaron en alcanzar la izquierda macedonia, donde Parmenión tenía muchas dificultades. Había desplazado sus defensas para cubrir la retaguardia del ejército y se encontraba casi rodeado por tres partes. Tras recibir la petición de ayuda de Parmenión, Alejandro salió a su rescate. Sin embargo, cuando llegó descubrió que una carga vehemente de la caballería tesalia, combinada con las malas noticias sobre el resto del campo de batalla, había provocado la retirada de los persas.

Alejandro emprendió una brutal persecución hacia la ciudad de Arbela, asesinando a decenas de miles de persas que huían. Le perseguía la idea de que Darío iba a organizar otro ejército con esos hombres y que tendría que luchar de nuevo. Sin embargo, Darío fue asesinado por Bessus, el general que estuvo al mando del flanco izquierdo del ejército persa en Gaugamela.

Con la muerte de su rival, Alejandro se convirtió en el señor indiscutible del Imperio persa, y la influencia griega se extendió casi hasta el Himalaya.

4 Cannas

Fecha: 2 de agosto de 216 a. C.   Lugar: actual Cannosa, en el sudeste de Italia

Al día siguiente, cuando tuvo que ponerse al frente, Varrón hizo lo que se esperaba y, sin consultar con su colega, ordenó a los hombres que se preparasen para la batalla. A continuación, formó las legiones y cruzó con ellas el río. Paulo le siguió a pesar de su profunda inquietud por lo que se estaba haciendo.
(LOS GENERALES ROMANOS ANTES DE CANNAS, 216 A. C.), TITO LIVIO 22.45

Derecha *El busto de Capua, que supuestamente representa a Aníbal. Los romanos imaginaban a un Aníbal vengativo y tremendamente cruel, cualidades que este artista captó a la perfección.*

La segunda guerra púnica (218-202 a. C.) se denomina en ocasiones, y con mucha razón, «la guerra de Aníbal». El deseo de Aníbal de vengar la derrota de Cartago en la primera guerra púnica (264-241 a. C.) le inspiró a reunir un ejército en España y conducirlo hasta Italia atravesando los Alpes en una de las marchas más famosas de la historia.

Esta invasión tenía un objetivo político además de militar. Aníbal esperaba que cuando su ejército pisara suelo italiano, los pueblos de Italia se alzarían contra Roma. Era una idea muy plausible, ya que los samnitas de Italia central habían sido conquistados muy recientemente. Numerosas ciudades griegas del sur, como Nápoles y Tarento, no estaban contentas con el dominio romano, y los galos del norte de Italia permanecían sin conquistar y hostiles.

Aunque los galos acudieron en masa a la llamada de Aníbal, el resto de Italia siguió sin estar convencido. Aníbal derrotó a los romanos en Trebbia en el año 218, y de nuevo en el lago Trasimeno en 217, pero ningún general quería alzarse contra Roma.

Aníbal volvió a intentarlo en 216, año en que se apoderó de las provisiones romanas en Cannas (actual Cannosa) y posicionó su ejército al otro lado de las líneas de abastecimiento romanas, desde donde se atrevió a desmontarlas. Aníbal consideró necesario recurrir a esta acción porque Fabio Máximo (llamado «Cunctator», el que retrasa) adoptó la táctica de acechar al ejército de Aníbal sin llegar a presentar batalla, pero sin retirarse y permitir a los cartagineses que hurgasen sin obstáculos.

Sin embargo, la política romana había cambiado y Aníbal no lo sabía. Roma decidió destruir al general de una vez por todas y formó 16 legiones con auxiliares y caballería de apoyo, en total, 80.000 soldados de infantería y 6.000 de caballería. Trescientos años más tarde, cuando el poder de Roma se extendía desde Gran Bretaña hasta Mesopotamia, el Imperio contaba con un total de 25 legiones.

Los contrincantes

Para aumentar todavía más los problemas de Aníbal, la legión romana era sin ninguna duda la mejor fuerza de lucha de la antigüedad. En aquella época, los legionarios luchaban ataviados con cota de malla y portaban unos escudos ligeramente ovalados. Sus principales armas eran una lanza muy pesada, la *pi-*

lum, y una espada corta pero muy eficaz llamada *gladius*. Los legionarios luchaban en formación cerrada, casi hombro con hombro, y utilizaban los *gladii* para apuñalar al enemigo en la axila. La mayoría de sus oponentes luchaban con espadas más largas y necesitaban más espacio para clavarlas con eficacia. Este hecho casi garantizaba a los legionarios su superioridad en el campo de batalla, cualesquiera que fuesen las proporciones, ya que los romanos podían colocar tres hombres contra dos de sus enemigos.

Aníbal lideró una mezcla de nacionalidades. Contaba con lusitanos y celtíberos de España, galos de los pasos alpinos, hombres reclutados en la propia Italia, un núcleo de infantería libia y caballería de Numidia, en el norte de África. En todos los años que estuvo en Italia, los diferentes componentes de su ejército mostraron una buena disciplina y se mantuvieron completamente bajo su control, lo que demuestra la calidad de Aníbal como líder. Únicamente unos soldados con absoluta fe en su comandante podrían haber llevado a cabo el plan de Aníbal en Cannas.

Posiblemente, Aníbal supuso que la formidable infantería romana se lanzaría directamente sobre su línea, y esperaba romperla. Los informes de Tito Livio sobre los desacuerdos entre los cónsules romanos acerca de esta táctica probablemente tienen la intención de exculpar al cónsul patricio Emilio Paulo. El otro cónsul era el plebeyo Terencio Varrón. Normalmente, cada cónsul romano lideraba su propio ejército, ya que el consulado constituía el cargo político y militar más alto de Roma. Sin embargo, este ejército romano era tan numeroso que participaron ambos cónsules y se turnaron en el mando.

El día de la batalla

En Cannas, la mañana del 2 de agosto de 216 a. C., Emilio Paulo lideró la caballería del flanco derecho romano, enfrentándose a la caballería pesada hispana y gala entre el río Aufidus (el actual Ofanto) y el flanco izquierdo de la infantería de Aníbal. En el otro flanco de Aníbal aguardaba la caballería númida al mando de Maharbal, un apuesto comandante con una larga lista de conquistas amorosas en su haber.

Aníbal y su hermano Mago dirigieron el centro, donde recaería el golpe principal y donde se necesitaba la máxima precisión. Las tropas más fiables de Aníbal posiblemente las constituían los libios, que llevaban armaduras romanas ganadas en victorias anteriores y suponían una elección obvia para recibir el primer ataque de la carga romana. Sin embargo, Aníbal situó a sus tropas galas e ibéricas en el centro, mientras que los libios formaron dos bloques sólidos a la derecha y a la izquierda, por detrás de la primera línea.

La batalla comenzó cuando la caballería pesada de Aníbal rompió la caballería romana de Paulo con una carga brutal. No obstante, es de suponer que no cogería por sorpresa a los romanos. La superioridad de Aníbal en cuanto a la caballería era de todos conocida desde una acción ocurrida en el río Ticino, cerca de Pavía, en 218, donde el comandante romano Publio Escipión (padre del gran general Escipión el Africano) resultó herido.

Así, mientras Terencio Varrón conducía a su caballería contra la caballería númida de Maharbal, Paulo abandonó a sus tropas vencidas y se reunió con el grueso del ejército en su choque con el frente cartaginés. Éste acusó el impacto y empezó a ceder terreno poco a poco. Así lo explica Polibio:

«[*Paulo Emilio*] *galopó hacia el centro de la formación romana, y al tiempo que él mismo combatía y golpeaba con sus manos al adversario, excitaba y estimulaba a los soldados que tenía a su alrededor. Y lo mismo hacía Aníbal [...]*».

Parte del relieve de Domicio Enobarbo en el que se observan soldados ataviados con cotas de malla y escudos. Obsérvese que estos escudos eran más largos y más ovalados que los de los legionarios del Imperio. En las legiones, la lorica segmentata *sustituyó rápidamente a la* lorica hamata *(«armadura»), aunque los auxiliares continuaron usándola.*

Derecha *Casco utilizado por un soldado de caballería romano. Este tipo de casco se llamaba «beocio», presumiblemente en referencia los soldados de caballería de Tebas (Grecia) que lo crearon.*

Inferior *La debilidad de la caballería romana quedó más que compensada por la superioridad en fuerza y número de legionarios en el centro de su formación. Fue precisamente esta superioridad la que Aníbal planeó utilizar contra los romanos.*

Para Aníbal era crucial que su centro cediese terreno sin desintegrarse. En las batallas de la antigüedad, la mayoría de las bajas se producían cuando una línea de batalla se rompía: en ese caso, los que tenían más probabilidades de sobrevivir eran los primeros que huían corriendo, de manera que la moral y la disciplina eran esenciales para mantener la línea bajo presión mientras se retrocedía. Los galos y los ibéricos, a pesar de su fama de indisciplinados, hicieron exactamente lo que Aníbal les ordenó.

Detrás de los romanos, los acontecimientos no presagiaban nada bueno. La caballería pesada cartaginesa volvió a formar después de su persecución de los caballos romanos y recorrió la parte trasera de la línea de batalla para caer sobre la caballería de Varrón. Atacada desde los dos flancos, la caballería romana se desbocó y dejó a miles de jinetes cartagineses sin obstáculos detrás de la infantería romana.

Los comandantes romanos todavía creían que la victoria estaba próxima. El centro cartaginés se estaba doblegando. Las reservas romanas ocuparon el hueco y doblaron su línea de batalla en forma de «V». En el vértice de esa «V», los galos y los ibéricos aguardaban casi sin aliento. Sin embargo, a cada lado permanecía la infantería libia, y antes de que los romanos pudiesen reorganizarse, los libios cayeron sobre sus flancos. En aquel momento, la caballería cartaginesa atacó la parte posterior de la línea romana.

Masacre

Fue una clásica maniobra de acorralamiento. Los romanos se vieron rodeados y obstaculizados debido a su propia superioridad numérica. La infantería experimentada debería haber conseguido luchar y salir de la trampa, pero muchos legionarios romanos eran jóvenes recién reclutados que participaban en su pri-

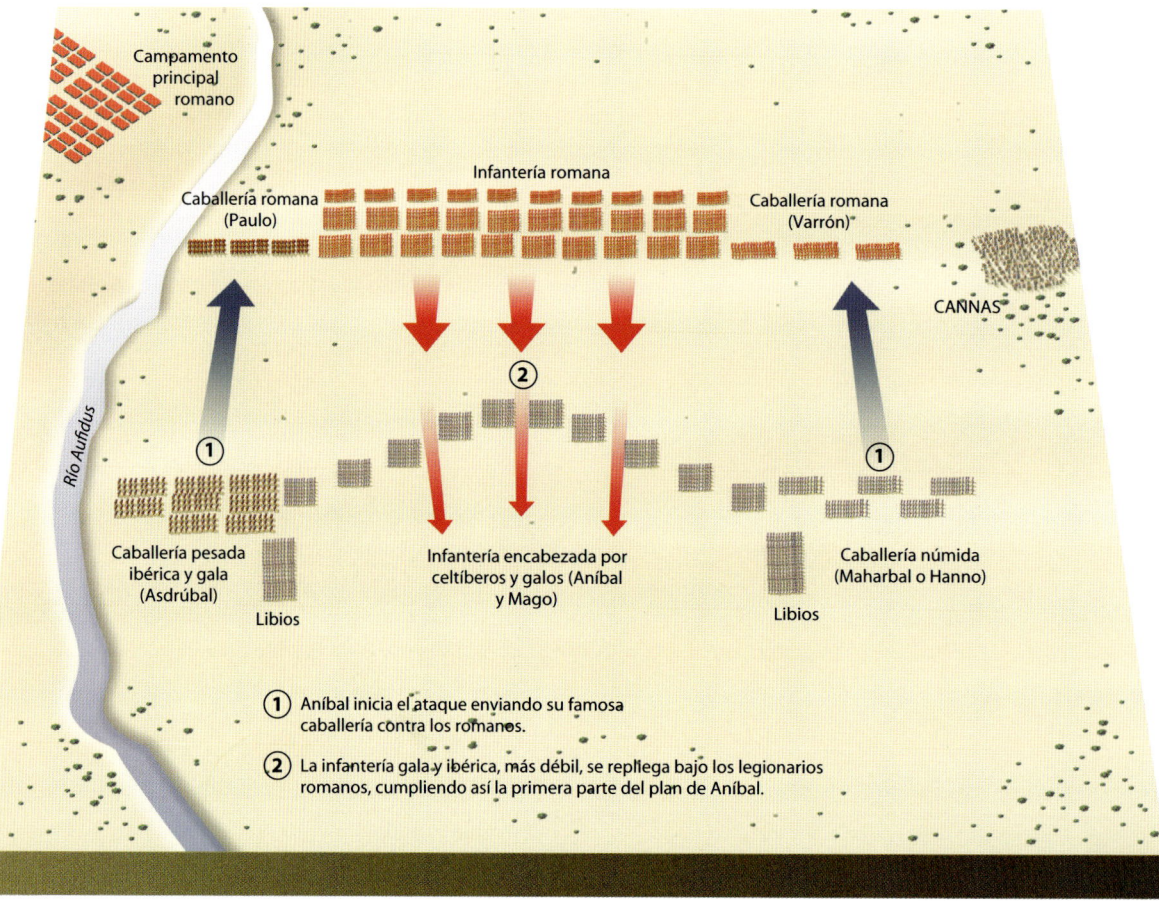

mera batalla. A pesar de encontrarse en una situación desesperada, lucharon con la obstinación que caracterizó a su república. La matanza, «una carnicería más que una batalla» (así la describió Tito Livio), se prolongó durante toda la tarde.

Cuando se logró la victoria, la llanura de Cannas se convirtió en un osario para unos 60.000 cadáveres (incluido el de Emilio Paulo; Terencio Varrón logró salvarse). Los consejeros de Aníbal le instaron a marchar inmediatamente sobre Roma, pero el ejército estaba exhausto. Los cartagineses carecían de equipo para sitiar las murallas de Roma y, en cualquier caso, Aníbal esperaba que aquella aplastante derrota terminara por obligar a Roma a llegar a un acuerdo. Además, Aníbal daba casi por sentado que los aliados italianos de Roma iban a abandonarla. A las objeciones de Aníbal, el exasperado Maharbal repuso: «Ningún general goza de un talento completo. Tú, Aníbal, puedes ganar batallas, pero no sabes cómo utilizar tu victoria».

Tenía razón. Roma no pidió la paz ni perdió muchas de sus alianzas, firmes como las calzadas que había construido. Roma se recuperó, y aunque Aníbal permaneció en Italia catorce años más, nunca logró otra victoria como la de Cannas o la de Trasimeno. Finalmente, fue llamado a África y cayó derrotado en la batalla de Zama, en el año 201 a. C. Cincuenta años más tarde, la venganza romana vio a Cartago derruida y cubierta de sal para evitar que los cimientos de la ciudad volviesen a levantarse de nuevo.

COMBATIENTES

Cartagineses
- 50.000 hombres.
- Mandados por Aníbal.
- 8.000 muertos.

Romanos
- 86.000 hombres.
- Mandados por Terencio Varrón y Emilio Paulo.
- 50.000 muertos.

Inferior Después de ahuyentar a la caballería romana, los jinetes cartagineses irrumpieron en la parte posterior de las líneas romanas. Así terminó el acorralamiento que se inició cuando la infantería libia se cerró en torno a los desorganizados romanos que se abrían paso en el centro de la línea cartaginesa.

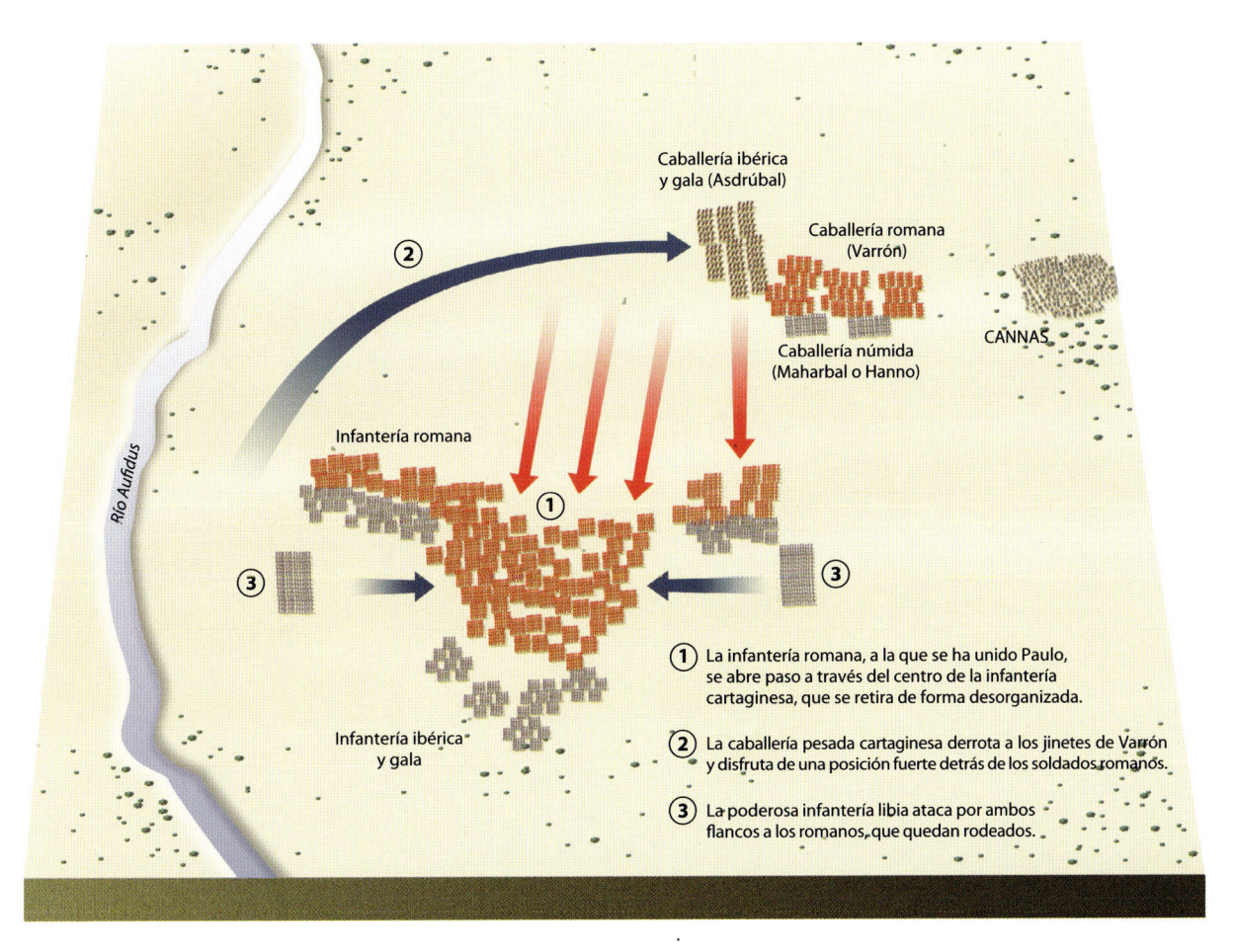

① La infantería romana, a la que se ha unido Paulo, se abre paso a través del centro de la infantería cartaginesa, que se retira de forma desorganizada.

② La caballería pesada cartaginesa derrota a los jinetes de Varrón y disfruta de una posición fuerte detrás de los soldados romanos.

③ La poderosa infantería libia ataca por ambos flancos a los romanos, que quedan rodeados.

5 Gaixian

Fecha 203 a. C.   Lugar: cerca de la actual Guzhen, provincia de Anhui, China

Llamó a su empresa la de un rey hegemónico, con la idea de controlar el mundo por medio de poderosas campañas. Transcurridos cinco años, finalmente perdió su estado y murió en Tung-ch´eng [Dongcheng] sin haber recuperado la cordura y culpándose a sí mismo. ¡Qué error!
(Sobre Xiang Yu) Sima Qian, The Grand Scribe´s Records, h. 100 a. C.

Derecha *Figura de cerámica pintada de un jinete: es un objeto funerario de Han occidental. Refleja el paso del uso de carros al de caballería e infantería como principales fuerzas en la batalla.*

Inferior *Liu Bang persiguió a Xiang Yu hacia el este atravesando la llanura de la China septentrional. Llegaron a Gaixian, donde el ejército de Chu fue atrapado por otras tres fuerzas Han.*

La batalla de Gaixian supuso el combate final de la prolongada lucha entre los generales rivales Liu Bang y Xiang Yu por el dominio de China después de la caída de la dinastía Qin. Este enfrentamiento marcó uno de los puntos de inflexión más significativos de toda la historia de China, momento en que la desunión y las luchas internas dieron paso a un duradero orden imperial.

Los contendientes

Poco después de la muerte del primer emperador, en 210 a. C., el duro gobierno de la dinastía Qin se enfrentó a varias rebeliones. Finalmente, dos hombres destacaron entre los líderes rebeldes. El fiero e impetuoso Xiang Yu, descendiente de una línea hereditaria de generales del reino de Chu, en el valle de Yangtzé, estaba al mando de la fuerza militar más poderosa y contaba con la lealtad de la mayoría del resto de líderes. Sin embargo, el astuto Liu Bang, antiguo funcionario de la dinastía Qin de origen humilde, lideró las tropas que tomaron la capital Xianyang (cerca de la actual Xian). Xiang Yu asignó reinos a 18 líderes rebeldes y se reservó para sí la primera posición entre iguales con el título de rey hegemónico de Chu occidental. Obligó a Liu Bang a evacuar la región y a trasladar sus fuerzas hacia el sur, al valle del río Han, donde él asumiría el título de rey de Han. Unos meses más tarde, el verano de 206 a. C., Liu Bang aprovechó la distracción de Xiang Yu para reocupar el territorio en torno a Xianyang, precipitando así la guerra entre Chu y Han.

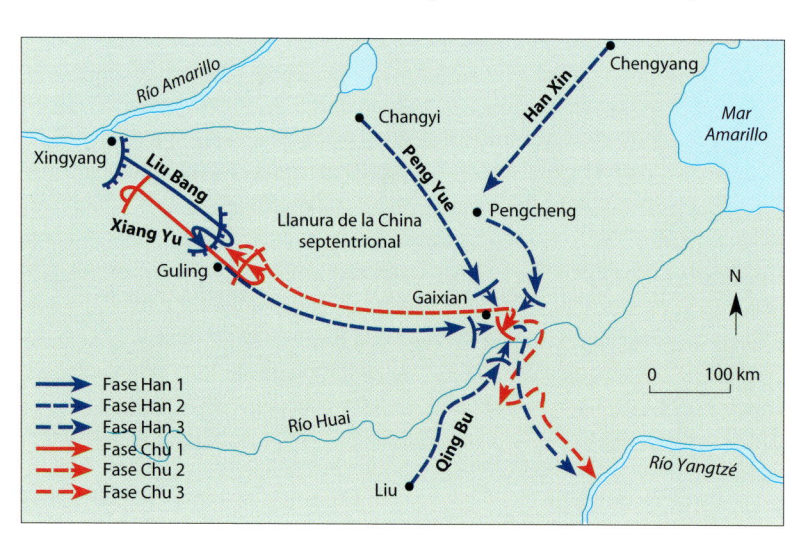

COMBATIENTES

Fuerzas Han
- 300.000 soldados, aproximadamente.
- Mandados por Liu Bang.
- Número desconocido de bajas.

Fuerzas Chu
- Unos 100.000 soldados.
- Mandados por Xiang Yu.
- 80.000 muertos, aproximadamente.

La lucha Chu-Han

Después de asegurarse la región alta en torno a Xianyang, Liu Bang se desplazó al este para disputarse con Xiang Yu el gobierno de la llanura de la China septentrional. Durante dos años y medio, los dos bandos lucharon por el control de una serie de posiciones fortificadas en Xingyang, Cheng-gao y Gongxian, al sur del río Amarillo (en la actual provincia de Henan). Mientras que Xiang Yu se concentró en atacar de frente estas posiciones Han con sus fuerzas superiores, Liu Bang envió a su mejor general, Han Xin, para derrotar a los aliados del rey hegemónico al norte del río Amarillo, además de sobornar a otro aliado Chu clave en el valle del Yangtzé y enviar a su propio aliado, Peng Yue, a hostigar a las líneas de abastecimiento que se extendían hacia el este, hasta el campamento de Xiang Yu (en las actuales provincias de Jiangsu y Anhui). En otoño de 203 a. C., el éxito de esta estrategia múltiple, ideada por el hábil Liu Bang, dejó debilitado, abatido y sin apenas provisiones al ejército de su principal adversario, Xiang Yu. En este punto, Xiang Yu llegó a un acuerdo para dividir el imperio con su rival y se retiró hacia el este, a su capital, en Pengcheng.

La batalla final

Los consejeros de Liu Bang le convencieron de que rompiese el acuerdo y saliese en persecución del ejército Chu. Después de que en Guling le tomasen la delantera, Xiang Yu cayó sobre sus perseguidores y los envió a la defensiva. Sin embargo, cuando los ejércitos liderados por Han Xin, Peng Yue y otros aliados Han coincidieron en la zona, las facciones contra Xiang Yu rodearon a su ejército en la ciudad de Gaixian, a aproximadamente 32 kilómetros al este de la actual Guzhen (Anhui). En ese lugar se enfrentaron sus 100.000 hombres contra una fuerza Han combinada de 300.000 soldados.

El ejército Han se desplegó en tres bloques, que Han Xin lideraba desde el centro del primer escalón. La primera arremetida del general Han fue repelida, pero, a su vez, las divisiones situadas a sus flancos izquierdo y derecho frenaron el contraataque Chu, de manera que Han tuvo la oportunidad de regresar a su posición ofensiva y derrotar al ejército Chu. Recluido en su campamento de Gaixian y al escuchar el sonido de las canciones del ejército Chu desde las líneas Han, Xiang Yu creyó que todo su reino había sido invadido. Desesperado, huyó hacia el sur acompañado de una escolta de 800 jinetes, aunque no tardó en ser acorralado en la orilla norte del Yangtzé. En ese mismo lugar se quitó la vida cortándose el cuello.

Consecuencias

La desaparición de Xiang Yu despejó el terreno para que Liu Bang se apoderase del trono imperial y estableciese la dinastía Han. Si Xiang Yu había mostrado predilección por una confederación de reinos regionales autónomos, Liu Bang y sus herederos trabajaron para construir un estado imperial más centralizado. La dinastía que crearon se mantuvo en pie hasta el año 220, y el sistema imperial de gobierno en China sobrevivió hasta 1912.

Figuras de cerámica pintadas que representan a soldados de infantería Han apenas armados. Se trata de objetos funerarios de una tumba del siglo II a. C. próxima a Xian y son representativos de lo numerosos que llegaron a ser los ejércitos Han.

6 Actium

Fecha: 2 de septiembre de 31 a. C.   Lugar: cerca de la isla de Levkas, Grecia occidental

César Augusto estaba en pie sobre la popa de su navío teniendo bajo sus estandartes al pueblo romano, a los dioses patrios y a las divinidades del Olimpo [...] Antonio, vencedor de los pueblos de la Aurora, estaba enfrente de la flota enemiga, arrastrando en pos de sí una tropa de bárbaros sacados de las riberas del mar Rojo y de las orillas del Nilo, de los bactros y otros pueblos orientales; y en pos de él iba, ¡oh, vergüenza!, con sus naves la reina de Egipto, su esposa.
VIRGILIO, *LA ENEIDA*, VIII

En el año 44 a. C., el asesinato del dictador Julio César desató una interminable serie de guerras civiles que acabaron con todo el mundo romano. Hacia el año 32 a. C. esas guerras se redujeron a un enfrentamiento entre dos poderosos aristócratas romanos y sus seguidores. El heredero de César, Cayo Julio César Octavio (conocido para los historiadores modernos como Octavio) se enfrentó al que fue mano derecha de César, Marco Antonio (o Antonio). Octavio, asentado en Italia, dominaba la mitad occidental del Imperio romano. Antonio controlaba gran parte de la mitad oriental del imperio con la ayuda de su aliada y esposa, Cleopatra VII, cabeza del reino helenístico de Egipto. La confrontación decisiva entre Octavio y Marco Antonio se produjo en el año 31 a. C., en la costa occidental de Grecia.

Lograr la superioridad naval resultaba esencial para ambas partes en esta campaña. Sin ella, a Octavio le resultaría imposible llevar suministros y refuerzos desde Italia o protagonizar una invasión decisiva de Egipto. Antonio, por su parte, necesitaba romper las vías de comunicación de Octavio y cruzar el Adriático para invadir Italia, sin dejar de mantener sus propios lazos con Egipto y las provincias orientales.

El grueso del ejército de Antonio se encontraba en Patras, en el golfo de Corinto, con guarniciones en

Cabeza en mármol de una estatua de Octavio, h. 30-25 a. C. Octavio era hijo de la sobrina de Julio César, que lo adoptó en su testamento.

puntos estratégicos rodeando el Peloponeso y escuadrones navales dispersados por las islas próximas. Su flota se hallaba atracada en Actium, en la entrada de la desembocadura del golfo de Ambracia (una gran bahía cerrada por un canal muy estrecho, de menos de 1.500 metros de anchura). A principios de la primavera del año 31 a. C., Octavio logró establecer su ejército en el promontorio septentrional de este canal mientras su flota, hábilmente comandada por Marco Vipsanio Agripa, derrotó a los escuadrones de Antonio en las islas y cortó gradualmente las rutas de suministro hacia Actium. Antonio y Cleopatra desplazaron su ejército al promontorio septentrional en un intento de obligar a Octavio a entrar en una batalla decisiva mientras su flota permanecía en Actium. Aquí, las condiciones insalubres y pantanosas, la falta de suministros y la moral menguante favorecieron la falta de entusiasmo entre sus comandantes y las deserciones en masa por parte de los remeros de los barcos de guerra.

A mediados del verano, la situación era desesperada. El almirante principal de Antonio, Cayo Sosio, intentó escapar por mar mientras Antonio dejaba a la mitad de su ejército tierra adentro, esperando ahuyentar a Octavio de la zona en disputa; probablemente, tenía la intención de unirse a Sosio en la costa oriental de Grecia. Sosio derrotó al escuadrón de naves que bloqueaban la entrada al golfo, pero Agripa condujo allí al resto de la flota y obligó a Sosio a retroceder.

Las noticias de esta derrota llevaron a Antonio a regresar a su campamento, donde se desató un debate en torno a la cuestión de si se abandonaba la flota y se dirigían al norte, a Macedonia, donde todavía se encontrarían aliados, o se guarnecía el mayor número posible de barcos de guerra con los mejores soldados y se intentaba otro ataque por mar. Si esta última opción salía bien, Antonio podría poner rumbo a Egipto y, tal vez, reunir otro ejército. Antonio no era un comandante naval experimentado, pero los argumentos a favor de una batalla naval, defendidos también por Cleopatra, eran sólidos. Aunque consiguiera alejarse con el ejército íntegro, abandonando la flota también se separaba de las legiones que todavía le eran leales en Siria y Cirenaica.

Preparativos para la batalla

El 2 de septiembre, Antonio quemó los barcos sobrantes, en su mayoría de transporte de tropas, para impedir que Octavio los utilizase. A continuación, embarcó a sus mejores soldados en los barcos de guerra restantes. Resulta imposible establecer la fuerza exacta de cada flota, pero la de Antonio era muy inferior en número. Octavio contaba con más de 400 barcos, mientras que la flota efectiva de Antonio, privada de barcos amarrados en la costa y las islas, y reducida todavía más por las enfermedades y la deserción, se situaba en torno a las 230 embarcaciones.

Los barcos de guerra antiguos se desplazaban gracias a la acción de remeros sentados en hasta tres niveles. Las clasificaciones aplicadas a estos barcos varían de «dos» a «dieciséis», y no se refieren al número de hombres que accionaban cada remo, sino al número total de remeros de cada grupo vertical. De ahí

Superior izquierda *Busto de basalto verde, probablemente de Marco Antonio (h. 40-30 a. C.). Se casó con la hermana de Octavio, pero se divorciaron en el año 32 a. C.*

Superior *Retrato en mármol de Cleopatra VII, h. 50-30 a. C. Tuvo un hijo con Julio César y tres con Marco Antonio.*

Derecha *Moneda romana de plata acuñada en el año 16 a. C. Muestra al dios Apolo de Actium realizando un sacrificio en una plataforma decorada con los espolones y las anclas de barcos de guerra capturados. Octavio adoptó esta imagen de Apolo como su patrón divino.*

Inferior *Relieve en mármol de Praeneste, que muestra una batalla naval (h. 40-30 a. C.). La embarcación presenta dos filas de remos; probablemente se trata de un «cuatro».*

que un «cinco» tuviese remos en sólo tres niveles, pero en los dos niveles superiores los remos fuesen accionados por dos hombres, mientras que el nivel más bajo contaba con un hombre por cada remo.

Los barcos de la flota de Octavio abarcaban desde trirremes (clasificados como «tres»), con aproximadamente 200 soldados y remeros, hasta «sextos», que podían llevar más de 500 hombres. Estaban equipados con espolones en la proa, aunque la principal táctica consistía en acercarse a la embarcación enemiga y atacarla con armas arrojadizas (incluidas pequeñas catapultas) para después luchar cuerpo a cuerpo e intentar subir a bordo.

Antonio disponía de embarcaciones similares, más algunas naves más grandes (auténticas fortalezas flotantes con torres para arqueros en la proa y la popa y con cientos de soldados en sus espaciosas cubiertas). Eran barcos con velas, una práctica nada habitual en las batallas marítimas antiguas. El plan de Antonio consistía en hacerse a la mar y, en cuanto sus barcos tuviesen viento favorable, poner rumbo al sur, rodeando el Peloponeso, hasta Egipto. Además de los barcos de guerra, Antonio disponía de numerosas embarcaciones comerciales, que apenas transportaban tropas y carecían de espolones o catapultas, pero que transportaban los cofres con tesoros de los botines de guerra de Antonio y Cleopatra. Resultaba vital que estos barcos se alejasen. El escuadrón de barcos de guerra asignados para escoltarlos incluía el propio buque insignia de Cleopatra.

El combate

El objetivo de Octavio consistía en bloquear la salida del golfo de Ambracia con una doble fila de barcos de guerra. Marco Agripa comandaba el flanco izquierdo de su flota, Lucio Arruncio el centro y el propio

COMBATIENTES

Octavio (Cayo Julio César Octavio)

- 406 barcos.
- Mandados por Marco Vipsanio Agripa y Lucio Arruncio.
- Número desconocido de bajas.

Antonio (Marco Antonio) y Cleopatra VII

- 230 barcos.
- Mandados por Publio Canidio Craso, Cayo Sosio, Lucio Gelio Publicola y Marco Octavio.
- Unos 150 barcos destruidos.

Octavio iba en el flanco derecho con una pequeña embarcación liburnia. Con el fin de aumentar las posibilidades de atravesar las líneas enemigas, Antonio ordenó a los barcos del flanco derecho y del izquierdo (al mando de Lucio Gelio Publicola y Cayo Sosio, respectivamente) que intentasen alejarse del centro, obligando al enemigo a moverse con ellos y alejándose así del centro de sus propias líneas. De este modo, se produjo un hueco a través del cual pudo pasar el escuadrón de Cleopatra con los barcos mercantes cargados.

En el flanco izquierdo de la flota de Octavio, los barcos de Agripa derrotaron a Publicola y pusieron rumbo a Antonio y al tercer escuadrón, el central, al mando de Marco Octavio. El propio buque insignia de Antonio quedó atrapado con otros barcos en la lucha que se desató en el flanco derecho, de manera que tuvo que pasar a otro barco más pequeño y seguir al escuadrón de Cleopatra. Le persiguieron algunas de las embarcaciones más ligeras y rápidas de Octavio. Cuando le dieron alcance, Antonio ya había pasado al buque insignia de Cleopatra y los perseguidores tuvieron que alejarse. Consiguió salvar aproximadamente 70 barcos de guerra.

Repercusiones

Octavo erigió en su campamento un enorme monumento a la victoria adornado con espolones de barcos enemigos capturados. Además, en aquel mismo lugar fundó una ciudad que bautizó con el nombre de Nikópolis («ciudad de la victoria»). Poetas contemporáneos como Virgilio y Horacio señalaron la batalla de Actium como el principio de una edad dorada para Roma. No fue tanto la derrota naval como el abandono de su ejército lo que representó el final para Antonio y Cleopatra y para sus posibilidades de derrotar a Octavio. Aunque el ejército comenzó una retirada hacia el norte, desde Actium en dirección a Macedonia, bajo el mando de Publio Canidio Craso, tan pronto como las fuerzas de Octavio dieron con él, las legiones veteranas negociaron un cambio de bando. Su sentido de la lealtad hacia Antonio no era lo suficientemente intenso como para hacerles ignorar la catastrófica realidad de la situación.

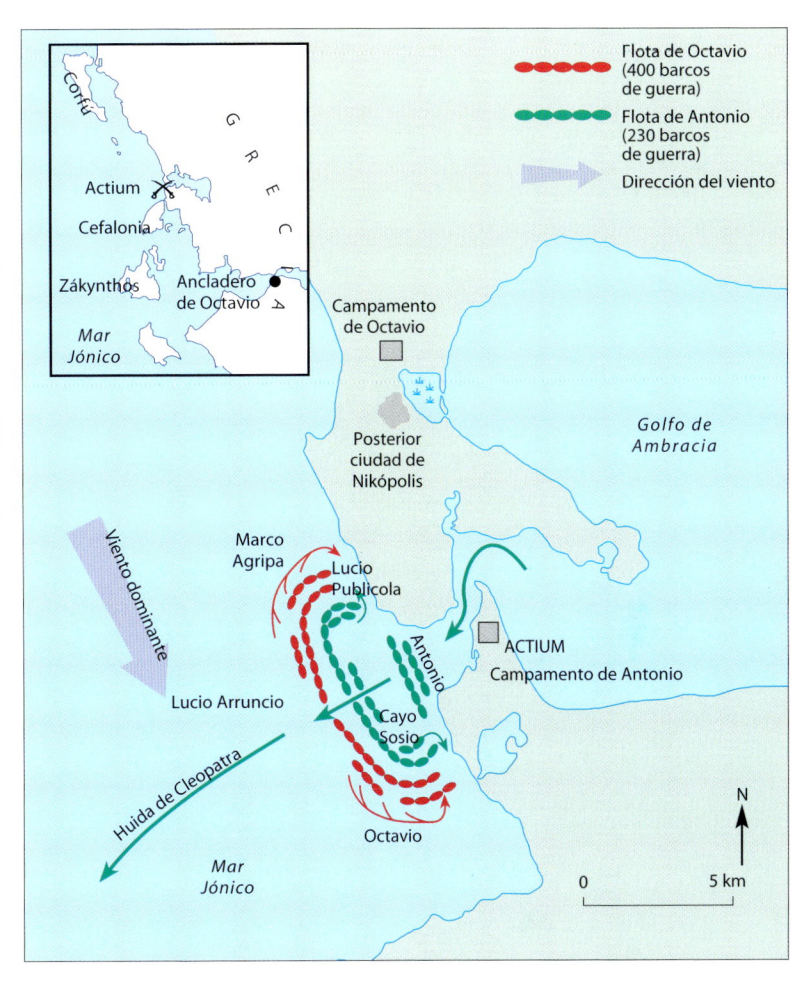

Octavio persiguió a la pareja de destino funesto hasta Alejandría. Antonio y Cleopatra prefirieron suicidarse antes que someterse al nuevo gobernante del mundo romano. Octavio regresó a Roma, se hizo llamar César Augusto e inauguró la línea de emperadores romanos que se prolongaría a lo largo de 500 años.

Publicola y Sosio intentaron alejar a los barcos de Agripa y Octavio del centro de Antonio, creando así un hueco para que Cleopatra pudiese huir. Sosio se alejó de Octavio, mientras que el escuadrón de Publicola fue derrotado por Agripa, que tomó el centro. Antonio luchó por abrirse paso entre los barcos de Arruncio, pero fue Cleopatra la que pasó primero, seguida de Antonio.

7 Bosques de Teutoburgo

Fecha: otoño del año 9   Lugar: Kalkriese, Alemania

En el campo, los huesos de los soldados se hallaban esparcidos allí donde habían caído, en su puesto o intentando huir. Había pedazos de armas y huesos de caballos y cabezas humanas sujetas a los troncos de los árboles.
Tácito, *Anales*, 1.61

Derecha Detalle de la punta de hierro de una lanza. Algunos guerreros alemanes utilizaban puntas de madera endurecida al fuego.

Inferior Reconstrucción de una empalizada. La construcción de esta estructura indica la cuidada planificación de Arminio, así como su uso del terreno para anular la superioridad romana de equipo y entrenamiento.

En los primeros años del siglo I de nuestra era, el emperador Augusto intentó hacerse con el control de Germania, una tierra sin conquistar e incómodamente cercana a Italia. Augusto debía pensar que una línea defensiva a lo largo del Elba sería más fácil de mantener que la que se extendía junto al Rin.

En el año 9, Germania parecía lo suficientemente conquistada como para que Augusto enviase un gobernador cuya principal preocupación fuera la romanización de la provincia. Ese gobernador fue Quintilio Varo, antiguo gobernador de Siria y esposo de la sobrina-nieta de Augusto.

Varo comandó tres legiones (la XVII, la XVIII y la XIX). Además, algunas de las numerosas tribus de Germania se aliaron con los romanos. Entre los jóvenes aristócratas germánicos que sirvieron con las legiones romanas con el objetivo de adquirir experiencia se encontraba Arminio, hijo de un jefe de la tribu de los queruscos.

Varo no era consciente de que Arminio se había convertido en un gran enemigo de Roma debido al saqueo de su tierra natal. Desde el instante en que Varo llegó a Germania, Arminio planeó reunir a las tribus y provocar la caída del líder romano.

Las tribus se presentaron ante Varo a fin de solicitarle guarniciones para apostarse con ellos. Varo accedió de inmediato y envió destacamentos, de manera que su propio ejército quedó debilitado. Finalmente, en el año 9, Arminio propagó la noticia de que había problemas en una zona distante de la provincia con la intención de que llegase a oídos de Varo. Era otoño, y parece ser que Varo decidió trasladar todo su campamento y afrontar el problema de camino a los cuarteles de invierno. Otro líder germánico, Segeste, suplicó a Varo que no confiase en Arminio, pero Varo no le hizo caso.

Acción

Los guías de Arminio hicieron que los romanos se perdiesen. A continuación, los germánicos atacaron. Al principio, estos ataques fueron a pequeña escala (emboscadas que se deshacían a la primera señal de resistencia seria) y la amenaza no parecía demasiado importante. Los romanos contaban con armas y entrenamiento, mientras que muchos germánicos luchaban sin protección alguna. Aunque algunos guerreros disponían de espadas, otros sólo contaban con una simple lanza (la *framea*), en ocasiones con nada más que una punta de madera endurecida al fuego.

BOSQUES DE TEUTOBURGO

No obstante, los romanos se sentían incómodos en la espesura del bosque, sensación que se agravó con una serie de tormentas. Cerca de la actual Kalkriese, en el borde de los montes Wiehen (al norte de Osnabrück), Arminio preparó una emboscada. Aquí, el bosque se extendía casi hasta el borde de un pantano impenetrable. Cuando los alemanes atacaron, el ejército romano quedó atrapado en la estrecha franja de tierra entre el bosque y el pantano.

Los romanos quedaron acorralados por un muro en el límite del bosque. Se trataba de una valla entretejida con ramas entre los árboles, una estructura que los germánicos utilizaban para impedir que su ganado se perdiese. Probablemente, los romanos se habrían dividido en el primer ataque y fueron incapaces de coordinar sus esfuerzos. En escaramuzas confusas y en una batalla que duró varios días, los romanos atrapados perdieron fuerzas poco a poco.

Consecuencias

Varo murió, asesinado o por suicidio. Otros siguieron su ejemplo, ya que los germánicos empleaban métodos espantosos con sus prisioneros. Al final, no sobrevivió ni un solo romano. Lo que se sabe hoy de la batalla procede de reconstrucciones, la primera de las cuales realizaron los propios romanos, que regresaron al lugar de los hechos varios años más tarde. Allí encontraron lugares donde habían sido sacrificados oficiales romanos y los huesos de los muertos repartidos por todo el campo de batalla.

El lugar del desastre se olvidó poco a poco. En Hiddesen, al sur de Detmold, se erigió un enorme monumento a la batalla. El lugar se encuentra a unos 50 kilómetros de la zona del bosque de Teutoburgo donde se produjo la batalla, y que ha sido descubierta recientemente por Tony Clunn, un aficionado a la arqueología. Clunn halló piezas de metal que sugerían que allí había tenido lugar una batalla, y varios arqueólogos han confirmado que allí ocurrió la *Varusschlacht* («la destrucción de las legiones de Varo»).

La victoria de Arminio provocó que la Europa noroccidental tuviese una cultura germánica en lugar de latina. Esto, a su vez, influyó profundamente en la historia europea posterior, y por extensión en la historia mundial.

Superior Máscara de casco romana de la batalla ocurrida en los bosques de Teutoburgo.

Inferior Las manchas amarillas de hallazgos arqueológicos más valiosos sugieren que los romanos intentaron atravesar las empalizadas en dos ocasiones antes de que sus formaciones se disolviesen y se aniquilaran a los supervivientes.

COMBATIENTES

Alemanes
- 35.000 hombres, aproximadamente.
- Mandados por Arminio.
- Número desconocido de bajas.

Romanos
- 20.000 hombres.
- Mandados por Publio Quintilio Varo.
- 20.000 muertos, más unos 3.000 civiles.

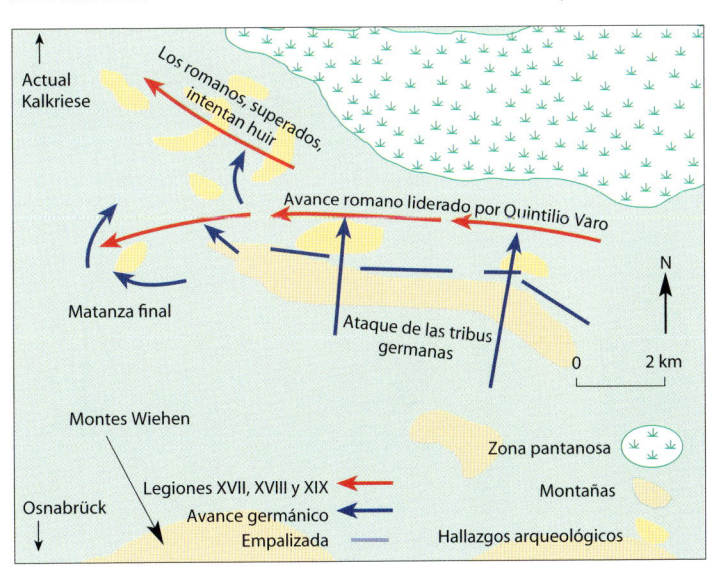

8 Adrianópolis

Fecha: 9 de agosto de 378   Lugar: actual Edirne, Turquía

*Las dos líneas de batalla se lanzaron entonces contra el adversario.
Como las proas de naves a punto de chocar, se movieron adelante y atrás
como olas en el mar. Nuestro flanco izquierdo había avanzado hasta los mismos
carros, y todavía habría avanzado más de haber contado con el apoyo adecuado.
El resto de la caballería los abandonaron. Padecieron una gran presión por la superioridad
numérica del enemigo, abrumados y derribados como las ruinas de una gran muralla.*
AMIANO MARCELINO, 31.12

A pesar de la tenaz defensa visigoda de su fuerte situado en lo alto de una colina y formado por carros, los romanos confiaron en su victoria hasta la inesperada llegada de una numerosa caballería visigoda.

En el año 376, el emperador romano Valente dio permiso a los visigodos para cruzar el Danubio y establecerse en el Imperio. Los visigodos buscaban refugio de los hunos, que iban arrasando en dirección oeste desde Asia central, mientras que los romanos esperaban que las zonas abandonadas se repoblasen con campesinos que pagarían impuestos y podrían engrosar sus ejércitos. La avaricia y la extorsión de los oficiales romanos al mando de la repoblación provocó que los visigodos declararan la guerra al Imperio.

Dos años más tarde, con los visigodos todavía por someter, Valente decidió poner fin a la guerra personalmente. Reunió a 40.000 veteranos de infantería y una mezcla de caballería pesada, arqueros a caballo y exploradores árabes (en total, aproximadamente 20.000 hombres).

A principios de agosto, Valente se encontró con los visigodos en Tracia, cerca de la ciudad de Adrianópolis. Valente se sentía animado por las noticias de las victorias contra los bárbaros que le llegaban de Graciano, emperador en Occidente, y de su general Sebastián. Además, sus exploradores le informaron de que el número de enemigos era muy inferior al que esperaban: aproximadamente 10.000 en total, y casi

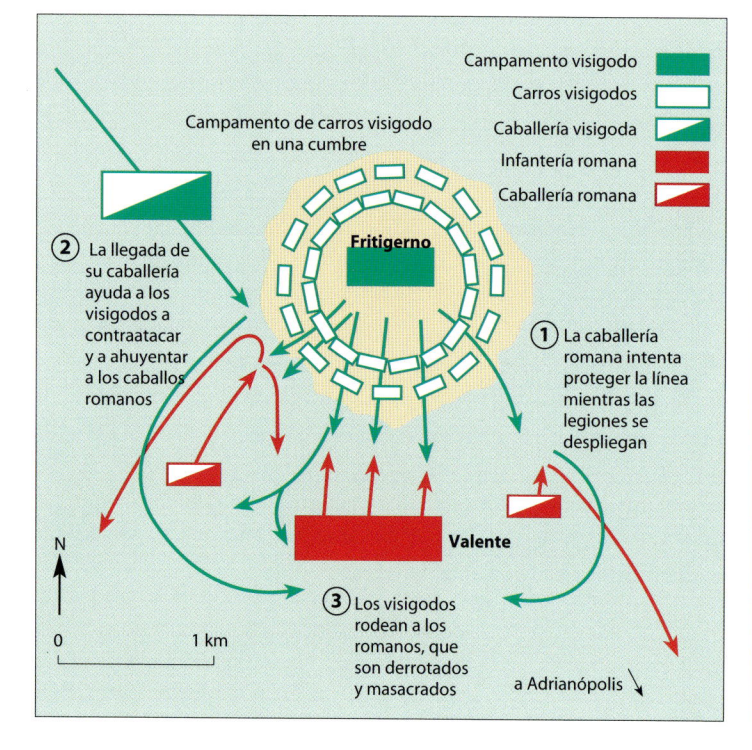

COMBATIENTES

Visigodos
- 60.000 hombres, 50.000 de caballería.
- Mandados por Fritigerno.
- Alrededor de 2.000 muertos.

Romanos
- 60.000 hombres.
- Mandados por el emperador Valente.
- 40.000 muertos, incluido a Valente.

todos de infantería. Como si tratase de confirmar su debilidad, el jefe visigodo Fritigerno se presentó ante Valente para pedirle la paz.

Confiado en la victoria, Valente despreció la oferta de Fritigerno. Aunque los consejeros del emperador le suplicaron que esperase a los refuerzos, Valente estaba decidido a someter al enemigo cuanto antes. El 9 de agosto de 378, Valente marchó desde Adrianópolis al lugar donde se encontraba el campamento visigodo de carros, o *laager*, en una cumbre situada a varias horas de camino. Los visigodos intentaron continuar con las negociaciones y prendieron fuego a los campos que rodeaban la colina con el fin de retrasar la llegada de los romanos. Finalmente, la infantería romana, frustrada por el retraso, tomó las riendas del asunto y se decidió a atacar.

El primer asalto, sin coordinación, fue un fracaso, pero los romanos veteranos se reorganizaron en un abrir y cerrar de ojos y volvieron a intentarlo, todavía confiando en la victoria. En este punto de la batalla quedó clara la razón de los intentos de los visigodos de retrasar las cosas. La caballería pesada visigoda estaba fuera, tal vez en algún asalto o saqueo. Y entonces hizo acto de presencia en un devastador golpe a la moral romana: 50.000 hombres, en formación compacta.

La caballería romana, totalmente superada, fue eliminada en el primer enfrentamiento. La nueva amenaza cogió desprevenida a la infantería. Su retirada colina abajo se convirtió en desbandada y derrota cuando los visigodos atacaron al enemigo desde los carros. Así lo explica Amiano Marcelino:

«Entre el alboroto y la confusión, nuestra infantería se hallaba exhausta por el esfuerzo y el peligro, hasta quedarse sin fuerzas para luchar y sin voluntad para planificar. Sus lanzas estaban rotas por los impactos incesantes, y por ello se decidieron a utilizar espadas. Con ellas atacaron las densas filas del enemigo. Fueron valientes hasta el suicidio, ya que no tenían ninguna esperanza de salvación. Se arrastraron en un terreno lleno de regueros de sangre, pues intentaban vender sus vidas lo más caras posible... Finalmente, sólo se veían montones de cadáveres».

El general Sebastián murió intentando reorganizar a sus hombres. Cuenta la leyenda que Valente fue perseguido por la caballería visigoda hasta una granja y que los godos cerraron la casa y la quemaron con todo lo que había en su interior. No se sabe si realmente ocurrió así, pero no cabe duda de que Valente murió en la batalla o inmediatamente después.

Fue «el final de toda la humanidad, el final del mundo», se lamentó san Ambrosio. Amiano explica que sólo un tercio del ejército logró escapar, de manera que las bajas romanas se situaron en torno a los 40.000 hombres. Fue el mayor desastre militar romano desde Cannas (*véase* pág. 32), y uno del que el Imperio nunca se recuperaría.

Superior
El sarcófago Ludovisi muestra una batalla entre germanos y romanos. El romano a caballo de la esquina superior derecha, con el brazo estirado, se identificó como Hostiliano, hijo del emperador Decio, que murió en 251.

Superior izquierda
Medallón de plata de Tréveris con un retrato de Valente de 367-375. Valente fue el hermano menor del emperador Valentiniano I, y mejor economista que soldado.

HIC

El mundo medieval

Las fuerzas militares más dinámicas de este período, en cuanto a territorio y pueblos conquistados, no fueron las caballerías feudales de Europa occidental, vencedora en guerras en el continente (en Hastings, 1066) y vencida en Bannockburn (1314), Crécy (1346) y Agincourt (1415), sino los nuevos ejércitos árabes islámicos del siglo VII, así como los mongoles del siglo XIII. Los árabes conquistaron Egipto, Siria, Mesopotamia, Persia, el norte de África y gran parte de España. Sólo se consiguió detenerlos en Poitiers (732), en la parte occidental de Francia. Los musulmanes no volvieron a realizar campañas tan al norte. El impacto de la expansión musulmanes todavía se percibe hoy en día.

Los mongoles no sólo conquistaron China, sino también Persia, Mesopotamia y el sur de Rusia. En su avance hacia el este de Europa, salieron victoriosos en Liegnitz (1241) frente a un ejército germano-polaco. Las alas del despliegue mongol, mucho más numeroso, desbordaron a sus oponentes, golpeados por los arqueros desde el flanco. Al año siguiente, los mongoles regresaron a Europa cuando llegó a sus oídos la noticia de la muerte del Gran Kan. En 1260, otra fuerza mongol capturó Aleppo y Damasco, en Siria, aunque fue derrotada por los mamelucos, más numerosos, en Ain Jalut (al sudeste de Nazaret). En Japón, los mongoles fueron derrotados en la bahía de Hakata (1281). Imitando a los mongoles, Timur el Cojo (1336-1405, llamado más tarde Tamerlán) invadió Asia central, saqueó Delhi, capturó Damasco y Bagdad y, en 1402, cuando circulaban rumores sobre sus planes de una conquista mundial, acabó con los otomanos en Ankara.

En comparación, los intentos de los europeos occidentales de expandir su poder se limitaron a Europa oriental y el Mediterráneo. En este caso, los Cru-

En esta famosa escena del tapiz de Bayeux, el rey Harold de Inglaterra aparece herido de muerte mientras se pierde la batalla de Hastings (1066) frente a los invasores normandos.

Página del Apocalipsis de Tréveris, siglos VIII-IX, en la que aparecen soldados medievales. Además del legado romano, los gobernantes dependían de las comitivas de sus vasallos (seguidores bajo juramento). En comparación con los romanos, las fuerzas militares eran reducidas, no estaban tan bien entrenadas y, con frecuencia, constituían expresiones «privatizadas» de poder social en lugar de expresiones públicas de poder estatal. Además, dado que las tropas no recibían dinero en metálico, las campañas sólo «funcionaban» realmente si se obtenían tierras para repartirlas o saquearlas.

zados fueron derrotados en Hattin (1187) por otro imperio musulmán: el general kurdo Saladino (1138-1193) tomó Egipto, Siria y gran parte de Palestina, mientras que sus generales avanzaron hacia Yemen y las actuales Sudán y Túnez. Si Palestina no pudo ser conservada por los Cruzados, Bizancio (el Imperio romano de Oriente) tampoco fue capaz de mantener sus posiciones. La de Manzikert (1071) supuso una derrota espectacular a manos de los turcos selyúcidas, proceso que culminó con la Caída de Constantinopla en el año 1453. Los otomanos ya habían invadido Grecia, Bulgaria y gran parte de Serbia, con victorias cruciales en Nicópolis (1396) y Varna (1444).

Los europeos occidentales tuvieron más éxito en la conservación de sus zonas decisivas: los magiares fueron derrotados en Lechfeld (Alemania) en 955, donde la caballería pesada germana desempeñó un papel fundamental. Como era habitual en las guerras en Europa occidental, esta caballería no se basaba en los arqueros, sino en las armas para el combate cuerpo a cuerpo (principalmente espadas).

En Europa, el desarrollo de los caballeros, los castillos y las técnicas de asedio de los francos permitieron aumentar su poder a los gobernantes con posibilidades de utilizarlos en mayor o menor medida, tanto contra oponentes europeos como en sus fronteras. La infantería también desempeñó un papel decisivo en los asedios y en la defensa de los castillos,

además de su participación en las batallas. La importancia de la infantería se demostró en Hastings (1066). Lejos de suponer una victoria fácil por parte de un sistema militar avanzado (la caballería normanda derrotó fácilmente a la infantería inglesa), la batalla fue una dura lucha entre dos sistemas eficaces y su resultado no se vislumbró hasta el final. Harold eligió una posición defensiva fuerte en las laderas de un monte, ofreciendo así protección contra la caballería normanda. Finalmente, el muro de protección de los ingleses se vino abajo debido a los avances planificados para explotar las retiradas reales o fingidas de los normandos. La posición inglesa había quedado rota.

La infantería adoptó un papel más importante con la aparición de los infantes con picas, victoriosos en Bannockburn (1314), y de los arqueros, vencedores en Crécy y Agincourt. Estos conflictos fueron guerras civiles y batallas entre protonaciones: los escoceses lucharon por Eduardo II de Inglaterra, y los franceses por Enrique V de Inglaterra, que también reclamaba el trono francés. En estas guerras civiles, los factores políticos desempeñaron un papel decisivo, tal como refleja la derrota de Ricardo III en Bosworth (1485). La capacidad de liderazgo también era importante en la batalla. En Bannockburn, los ingleses dirigieron muy mal a sus arqueros, mientras que los escoceses, armados con picas situados en un terreno bien elegido, lograron ahuyentar a la caballería inglesa.

Poitiers

Fecha: h. 732   Lugar: centro-oeste de Francia

9

Con la ayuda de Cristo, él [Carlos Martel] invadió sus tiendas y los siguió sin descanso en la batalla para desgastarlos hasta su derrocamiento, y cuando Abd al-Rahman pereció en la batalla, destruyó a sus ejércitos, esparciéndolos como rastrojos ante la furia de su ataque, y en el poder de Cristo finalmente los destruyó.
THE CHRONICLE OF FREDEGAR, H. 732 (FREDEGARII ET ALIORIUM CHRONICA)

En esta batalla, Carlos Martel, mayordomo de palacio (h. 688-741) del reino franco, derrotó a un ejército musulmán y aniquiló a su jefe, Abd al-Rahman al Gafiqi, gobernador de la España musulmana o Al-Andalus. Los francos eran un pueblo germano que llevaban asentados entre el Rin y el Loira desde el siglo v bajo los reinados de su casa real merovingia, y que dominaban las tierras de los alrededores. Las guerras entre los gobernadores merovingios habían debilitado su poder, que fue usurpado por grandes nobles que se autodenominaron «mayordomos de palacio». Los sarracenos tomaron España en 711, durante la gran oleada de conquistas islámicas que se produjeron en el Mediterráneo tras la muerte del Profeta en el año 632. Las fuentes de ese período son escasas, y ni siquiera se sabe con certeza el año de la batalla. Las fuentes musulmanas españolas escritas siglos más tarde indican el año 732, pero la *Crónica de 754*, cristiana, española y contemporánea, sugiere finales de 733 o 734, probablemente en octubre.

Campaña y contexto de la batalla

Carlos Martel fue el último de una serie de miembros del clan Arnulfo que logró ocupar el puesto de mayordomo de palacio e imponerse como gobernador *de facto* de las tierras francas, relegando al merovingio Teodorico IV (721-737) a un papel honorífico. Las encarnizadas luchas durante la toma de poder de la familia Arnulfo habían debilitado el dominio franco sobre las zonas periféricas que siempre habían gobernado. El duque Eudo poseía la próspera Aquitania y no estuvo en disposición de desafiar a Carlos hasta 720, año en que los musulmanes españoles empezaron sus incursiones al otro lado de los Pirineos. En 720-721, Eudo derrotó a un gran ejército sarraceno en la batalla de Toulouse, pero no pudo evitar las incursiones musulmanas en Autun en el año 725 y la caída de Carcasona y Nîmes al año siguiente. Eudo intentó sacar partido de las diferencias entre los bereberes y los conquistadores árabes de España, y con esa intención casó a su hija con Munnuza, un jefe bereber que lideró una rebelión fallida. En venganza, el líder sarraceno Abd al-Rahman encabezó un gran ataque sobre Aquitania, probablemente en el año 733, que obligó a Eudo a solicitar la ayuda de Carlos.

La batalla

Carlos reunió a un numeroso ejército, en su mayoría franco (aunque también incluía borgoñones), y se enfrentó a Abd al-Rahman en su marcha al norte desde Poitiers hacia Tours. Ambas partes establecieron campamentos fortificados,

La caballería ligera, como este arquero a caballo, fue un elemento característico de los ejércitos islámicos, aunque la mayoría de los que participaron en Poitiers probablemente lucharon a pie, igual que sus enemigos francos.

Los atacantes musulmanes asaltaron los territorios de la cristiandad, pero si hubiesen logrado una gran victoria sobre los francos, podría haber supuesto el comienzo de una gran conquista.

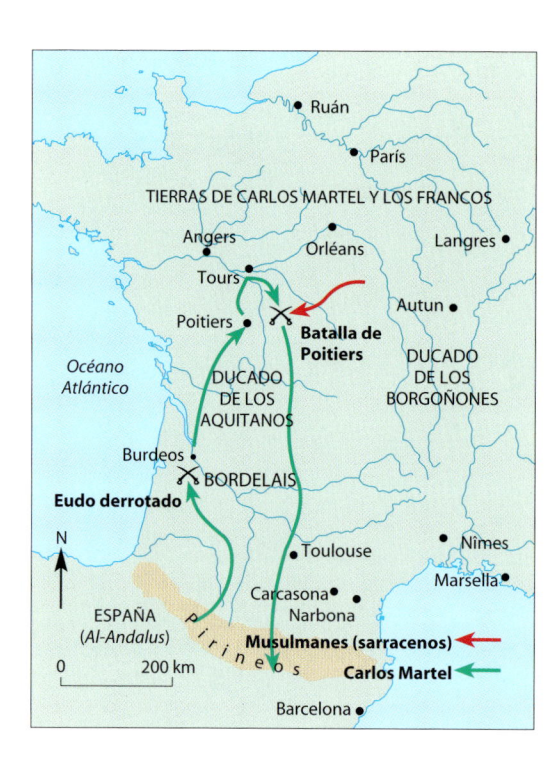

COMBATIENTES

Francos

- Mandados por Carlos Martel.

Árabes

- Mandados por Abd al-Rahman (sarracenos y ejército bereber de España).

Se desconocen las cifras de combatientes. Probablemente, ambos bandos lucharon sobre todo a pie, con un número sustancial de jinetes pero que no se utilizarían de un modo sistemático. Se dice que los francos aguantaron inmóviles el asalto enemigo, pero no se tiene ningún dato certero de la batalla. Ni siquiera existe unanimidad sobre el lugar y el año de la misma.

pero por desgracia no se dispone de información sobre el modo en que se enfrentaron por primera vez una fuerza musulmana y un gran ejército del norte de Europa. La cita de la continuación de Fredegario muestra el punto de vista occidental, mientras que la *Crónica de 754* añade poco con la excepción de que los francos se mantuvieron firmes contra los invasores. Parece ser que los ejércitos francos de esta época se concentraron en los séquitos bien armados de los señores, y que luchaban a caballo o a pie con lanza, espada y arco, con el apoyo de fuerzas más numerosas de infantería no tan equipada. Brunner, escritor alemán de finales del siglo XIX, sugería que los árabes formaban un ejército principalmente de caballería y que Carlos debió su victoria a la introducción de la caballería pesada, de los caballeros y de las tácticas de «choque». Los historiadores modernos, en cambio, no creen que estos elementos apareciesen antes de principios del siglo X. Si bien es cierto que la caballería ligera sarracena resultaba importante en los ejércitos de Al-Andalus, la infantería también desempeñaba un papel clave, de manera que los dos ejércitos no eran radicalmente distintos.

Significado de la batalla

Fredegario sugiere que Carlos disfrutó de una victoria decisiva, pero aunque Abd al-Rahman cayó muerto, el ejército sarraceno arrasó sistemáticamente todo lo que encontró a su paso en su retirada a España. Además, Carlos no logró someter a Aquitania o a los hijos de Eudo, y el gobierno de los Arnulfo sólo se afianzó por fin en la zona bajo el mandato de Carlomagno (768-814). Los musulmanes no volvieron a atacar tan al norte. No obstante, siguieron estableciéndose en la Provenza, donde su gobierno se afianzó con firmeza al tomar el control de Narbona y de las ciudades costeras. Carlos atacó la zona en 737 y volvió a intentarlo en 739, aunque sin éxito.

Las generaciones anteriores habían visto la batalla de Poitiers como el momento crucial en que se puso freno al Islam y se salvó la cristiandad de Occidente, un punto reforzado por el fracaso del último ataque árabe sobre Constantinopla en 718. La expedición árabe de 732-733 se consideró como una simple incursión que se retiró a la primera señal de oposición seria. La lucha decisiva tuvo lugar en guerras prolongadas y oscuras por el control de Provenza. La marea de invasiones islámicas siempre se ha beneficiado de las divisiones y las debilidades de sus enemigos tanto como de su propia fuerza. En Provenza, los árabes disfrutaron del apoyo de Mauronto, duque de Marsella y enemigo de la casa Arnulfo, y una victoria árabe en Poitiers podría haber prolongado esta situación. Conviene recordar que se trataba de un ejército musulmán fuerte, liderado por el propio gobernador en persona. Carlos no era más que un jefe militar belicoso, pero en 732 repelió un ataque musulmán cuya victoria podría haber tenido consecuencias muy serias.

Lechfeld

Fecha: agosto de 955   Lugar: cerca de Augsburgo, en el sur de Alemania

10

Aquellos que llegaron a los pasos del río fueron arrojados al agua por nuestros hombres que tripulaban los ferris; el resto fue reducido. Los que lograron llegar a la otra orilla murieron a manos de los hombres que vigilaban las orillas.
GERHARD DE AUGSBURGO, *THE LIFE OF SAINT ULRICH*, H. 985

Inferior izquierda
Otón I en una escultura contemporánea que se encuentra en Magdeburgo.

Inferior
Guerrero húngaro equipado con un arco compuesto y protegido con una funda impermeable.

A mediados de agosto de 955, las fuerzas del rey germánico, Otón I, aniquilaron a un enorme ejército de húngaros (también conocidos como magiares), arqueros agresivos. Su modo de vida seminómada y sus tácticas militares recordaban a las de los hunos, los ávaros y (más tarde) los mongoles. Se habían asentado en las llanuras de la cuenca de los Cárpatos (h. 900), desde donde emprendían expediciones de saqueo hacia Europa occidental. Aunque Alemania y el norte de Italia sufrieron gran parte de estos ataques, las fuerzas extremadamente móviles de los magiares llegaron en ocasiones a Francia, al sur de Italia e incluso, en una ocasión, a España. Su catastrófica derrota en 955 puso fin a estas incursiones. Los jefes de la expedición, Bulksu y Lel, fueron capturados y ahorcados, y la mayoría de sus hombres murieron en la batalla.

Fecha y lugar de la batalla

Debido a una referencia al día de san Lorenzo en los *Anales de san Gall*, la batalla de Lechfeld se encuentra fechada en el 10 de agosto. Sin embargo, dos contemporáneos fiables (el monje Widukind, de Corvey, y el clérigo Gerhard, de Augsburgo) coinciden en citar otra referencia de los *Anales* según la cual la aniquilación de los magiares tuvo lugar después de numerosas escaramuzas posteriores a ese día. Por tanto, esta derrota catastrófica podría no haber tenido lugar el día de san Lorenzo en Lechfeld, la extensa llanura del río Lech, sino cuando los magiares huían al este, hacia su tierra, atravesando Bavaria.

Gestación de la batalla

Los húngaros invadieron la zona a mediados del verano. Aprovechando las insurrecciones en Germania, esperaban poder obligar a las fuerzas de Otón a entablar una batalla decisiva. Los invasores atravesaron Baviera por la parte sur del Danubio, cruzaron el Lech y continuaron avanzando hasta el río Iller, en el vecino ducado de Suabia. A continuación, se replegaron y devastaron una franja de territorio de 100 kilómetros de anchura y sitiaron Augsburgo, un centro episcopal presidido por el obispo Ulrich. Gerhard, el hagiógrafo del clérigo, describe su heroica defensa de la ciudad, un factor que se tuvo en cuenta para la posterior canonización de Ulrich. Mientras tanto, Otón concentró sus fuerzas en Ulm y marchó a través del paisaje devastado al oeste de Augsburgo.

Después de recibir noticias sobre el avance del rey, los líderes magiares

10 EL MUNDO MEDIEVAL

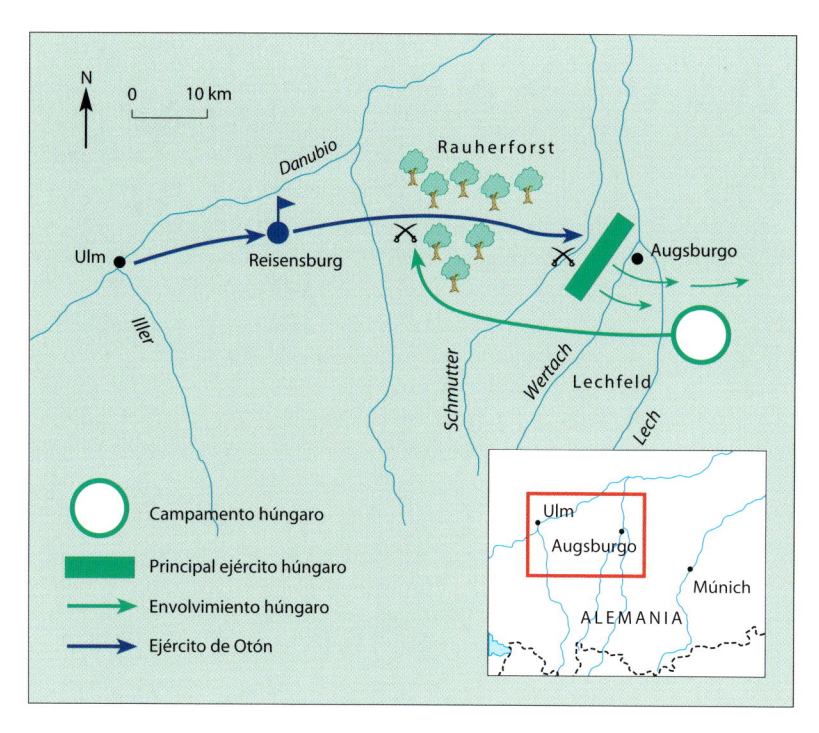

Tras su envolvimiento fallido, los magiares fingieron la retirada, intentando atraer a las fuerzas de Otón hacia Lechfeld, un escenario ideal para los arqueros a caballo. El rey no picó el anzuelo.

levantaron el sitio y desplegaron sus fuerzas para unirse a la columna de alivio. Una región boscosa al oeste de Augsburgo (Rauherforst) protegía a los germánicos de los arqueros magiares, cuya táctica principal consistía en descargar una lluvia de flechas sobre sus enemigos desde cierta distancia. No obstante, el bosque también dificultaría la visibilidad a los germanos, ya que un destacamento húngaro se colocó sin ser visto detrás de las tropas de Otón. Después de acabar con un contingente de Bohemia que se encargaba de vigilar la intendencia, atacaron a dos legiones suabias al final de la columna. No obstante, los desastres llegaron a su fin cuando Conrad, yerno del rey, lanzó un enérgico contraataque que ahuyentó a la fuerza envolvente.

La batalla principal

Libre de la amenaza en la retaguardia, Otón desplegó a sus hombres y lanzó un asalto frontal de caballería pesada sobre la fuerza húngara que se interponía entre él y Augsburgo. Dos fuentes describen el enfrentamiento (generalmente llamado «la batalla principal»). Desde el punto de vista de unos informadores que participaron en la carga, Widukind describe un combate caótico cuerpo a cuerpo en el que las fuerzas magiares cayeron hechas pedazos. Dado que la caballería de Otón, muy equipada, tenía ventaja al luchar en orden cerrado contra arqueros equipados con lo justo, muchos historiadores creen que los jefes magiares cometieron el error fatal de mantenerse en sus puestos para recibir la carga. Gerhard, sin embargo, relata los acontecimientos desde una perspectiva distinta. Aunque permaneció en las murallas de Augsburgo, no pudo ver el enfrentamiento a 8 kilómetros al oeste de la ciudad. Escuchó el choque de las armas y fue testigo de cómo los húngaros regresaban a Augsburgo en buen estado. Sus movimientos transmitían la impresión de que los magiares volvían para retomar el sitio. Gerhard, sin ningún tipo de duda, respiró aliviado cuando estos jinetes pasaron de largo junto a la ciudad, cruzaron el Lech y se adentraron en el extenso Lechfeld bávaro.

La descripción de Gerhard de su huida coincide con una retirada simulada, muy bien planeada, para atraer a los hombres de Otón a un paisaje sin árboles al este del Lech, donde su táctica resultaría más efectiva. Sin embargo, el rey germánico no cayó en la trampa. Los siguió con cautela a poca distancia y regresó a Augsburgo antes del anochecer. A la mañana siguiente (11 de agosto), despachó correos rápidos a los hombres que vigilaban los vados y las barcazas de los cruces de los ríos, en Baviera oriental. Fue en esos cruces, y no en el Lechfeld, donde otras fuerzas que ocupaban fuertes en Baviera oriental derrotaron a los húngaros en los días posteriores a la mencionada batalla.

COMBATIENTES

Germánicos

- 8.000 hombres bien armados, incluyendo al menos 1.000 de caballería pesada; unos 1.500 defensores de Augsburgo; al menos 3.000 jinetes bohemios y bávaros de caballería pesada en fortalezas en los cruces de los ríos.

- Mandados por el rey Otón I.

- 3.000 hombres (3 legiones) aniquilados en un ataque por sorpresa; número de bajas sin especificar en la batalla principal.

Húngaros (magiares)

- Máx. 20.000 arqueros a caballo; 5.000 soldados a pie.
- Mandados por «Horka» Bulksu y Lel.
- Pocos supervivientes.

Conclusión

Resulta difícil explicar la aniquilación de este ejército magiar de más de 10.000 arqueros a caballo si se tiene en cuenta que la fuerza de Otón ascendía a sólo 8.000 hombres. Aunque el gobernante germánico hubiese derrotado a los húngaros en el Lechfeld, uno puede llegar a la conclusión de que, bajo circunstancias normales, estos esquivos guerreros de la estepa podrían haber huido a la cuenca de los Cárpatos para curarse las heridas, recuperar fuerzas y volver a la carga. Siglos más tarde, Simón de Keza, cronista húngaro, escribió que Otón derrotó a sus ancestros «porque llovía». Las intensas lluvias que tuvieron lugar en los días siguientes al día de san Lorenzo de 955 podrían explicar la naturaleza decisiva de la victoria de Otón. Los arqueros a caballo no rinden del mismo modo cuando el clima es adverso, ya que sus delicados arcos pierden la cola con la lluvia. Además, el Danubio y su afluente principal, el Inn, se desbordan rápidamente a consecuencia de las lluvias torrenciales (por otra parte bastante frecuentes en el mes de agosto) e inundan la estrecha franja situada entre las ciudades de Passau y Viena. El resultado es una cuenca encharcada de aguas oscuras en la que los invasores, sin ninguna duda, quedaron atrapados. No es de extrañar que tanto Gerhard como Widukind hagan hincapié en las extremas dificultades que los húngaros tuvieron que sortear en los pasos de los ríos.

Después de todo lo ocurrido en la batalla de Lechfeld, el rey Otón restauró el orden en Germania y sentó las bases para su coronación como Sacro Emperador Romano en el año 962. A partir de aquel momento, en Occidente fue un gobernante germánico quien generalmente ostentó este importante título.

Incapaces de mantenerse firmes frente a una carga de la caballería pesada, los guerreros magiares (apenas armados) dispararon las flechas del parto de sus arcos compuestos a fin de cubrir su huida del campo de batalla.

11 Hastings

Fecha: 14 de octubre de 1066   Lugar: Sussex, Inglaterra

Así dio comienzo un combate de un rey inusual, con un bando atacando de diferentes modos y el otro firme como si se hallase pegado al suelo.
GUILLERMO DE POITIERS, *DEEDS OF WILLIAM*, H. 1071

Esta batalla entre Harold, rey de Inglaterra, y Guillermo el Bastardo (o el Conquistador), duque de Normandía, fue la culminación de una crisis sucesoria en el reino inglés: Eduardo el Confesor, rey de Inglaterra entre 1042 y 1066, no tenía heredero. Eduardo era hijo de Etereldo el Indeciso, rey de Inglaterra de 978 a 1016, y de Emma, de la casa ducal normanda, y se crió en el exilio en la corte normanda antes de ser llamado a Inglaterra, en 1042. Llevó a algunos normandos a Inglaterra para que le ayudasen en su gobierno. Eduardo temía el poder de Godwin de Wessex, un potentado inglés a quien expulsó en 1051. Prometió la sucesión al duque Guillermo, un pariente a quien conocía desde niño. Mientras tanto, Godwin organizó ataques contra Inglaterra y disfrutó de cierta simpatía entre los otros líderes de la sociedad inglesa, de manera que en cuestión de un año recuperó su poder. Después de su muerte, en 1053, el poder pasó a manos de su hijo mayor, Harold, que no sólo era el hombre más poderoso de Inglaterra: su hermana, Edith, se casó con el rey Eduardo. Otro pretendiente era Harald Hardrada, rey de Noruega entre 1047 y 1066, descendiente del rey Canuto (1016-1035), que gobernó Inglaterra y Escandinavia.

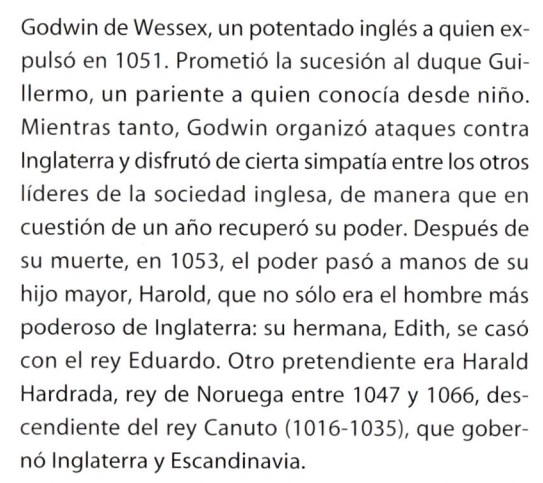

Un pretendiente necesitaba ser aceptado por la poderosa aristocracia inglesa, y aunque es posible que algunos se opusieran a su sucesión, Harold probablemente fuese el candidato más aceptable. Además, antes de su muerte (el día 5 de enero de 1066), Eduardo designó a Harold como su sucesor. Fue coronado al día siguiente. Tanto Guillermo como Harald Hardrada, que se alió con el hermano exiliado de Harold, Tostig, se prepararon para la guerra.

Las campañas de 1066

Harold movilizó a una flota y un ejército ingleses en la costa sur para hacer frente a la amenaza de Normandía, donde Guillermo reunió un ejército de unos 7.000 hombres transportados en 776 barcos (tuvo que apelar a todos los recursos del norte de Francia). Guillermo tuvo la suerte de que la presencia de un menor en el trono de Francia y el conflicto en Anjou neutralizasen a los potenciales enemigos continentales. Además, la diplomacia convenció al papa de que honrase su expedición con un estandarte papal. Harald de Noruega, Tostig y su flota de 300 barcos desembarcaron cerca de York, derrotando a los condes del norte el 20 de

Las habilidades militares suponían la base del liderazgo político en el siglo XI, razón por la que Guillermo se hizo retratar en este sello envuelto de toda la pompa bélica.

54

septiembre en Fulford Gate. El ejército de Harold se disolvió el 8 de septiembre por la falta de suministros, pero el rey mantuvo a parte de sus hombres a su lado y marchó al norte a gran velocidad (recorriendo aproximadamente 40 kilómetros por día). Sorprendió al ejército nórdico en Stamford Bridge el 24 de septiembre, y en el enfrentamiento murieron Harald y Tostig.

La noche del 28 de septiembre, el ejército de Guillermo cruzó el canal de la Mancha y situó bases en Pevensey y después en Hastings. Guillermo deseaba luchar porque necesitaba una resolución rápida, y provocó a Harold arrasando Sussex. Harold se hallaba de regreso en Londres a principios de octubre, y tal vez inspirado por su anterior victoria, estaba ansioso por atacar. Aunque pudo haber esperado a los refuerzos, marchó a toda prisa hacia Hastings.

La batalla

Harold ordenó a las levas locales que se le uniesen en el «viejo manzano», al norte de Hastings. Las fuentes sugieren que la respuesta no fue tan numerosa como esperaba. La deslealtad podría ser una explicación, pero también podría haber sucedido simplemente que Harold esperase atrapar a Guillermo por sorpresa y las levas tardasen en reunirse. En su descenso por la carretera de Londres, el ejército de Harold se desplegó en la cumbre de lo que hoy se conoce como Battle Hill. Los espías de Guillermo detectaron su avance y el ejército normando se reunió al pie de la montaña. El ejército inglés situó sus flancos en el bosque, a ambos lados, de manera que los hombres de Guillermo harían frente a una carga ascendente que disminuiría el ritmo de la caballería y la infantería. El líder normando necesitaba una victoria rápida, pero si los ingleses resistían, sus fuerzas acabarían aumentando (una circunstancia que cuestiona la prisa por luchar de Harold).

Ambos bandos dependían de sus tropas de elite. Los caballeros de Guillermo y los *thegns* de Harold llevaban un tipo de armadura de malla muy similar y utilizaban lanzas y espadas, aunque muchos ingleses preferían las hachas de guerra. Entre los ejércitos existían diferencias significativas.

Superior Al parecer, el estribo se extendió por Europa desde las estepas de Asia, tal vez pasando por el mundo árabe. Su importancia radica en que mejoraba la estabilidad del jinete a lomos del caballo y su rendimiento en la batalla.

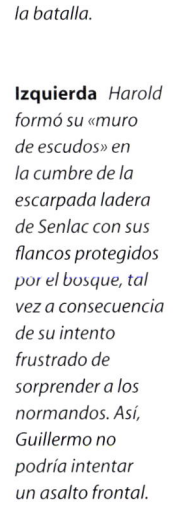

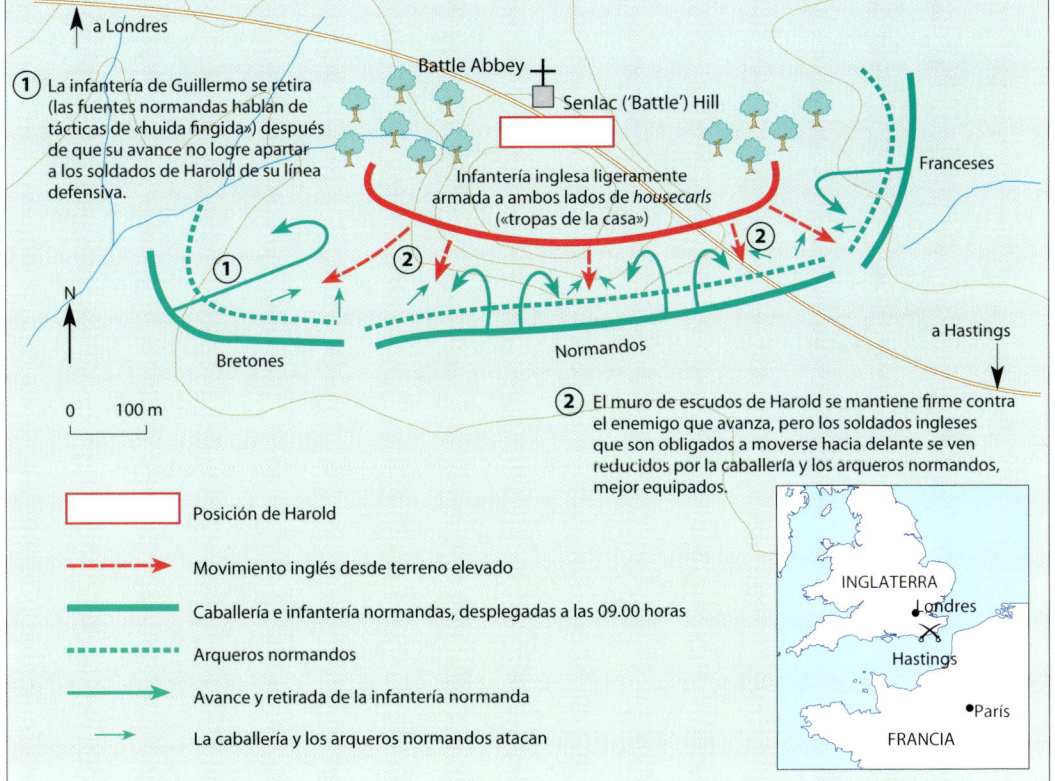

Izquierda Harold formó su «muro de escudos» en la cumbre de la escarpada ladera de Senlac con sus flancos protegidos por el bosque, tal vez a consecuencia de su intento frustrado de sorprender a los normandos. Así, Guillermo no podría intentar un asalto frontal.

EL MUNDO MEDIEVAL

Escena del tapiz de Bayeux. El muro de escudos de los anglosajones se enfrentó a los normandos, que habían perdido fuerzas al ascender la ladera. Los guerreros de elite de ambos bandos llevaban armaduras y armas similares; sin embargo, el arquero del extremo derecho sujeta un arco, el arma de los pobres.

Los *thegns* ingleses viajaban a caballo, pero su tradición de luchar a pie se reforzó en este caso con la posición defensiva de Harold. Por el contrario, los normandos contaban con 2.000 jinetes que aportaban movilidad. La elite inglesa contaba con el apoyo de levas locales apenas armadas y de valor militar dudoso, mientras que el duque Guillermo había reclutado a numerosos caballeros y mercenarios bien equipados. Además, los ingleses contaban con pocos arqueros (una posible consecuencia de la prisa de Harold por entrar en batalla), mientras que los normandos disponían de muchos.

Harold organizó un denso «muro de escudos» a lo largo de la montaña, con sus *thegns* en primera fila. Guillermo colocó al frente a sus arqueros con el fin de hostigar al enemigo, pero al lanzar cuesta arriba, apenas provocaron daños. La caballería y la infantería se organizaron en tres divisiones: los bretones a la izquierda, los normandos en el centro y los francos a la derecha. La batalla comenzó alrededor de las nueve de la mañana. El primer asalto, por parte de la infantería normanda, fue repelido y Guillermo tuvo que recurrir a la caballería por miedo a que su retirada precipitase una derrota aplastante. Los ingleses comenzaron a perseguir a los bretones del flanco izquierdo, que parecían desordenados, y después se propagó el rumor de que Guillermo había muerto; sin embargo, éste reunió a sus hombres alzando su casco y recorriendo al galope la línea de batalla. Los ingleses que habían avanzado fueron aniquilados.

COMBATIENTES

Normandos
- 6.000-7.000 hombres, incluidos 2.000 soldados de caballería; arqueros; ballesteros; soldados de infantería muy bien equipados y flota movilizada (no utilizada).
- Mandados por Guillermo el Bastardo, duque de Normandía (conocido más tarde como Guillermo el Conquistador).
- Número desconocido de bajas.

Anglosajones
- 6.000-7.000 soldados a pie; algunos arqueros y flota movilizada (no utilizada).
- Mandados por el rey Harold Godwinsson.
- Número desconocido de bajas.

y el asalto normando definitivo otorgó la victoria a Guillermo.

En una época en que las batallas rara vez duraban más de una hora, los ejércitos enfrentados en Hastings resistieron todo el día. Ambos comandantes impusieron una notable disciplina a sus tropas, y Guillermo demostró su habilidad táctica al explotar la movilidad (si se creen las fuentes normandas que hablan de las «huidas fingidas»). Al final, sin embargo, y como ocurre a menudo en las guerras, la casualidad resultó decisiva: la muerte de Harold dejó a los ingleses sin nada por lo que luchar.

Significado de la batalla

La victoria en Hastings no garantizó el control de Inglaterra, pero sin un candidato obvio para la corona, los notables ingleses aceptaron con reservas a Guillermo, coronado el día de Navidad de 1066. A continuación, el rey tuvo que enfrentarse a rebeliones y esperar hasta principios de la década de 1170 para ver su reino afianzado. Dado que la batalla decidió el destino del reino inglés, atrajo una gran atención de escritores contemporáneos y fue también el tema de un gran trabajo de bordado, el tapiz de Bayeux, cuyas realistas imágenes han quedado impresas en la imaginación popular. Además, no se ha construido edificación alguna en el campo de batalla (algo poco habitual), y se sabe dónde se produjo el enfrentamiento porque Guillermo fundó Battle Abbey para conmemorar su victoria y ordenó que su altar mayor se situase en el punto exacto donde Harold cayó muerto.

Cabe la posibilidad de que Harold hubiese intentado un avance general que fue abortado por la muerte de sus hermanos, que hacían de guías. Las fuentes normandas aseguran que de esta crisis surgió una eficaz estratagema: fingir la huida para atraer a los ingleses de manera que éstos abandonasen su línea defensiva y así poder matarlos en campo abierto. Esta estrategia se pudo utilizar en dos ocasiones a lo largo del día. Sin embargo, la batalla desembocó en un enfrentamiento dificultoso en el que el «muro de escudos» aguantó, aunque maltrecho. Un acontecimiento fortuito decidió el desenlace. A medida que se acercaba la noche y los normandos preparaban el ataque final, una flecha mortífera alcanzó a Harold en el ojo. Los ingleses se sintieron perdidos

12 Manzikert

Fecha: 19 de agosto de 1071   Lugar: actual Malazgirt, este de Turquía

El emperador de los romanos fue conducido, hecho prisionero, al campamento enemigo y su ejército se dispersó. Los que escaparon fueron sólo una fracción diminuta de todo el grupo. De la mayoría, algunos cayeron cautivos, el resto masacrados.
MIGUEL PSELO, *CHRONOGRAPHIA*, 1018-1079

Talla armenia del siglo X que representa a un soldado bizantino de infantería pesada. Estos hombres supondrían un elemento decisivo del ejército bizantino. Su armadura, laminada, consiste en tiras o escamas de metal cosidas a una base de tela o cuero.

En Manzikert, el sultán selyúcida de Bagdad, Alp Arslan (1063-1072), derrotó al emperador bizantino Romano IV Diógenes (1067-1071), abrió el camino a la dominación turca de Anatolia y desencadenó la llamada bizantina de socorro que daría paso a la Primera Cruzada en 1095.

Los turcos eran un pueblo pagano de la estepa que atacaron al Islam en su frontera septentrional. Muchos de ellos, brillantes arqueros a caballo, pasaron a servir al califa de Bagdad y a otros potentados musulmanes. El contacto prolongado convirtió a los turcos al Islam. Bajo el mandato de la familia selyúcida, se trasladaron al mundo árabe y arrebataron el poder al califa en Bagdad (1055). El miembro destacado de la familia selyúcida gobernaba como Sha. Muchas tribus mostraron su desacuerdo con la dominación selyúcida y atacaron Bizancio, donde su celo de musulmanes recién convertidos revistió con un manto religioso su habitual costumbre de atacar por sorpresa. En 1057 saquearon Melitene (Malatya); en 1059, Sebasteia (Sivas), y a principios de 1060 arrasaron Anatolia oriental.

Estos hechos se produjeron en un momento difícil para el Imperio bizantino. Su dominio en el sur de Italia estaba amenazado por los mercenarios normandos rebeldes, mientras que los Patzinacks de la estepa atacaron los Balcanes. La dinastía macedonia se había extinguido poco después de la muerte de Basilio II (976-1025), y no surgió ningún emperador dominante capaz de imponer su dinastía. Como resultado, se produjo una gran rivalidad entre las grandes familias nobles. En el período comprendido entre 1028 y 1057 se produjeron al menos treinta rebeliones, y las fronteras quedaron desguarnecidas de tropas que se encargaron de sofocarlas. En Anatolia

MANZIKERT **12**

Caballería bizantina y árabe. Las filas densas de ambos ejércitos reflejan la táctica de la batalla en la que cada hombre servía de apoyo a sus compañeros en la lucha.

oriental, el débil gobierno central dio pie a los conflictos, ya que los numerosos cristianos armenios y sirios temían que Constantinopla intentase imponerles la unidad religiosa. El ejército imperial era una fuerza mercenaria y extremadamente cara, de manera que el gasto militar se recortó o se aumentó a antojo de los emperadores. Constantino X Ducas (1059-1067) era el cabeza de una gran familia noble. En su lecho de muerte traspasó sus poderes a su esposa para que gobernase en nombre de su hijo. Sin embargo, el gobierno de una mujer en tiempos tan difíciles no resultaba aceptable, y se casó con su general de éxito, Romano IV Diógenes. La familia Ducas le consideró un mero guardián de su sucesión, aunque empezó a temer por su posición cuando el general tuvo dos hijos propios.

Campaña y contexto de la batalla

El prestigio de Romano dependía de su éxito en su relación con los turcos. Se le sugirió que redujese a desierto las provincias orientales por las que pasase, pero se negó: Romano prefirió obligar al Sha a reprimir a los invasores atacando Siria con grandes expediciones militares, como las que tuvieron lugar en 1068 y 1069. Alp Arslan estaba ocupado atacando Egipto, donde un califato disidente había formado un centro de poder rival, y no tenía ningún deseo de entrar en guerra con Bizancio. Sin embargo, cuando Romano organizó una gran expedición en 1071, no pudo ignorar la amenaza. En aquella ocasión se reunió un enorme ejército bizantino, una fuerza mixta de levas nativas y mercenarios compuesta por entre 40.000 y 60.000 hombres. Entre las unidades nativas, la guardia varega del emperador y algunos otros hombres destacaban por su calidad, pero los armenios y los sirios eran soldados sin convicción. Entre los mercenarios se encontraba caballería pesada franca, germánica y normanda, así como caballería ligera turca. Durante la marcha, los germanos atacaron al emperador en reclamo de sus salarios; además, se produjeron enfrentamientos frecuentes con los armenios locales.

La batalla

Antes de que Romano atacase Manzikert, donde la resistencia era débil, envió a sus mejores tropas a Chlihat al mando del general José Tarcaniotes. Éste dividió a su ejército porque creía que Alp Arslan se batía en retirada. En realidad, el sultán reunió a una pequeña pero eficaz fuerza de caballería turca y sor-

COMBATIENTES

Turcos

- Caballería casi en su totalidad, especialmente arqueros a caballo.
- Mandados por el sultán selyúcida de Bagdad, Alp Arslan.
- Número desconocido de bajas.

Bizantinos

- 40.000-60.000 hombres: nativos (guardas varangianos, armenios, sirios, mercenarios), caballería pesada franca, alemana y normanda. Caballería ligera turca; unidades de elite montadas; algo de caballería pesada.
- Mandados por el emperador bizantino Romano IV Diógenes.
- Número desconocido de bajas.

59

El numeroso ejército bizantino tenía intención de reforzar las fortificaciones de la frontera oriental e invadir la Siria turca. Probablemente, las salvajes tribus turcas que asaltaban el Imperio no pudieron oponerse a este asalto, pero Alp Arslan entró en combate mediante la amenaza a las tierras selyúcidas.

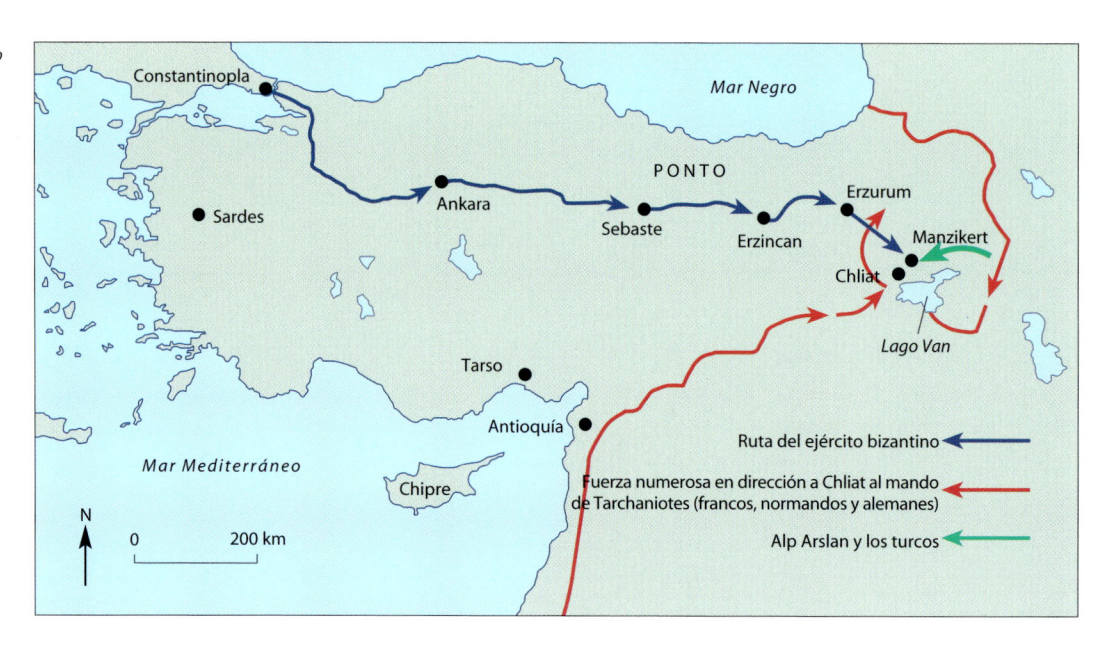

Ruta del ejército bizantino
Fuerza numerosa en dirección a Chliat al mando de Tarchaniotes (francos, normandos y alemanes)
Alp Arslan y los turcos

prendió a las tropas de Romano, cuya preocupación aumentó ante la deserción de numerosos integrantes de sus propias tropas turcas. Sin embargo, Alp Arslan estaba al tanto de su debilidad y se ofreció para negociar. Romano, en cambio, necesitaba una victoria para apuntalar su prestigio, y sabía que los turcos eran pocos. Así, desplegó a su ejército con Nicéforo Brienio en la izquierda, él mismo en el centro y un líder llamado Alyattes en la derecha. Andrónico Ducas comandaba la reserva. El ejército avanzó con la caballería al frente y los turcos, ampliamente superados en número, se retiraron.

A medida que se acercaba la tarde, Romano dio la orden de regresar al campamento, y su división le obedeció. Los más alejados de Romano no sabían qué se esperaba de ellos y creyeron la historia difundida por Andrónico en su huida según la cual el emperador había sido derrotado. Estas confusiones aumentaron las tensiones dentro del ejército y comenzó una huida general encabezada, según se ha difundido, por los armenios. Los turcos, sorprendidos, exterminaron a las tropas que huían, mientras Romano y su división lucharon con todas sus fuerzas (aunque al final tuvieron que rendirse). La fuerza principal del ejército bizantino en Chlihat, incluyendo a los francos, los normandos y los germanos, huyó al escuchar que Alp Arslan estaba cerca. La derrota bizantina ilustra las dificultades de controlar un ejército numeroso (en este caso, empeorado por su naturaleza diversa y por las fuerzas de la traición).

Significado

Aunque Manzikert supuso un gran fracaso, no tenía por qué implicar consecuencias graves. Alp Arslan liberó a Romano a cambio de recibir tributo y desmantelar las fortalezas bizantinas. Sin embargo, los enemigos del emperador le dejaron ciego, renunciaron al tratado y reconocieron a Miguel VII Ducas como emperador. No fue un gobernante con mano firme. El imperio se dividió entre familias enemistadas que frecuentemente recurrían a los turcos.

Anatolia se entregó a varios señores de la guerra turcos. Los selyúcidas disidentes gobernaron los principados más grandes, con sede en Nicea e Iconium (actual Konya); los Danishmends controlaron la zona en torno a Erzincan; los Menguchekids se hicieron con el poder en Erzurum, y un príncipe turco tomó posesión de Esmirna y Éfeso. Alexis Comnemo (1081-1118) logró mantener unido el imperio mediante una alianza con las otras grandes familias. El imperio siguió siendo rico, pero Alexis carecía de tropas y por ello vio frustrados sus intentos de reconquistar Anatolia. Cuando el gran sultanato selyúcida de Bagdad empezó a desintegrarse, después de 1092, Alexis pidió al papa Urbano II (1088-1099) que le ayudase a reclutar mercenarios ejerciendo su influencia en los occidentales con historias terribles sobre los sufrimientos de los cristianos bajo el yugo islámico. Esta petición inspiró a Urbano II a convocar la Primera Cruzada, que tendría consecuencias importantes para el Imperio bizantino.

Hattin

Fecha: 3-4 de julio de 1187   Lugar: cerca del mar de Galilea, Damasco

Ahora os hablaré del rey Guido y su hueste [...] Algunos componentes de la hueste afirmaron que si los cristianos se hubiesen apresurado para hacer frente a los sarracenos, Saladino habría sido derrotado.
The Old French Continuation of The History of William of Tyre, 1184-1197

En 1099, la Primera Cruzada tomó Jerusalén y estableció en Tierra Santa los principados cristianos de Edesa y Antioquía, y el reino de Jerusalén. El condado de Trípolis se estableció un poco más tarde. La división musulmana posibilitó estos hechos, pero una serie de líderes musulmanes intentaron unificar el Islam contra estos intrusos, lo que culminó en la entrada en escena de Saladino. En 1176, Saladino gobernaba Siria y Egipto y suponía una amenaza para la existencia de los enclaves cristianos. Su posición empeoró debido a que Balduino IV (1174-1185), un hijo leproso del rey cristiano Amalrico I (1162-1176), le sucedió en el trono. Su reinado estuvo salpicado de regencias. La sucesión quedó en manos de su hermana Sibila, cuyo marido murió en 1177 y dejó un hijo, Balduino V. Sibila aumentó las tensiones entre la nobleza al casarse con un recién llegado al este, Guido de Lusignan. Cuando el rey niño murió, en 1186, Guido y Sibila se hicieron con el poder y apartaron a numerosos nobles, sobre todo a Raimundo III de Trípolis, que aspiraba al trono. Algunos de esos nobles huyeron a Antioquía; por su parte, Raimundo estaba tan furioso que acordó una tregua con Saladino para permitir que los musulmanes atacasen el territorio real que pasaba por sus tierras.

Campaña y contexto de la batalla

Saladino adoptó la posición de campeón del Islam, pero sus ataques contra los francos (Guido y los cristianos) no tuvieron demasiado éxito. Preocupado por la política interna, no hizo esfuerzo alguno por quebrantar la tregua que por entonces estaba en vigor en Jerusalén, aunque es probable que estuviese preparando un ataque cuando dicha tregua terminó, en 1187. Reinaldo de Châtillon fue uno de los defensores más importantes de Guido. Poseía los castillos de Kerak y Montreal, que dominaban la ruta entre Egipto y Siria. A finales de 1186, Reinaldo asaltó una caravana y se negó a «indemnizar» a Saladino por esta ruptura de la tregua. Con su prestigio en entredicho, Saladino preparó un gran ejército (se cree que llegó a los 30.000 hombres). Ello obligó a Guido y a Raimundo de Trípoli a considerar la posibilidad de reconciliación, y el rey envió una embajada de hombres importantes a Raimundo. Mientras avanzaban hacia el norte, Raimundo permitió que una gran fuerza mu-

Saladino en el ataque a Tierra Santa, de un manuscrito de la historia de las Cruzadas de Guillermo de Tiro. Cuando Saladino derrotó a Guido en Hattin, todo el reino (que había proporcionado tropas al rey y estaba prácticamente deshecho) quedó a sus pies.

61

13 EL MUNDO MEDIEVAL

sulmana cruzase sus tierras. El 30 de abril, en las fuentes de Cresson, aniquilaron a 150 Hospitalarios y Templarios (caballeros monjes) que osaron retarles. Este enfrentamiento provocó la sumisión de Raimundo, pero las tensiones entre los barones no se aflojaron.

El 1 de julio, Saladino y su gran ejército cruzaron el Jordán y sitiaron Tiberias, la ciudad de Raimundo, donde la mujer de éste quedó atrapada. El 2 de julio, Guido y su ejército acamparon en Saffuriyah (una posición fuerte con abundante agua), 26 kilómetros al oeste. El rey Guido había reunido el ejército más numeroso que el reino hubiese acogido nunca. Su núcleo estaba formado por 1.200 caballeros profusamente armados, además de numerosos efectivos de caballería ligera y casi 12.000 soldados de infantería. Para lograrlo se recurrió a toda la ciudad y a las guarniciones de los castillos, además de que numerosos soldados se incorporaron al ejército a cambio de dinero.

Superior *El ejército de Jerusalén tenía la costumbre de portar la «Cruz verdadera» en la batalla, y ambos bandos consideraron decisivo en la derrota de Guido el momento de su captura en Hattin.*

Derecha *Saladino condujo a Guido a través de territorio abierto, lo que favoreció sus tácticas móviles y le permitió impedir a los francos el acceso a fuentes de agua cruciales.*

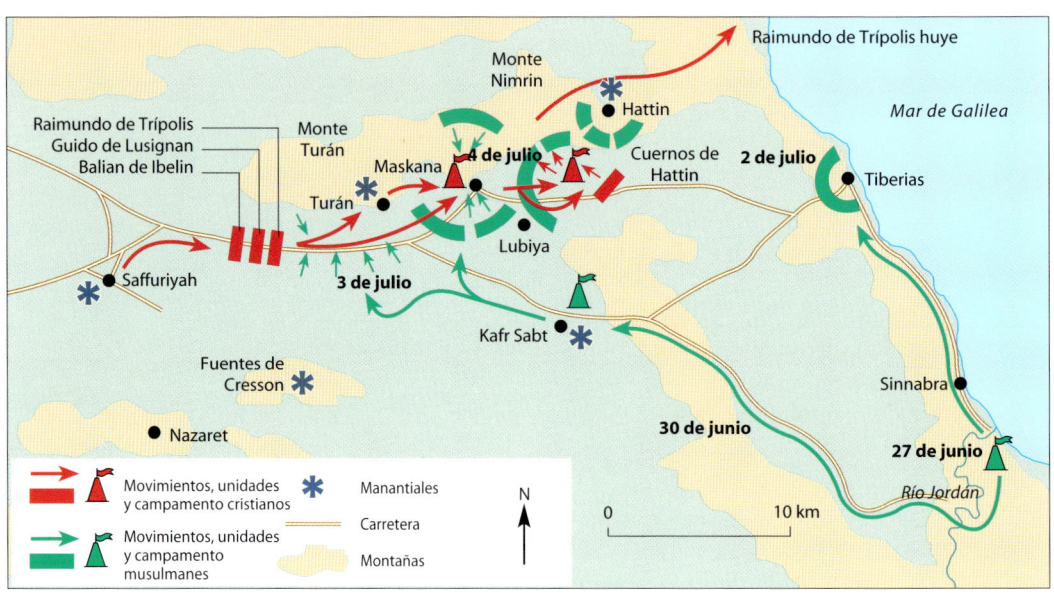

La batalla

El ejército de Saladino avanzaba hacia Saffuriyah el 2 de julio, pero Guido se negó a entrar en batalla. Aquella noche tuvo lugar una reunión dramática y exasperada para tomar una decisión. La información recibida de los que creen que pudieron saber qué ocurrió allí está matizada por el deseo de las diversas facciones cristianas de repartir la culpa por la derrota que siguió. Se sugirieron dos líneas de acción: entrar en batalla o negarse y abandonar Tiberias a su suerte. No se sabe qué precipitó la decisión, aunque numerosas fuentes sugieren que Raimundo de Trípoli estaba a favor de rechazar la contienda mientras que sus enemigos, Reinaldo de Châtillon y Gerard de Ridefort, Gran Maestre del Templo, adoptaron la perspectiva opuesta.

Ambas posiciones eran perfectamente posibles. El reino se encontraba bien protegido gracias a sus ciudades fortificadas y a sus castillos. Ningún atacante podría llevar a cabo un asedio serio, mientras existiese un ejército de operaciones. Así ocurrió en 1183, cuando Guido estaba al mando y los cruzados preferían seguir la pista al enemigo para que su ejército se disolviese al terminar la campaña, evitando los riesgos de la batalla. Tiberias era una ciudad menor y su caída no hubiese representado un gran éxito. Si el ejército de Saladino no se dispersaba, podría haber acabado retando a los cruzados.

Por otro lado, Guido contaba con un gran ejército y con la oportunidad de derrotar a Saladino y vengarse por la destrucción que éste había infligido a su reino. Además, Guido necesitaba el prestigio de la victoria para unir el reino. Seguramente, recordaría que muchos de los que le instaban a evitar la guerra le atacaron por hacer exactamente eso en 1183, y es posible que temiese las críticas por abandonar a la señora de Tiberias. Así, decidió guiar al ejército a la batalla el 3 de julio. Su intención de luchar era obvia, pero no se sabe nada sobre dónde y cómo tenía intención de hacerlo.

El núcleo del ejército de Guido lo formaban los jinetes, ordenados en tres escalones: una vanguardia guiada por Raimundo de Trípolis, una retaguardia comandada por Balian de Ibelin, y un centro con Guido al frente. Se protegían de los ataques del enemigo mediante una cobertura de soldados a pie. El ejército de Saladino contaba con su propia caballería pesada y con numerosos arqueros a caballo. El ejército cruzado realizó una pausa en los manantiales de Turán y después continuó la marcha hacia el este. La caballería de Saladino lo rodeo e impidió que llegase a Turán, además de atacar la retaguardia mientras ascendían hacia Maskana. Aquí, el ejército se detuvo para pasar la noche, sin apenas agua y rodeado por los enemigos.

A la mañana siguiente, los musulmanes esperaron a que el calor debilitase a los cruzados. No se tienen datos fiables sobre la lucha del 4 de julio, pero pa-

Los ghulams de Saladino (guerreros esclavos musulmanes) formaban parte de la caballería pesada. Sus armas y su equipo eran similares, aunque más ligeros, a los de los colonos francos.

EL MUNDO MEDIEVAL

Esta cota de malla del siglo XIII presenta una capucha integral y aventail, mangas de malla con manoplas y chausses de malla, y alguien le entrega un casco «cerrado». Los guerreros occidentales utilizaban un equipo similar, aunque quizás menos pesado.

COMBATIENTES

Latinos

- Aproximadamente 20.000, incluidos 1.300 caballeros, al menos 13.000 soldados de caballería ligera y una numerosa fuerza de infantería.
- Mandados por Guido de Lusignan, rey de Jerusalén.
- Toda la infantería y la mayoría de los caballeros muertos o capturados.

Musulmanes

- Unos 30.000, incluida la infantería ocupada en Tiberias.
- Mandados por Saladino, sultán de Siria y de Egipto.
- Número desconocido de bajas.

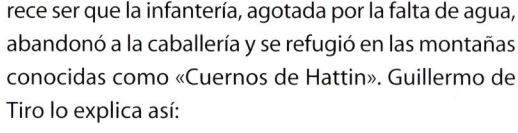

rece ser que la infantería, agotada por la falta de agua, abandonó a la caballería y se refugió en las montañas conocidas como «Cuernos de Hattin». Guillermo de Tiro lo explica así:

«Dejaron atrás las fuentes de Saffuriya para buscar alivio en Tiberias. En cuanto dejaron atrás el agua, Saladino hizo acto de presencia y ordenó a sus batidores que los hostigasen durante toda la mañana. Hacía tanto calor que no pudieron continuar para buscar agua. El rey y todos sus hombres estaban demasiado dispersos y no sabían qué hacer. Acudieron al conde de Trípolis, que comandaba la vanguardia, en busca de consejo. Éste les sugirió que montasen su tienda y acampasen. El rey aceptó de buena gana este mal consejo, aunque cuando le daba buenos consejos nunca los seguía».

La caballería, expuesta al ataque de los arqueros a caballo enemigos, intentó romper el envolvimiento, pero sólo lograron escapar Raimundo de Trípolis, Balian de Ibelin y unos pocos hombres. Después de un último intento desesperado de establecer un campamento en Hattin, Guido se rindió. La superioridad numérica de Saladino le permitió rechazar las cargas de los cristianos, cada vez más desesperados. Parece inconcebible que Guido tuviese intención de marchar 26 kilómetros hasta Tiberias en un solo día, exponiendo a su ejército a una sed terrible en un paisaje árido. Fuese cual fuese su plan, resulta evidente que salió mal.

Significado de la batalla

Saladino trató a Guido con cortesía y la mayoría de los supervivientes nobles fueron liberados, aunque decapitó personalmente a Reinaldo y ordenó masacrar a los Templarios y a los Hospitalarios. El resto de supervivientes se convirtieron en esclavos. Debido al esfuerzo realizado por Guido para reunir a sus tropas, las ciudades de Palestina quedaron virtualmente indefensas ante el ejército de Saladino. Acre se rindió el 8 de julio; Sidón, el 29 de julio; Beirut, el 6 de agosto, y Ascalón el 4 de septiembre. Balian de Ibelin resistió en Jerusalén, pero se rindió el 2 de octubre. Este desastre provocó una oleada de fervor cruzado en Europa que perduró hasta la Séptima Cruzada (1248-1254), comandada por san Luis de Francia (1226-1270). El reino nunca se recuperó de la derrota de Hattin, tras la cual siempre dependió de fuerzas externas para su supervivencia.

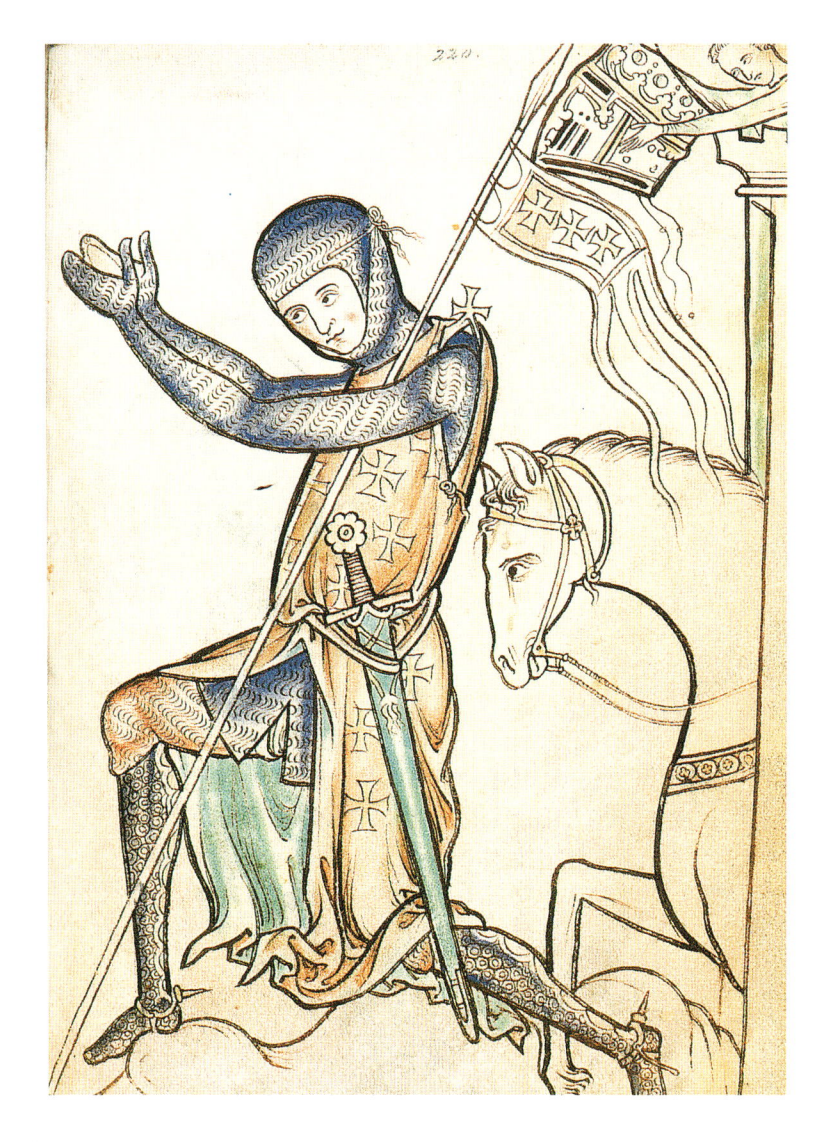

Liegnitz (actual Legnica)

14

Fecha: 9 de abril de 1241   Lugar: actual Legnica, Polonia

*Pues al ver la crueldad y la astucia de estas gentes, se entiende que no puede existir mayor infamia…
El jefe tártaro, con sus invitados a la cena y otros caníbales, se alimentó de los cuerpos
[de sus enemigos] como si fuesen pan, y sólo dejó los huesos para los buitres…
las que eran hermosas no se las comían, sino que perecían asfixiadas por hordas
de violadores a pesar de todos sus gritos y lamentos. Las vírgenes sufrían violaciones
hasta morir; después les cortaban los pechos para entregarlos a sus jefes a modo
de bocado exquisito, y sus cuerpos servían de banquete para los salvajes.*
MATTHEW PARIS SOBRE LOS MONGOLES, *THE ENGLISH HISTORY*, 1200-1259

Liegnitz (Legnica, Polonia) fue testigo de un choque de naciones en el año 1241, cuando los violentos mongoles entraron en Europa desde el este para tomarse la venganza en Hungría. Les recibió una fuerte coalición de ejércitos polaco-germanos.

Los contendientes

La estepa de Asia central siempre había estado dominada por tribus nómadas cuyo modo de vida dependía del pastoreo y la caza. Este estilo de vida en un entorno duro les convirtió en excelentes soldados e invasores violentos de los asentamientos vecinos en los bordes de las extensas llanuras. De vez en cuando surgían coaliciones que provocaban un gran temor, como las que amenazaron a China y obligaron a la construcción de la Gran Muralla. Europa percibió el impacto de los hunos en el siglo V, de los ávaros en el VI y de los húngaros en el X. En 1162, entre las tribus situadas al norte de China, surgió un líder de raza, Timuyin (muerto en 1227), que unió a los pueblos de la estepa en una gran potencia política. En 1206, bajo el nombre de Gengis Kan («gobernante universal»), dominaba toda Mongolia. Estableció su capital en

El terror inspirado por el ataque mongol queda patente en este boceto de Matthew Paris en el que los mongoles se comen a los cristianos.

Jinete europeo de caballería pesada. Los caballeros, muy armados, constituían el elemento más importante de cualquier ejército occidental. En comparación con los mongoles, estaban mucho mejor equipados, pero también eran relativamente pocos. La falta de disciplina del ejército aliado precipitó su derrota.

Karakoram. Llevó a cabo una expansión sin freno y atacó China, donde se estableció una dinastía mongol en torno a la década de 1260. En el año 1220, Persia fue arrasada, igual que lo fue Rusia en 1240 y finalmente Bagdad, en 1258.

Los kanes impusieron en sus tierras un sofisticado sistema de gobierno derivado de los chinos y otros pueblos conquistados. Este sistema controlaba el ejército, cuya organización imponía disciplina a las habilidades militares naturales de los mongoles. La mayor unidad de lucha de un ejército mongol fue la *tümen*, de 10.000 hombres a caballo, subdividida en unidades de 1.000, 100 y 10 hombres. La disciplina férrea reforzaba los hábitos naturales de caza y pastoreo. Éste fue el secreto de su éxito. Los kanes incorporaron a su estructura los pueblos conquistados, en especial a los turcos (un elemento importante de su caballería) y a los chinos y otros pueblos (que proporcionaban infantería e ingenieros). La caballería mongol apenas iba armada y cabalgaba sobre ponis, pero cada soldado contaba con una recua de animales para moverse rápidamente por la estepa o mantener un combate durante largos períodos cambiando las monturas. Los jinetes mongoles eran inferiores por separado a casi todos sus enemigos de las tierras colonizadas. Para compensarlos, los generales mongoles trataron de formar a un mayor número de soldados cuya disciplina les permitía operar de manera concertada y asumir las bajas, ciertamente muy numerosas. Asimismo, reconocían el valor del terror y destruían todo lo que encontraban a su paso en tierras enemigas. Eran tan temidos que los europeos les llamaban tártaros, ciudadanos de *Tartarus* («el Infierno»).

Además, estos jinetes de la estepa eran muy conscientes del valor del reconocimiento del terreno. La principal arma de ataque era el arco, y crearon flechas especiales que incorporaban pitidos. Las disparaban los mejores arqueros del grupo para guiar al resto. Las oleadas de arqueros a caballo rompían las formaciones de sus enemigos antes de entrar en combate. Una de las tácticas favoritas consistía en engañar al enemigo en emboscadas fingiendo la retirada con la certeza de que al rodearlos conseguían minar su moral. Derivaba directamente de los grandes movimientos de envolvimiento con los que las tribus mongoles rodeaban a la caza en inmensas zonas para disponer de carne para el invierno. Los arqueros a caballo apenas iban protegidos, pero los ejércitos mongoles fueron incorporando elementos de la caballería pesada, en ocasiones procedentes de pueblos sometidos, para emplearlos, sobre todo, en la batalla cuerpo a cuerpo.

Por el contrario, las tácticas de lucha europeas dependían de grupos de élite de caballería pesada. Aunque eran relativamente pocos, su efecto cuando se acercaban al enemigo podía resultar muy eficaz, siempre y cuando mantuviesen la formación. Sin embargo, les faltaba cohesión, en parte porque los ejércitos occidentales se reunían sólo en períodos breves y en parte porque los caballeros poseían un espíritu de individualismo aristocrático. La infantería también se formaba para períodos cortos, carecía de cohesión y solía ser tratada con desprecio por comandantes aristócratas.

Campaña y contexto de la batalla

El líder mongol Sübedei dirigió el asalto a Rusia que puso Europa al alcance de los mongoles. Quizás el objetivo principal del ataque en 1241 fuese castigar a

Bela IV de Hungría (1235-1270), que prestó refugio a las tribus cumanas que huían de los mongoles. Los mongoles estaban informados de que ninguna gran potencia iba a enfrentarse a ellos, ya que los asuntos europeos estaban dominados por el duro conflicto entre el emperador Federico II (1212-1250) y el papado. Sin embargo, la intención de los mongoles de avanzar hacia el oeste ya se conocía en 1240, y sirvió para unir a Bela IV, Wenceslao de Bohemia (1230-1253), los belicosos gobernantes de los cuatro principados en los que se había disuelto Polonia, y otras potencias menores. Una coalición de estas características podría resistir con éxito al avance de los mongoles.

Sübedei contaba con un ejército de aproximadamente 150.000 hombres, pero envió a Polonia a 30.000 al mando de Baidar y Kadan mientras la fuerza principal asaltaba Hungría. Enrique II de Silesia, el príncipe polaco más importante, formó un ejército de 20.000 hombres con las levas a pie y a caballo de los otros príncipes, voluntarios como los mineros bávaros de Silesia, algunos Templarios y Hospitalarios, y una fuerza formidable proporcionada por la Orden de los Caballeros Teutónicos (que consideraban a los mongoles como una grave amenaza a su posición en tierras bálticas). Se reunieron cerca de Liegnitz, en la actual Polonia, y esperaron la llegada del apoyo de Wenceslao.

La batalla

Baidar penetró en Polonia, quemando todo a su paso. Engañó, saqueó y masacró a la guarnición de Cracovia, y después avanzó hacia Breslau, donde se reunió con Kadan. Enrique de Silesia esperaba al ejército de 50.000 bohemios, pero cuando los mongoles se fueron acercando decidió entrar en batalla sin darse cuenta de que Wenceslao se encontraba a sólo un día de distancia. Los datos sobre la batalla son confusos. Al parecer, Enrique repartió su ejército en cuatro divisiones: los mineros bávaros y otros campesinos; las fuerzas de Greater Poland; las fuerzas de otro principado polaco, Oppeln, con los Caballeros Teutónicos, y sus propias tropas silesias y mercenarios (unos 10.000 hombres).

Parece ser que los mongoles atacaron por sorpresa, sembrando el desorden entre los silesios y engañando a las tropas aliadas con una emboscada. El duque Enrique, al ver lo que pensaba era un pequeño ejército enemigo, envió a su caballería contra su centro, pero entonces se dejaron ver los flancos del ejército mongol, que rodearon a los caballeros atacantes y los separaron del resto de su ejército. La información de que se dispone asegura que los mongoles utilizaron humo para confundir al enemigo, y podría ser cierto, ya que conocían la pólvora originaria de China. El duque Enrique murió en la derrota aplastante de su ejército, igual que gran parte de sus tropas. Los mongoles tenían la costumbre de cortar las orejas para contar el número de enemigos muertos, y se dice que después de Liegnitz enviaron a su tierra nueve sacos llenos de estas sangrientas pruebas.

Significado de la batalla

El ataque sobre Polonia comenzó siendo una diversión que superó todas las expectativas. El 11 de abril de 1241, el ejército principal de Sübedei destruyó al ejército húngaro en Mohi. Europa temía más desastres, pero para su sorpresa, los mongoles se marcha-

Jinete mongol. Los mongoles montaban caballos pequeños y su armadura, probablemente laminar (con tiras de metal o de bambú cosidas en tela o cuero), era ligera. Sin embargo, los arqueros a caballo eran capaces de debilitar al enemigo a una distancia considerable, para luchar después cuerpo a cuerpo en la batalla final.

ron a casa. Esta retirada se debió a la muerte del kan Ogoday (1227-1241), que había precipitado una lucha por la sucesión en Karakoram. No obstante, no renunciaron al control de Rusia. Es probable, por tanto, que su retirada se debiese a las numerosas bajas en las dos batallas, a las dificultades para alimentar a la gran cantidad de caballos que les acompañaban y a la sensación de que habían logrado su verdadero objetivo: castigar a Bela.

Los mongoles nunca regresaron realmente, y cada vez se ocuparon más en la conquista de China y en el asalto al Oriente Medio musulmán. Como ayuda en esta última empresa establecieron negociaciones diplomáticas con la Europa cristiana, una situación que pudo disuadirles de retomar sus ataques. Gradualmente, Europa reconoció que los mongoles ofrecían tantas oportunidades como motivos de terror y mientras no surgieron alianzas contra el Islam, la paz con los grandes kanes impuesta en Asia central atrajo a comerciantes como Marco Polo, que aumentó los conocimientos que en Europa se tenían sobre el mundo.

COMBATIENTES

Europeos
- 20.000 hombres, en su mayoría fuerzas polacas y alemanas, con algunos franceses; caballería pesada, jinetes y numerosa infantería.
- Mandados por el duque Enrique II, conde de Silesia.
- Miles de bajas.

Mongoles
- 30.000 jinetes, en su mayoría arqueros.
- Sübedei como comandante general, y las fuerzas mandadas por Baidar y Kadan.
- Número desconocido de bajas.

Liegnitz fue esencialmente una diversión. El objetivo principal de Sübedei consistía en invadir Hungría, y la tarea de Baidar y Kadan era la de arrasar Polonia, evitando así que fuerzas sustanciales reforzasen a los húngaros. La presencia de Enrique de Silesia en Liegnitz y el movimiento de los bohemios para prestarle apoyo son muestras del éxito de este engaño, incluso antes de entrar en batalla, ya que sólo dos días después de Liegnitz, el 11 de abril, Sübedei derrotó a los húngaros en Mohi.

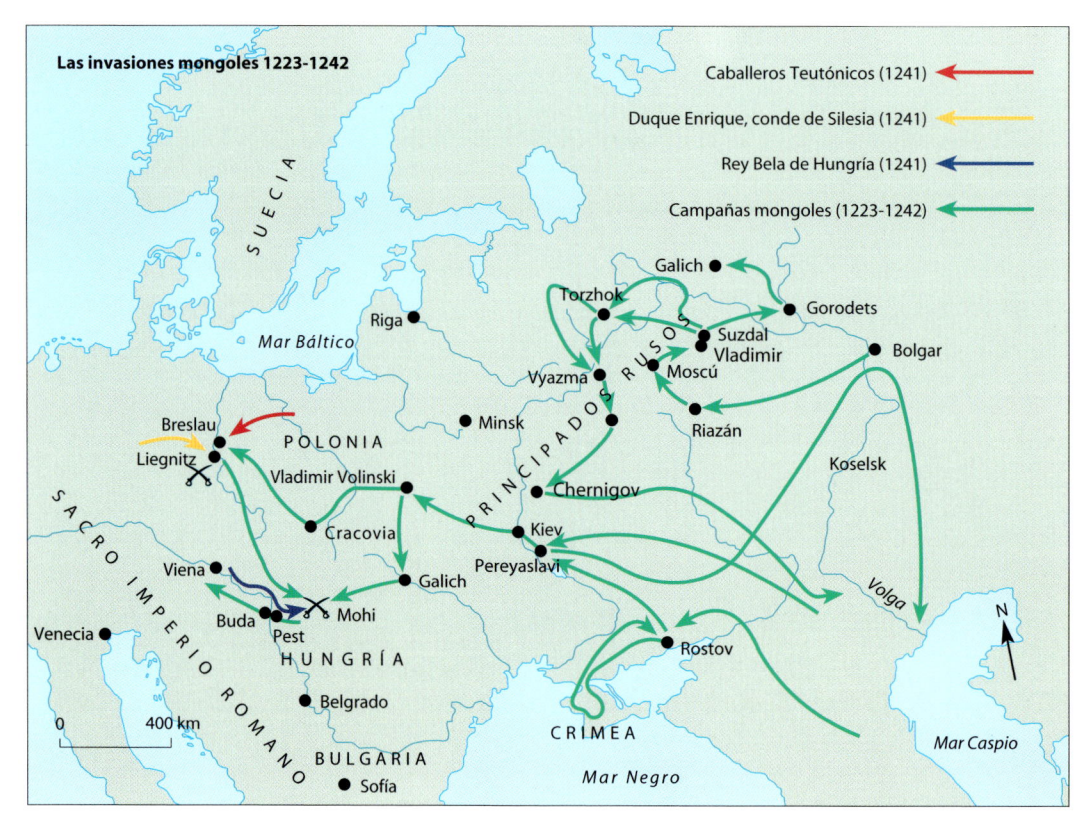

Bahía de Hakata

Fecha: 14-15 de agosto de 1281   **Lugar: norte de Kyushu, Japón**

15

*Cuando las noticias sobre sus riquezas llegaron al gran kan [Kubilai]…
declaró su decisión de conquistar la isla.*
MARCO POLO, *IL MILIONE*, H. 1295

Los guerreros mongoles llegaron a Beijing en 1215 y se establecieron como gobernadores de China bajo el nombre de la dinastía Yuan. Kublai Kan, jefe de la dinastía, ocupó el trono imperial chino desde 1260 hasta su muerte, en 1294. La expansión mongol no se limitó a la Eurasia continental, ya que Kublai Kan y sus guerreros se adentraron en el océano Pacífico para incluir a Japón en su reino. Para los chinos, el archipiélago japonés era un grupo de islas orientales situadas en la zona «del sol naciente». Este nombre implicaba lejanía desde el punto de vista del centralismo chino e indicaba el estatus tributario de los habitantes del archipiélago. Kublai no permitió que sus guerreros se desanimasen ante la impresión de que las islas japonesas eran de difícil acceso. En un primer momento utilizó la diplomacia para instar a los gobernantes japoneses a rendirse voluntariamente a la autoridad mongol, para lo cual envió cinco misiones entre 1268 y 1273. Cuando los esfuerzos diplomáticos no dieron sus frutos y algunos de los emisarios de Kublai fueron asesinados en Japón, el jefe mongol tomó la decisión de utilizar la fuerza.

Invasión

Kublai envió a unos 25.000 guerreros mongoles a Corea (Kôryu) y presionó a su sumiso emperador para que reclutase un ejército de unos 15.000 hombres entre los campesinos coreanos y una flota de 900 embarcaciones capaces de transportar a los hombres, caballos y artillería a Kyushu, la más occidental de las islas japonesas. En noviembre de 1274, la flota partió rumbo a Japón. Sin embargo, después del desembarco del grueso de las tropas en Kyushu, la flota no sólo encontró resistencia de los guerreros del norte de la isla, sino también una tormenta que hizo estragos entre los barcos (muchos de los cuales se hundieron). La expedición perdió en torno a

Inferior *Ejemplo de* tetsuhau, *la mina antipersona más antigua del mundo. Extraída de un barco hundido durante la batalla.*

Izquierda *El guerrero japonés Takezaki Suenaga ataca a unos arqueros mongoles, aunque su caballo está herido. En el centro, una bomba explota en el aire.*

Intentos de invasiones de Japón, 1274 y 1281.

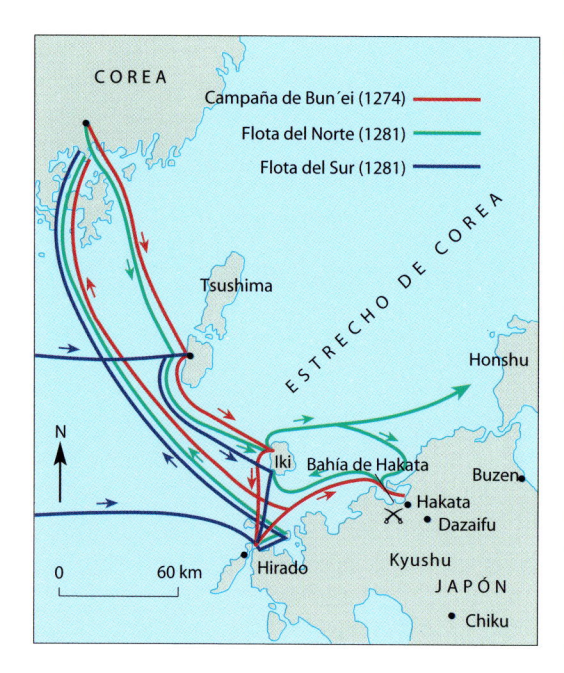

COMBATIENTES

Japoneses
- Se desconocen los detalles.

Mongoles
- Unos 170.000 hombres (incluidos auxiliares coreanos y chinos) a bordo de 4.500 embarcaciones.
- Mandados por Kublai Kan.
- 140.000 muertos, aproximadamente.

13.200 hombres, pero Kublai estaba decidido a intentarlo de nuevo. En 1281, después del fracaso de las misiones diplomáticas mongoles, reunió flotas aún más numerosas para una nueva expedición.

En esta ocasión, Kublai Kan no podía confiar únicamente en los auxiliares coreanos y tuvo que reclutar a un numeroso contingente de hombres del sur de China (Fukien). La llamada Flota del Norte, compuesta por 70.000 guerreros mongoles y coreanos a bordo de unos 1.000 barcos, partió en primavera de 1281. Por su parte, la Flota del Sur, con 3.500 embarcaciones y 100.000 hombres, todavía no estaba lista. La Flota del Norte comenzó el desembarco, de nuevo en el norte de Kyushu, el 23 de junio de 1281. Los detalles de sus movimientos entre ese día y el mes de agosto del mismo año permanecen rodeados de incógnitas. No obstante, parece ser que la invasión tenía como objetivo arrollar las defensas costeras japonesas desde tierra firme en lugar de atacar directamente desde el mar, ya que los guerreros japoneses de Kyushu habían intensificado sus esfuerzos en defensa después de 1274. El archipiélago se encontraba al mando de guerreros de elite cuyos líderes habían establecido sus cuarteles generales en la ciudad provincial de Kamakura, cerca de la actual Tokio, a más de 1.000 kilómetros de la zona de guerra. Los gobernantes de Kamakura eran conscientes de la vulnerabilidad estratégica del norte de Kyushu, centro tradicional de las relaciones de Japón con el continente. Por ello, enviaron hombres para proteger y fortificar los puertos importantes desde el punto de vista militar, y para formar flotillas de guardacostas.

El centro de una larga línea de defensa era la ciudad portuaria de la bahía de Hakata, en la costa norte de Kyushu. La línea resultó ser lo suficientemente fuerte para frenar a los invasores hasta mediados de agosto. Permitió que las pequeñas embarcaciones japonesas penetrasen en los flancos de las flotas del norte y del sur, ya combinadas, y destruyesen algunos barcos enemigos. Si bien parece que ninguna de las partes quedó a la deriva, durante la noche del 14 al 15 de agosto de 1281 se produjo otra tormenta que empujó a la flota mongol, de forma apretada y desordenada, a la bahía de Hakata. Al parecer, murieron 12.000 coreanos y 30.000 guerreros mongoles, mientras que la Flota del Sur perdió la gran parte de sus 100.000 hombres.

Consecuencias

Tras una segunda expedición tan desastrosa, Kublai Kan dio orden de construir otra flota. Sin embargo, una rebelión sucedida en 1286 le obligó a posponer la construcción. El sucesor de Kublai, Timur, acabó abandonando el plan. Aunque los guerreros de Kamakura se enfrascaron poco después en guerras internas (que durarían de forma intermitente hasta principios del siglo XVII), no se intentó invadir Japón de nuevo hasta el siglo XIX. Cuando la dinastía Yuan fue sustituida por la Ming, en 1344, el nuevo gobierno imperial adoptó una política exterior menos guerrera con respecto a sus vecinos orientales. En el siglo XIV, las relaciones diplomáticas amistosas entre Japón y China fueron la nota dominante, con el consiguiente crecimiento del comercio.

Bannockburn

Fecha: 23-24 de junio de 1314   Lugar: cerca de Stirling, Escocia

16

¡Oh, famosa raza no conquistada a través de los tiempos!
¿Por qué vosotros, que vencíais a caballeros, huís de simples soldados a pie?
VITA EDWIARDI SECUNDI, 1326

Las guerras de independencia entre Inglaterra y Escocia comenzaron en 1296. Al principio, los ingleses salieron victoriosos con el saqueo de Berwick, la derrota de los escoceses en Dunbar y la expulsión del trono de John Balliol. La derrota inglesa en el puente de Stirling, en el año 1297, fue respondida por el triunfo de Eduardo I en Falkirk al año siguiente. En 1304 se conquistó Escocia. Dos años más tarde, en 1306, Roberto Bruce ocupó el trono escocés, y las guerras volvieron a comenzar.

Eduardo II, que llegó al trono en 1307, era incapaz de proporcionar el liderazgo firme que su padre había ejercido. La posición inglesa se fue tornando más y más difícil. Uno de los castillos más importantes en manos inglesas era el de Stirling, que dominaba la ruta al norte, hacia los Highlands. En la primavera de 1314 fue sitiado por Eduardo, el hermano del rey Roberto. Se alcanzó un acuerdo según el cual si a mediados de verano no había llegado ninguna fuerza de relevo, el castillo se rendiría a los escoceses (durante mucho tiempo se pensó que este acuerdo se realizó en 1313, pero hoy se sabe que fue un error del biógrafo de Bruce, John Barbour).

Los ingleses no podían pasar por alto este desafío. Los preparativos militares ya estaban en marcha; los noticias procedentes de Stirling empujaron a Eduardo II a la acción. Disponía de un ejército considerable. Se lanzó un llamamiento feudal, señal de que iba a ser una gran campaña, a una escala similar a las realizadas por Eduardo I en Escocia. Probablemente, el ejército ascendía a 2.000 soldados de caballería y 15.000 de infantería, muchos de los cuales serían arqueros. Eduardo y sus consejeros eran muy conscientes del terreno donde los escoceses probablemente iban a retarles, y se dio orden de que las tropas se preparasen para un enemigo establecido en la zona pantanosa próxima al río Forth.

Apenas existen datos sobre la composición del ejército escocés. Probablemente estuviese compuesto por entre 7.000 y 10.000 hombres, de los cuales un máximo de 500 serían jinetes. La caballería escocesa no disponía de un equipo tan completo como el de la inglesa; es posible que contase con caballería ligera, adecuada para escaramuzas y tareas de reconocimiento, pero no para cargar contra las líneas enemigas. La infantería dispondría de pocas armas, entre ellas a destacar: hachas, espadas y picas, y muy pocos arqueros.

La batalla

La información sobre la batalla proporcionada por John Barbour (biógrafo de Roberto Bruce), escrita muy avanzado el siglo XIV, sugiere que los ingleses avanzaron sobre Stirling en diez divisiones, o cuerpos, aunque resulta poco probable. Los precedentes de otros ejércitos ingleses, como los de 1298 y 1300, indican la improbabilidad de más de cuatro secciones como máximo. Posiblemente, los escoceses se habrían repartido en tres divisiones, preparados para luchar en *schiltroms*, «círculos defensivos de hombres armados con picas».

La batalla fue inusual porque duró dos días; la mayor parte de los conflictos medievales eran muy breves, duraban sólo unas horas. El 23 de junio avanzaron dos formaciones de caballería inglesas. La vanguardia al mando de los condes de Gloucester y Hereford se encontró con un cuerpo de escoceses. Entre ellos estaba el mismísimo Bruce, que luchó cuerpo a cuerpo con Enrique de Bohun, sobrino de Hereford. Bohun intentó atacar a Bruce, y cuando los dos se vieron frente a frente, el rey escocés lo decapitó con su hacha. La lucha entre los dos bandos prosiguió su

Estatua de Roberto Bruce añadida a la entrada del castillo de Edimburgo en 1929. Muestra cómo lo imaginaba una generación muy posterior.

EL MUNDO MEDIEVAL

curso. Este enfrentamiento relativamente menor demostró que la caballería inglesa no era precisamente invulnerable. La otra fuerza de caballería inglesa, que se encontraba al mando de Robert Clifford, avanzó en el flanco opuesto. Le tocó enfrentarse a un *schiltrom* comandado por Thomas Randolf, conde de Moray. Clifford y sus hombres se retiraron, confusos e incapaces de romper la formación escocesa.

Por la noche, las fuerzas inglesas cruzaron el río conocido como Bannock Burn y establecieron su posición en la llanura. Alexander Seton, un caballero escocés al servicio de Eduardo II, desertó del campamento inglés y se dirigió a comunicar a Bruce la baja moral de los ingleses y a animarle para que no dudara en lanzar un ataque al día siguiente. Los escoceses salieron de los bosques de New Park a la mañana siguiente, animados por las palabras de su rey. Los arqueros ingleses pudieron haber frenado el avance de los escoceses, pero fueron neutralizados por una caballería escocesa comandada por sir Robert Keith.

La respuesta inglesa al avance escocés fue una carga encabezada por el conde de Gloucester, un

Superior *Pieza de latón de principios del siglo XIV (de Roger de Trumpington) en la que se aprecia una armadura compuesta de cota de malla, muy similar a la que los caballeros ingleses lucieron en Bannockburn.*

Derecha *Esta página del Holkham Picture Bible Book, del siglo XIV, muestra una batalla entre caballeros, en el panel superior, y soldados comunes, el inferior.*

hombre joven cuya carrera hasta el momento había estado marcada por la sensatez y la moderación, pero que por entonces entabló una disputa con el conde de Hereford sobre quién tenía el derecho de guiar a la vanguardia en la batalla. Gloucester también discutió con el rey sobre la idea de que había que posponer la batalla, y Eduardo le acusó de cobarde. Quizá fuera éste el detonante que aguijoneó a Gloucester a emprender su carga fatal. Pocos hombres le acompañaron en su misión, y cuando llegó a las líneas escocesas no tardó en verse totalmente rodeado. Murió allí mismo.

La lucha se generalizó rápidamente, y los ingleses se vieron empujados hacia atrás por los escoceses en sus *schiltroms*. La caballería fue doblegada y rodeada, y cuando los ingleses retrocedieron, comprobaron que cada vez les resultaba más difícil maniobrar. La lucha fue tremenda. Como cuenta Barbour, «Se produjo un estrépito de golpes cuando las armas chocaban contra las armaduras, y las lanzas se partían, y empujones, y arremetidas…». Los ingleses fueron incapaces de mantener sus formaciones y rompieron filas.

A medida que se iba haciendo patente que los ingleses habían perdido, los hombres de Eduardo II decidieron que había que alejar al rey del desastre. Cuando Eduardo estuvo a salvo, un caballero llamado Giles de Argentine declaró heroicamente que él no estaba acostumbrado a huir. Mientras tanto, se dio la vuelta y realizó su última carga contra las filas escocesas.

Conclusión

Aunque los datos sobre la batalla no coinciden entre sí, las razones del triunfo de los escoceses son patentes. Éstos lograron establecer una posición fuerte en un terreno que les era favorable. Contaban con un líder carismático y con un estudiado plan de acción. Los ingleses carecían de toda coherencia en su organización. Las acciones caballerosas, como las del conde de Gloucester y de Giles de Argentine, resultaron ser auténticos suicidios. La derrota abrió el norte de Inglaterra a los atroces ataques de los escoceses. Habría que esperar a 1332 y 1333, con las victorias inglesas en Dupplin Moor y Halidon Hill, para que el curso de la guerra cambiase una vez más.

COMBATIENTES

Escoceses
- Cifras desconocidas, tal vez 7.000-10.000 hombres, incluidos unos 500 jinetes de caballería ligera; infantería con hachas, espadas y arqueros.
- Mandados por Roberto Bruce.
- Número desconocido de bajas.

Ingleses
- Tal vez 15.000-20.000, incluidos 2.000 soldados de caballería y 15.000 de infantería.
- Mandados por el rey Eduardo II y los condes de Gloucester, Hereford y Pembroke.
- Número desconocido de bajas.

La batalla de Bannockburn se libró en un terreno pantanoso, cerca del río Forth, durante dos días. Es imposible determinar el lugar exacto: el que aquí se muestra parece ser el más probable.

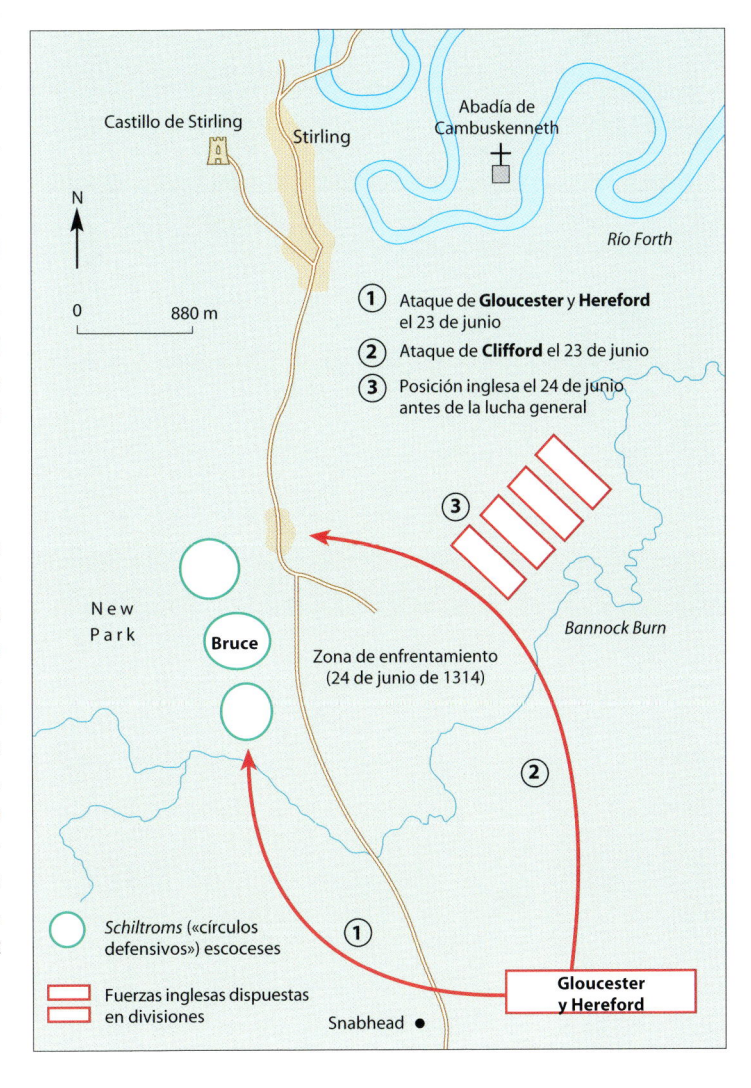

① Ataque de **Gloucester** y **Hereford** el 23 de junio
② Ataque de **Clifford** el 23 de junio
③ Posición inglesa el 24 de junio antes de la lucha general

Zona de enfrentamiento (24 de junio de 1314)

Schiltroms («círculos defensivos») escoceses
Fuerzas inglesas dispuestas en divisiones

17 Crécy

Fecha: 25-26 de agosto de 1346   Lugar: Picardía, noroeste de Francia

Los arqueros eran tan certeros disparando que cuando los caballos sintieron las flechas con lengüeta, algunos no siguieron adelante. Otros saltaron en el aire como si se hubiesen vuelto locos, otros daban sacudidas horribles, y otros giraron la grupa hacia el enemigo, sin tener en cuenta a sus jinetes, debido al dolor de las flechas.
(SOBRE LA CABALLERÍA FRANCESA) JEAN LE BEL, *TRUE CHRONICLES*, H. 1352

La guerra de los Cien Años entre Inglaterra y Francia comenzó en 1337. En la fase inicial, los ingleses construyeron una gran alianza de príncipes en los Países Bajos. En 1339, cuando los ingleses y sus aliados se enfrentaron a los franceses, ninguna de las partes se atrevió a entrar en batalla y no se produjo ningún combate. El conflicto pareció indeciso e inconcluso hasta 1346, cuando el curso de la guerra de los Cien Años cambió debido a una campaña extraordinaria dirigida por Eduardo III, y que culminaría en la gran batalla de la guerra: Crécy.

Los ingleses desembarcaron en el oeste de Normandía, de forma bastante inesperada, el 12 de julio de 1346. Probablemente, fue un desembarco intencionado, aunque también cabría la posibilidad de que los vientos contrarios impidiesen a la flota realizar el viaje planeado hasta Gascuña. La resistencia resultó inútil; incluso la ciudad de Caén cayó con sorprendente facilidad ante los ingleses, que se deleitaron con el botín conseguido. El plan consistía en continuar la marcha hacia el norte, pero el río Sena suponía un gran obstáculo. Los franceses destruyeron los puentes y el ejército de Eduardo se vio obligado a marchar río arriba hasta aproximarse a París. Los retos para luchar contra Felipe VI de Francia se quedaron en nada. En Poissy, los ingleses arreglaron el puente y marcharon rápidamente hacia el norte. El siguiente obstáculo fue el Somme, que el ejército vadeó en Blanquetaque. Eduardo III se detuvo en Crécy y se preparó para luchar. Crécy se encontraba en el condado de Ponthieu, una posesión inglesa desde 1279 pero que por entonces estaba en manos de los franceses. Existía la ventaja moral de luchar en lo que podría considerarse terreno propio. Y, lo que es más importante, la cordillera situada entre las poblaciones de Crécy y Wadicourt proporcionaba un lugar ideal para que los ingleses estableciesen

El arco, con la rapidez de disparo que permitía, supuso un arma decisiva en Crécy. La lluvia de flechas aterrorizarían a hombres y caballos por igual. Estos arqueros ingleses aparecen representados con sus carcajs, cada uno con dos docenas de flechas.

una fuerte posición defensiva. El valle que se extendía a los pies de las montañas estaba definido por una pendiente escarpada en el lado opuesto, lo que dificultaba la capacidad de maniobra de los franceses. La pendiente encerraba parcialmente lo que se convertiría en un auténtico campo de matanza.

¿Buscó Eduardo la batalla con los franceses, o éstos le colocaron en una posición en la que no tenía más opción que luchar, por encontrarse atrapado? He aquí una cuestión muy debatida. La propaganda real inglesa no dejaba lugar a dudas; Eduardo deseaba luchar contra su rival, Felipe. Sin embargo, pudo haberse enfrentado a Felipe en una etapa anterior de la campaña y, sin duda, no tenía por qué haber evitado a los franceses cruzando el Sena en Poissy y marchando hacia el norte con bastante rapidez. No existe la certeza absoluta, pero resulta difícil pasar por alto la evidencia contemporánea de que Eduardo quería enfrentarse a los franceses. No existía un modo mejor de demostrar que era el rey de Francia por derecho propio a través de la herencia de su madre, Isabel de Francia.

La batalla

No se sabe con certeza el número de hombres que componían el ejército inglés, pero es probable que estuviese en torno a los 15.000 (de los cuales casi 3.000 eran caballeros y hombres de armas). Se trataba de una fuerza remunerada en la que muchos hombres servían a sus señores cumpliendo un contrato. Las descripciones de los cronistas sobre el modo en que los ingleses formaron su ejército para la batalla no coinciden. Se produjo una formación circular de carros en la retaguardia para defender la intendencia. Probablemente, aquí llevaban también un pequeño número de cañones, no efectivos pero sí ruidosos. El ejército contaba con tres divisiones principales, pero no está claro si se ordenaron para el combate una detrás de la otra, o formando un frente único. El príncipe de Gales, junto con los condes de Northampton y Warwick, mandó la primera división; el propio rey iba al mando de la segunda, y es probable que los condes de Arundel y Huntingdon mandasen la tercera. Los caballeros y los hombres de armas ingleses desmontaron para luchar, tal como habían aprendido en las guerras con los escoceses. Se ha habladodo mucho sobre los arqueros, descritos por el cronista Froissart formando *en herse* (lo que probablemente significa en formaciones triangulares). Flanqueaban a la fuerza inglesa principal y se situaron para provocar estragos entre los franceses el 25 de agosto.

Sin duda, las fuerzas francesas eran mucho más numerosas que las inglesas, pero su organización distaba mucho de la del enemigo. Entre los franceses existía una gran confusión, y no se ponían de acuerdo sobre si había que esperar a luchar al día siguiente. Finalmente, la irreflexión superó al sentido común. Los franceses ondearon su celebrada bandera

Escena imaginaria en la que el joven Eduardo III recibe su escudo, que muestra tres leopardos, de manos de san Jorge. Ambas figuras llevan aillettes, *piezas rectangulares en los hombros que dejan ver los brazos.*

Derecha *El casco Pembridge, un casco inglés de finales del siglo XIV. Este tipo de protección se utilizó cada vez más para las justas y no tanto en las batallas, donde se preferían los cascos con viseras móviles.*

Inferior *En Crécy, los ingleses mostraron una clara ventaja táctica, ya que su posición se encontraba en una ladera que dominaba un amplio valle.*

de guerra, la Oriflamme, y se dio la orden en ambos flancos de no dar cuartel.

Se envió una avanzada de ballesteros genoveses que ni siquiera contaban con todo el equipo, ya que no habían tenido tiempo de sacarlo. En concreto, les faltaban sus característicos escudos grandes (*pavises*). Según descripciones posteriores, las cuerdas de sus arcos se mojaron durante una tormenta, de manera que las armas perdieron eficacia. Las ballestas inglesas, por otro lado, no podían ser más potentes. Los genoveses fueron atacados y obligados a retroceder, pero se encontraron con la caballería francesa que avanzaba.

La información sobre la batalla resulta inevitablemente confusa y contradictoria. Al parecer, consistió en ataques repetidos de los franceses contra las líneas inglesas de hombres de armas a pie. Tal vez, en algún momento los franceses incluso obligaron a los hombres de Eduardo III a regresar al campamento defensivo de la retaguardia. La división de Eduardo, príncipe de Gales, soportó lo más recio de la lucha, y el príncipe se vio casi vencido en dos ocasiones. Froissart explica la conocida historia sobre cómo el rey se negó a enviar ayuda, afirmando que «el chico tenía que ganarse sus espuelas». El otro incidente conocido ocurrió en las etapas finales de la batalla, cuando el rey ciego de Bohemia, John de Luxemburgo, exigió que le guiasen hasta la batalla para poder dar un golpe con su espada. Sus hombres ataron sus caballos formando un círculo, y a la mañana siguiente encontraron a John moribundo y a sus hombres muertos. Las bajas francesas en la batalla fueron muy numerosas. Muchos hombres murieron aplastados en el campo de batalla, asfixiados por sus armaduras. Se afirma que un total de nueve príncipes, 1.200 caballeros y unos 15.000-16.000 hombres perdieron la vida. Algunos cayeron prisioneros; las tropas germanas que luchaban para Eduardo III protestaron por la pérdida de rescates potenciales.

La batalla comenzó a última hora de la tarde, y cuando terminó ya había anochecido. Por tanto, no se produjo una huida en desbandada y la corres-

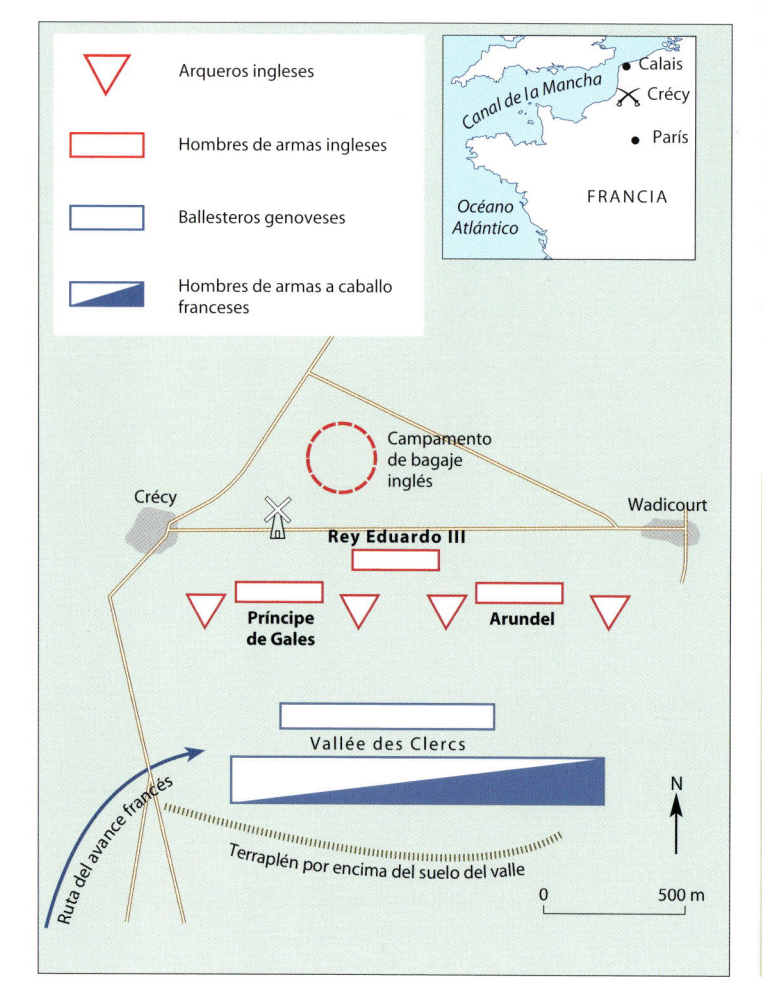

COMBATIENTES

Ingleses
- 15.000 hombres aproximadamente.
- Mandados por el rey Eduardo III; Eduardo, príncipe de Gales, y Thomas Hatfield, obispo de Durham.
- Número de bajas estimado: menos de 100.

Franceses
- Al menos 30.000 hombres.
- Mandados por Felipe VI; John, rey de Bohemia, y Carlos, conde de Alençon.
- Bajas: 1.542 hombres de armas y un número desconocido de soldados de infantería.

Los ingleses, a la izquierda, luchando contra los franceses. El rey francés aparece muy destacado, con la insignia de la flor de lis, igual que la bandera real inglesas con los tres leopardos.

pondiente persecución, aunque la batalla llegó hasta Watteglise, a cierta distancia al noroeste de Wadicourt. Al día siguiente se extendió la alarma ante la posibilidad de que nuevas tropas francesas retomasen la lucha, pero resultaron ser milicianos campesinos que se habían retrasado por el camino. Sin dudarlo, los ingleses los masacraron en un cruel golpe final.

Resumen
Varias fueron las razones del triunfo inglés. Una de ellas es que eligieron bien su posición. La ballesta resultó ser importante: un arquero experimentado podía disparar tres o cuatro veces más rápido que un ballestero, y los caballos se volvían locos con las lluvias de flechas. Las tácticas utilizadas por los caballeros y los hombres de armas para luchar a pie se desarrollaron en las guerras escocesas de Eduardo III, y de nuevo resultaron muy eficaces. Los factores intangibles, como la calidad del liderazgo del rey, también desempeñaron su papel. En cuanto a los franceses, sus ballesteros genoveses no podían igualar en modo alguno a los arqueros ingleses. Las tácticas francesas no tuvieron en absoluto en cuenta el modo de luchar de los ingleses. Felipe VI tal vez luchase con valentía, pero no tenía el carisma de líder que poseía el rey Eduardo III. La incertidumbre entre los comandantes franceses al principio de la batalla fue seguida por la creciente confusión en el transcurso de la misma.

La batalla de Crécy no supuso la victoria en la guerra para los ingleses, pero si el rey Eduardo hubiese sido derrotado, sin duda habría significado el final de sus ambiciones en un territorio tan anhelado para él como era Francia. Tal como ocurrieron las cosas, el ejército inglés pudo desplazarse a Calais, que fue capturada al año siguiente. La victoria llevó a la fundación de la Orden de la Jarretera. En muchos aspectos, supuso el comienzo de la fama de Eduardo III.

18 Ankara

Fecha: 28 de julio de 1402   Lugar: capital de la actual Turquía

> *Él [Timur] llegó a Angora [Ankara] en julio, y el día 20 [en realidad, el 28] de ese mes tuvo lugar la batalla decisiva. En Angora, los turcos otomanos fueron totalmente derrotados por los tártaros de Timur, y se dice que [el sultán otomano] Bayazid [Bayaceto], cautivo, fue llevado al este con su conquistador en una jaula de hierro. Bayazid murió en marzo de 1403, y durante el siguiente medio siglo Constantinopla quedó en manos de la cristiandad.*
> RUY GONZÁLES DE CLAVIJO, *EMBAJADA A TAMERLÁN*, 1403-1406

El principio de la década de 1400 fue especialmente agitado en la historia de Eurasia y Oriente Medio debido en gran parte a la aparición y las conquistas de Timur el Cojo, conocido en la literatura occidental como Tamerlán. En 1370, Timur (un experto y cruel líder militar de origen mongol, natural de Transoxania, la actual Uzbekistán), de habla turca y musulmán de religión, se autoproclamó gobernador absoluto de esa zona. Desde su capital, en Samarcanda, su ejército (dominado por arqueros nómadas a caballo de Chaghatay) invadió los territorios de la Horda de Oro, el norte de India, Persia, Siria y Anatolia oriental. A finales de la década de 1390, cuando el sultán otomano Bayezid I (1398-1402) extendió su dominio sobre Anatolia oriental, el enfrentamiento entre los dos gobernantes se hizo inevitable. Los señores locales de esa zona de Anatolia intentaron maniobrar entre los dos grandes jefes. Buscaron y hallaron refugio con Bayezid o con Timur, que dispusieron así de los pretextos necesarios para atacar al contrario.

Después de la invasión de Siria y de Iraq, y del saqueo de las ciudades de Aleppo, Damasco y Bagdad en 1400 y 1401 por parte de Timur, éste pasó el

Un elefante de guerra de la Historia de Rashid al-Din, Irán, principios del siglo XIV. Se dice que el ejército de Timur tenía unos 30 elefantes de guerra.

invierno de 1401 en Karabagh, en el Cáucaso. A principios del verano de 1402, dejó su cuartel general de invierno y marchó hacia Asia Menor pasando por Erzurum y Erzincan con el objetivo de recuperar la disputada fortaleza de Kemah (que controlaba el alto Éufrates y que había sido arrebatada no hacía mucho a Taharten, señor de Erzincan, por Bayezid). La fortaleza cayó en cuestión de diez días y regresó a su antiguo señor. Desde aquí, Timur continuó la marcha hacia Sivas, donde se encontró con los mensajeros otomanos.

Timur exigió la rendición de Ahmed Jalair, el sultán fugitivo de Bagdad, y de Kara Yusuf, gobernante de los turkmenos de Karakonyulu («ovejas negras»), Azerbaiyán. Ambos se habían refugiado con los otomanos. Sin embargo, los mensajeros del sultán informaron a Timur de que Bayezid no pensaba aceptar sus exigencias. Ante este fracaso de la diplomacia, Timur continuó su marcha hacia Anatolia.

Desde Sivas, el ejército de Timur avanzó hacia Ankara siguiendo el río Kizilirmak. Después de que su cansado ejército se refrescase con los abundantes productos y frutas de la zona, Timur sitió Ankara. El asedio se levantó cuando los exploradores trajeron la noticia de que se acercaba el ejército otomano, «moribundo por el agotamiento y muerto de sed» después de una larga marcha.

La batalla

La acción tuvo lugar en la llanura de Çubuk, al nordeste de Ankara, el viernes 28 de julio de 1402. Las cifras sobre la composición de los ejércitos enfrentados varían desde varios cientos de miles hasta la imaginativa de 1,6 millones. Los cálculos modernos, más fiables, sitúan los ejércitos de Timur y Bayezid en torno a 140.000 y 85.000 hombres, respectivamente. Las fuentes otomanas subrayan que el ejército de Bayezid estaba exhausto debido a la larga marcha forzada desde Bursa a Sivas y Tokat, y de nuevo de vuelta a Ankara, en persecución del enemigo.

Aparte de su inferioridad numérica y de su estado de extenuación, otro factor que debilitó considerablemente a los otomanos fue la falta de agua, un gran inconveniente si se tienen en cuenta las altas temperaturas del verano en Anatolia. Casi todas las fuentes de información coinciden en que Timur destruyó los pozos situados en torno a Ankara. El saber actual sugiere que Timur, además, desvió el Çubuk, que atravesaba la llanura del mismo nombre, construyendo una presa y un embalse al sur de la ciudad de Çubuk. De este modo, las fuerzas de combate otomanas y sus caballos no dispondrían de agua para beber.

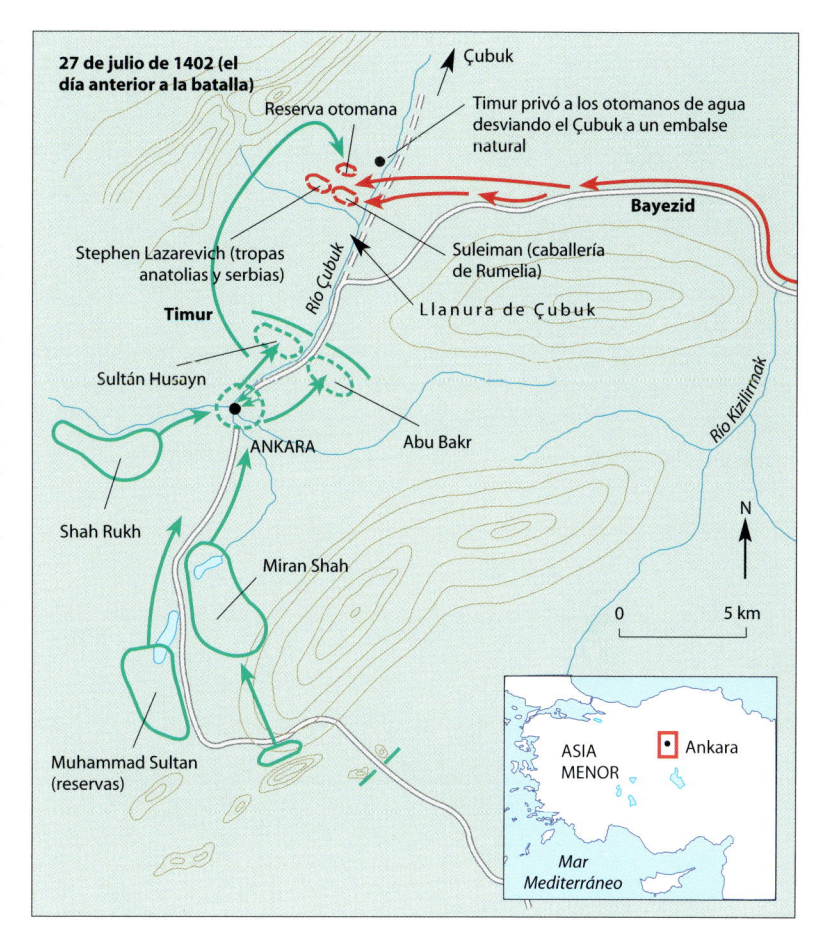

La batalla dio comienzo por la mañana, alrededor de las nueve, y duró hasta última hora de la tarde. Las vanguardias del ejército de Timur estaban comandadas por los nietos de éste: los príncipes Abu Bakr y sultán Husayn en los flancos derecho e izquierdo, respectivamente. Detrás les seguía el grueso del ejército, cuyas alas derecha e izquierda estaban bajo las órdenes de los hijos de Timur, los príncipes Miran Shah y Shah Rukh. Timur, señor de la Conjunción Afortunada, lideró el centro con el apoyo de las reservas al mando del príncipe Muhammad Sultan, otro nieto de Timur.

La caballería provincial de Rumelia, en el ala izquierda del ejército otomano, estaba al mando del príncipe Süleyman, el hijo mayor de Bayezid. Las tropas anatolias, junto con unos 20.000 soldados de ca-

Aunque Timur llegó a Ankara desde el sur y Bayezid desde el norte, cambiaron sus posiciones la noche anterior a la batalla. Este plano muestra una reconstrucción de la batalla basada en el mapa de 1977 de Alexandrescu-Dresca (del que actualmente se considera que muestra una fuerza irrealmente grande liderada por Timur).

| 18 |

La captura de Bayezid I por parte de Timur; miniatura mongol. El sultán Bayezid murió el 8 de marzo de 1403 cerca de Akflehir, siendo prisionero de Timur.

COMBATIENTES

Turcomongoles (tártaros)
- 140.000 hombres.
- Mandados por Timur el Cojo (o Tamerlán), jefe de Transoxania y fundador del Imperio timurí.
- 15.000-40.000 bajas entre muertos y heridos.

Otomanos
- 85.000 hombres.
- Mandados por Bayezid I, sultán otomano (1389-1402).
- 15.000-40.000 bajas entre muertos y heridos.

ballería serbios, ocuparon la derecha liderados por Stephen Lazarevich, de Serbia (cuñado y vasallo del sultán). Alrededor de 5.000 jenízaros, los soldados de infantería profesionales del sultán, permanecieron en el centro junto con los *azabs* de infantería y comandados por Bayezid y tres de sus hijos: los príncipes Musa, Mustafa e Isa. Las fuerzas montadas del ejército del sultán formaron el centro de la segunda fila, y estuvieron perfectamente flanqueadas por vasallos tártaros y serbios en las alas izquierda y derecha, respectivamente. La reserva otomana consistía, principalmente, en caballería procedente de Sivas, Tokat y Amasya.

A pesar de todos los inconvenientes, los otomanos disfrutaron del éxito por un momento. Sin embargo, cuando los tártaros Kara (negros) del ala izquierda otomana, traidores aliados con Timur, atacaron la retaguardia otomana, y cuando desertaron los jinetes de los recientemente subyugados emiratos, el destino del sultán quedó sellado. Abandonado por sus hijos, Süleyman y Mehmet, luchó con valentía junto a sus jenízaros y sus vasallos serbios hasta caer derrotado y, finalmente, capturado. El sultán Bayezid I, conocido por todos como «Rayo» por sus rápidas conquistas, murió como prisionero de Timur en marzo del año 1403, cerca de Akflehir.

Significado

Como ocurrió en Siria e Iraq, las hordas tártaras saqueadoras llevaron la destrucción y el horror a Asia Menor. Los territorios de Anatolia oriental, tomados por Bayezid no hacía mucho, fueron devueltos a sus anteriores señores por el vencedor. Entre los hijos del sultán se desencadenó una amarga lucha por el resto de reinos otomanos. Una década de interregno y fratricidio estuvo a punto de provocar la caída del sultanato. Por suerte para los otomanos, las instituciones básicas del estado ya habían arraigado, y numerosos sectores de la sociedad otomana tenían interés en restaurar el poder de las casa de Osman. En 1453, las tropas otomanas llegaron de nuevo a las puertas de Constantinopla (*véase* pág. 85). El embajador aragonés, Ruy Gonzales de Clavijo, atravesó Bizancio y Asia Menor un año después de la batalla mientras se dirigía a la capital de Timur, Samarcanda (*véase* ruta inicial). Aunque tuvo errores, como el hecho de confundir la fecha de la batalla y ser uno de esos contemporáneos que extendió la leyenda de la «jaula de hierro» (como en la imagen superior), su resumen en cuanto al significado de la batalla resulta perfecto: consiguió a Bizancio un respiro de medio siglo.

Agincourt

19

Fecha: 25 de octubre de 1415   Lugar: cerca de Arras, Nord-Pas-de-Calais, Francia

*La nube de flechas voló de nuevo desde todas direcciones,
se escuchó el sonido del hierro chocando contra el hierro, mientras lluvias
de flechas golpeaban los cascos, las armaduras y las corazas.
Muchos franceses cayeron, acribillados de flechas, aquí cincuenta, allá sesenta.*
THOMAS DE ELMHAM, *LIBER METRICUS DE HENRICI QUINTO*, H. 1418

La famosa victoria de Enrique V en Agincourt fue el último gran triunfo inglés de la guerra de los Cien Años. Fue una batalla ganada contra todo pronóstico, por un ejército pequeño y cansado, que allanó el camino de la conquista inglesa de Normandía. El éxito de las palabras «We few, we happy few, we band of brothers», pronunciadas el día de san Crispín, inspiró la gran obra patriótica de Shakespeare sobre Enrique.

Contexto

El fracaso de una misión diplomática en Francia en los primeros meses de 1415 proporcionó a Enrique V una razón para recurrir a las armas. Los preparativos comenzaron en febrero; la flota partió en agosto con un ejército de 12.000 hombres. El objetivo era Harfleur, un puerto cuya captura pondría a Normandía al alcance de los ingleses. Cuando estuviese en sus manos, Enrique podría embarcarse en una guerra no de incursiones, como las campañas de Eduardo III, sino de conquista. El ejército estaba bien equipado, con cañones y aparatos de asedio más tradicionales. A pesar de ello, las defensas retrasaron a los ingleses más de un mes. Además, el ejército se vio seriamente afectado por un brote de disentería durante el asedio. Una gran campaña posterior al éxito en Harfleur habría sido imposible, pero en lugar de regresar a casa directamente, se decidió que sería mejor marchar hacia Calais y tomar el paso marítimo más corto. Esta solución presentaba la ventaja adicional de permitir al rey una demostración de fuerza, aunque parece poco probable que tuviese intención de entrar en una gran confrontación con los franceses.

Retrato de Enrique V, de la Royal Collection.

Derecha *El campo de batalla de Agincourt tenía bosques a ambos lados, lo que limitó de forma muy considerable la posibilidad de maniobrar de los franceses. Así, no pudieron sacar partido de su superioridad numérica.*

Inferior *Los arqueros ingleses, con sus arcos, desempeñaron un papel decisivo en Agincourt. Reconstrucción moderna de la vestimenta y el equipo de un arquero inglés.*

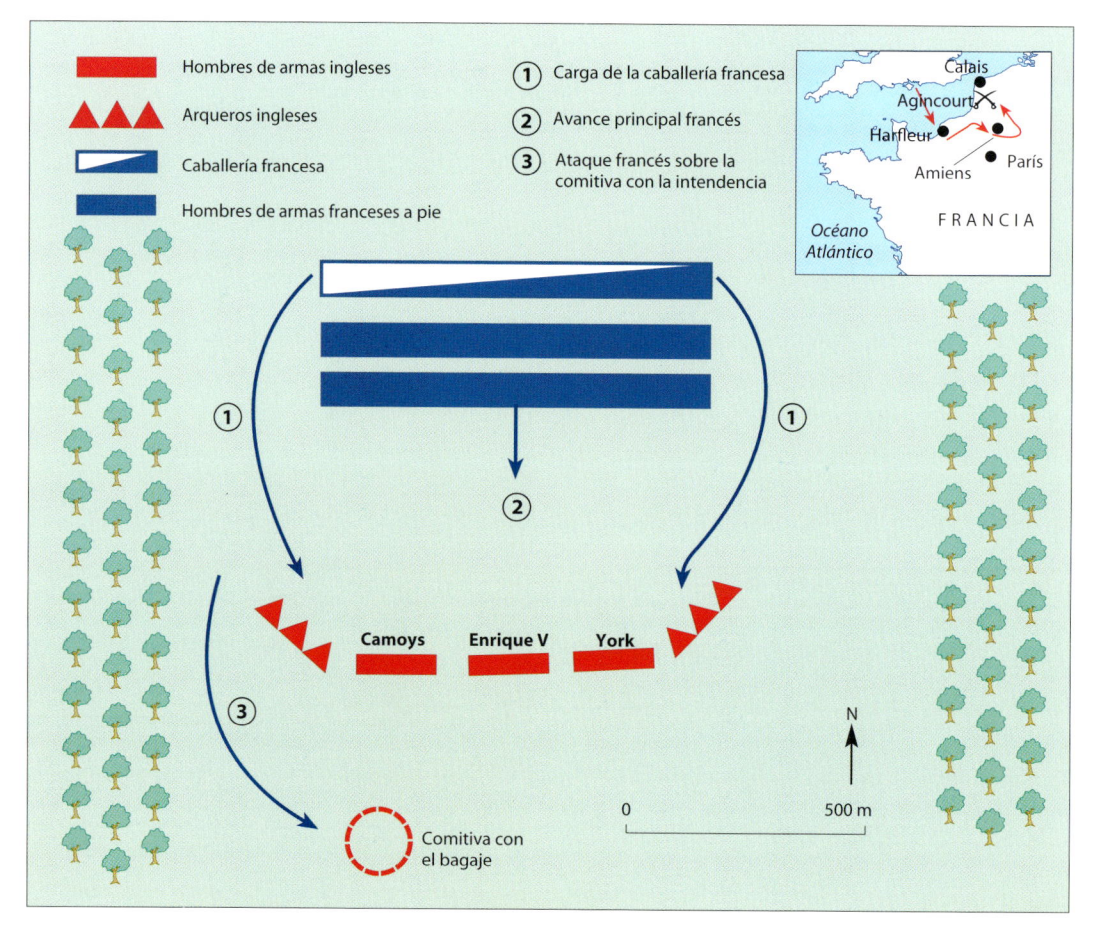

Enrique V y su ejército cruzaron el Somme con cierta dificultad, ya que el vado que atravesó Eduardo III en 1346 (*véase* Crécy, pág. 74) estaba tomado por tropas francesas y tuvieron que seguir río arriba. El ejército estaba exhausto, y muchos soldados seguían enfermos de disentería. Cerca de la ciudad de Agincourt, los franceses bloquearon la ruta de Enrique hacia el norte. Los dos ejércitos realizaron maniobras a poca distancia entre sí el día 24 de octubre; los ingleses tuvieron cuidado de no quedar rodeados. Walter Hungerford informó al rey de que le irían bien 10.000 arqueros más. Enrique le reprendió así: «¿No creéis que el Todopoderoso, con Sus humildes pocos, es capaz de superar a la arrogancia de los franceses?». Las fuerzas de Enrique pasaron la noche en silencio, mientras que los franceses permanecieron de juerga, confiados en la victoria. A la mañana siguiente, los franceses se ordenaron para el combate.

La batalla

El ejército inglés contaría con unos 8.000 hombres; el francés era mucho más numeroso, aunque las fuentes no ofrecen una cifra definitiva: 20.000 soldados es un cálculo a la baja. El campo de batalla era llano; la única ventaja con que contaban los ingleses es que estaba rodeado de bosques. Los hombres de armas ingleses, a pie, formaron una línea. La vanguardia se situó a la derecha; la retaguardia, a la izquierda. No se sabe con seguridad cómo se distribuyeron los arqueros ingleses. Una información afirma que formaron cuñas entre las tres «líneas» o divisiones; otra, que los grupos de arqueros se entremezclaron con los hombres de armas. Es probable que la mayoría se colocasen en los flancos. Además de los arcos, llevaban estacas (preparadas con antelación) para repeler los ataques de la caballería francesa. Los galos se distribuyeron en tres «líneas», una detrás de la otra. Como los ingleses, la mayoría de ellos iban a pie y las fuerzas de caballería se mantuvieron en la retaguardia.

COMBATIENTES

Ingleses

- 8.000 hombres, aproximadamente.
- Mandados por el rey Enrique V; Eduardo, duque de York, en la vanguardia, y Thomas Lord Camoys en la retaguardia.
- Menos de 1.000 bajas, incluidos los duques de York y Suffolk.

Franceses

- 20.000 hombres, aproximadamente.
- Mandados por el mariscal Boucicaut, el condestable Charles d´Albret y los duques de Orléans, Bourbon y Alençon.
- 5.000-10.000 bajas.

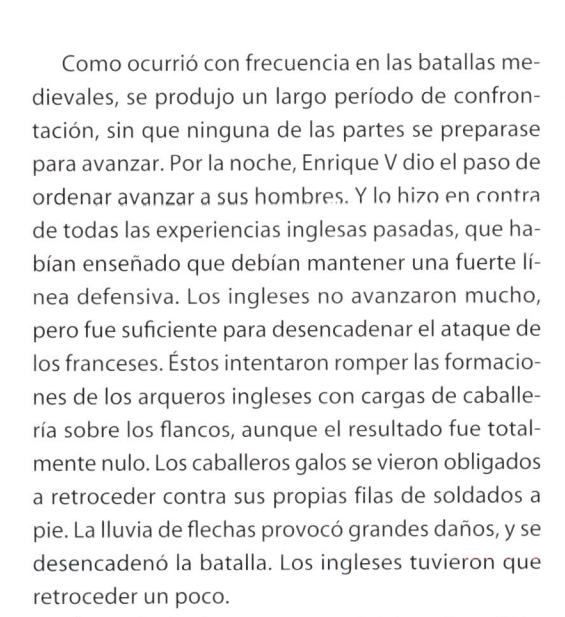

Como ocurrió con frecuencia en las batallas medievales, se produjo un largo período de confrontación, sin que ninguna de las partes se preparase para avanzar. Por la noche, Enrique V dio el paso de ordenar avanzar a sus hombres. Y lo hizo en contra de todas las experiencias inglesas pasadas, que habían enseñado que debían mantener una fuerte línea defensiva. Los ingleses no avanzaron mucho, pero fue suficiente para desencadenar el ataque de los franceses. Éstos intentaron romper las formaciones de los arqueros ingleses con cargas de caballería sobre los flancos, aunque el resultado fue totalmente nulo. Los caballeros galos se vieron obligados a retroceder contra sus propias filas de soldados a pie. La lluvia de flechas provocó grandes daños, y se desencadenó la batalla. Los ingleses tuvieron que retroceder un poco.

El propio Enrique protagonizó lo más reñido de la lucha. Un francés se le acercó tanto que hizo un agujero en el casco del rey y derribó su corona. Cuando su hermano, Humphrey de Gloucester, cayó herido, Enrique estuvo pendiente de él para protegerle. A medida que la batalla avanzaba, la presión desde la retaguardia obligó a los franceses a avanzar hasta dar con los cadáveres de los que habían muerto en la lucha inicial. Los fallecidos se fueron apilando en varios montones por todo el campo de batalla. Los arqueros ingleses, ya sin sus arcos, se dedicaron a matar a los enemigos con cuchillos, dagas y todo lo que encontraban a mano en el campo de batalla.

En las etapas finales de la batalla se desató el miedo repentino a un ataque inminente de la retaguardia francesa. Enrique decidió matar a los prisioneros, ya que dejarlos vivos resultaba demasiado arriesgado. No se sabe cuántos hombres fueron ejecutados por los arqueros elegidos para esta desagradable tarea, que puede parecer poco caballerosa. Y aunque hubo quien se opuso a la decisión del rey en el campo de batalla, nadie le criticó por ello (ni siquiera los temidos cronistas galos). En todo caso, el nuevo ataque no se materializó y los ingleses lograron salir victoriosos.

La batalla fue muy sangrienta. Se cree que el número de bajas entre los franceses fue muy alto (los cálculos contemporáneos estiman que la cifra de muertos se sitúa entre 5.000 y 10.000 hombres). Entre los ingleses se produjeron, entre todas las bajas, dos muertes de personajes notables: las de los duques de York y de Suffolk. Muchos de los fallecidos murieron por asfixia, aplastados en los montones de muertos y moribundos.

Una característica interesante de Agincourt es que se conserva el plan de batalla que dibujaron los franceses. La idea era que hubiese una gran vanguardia y una segunda línea de caballería bastante numerosa. Dos alas de infantería irían en los flancos, con los arqueros delante. Un batallón más de caballería quedaría en reserva y se utilizaría contra los arqueros ingleses. Una última fuerza de caballería, más pequeña, tenía la misión de atacar a la comitiva inglesa con la intendencia. Al final, el plan no se pudo llevar a cabo

Reconstrucción cinematográfica de la caballería inglesa a la carga en Agincourt, obra de los Royal Armouries (Arsenal real).

19 EL MUNDO MEDIEVAL

Ilustración de la batalla de Agincourt en un manuscrito del siglo XV. Las tropas inglesas aparecen a la derecha. Aunque Shakespeare omite a los arqueros en su obra Enrique V, *su papel crucial en la victoria inglesa queda aquí ampliamente reconocido.*

en su totalidad. El motivo principal para que no se pudiera ejecutar fue que el terreno no era adecuado, como tampoco lo fue para el modo en que los ingleses tenían previsto repeler los ataques de la caballería, en parte por medio de las estacas que portaban y que plantaron.

Resumen

Existen diversas razones por las que los ingleses salieron victoriosos. El campo de batalla, relativamente estrecho, equilibró la ventaja numérica de los franceses. Una intensa lluvia caída la noche anterior a la batalla dejó el terreno totalmente embarrado, lo que supuso un gran inconveniente para la caballería gala. Los arqueros ingleses desempeñaron un papel muy significativo; el arco supuso un arma decisiva. Las facultades de liderazgo de Enrique V contrastaron con la incoherencia de la estructura de mando de los franceses. Carlos VI, el rey galo (mentalmente inestable), no estaba capacitado para liderar el ejército. No existía individuo alguno con el prestigio necesario para tomar el mando, y el liderazgo colectivo del mariscal, el condestable y los jóvenes príncipes reales resultó ineficaz.

Agincourt, como muchas otras batallas, no sirvió en absoluto para ganar la guerra. Una victoria francesa, no obstante, hubiera significado que los ingleses perdieran la guerra mucho antes de lo que en realidad ocurrió. Además, el reinado de Enrique V habría quedado totalmente desacreditado. La victoria inglesa allanó el camino para la invasión y la conquista de Normandía. La capital del ducado, Ruán, cayó a principios del año 1419, y las negociaciones de paz culminaron con el matrimonio de Enrique con Catalina, hija del rey Carlos VI de Francia. La guerra continuó hasta la expulsión definitiva de los ingleses de Francia, que se fecha históricamente en el año 1453.

Caída de Constantinopla

20

Fecha: abril-mayo de 1453 **Lugar:** Estambul, actual Turquía

O tomo esta ciudad, o la ciudad me toma, vivo o muerto… Si admitís la derrota y os retiráis en paz… seremos amigos. Si insistís en negarme la entrada pacífica a la ciudad, me abriré paso y os mataré a vos y a todos vuestros nobles, y a todos los supervivientes, y dejaré que mis tropas saqueen a voluntad. Lo único que quiero es la ciudad, aunque esté vacía.
SULTÁN MEHMET II AL EMPERADOR CONSTANTINO XI

En 1451, año en que Mehmet II accedió al trono otomano por segunda vez a sus diecinueve años, los otomanos controlaban gran parte de los Balcanes, excepto Serbia, Bosnia y la Morea. En Asia Menor, la línea Antalya-Aksehir-Kayseri-Trabzon marcaba sus fronteras orientales (ya que el principado de Karaman no había sido conquistado). La política conciliadora de las décadas anteriores había terminado y el nuevo sultán recuperó la antigua tradición guerrera otomana. Su primer objetivo fue Constantinopla, sede del imperio milenario de los romanos conocido como Imperio bizantino. Constantinopla no sólo separaba las provincias europeas y asiáticas del sultán, sino que además su emperador desempeñaba un papel crucial incitando a las cruzadas y las rebeliones antiotomanas en los Balcanes y en Anatolia. El emperador Constantino Paleólogo (1448-1453) provocó innecesariamente al sultán pidiéndole que doblase la cantidad anual que los otomanos pagaban por Orhan, un aspirante al trono otomano que vivía bajo custodia bizantina en Constantinopla.

Preparativos para el asedio y la defensa

Para anticiparse a los ataques potenciales de los enemigos tradicionales de los otomanos durante el asedio que planificaba, el sultán renovó el tratado de paz con Hungría, encabezó una campaña militar contra el poderoso emirato turco de Karaman (en Asia Menor), y envió un ejército de expedición al Peloponeso contra los dos hermanos del emperador (los déspotas Tomás y Demetrio). Para asumir el control de los estrechos, Mehmet mandó construir una fortaleza en el punto más estrecho del Bósforo. Rumeli Hisar (o el «castillo europeo») se alzó frente al viejo castillo anatolio erigido por Bayezid I (1389-1402) durante el primer asedio otomano de Constantinopla. Después de vaciar sus cañones desde las murallas de los dos castillos, los otomanos cerraron Bizancio, que quedó privado de refuerzos y suministros.

Durante los preparativos militares se construyeron en el arsenal otomano de Gallípoli en torno a 16 galeras grandes y 60 ligeras, 20 embarcaciones para transportar caballos y varios barcos más pequeños. El ejército del sultán (de alrededro de 80.000 y 100.000 hombres) se reunió en Edirne, la capital otomana. En la fundición de dicha ciudad se fabricaron 60 cañones nuevos de diversos calibres. Algunos disparaban proyectiles de 240, 300 y 360 kilogramos. Según algunos testimonios contemporáneos un tanto contradictorios, la bombarda más grande que el maestro húngaro Orban fundió para el sultán disparaba piedras de 400 a 600 kilogramos. Fue transportada a Constantinopla por 60 bueyes.

El emperador hizo todo lo posible para prepararse para el asedio. Se enviaron mensajeros a Venecia, Génova, al Papa, al emperador de Occidente y a los reyes de Hungría y Aragón con la noticia de que, a menos que se proporcionase una ayuda militar inmediata, los días de Constantinopla estaban contados. La respuesta fue bastante indiferente. Algunos italianos, avergonzados por la impotencia de su gobierno, se ofrecieron como voluntarios. El más famoso fue Giovanni Giustiniani Longo, un conocido genovés experto en asedios que llegó con

Este retrato del sultán Mehmet II, muy retocado en el siglo XIX, se atribuye a Gentile Bellini y está datado en 1480.

Página siguiente
El sitio de Constantinopla, del manuscrito Le Voyage d'Outremer, de Bertrandon de la Broquière (h. 1455). La superioridad militar de los otomanos y la cuidada planificación e ingenio de Mehmet II resultaron cruciales en la conquista de la ciudad.

Derecha
Los cañones de Mehmet II provocaron serios daños en las murallas milenarias de la ciudad. En la imagen, las murallas de Estambul en su estado actual.

Inferior El 23 de abril, los otomanos habían transportado por tierra 70 embarcaciones desde el Bósforo hasta el Cuerno de Oro. El 29 de mayo comenzó el asalto final de Mehmet.

700 soldados. La colonia veneciana de Constantinopla y muchos ciudadanos de Pera (frente a Constantinopla) también resistieron, igual que Orhan, el aspirante otomano, con sus turcos. En total, el emperador reunió a 8.000 griegos, 2.000 extranjeros y entre 30.000 y 40.000 civiles que prestaron un valioso servicio reparando las murallas de la ciudad antes y durante el sitio.

De sur a este, Constantinopla se hallaba protegida por el mar de Mármara, mientras que el Cuerno de Oro protegía la parte norte. El 2 de abril, los bizantinos colocaron una barrera en la entrada del puerto para impedir el acceso de la flota otomana al Cuerno de Oro. Aquel mismo día, las fuerzas de avance del sultán aparecieron cerca de las murallas más cerca de tierra de la ciudad.

El asedio

El día 5 de abril, el sultán Mehmet llegó con el resto de sus tropas y levantó su tienda frente a la puerta de san Romano. A la izquierda del sultán, a lo largo de todo el Cuerno de Oro, se hallaban las tropas europeas, comandadas por Karaca Pasha. Las fuerzas anatolias, al mando de Ishak Pasha, acamparon a la derecha del sultán, ocupando toda la orilla del mar de Mármara.

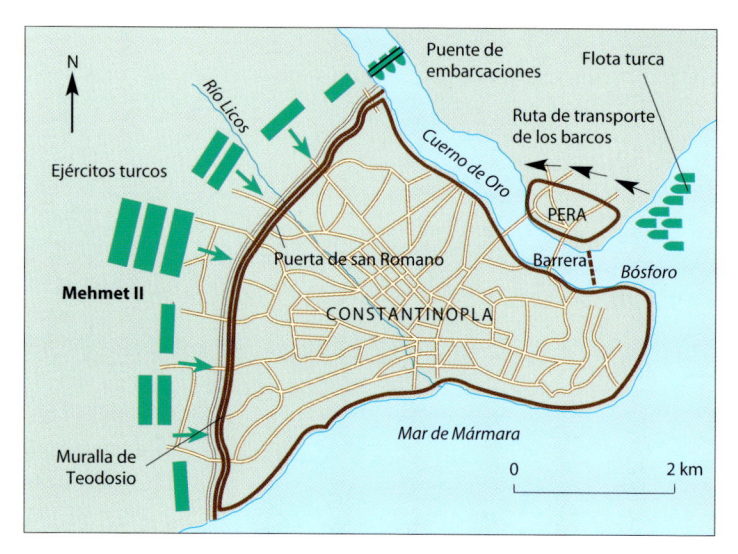

En las primeras semanas, «los ataques violentos, los bombardeos y los actos de guerra fueron continuos», pero la ciudad se mantuvo firme. La artillería naval otomana resultó ineficaz contra las galeras cristianas del puerto. El sultán Mehmet, aplicado estudiante de la tecnología militar de su tiempo, urgió a sus fabricantes de cañones a crear un arma distinta que pudiese disparar «a gran altura, de manera que al bajar impacte en el barco». Diseñada por el sultán, esta nueva arma (que pronto se conocería como mortero) consiguió hundir uno de esos barcos cristianos.

La mañana del 23 de abril, los bizantinos observaron aterrorizados que entre 70 y 80 embarcaciones otomanas pequeñas habían llegado al Cuerno de Oro. Utilizando sebo de oveja y de buey como lubricante, los otomanos transportaron su barcos desde el Bósforo sobre rodillos por la ruta terrestre, más larga (de 12 a 13 kilómetros) que conectaba las Dobles Columnas (Beşiktaş-Kabataş) con Eyüb, o siguiendo la ruta más corta (2-3 kilómetros) de Tophane-Taksım-Kasımpaşa. La ingeniosa maniobra del sultán Mehmet supuso un duro golpe para los bizantinos, que se vieron obligados a asignar hombres y recursos para defender las murallas a lo largo del Cuerno de Oro.

Los asaltos y los bombardeos otomanos siguieron su curso. Los suministros de alimentos y munición de la ciudad empezaron a escasear. Cuando se llegó a la conclusión que ni las fuerzas de alivio ni el prometido ejército veneciano iban a llegar, los defensores perdieron las esperanzas y se sintieron abandonados. Los mensajeros del sultán instaron a los ciudadanos a rendirse o enfrentarse a las masacres y la esclavitud. Los peculiares fenómenos naturales que precedieron a la caída de la ciudad tuvieron un importante efecto psicológico en ambos bandos. Los historiadores modernos hablan de un eclipse lunar, de un clima atípicamente frío, de una violenta tormenta y de una espesa niebla, y de las luces infernales sobre el tejado de la iglesia de la Santa Sabiduría con la enorme explosión volcánica que destruyó la isla de Kuwae, en el Pacífico sur, y que extendió nubes gigantes de cenizas volcánicas en la

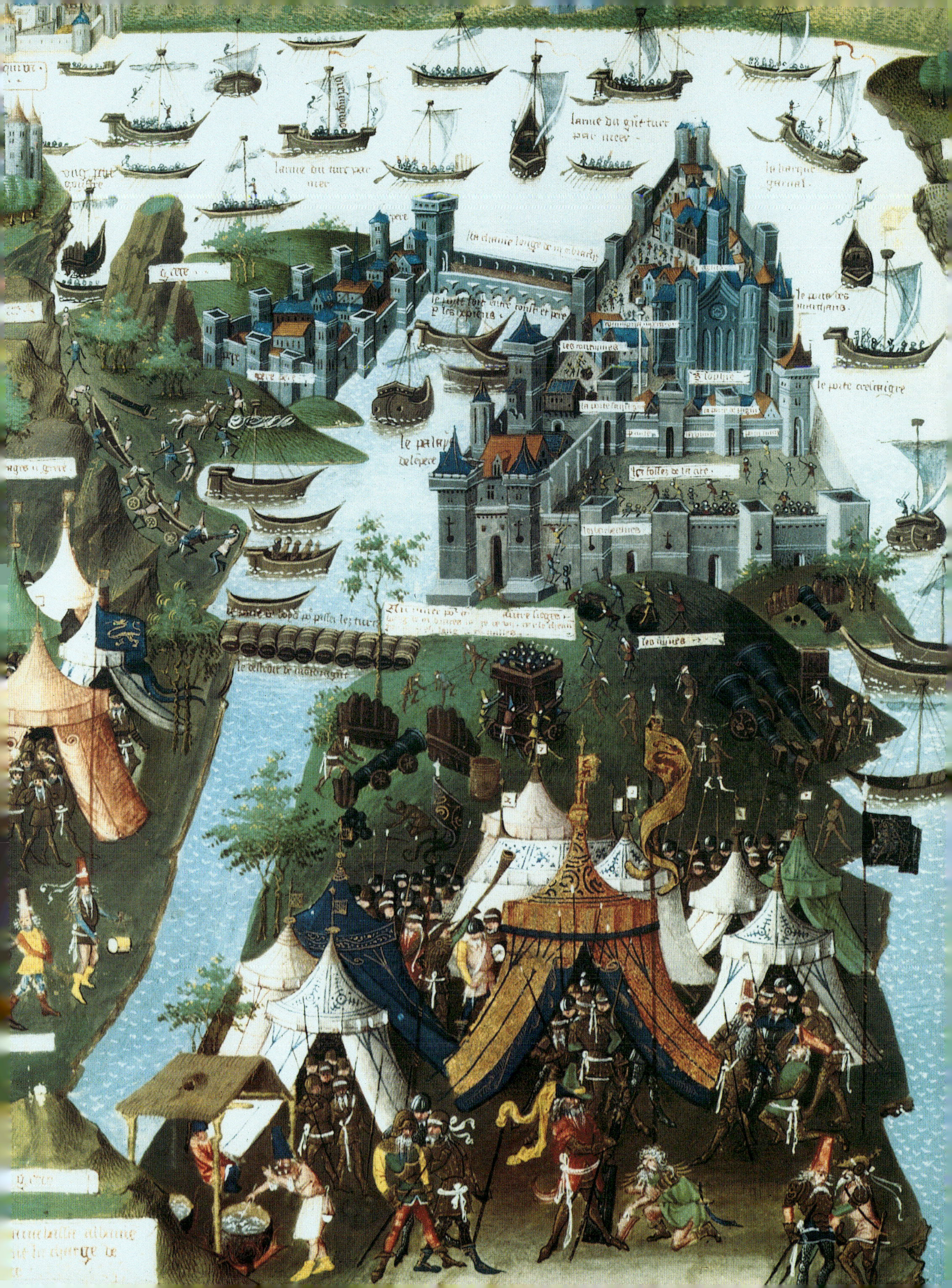

atmósfera de todo el planeta. Inconscientes de estas explicaciones, los desesperados defensores de Constantinopla interpretaron estos fenómenos naturales como señales de enfado divino y presagios que anticipaban la caída inevitable de su ciudad. Para los sitiadores, fueron señales de esperanza y de una victoria inminente.

El 29 de mayo, poco después de medianoche, comenzó el último asalto. Mientras la artillería naval otomana bombardeaba las murallas a lo largo del mar de Mármara y del Cuerno de Oro, el ejército atacó las murallas de la parte de tierra. El sultán envió primero a sus irregulares y voluntarios contra las murallas, pero los defensores, comandados por Giustiniani y el emperador, les obligaron a retroceder. Les siguieron tropas otomanas más experimentadas y disciplinadas que atacaron «como leones», pero también se vieron forzados a retirarse. Al amanecer, Mehmet ordenó a sus jenízaros de elite contra las murallas. En el fragor de la lucha, Giustiniani resultó gravemente herido por una flecha o un mosquete y fue trasladado a un barco genovés anclado en el puerto. Al no ver a su general, los hombres de Giustiniani se desmoralizaron. Los jenízaros aprovecharon la confusión de los defensores y varios de ellos se abrieron paso a través de las brechas abiertas por los bombardeos constantes. Constantino Paleólogo, el último emperador de los romanos, fue visto por última vez cerca de la puerta de san Romano. Murió como un soldado raso, luchando contra el enemigo. El sultán Mehmet entró en la ciudad a caballo por aquella misma puerta, conocida para los otomanos como Topkapi. El sultán prometió a sus tropas, como trofeo, un saqueo de tres días de duración. Pasado este tiempo, Mehmet encargó al recién nombrado gobernador de Constantinopla la reconstrucción y la repoblación de la ciudad.

Significado

La conquista otomana de Constantinopla reportó éxitos militares, geopolíticos y económicos, además de prestigio político y psicológico tanto en el mundo musulmán como en el cristiano. Acabó con una cuña hostil que separaba las provincias del sultán y aportó a los otomanos un centro logístico ideal para seguir con más campañas y una posición de liderazgo sobre las rutas comerciales entre Asia y Europa, el mar Negro y el Mediterráneo. La posesión de la ciudad de Constantinopla permitió a los otomanos cimentar su gobierno en el sudeste de Europa así como en Asia Menor y crear el imperio contiguo más fuerte y poderoso de la zona.

Desfile de jenízaros del ejército otomano. Los jenízaros eran los guerreros de elite del ejército de Mehmet, y participaron en el asalto final. Los símbolos de sus tocados denotan sus posiciones y sus tareas dentro del ejército.

COMBATIENTES

Otomanos
- 80.000-100.000 hombres.
- Mandados por el sultán Mehmet II.
- Cálculos de bajas poco creíbles.

Bizantinos
- 10.000 soldados y 40.000 civiles.
- Mandados por el emperador Constantino Paleólogo XI y Giovanni Giustiniani Longo de Génova.
- Cálculos de bajas poco creíbles.

Bosworth

Fecha: 22 de agosto de 1485   Lugar: Leicestershire, Inglaterra

21

Él dijo: «¡Ponedme en la mano mi hacha de armas,
Colocadme la corona de Inglaterra en la cabeza, bien alta!
¡Por aquel que creó el cielo y la tierra,
yo, rey de Inglaterra, hoy voy a morir!
ANÓNIMO, THE BALLAD OF BOSWORTH FIELD, H. 1490

Ricardo III ocupó el trono inglés en 1483, tras la muerte de su hermano, Eduardo IV. Había rechazado una rebelión liderada por el duque de Buckingham antes de la aparición del siguiente reto: Enrique Tudor, conde de Richmond. Tudor se encontraba exiliado en Bretaña. A través de su madre, Margaret Beaufort, reclamó un linaje Lancaster poco sólido. Su matrimonio con la hija mayor de Eduardo IV, Isabel, también le hizo ganar a los partidarios desilusionados de la casa de York para su causa.

El 7 de agosto de 1485, Enrique llegó a Pembrokeshire listo para intentar conseguir la corona. Galés de nacimiento, se ganó un gran apoyo local a su paso por el centro de Gales. Al cruzar la frontera para entrar en Inglaterra, se le unieron unos 500 hombres liderados por sir Gilbert Talbot. Mientras que el padrastro de Enrique, lord Thomas Stanley, se negó a pronunciarse a favor de uno de los dos bandos, su hermano, sir William Stanley, más impulsivo, pudo haber animado al pretendiente al trono. Juntos, los dos Stanley controlaban el poder militar de Lancashire, Cheshire y gran parte del norte de Gales. Sus tropas superaban a los ejércitos enemigos y suponían una presencia desconcertante tanto para el rey como para el aspirante. Ricardo recurrió a sus propios seguidores, principalmente del norte de Inglaterra, para formar a su comitiva a toda prisa. Su ejército se ordenó en las Midlands en cuestión de días. La víspera de la batalla, Ricardo tenía a su mando a 8.000-10.000 hombres, tal vez el doble de los reunidos por Enrique.

La batalla

Existe un gran misterio en torno a la batalla de Bosworth, incluso en lo que respecta a su ubicación precisa. La topografía de la batalla y las disposiciones de las tropas también siguen siendo objeto de debate. Probablemente, los ejércitos rivales se desplegaron en la llanura al sudoeste de Ambion Hill, cerca de Market Bosworth (en Leicestershire). Al parecer, el ejército de Enrique se formó en torno a un centro de mercenarios franceses, armados sobre todo con picas y alabardas. Las tropas galesas e inglesas de Enrique irían armadas con arcos, picos y lanzas. También contaban con algunos cañones, probablemente tomados de la guarnición de Lichfield. Enrique, de veintiocho años, no era un soldado experimentado, pero contaba con los sabios consejos de John de Vere, conde de Oxford, y del capitán francés Filiberto de Chandée. Por el contrario, Ricardo III era un comandante probado, veterano de batallas ocurridas en Inglaterra y Escocia, y estaba familiarizado con los métodos continentales por haber servido junto al ejército de Borgoña durante la campaña frustrada de 1475 en Francia. Lideró un

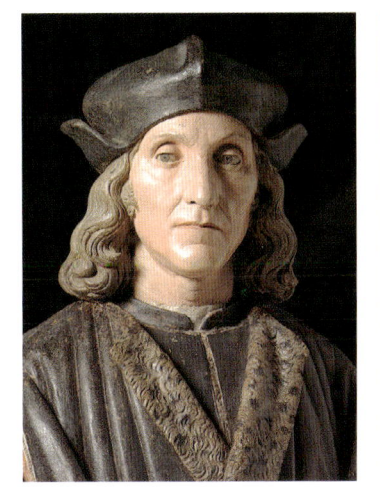

Superior izquierda *Busto florentino del siglo XVI del vencedor en Bosworth, Enrique VII.*

Superior *Ricardo III en un retrato de estilo Tudor (h. 1533-1543) representado como usurpador derrotado con la espada rota. Su reputación sigue estando en duda, pero usurpador o no, vivió sus últimos minutos como un rey inglés y murió negándose a entregar su corona.*

89

ejército numeroso y equilibrado. Su infantería, compuesta principalmente de arqueros y alabarderos, contó con el apoyo de la artillería y de una potente fuerza de hombres de armas a caballo.

La mañana de la batalla, el 22 de agosto, todo parecía a favor de Ricardo. Para él, aquel día supondría la posibilidad de establecer la legitimidad de su reino a través de la victoria. Por esta razón, luchó abiertamente como un rey: lució una corona de oro en su casco y el escudo de armas bajo la armadura. Según los conocimientos militares establecidos, dividió su ejército en tres «secciones». La vanguardia, con un número aproximado de 1.200 hombres, estaba liderada por el duque de Norfolk; la principal, con unos 2.000-3.000 hombres, contaba con el propio Ricardo como comandante, y la retaguardia, de un tamaño similar, iba al mando del conde de Northumberland. Al parecer, Enrique concentró su ejército, más pequeño, en una única batalla principal. Se había reunido una vez más con los Stanley el día 21 de agosto, pero no había conseguido una garantía segura de sus intenciones. Los hermanos tomaron posición en el flanco izquierdo de Ricardo.

Enfrentado a un enemigo numéricamente superior, Enrique necesitaba cierta ventaja táctica. Cuando comenzó el combate, Oxford guió a la sección principal de Enrique en una marcha de alcance de los flancos, a la derecha de la vanguardia de Norfolk. Con estos dos grupos de hombres encerrados en un combate sangriento, Ricardo podría desplazar a su sección principal para acudir en ayuda de Norfolk. Por el contrario, se valió de una oportunidad pasajera para asestar un golpe decisivo en otro punto del campo de batalla. Enrique y su guardaespaldas se habían separado del grueso de sus tropas y Ricardo les vio. Espoleó a su caballo y se dispuso a atacar junto a sus hombres de armas. Parecían una fuerza imparable. El portaestandarte de Enrique, William Brandon, murió atravesado por la lanza de Ricardo. Se produjo una feroz lucha en torno al portador derribado. Sir John Cheney se interpuso valientemente en el camino de Ricardo, pero también cayó.

Ricardo debía estar sólo a unos pocos kilómetros de su rival cuando un nuevo ataque convulsionó el enfrentamiento.

Sir William Stanley se unió a la batalla, atacando a Ricardo y a su grupo aislado de hombres de armas.

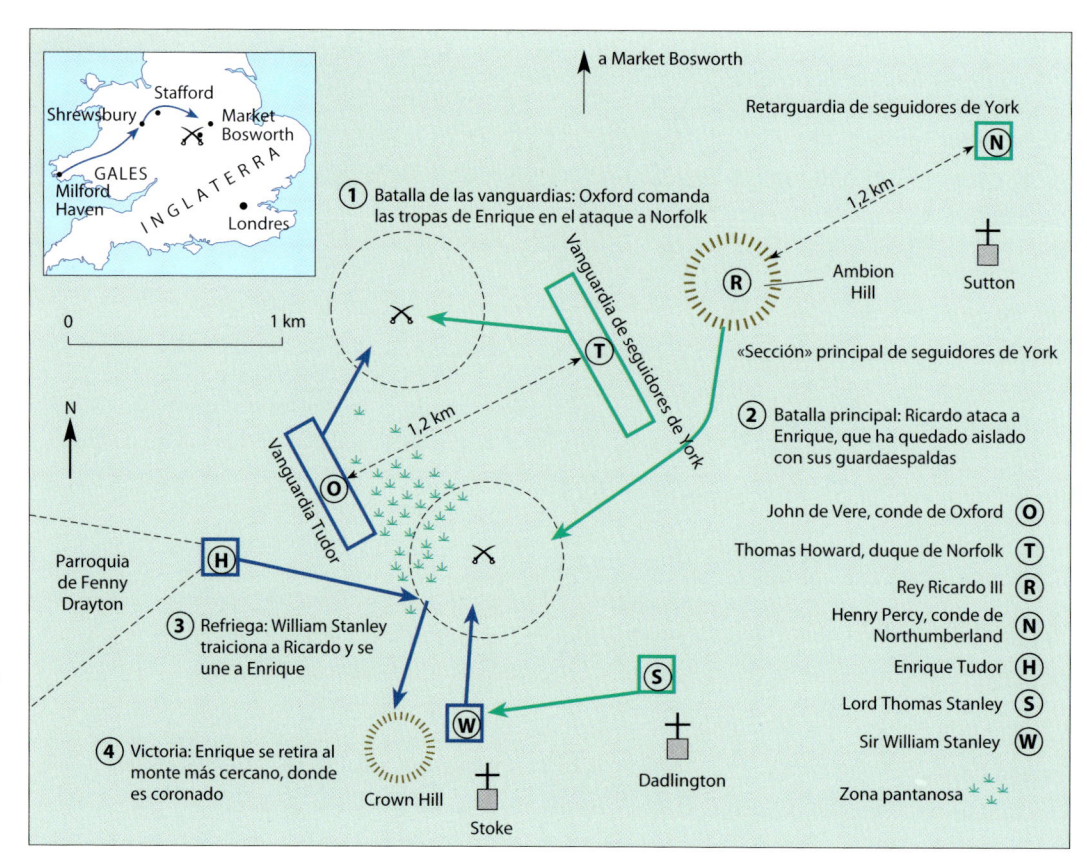

Aunque la ubicación precisa de Bosworth Field y la distribución de los ejércitos rivales todavía son motivo de discusión, parece muy probable que la acción tuviese lugar en Leicestershire, al sudoeste de Ambion Hill.

El rey, sin caballo, tuvo que huir mientras sus seguidores (cada vez menos) fueron cayendo a su alrededor. Gritando en tono retador y maldiciendo a los traidores y a los rebeldes, Ricardo se negó a correr y «murió luchando como un valiente contra sus enemigos». Muchos hombres de su vanguardia sufrieron un destino similar. Mientras Oxford siguió avanzando, Norfolk fue asesinado y su pelotón se dispersó. La retaguardia de Northumberland, sin embargo, no atacó ni recibió un solo golpe antes de retirarse del combate (aunque se desconoce si fue debido a la traición o a la creciente confusión de la batalla). Finalmente, Enrique había vencido.

La Inglaterra Tudor

Aunque considerada tradicionalmente como el final del período medieval, la batalla de Bosworth apenas influyó en las vidas de la mayoría de los habitantes de Inglaterra y Gales. Ni siquiera la nueva dinastía se encontraba completamente segura. Enrique VII derrotaría a un pretendiente de la casa de York en Stoke-by-Newark, en el año 1487, y a otro que acompañaba a una incursión escocesa en el norte de Inglaterra en 1496. Sin embargo, mirándolo retrospectivamente, la batalla de Bosworth tuvo un inmenso significado histórico. Al parecer, el establecimiento de la dinastía Tudor en Inglaterrra y Gales marcó un nuevo comienzo después de treinta años de luchas e inestabilidad. Por tanto, al tiempo que Enrique castigó con la prisión, la ejecución o el exilio a sus rivales potenciales de cara al trono, también alimentó la leyenda que acompañaría durante mucho tiempo a la batalla de Bosworth: de la anarquía conquistada por el orden, de un usurpador vencido por el justo castigo.

Bills, espadas y hachas de armas entrechocan en una recreación moderna que intenta captar la crueldad del combate de infantería en el siglo XV. Ricardo, aunque pequeño de estatura, era un guerrero fuerte y experimentado que se abrió paso entre el caos para acercarse a Enrique Tudor.

COMBATIENTES

Casa de York
- 8.000-10.000 hombres.
- Mandados por el rey Ricardo III; Thomas Howard, duque de Norfolk, y Henry Percy, conde de Northumberland.
- 900 muertos.

Dinastía Tudor
- Ejército Tudor: 5.000 hombres; contingente de Stanley: 3.000 hombres.
- Mandados por Enrique Tudor, conde de Richmond; John de Vere, conde de Oxford; Filiberto de Chandée y sir William Stanley.
- 100 muertos.

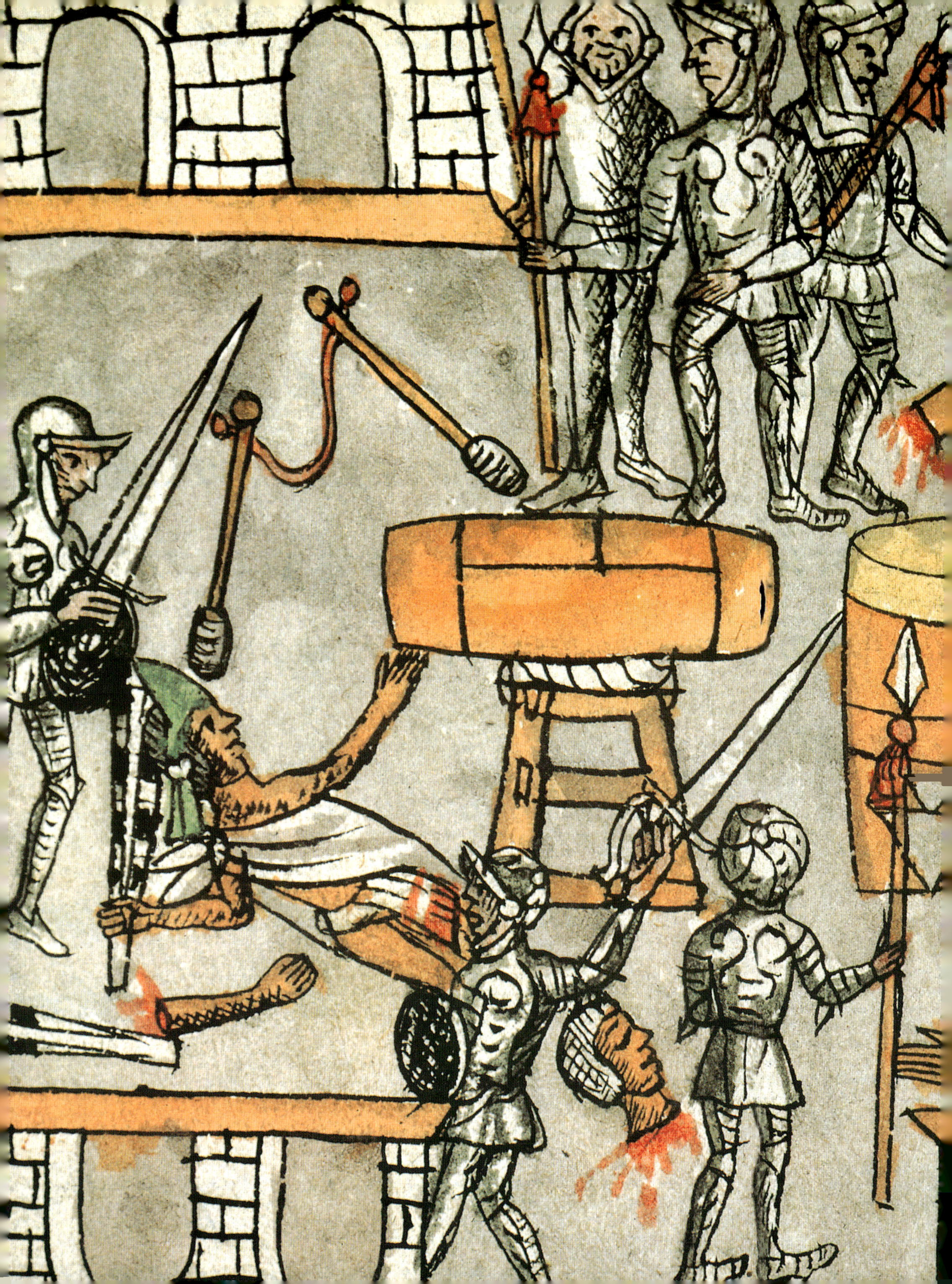

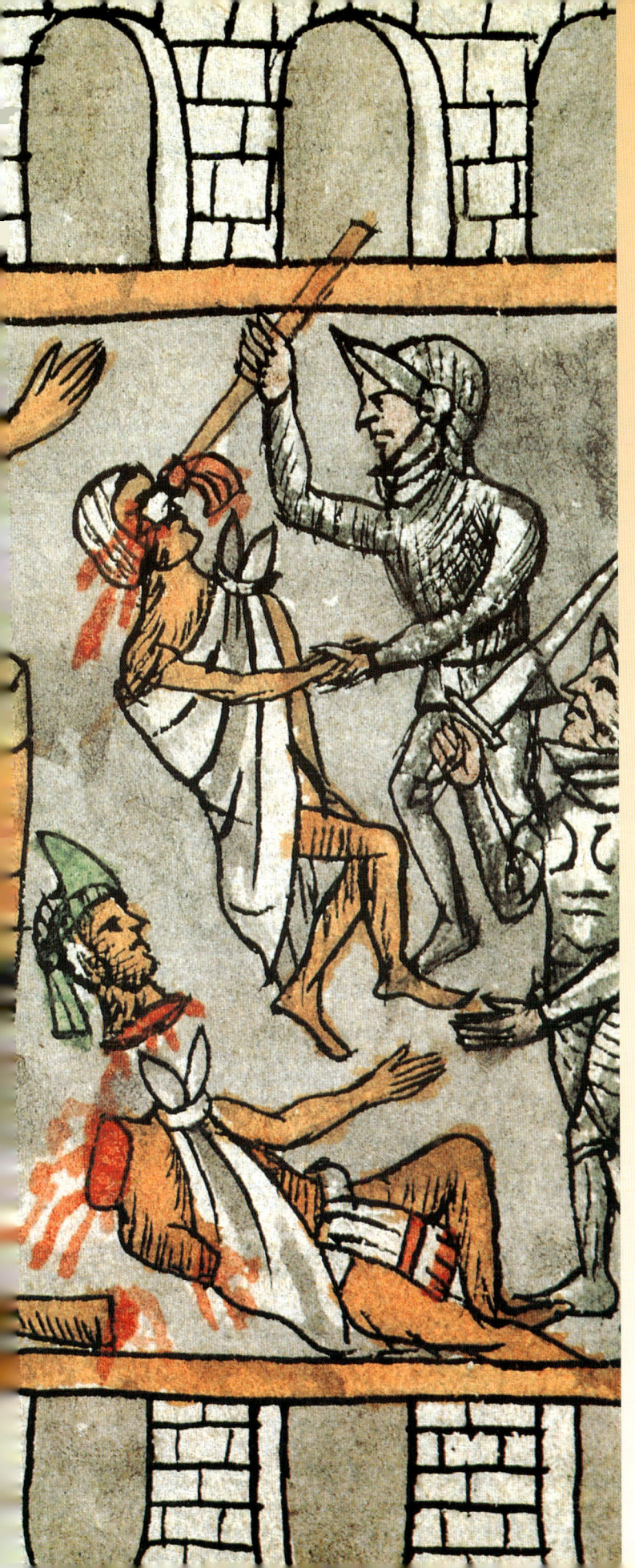

El siglo XVI

Las grandes campañas de expansión provocaron batallas decisivas, que sirvieron para ampliar los imperios. Tenochtitlán (1521) garantizó la conquista española del México azteca; Panipat (1526), la conquista mongol del Indostán, y Mohács (1526) culminó con la invasión otomana de Hungría. Por el contrario, la derrota de Lepanto (1571) ayudó a frenar el ímpetu del avance otomano en el Mediterráneo. Otras batallas, como Flodden (1513), Pavía (1525) y la derrota de la Armada Invencible (1588), se mantuvieron más claramente dentro de sistemas militares y zonas culturales (en estos casos, en el sistema militar de Europa occidental). Pavía supuso un importante paso en el uso de las armas de fuego contra lanceros y caballería, aunque también es necesario mencionar la eficacia española en las batallas llevadas a cabo con unidades pequeñas y hacer hincapié en el papel de la estrategia militar. En Flodden, el cañón desempeñó un importante papel, pero los elementos clave en el ejército inglés fueron los arqueros y los alabarderos, no los arcabuces y los lanceros. Los alabarderos, con mayor movilidad, resultaron más eficaces que los lanceros escoceses. La movilidad también fue un factor importante en la derrota de la Armada Invencible. Los buques de guerra españoles se basaban en una formación rígida y carecían de flexibilidad para aprovechar unas condiciones de lucha más fluidas.

En todas estas batallas, la potencia de fuego desempeñó un papel importante. Las armas de pólvora se inventaron en China, donde se descubrió la fórmula correcta para fabricar pólvora en el siglo IX y se fabricaron armas metálicas con cañón en el siglo XII. A principios del siglo XVI, las restricciones sobre el uso de armas de pólvora se eliminaron en diversas zonas importantes, sobre todo gracias al desarrollo del ar-

Masacre de la nobleza azteca, 23 de mayo de 1520. La destrucción de los líderes fue decisiva para el éxito español en México, y se llevó a cabo mediante la guerra, la masacre y el efecto de la viruela.

Un tapiz muestra la explosión del arsenal en el campo francés en la batalla de Pavía. La misma se decidió por la combinación de lanceros y arcabuceros que luchaban en campo abierto, más que por las fortificaciones del campo.

cabuz. Por ejemplo, los otomanos (victoriosos en Mohács) pasaron de la fuerza nómada tradicional de Asia central compuesta por arqueros a caballo a una fuerza mixta que incluía infantería de elite equipada con armas de fuego y cañones.

En muchos casos, las victorias decisivas en este período reflejaban un vacío tecnológico en cuanto a armamento, específicamente el papel del cañón en el mar, y la ventaja que las armas de fuego ofrecían en tierra frente a las armas blancas y de arremetida. Las armas de fuego, además, podían ayudar a fuerzas relativamente pequeñas a derrotar a enemigos mucho más numerosos. No obstante, también hay que tener en cuenta el papel de otros factores, como la capacidad de beneficiarse de las divisiones entre los oponentes, una técnica que ayudó considerablemente a los españoles contra los aztecas y los incas. También se sabe que no todas las batallas se decidieron por las armas de fuego. En India, por ejemplo, el uso de arqueros a caballo por parte de Babur en la primera batalla de Panipat tuvo su importancia. Los mongoles, por su parte, emplearon elefantes de guerra, además de tropas equipadas con armas de fuego y caballería pesada con espadas y lanzas.

El papel limitado de las armas de fuego no fue exclusivo de la India (donde no se produjo un gran cambio hasta la introducción del fusil de chispa, en el siglo XVIII): también ocurrió en África, China y Persia. Y en el mar. La derrota otomana en Lepanto no indicó ninguna deficiencia de consideración en su tecnología naval. Sus oponentes lograron la victoria gracias a su superioridad (al menos numérica) en cuanto a las armas de fuego, a las cualidades de lucha y a la potencia de fuego de la infantería española, así como al agotamiento de la pólvora por parte de los otomanos. El temor habitual de los comandantes de las galeras cristianas fue superado por el carismático liderazgo de don Juan de Austria. Los otomanos, sin embargo, reconstruyeron rápidamente su flota, y las fuerzas cristianas aceptaron un establecimiento *de facto* de esferas de influencia españolas y otomanas en sus respectivas mitades del Mediterráneo.

No se pueden pasar por alto las deficiencias de las armas de fuego en este período. La precisión de las armas de ánima lisa era limitada, mientras que las balas esféricas resultaban menos eficaces desde el punto de vista aerodinámico que sus sustitutas del siglo XIX. El hecho de tener que recargar desde la boca del arma (en lugar de la recámara, como ocurriría más adelante) aumentaba el tiempo entre disparos. El ciclo de recarga, demasiado largo, provocó una gran vulnerabilidad entre los mosqueteros, especialmente los de caballería. Las tropas se desplegaban cerca de los enemigos porque la capacidad del disparo esférico de infligir heridas letales se limitaba a las distancias cortas, y se redujo todavía más por el impacto del aumento de la holgura (hueco entre el proyectil y el interior del cañón) en la velocidad de la recámara, aumento necesario por la dificultad de disparar con precisión. Esta limitación ayudó a justificar la popularidad continuada de la armadura, ya que proporcionaba protección contra la mayoría de heridas por arma de fuego.

Flodden

Fecha: 9 de septiembre de 1513   Lugar: Northumberland, Inglaterra

Nadie dudará que los escoceses lucharon con valentía, y que estaban decididos a ganar la batalla o morir; ocuparon sus puestos con armas y guarniciones, algunos murieron por disparos de flechas, las alabardas los alcanzaron y acabaron con ellos, no sin dolor y peligro para los ingleses.
ANÓNIMO, THE TREWE ENCOUNTRE, H. 1513

Para Jacobo IV de Escocia y Enrique VIII de Inglaterra, la guerra suponía un medio de conseguir estatus en la escena internacional. En 1513, Enrique encabezó una fuerza de invasión inglesa que atravesó el canal de la Mancha. Jacobo, ligado a Francia por una antigua alianza y teniendo en cuenta los éxitos anteriores en el país fronterizo, respondió abriendo un segundo frente en el norte. Enrique recibió la declaración de guerra escocesa en su campamento a las afueras de Thérounne, el 11 de agosto de 1513. No ignoraba la amenaza potencial que suponía Escocia, y había dejado la defensa de Inglaterra en manos de Thomas Howard, conde de Surrey. Este viejo y valiente guerrero ya luchó en Bosworth para Ricardo III. Como servidor de la dinastía Tudor, marchó en persecución de los ejércitos escoceses invasores en 1496 y 1497. Ahora, a los setenta años y aquejado de gota, Surrey tenía problemas para andar. Jacobo se burlaba de él llamándole «conde viejo y encorvado en un carro».

Maniobras para adoptar posiciones

Jacobo partió desde Edimburgo hacia la frontera el 18 de agosto de 1513, agrupando levas a medida que avanzaba hacia el sur. Cuando cruzó el Tweed para pasar a Inglaterra por Norham tendría a su lado a unos 40.000 hombres. Su primera acción consistió en destruir varias plazas fuertes locales. A continuación, adoptó una posición defensiva en Flodden, al sudeste de Branxton. Aquí estableció su campamento, mandó cavar zanjas para la artillería, y esperó a Surrey.

El conde inglés llegó con su ejército a las proximidades de Bolton-in-Glendale el 5 de septiembre. Sus tropas estaban divididas en dos «secciones», o grupos, cada una flanqueada por unidades más pequeñas en las alas. La vanguardia, comandada por su hijo, sir Thomas Howard, lord almirante de Inglaterra, contaba con 9.000 hombres. Sus unidades de flanqueo estaban encabezadas por el hijo menor de Surrey, Edmund Howard (con 3.000 soldados), y por Marmaduke Constable (1.000 hombres). La fuerza principal estaba al mando del propio Surrey, con 5.000 hombres y flanqueada por 3.000 *borderers* a cargo de lord Thomas Dacre a la derecha, y 3.000 levas de Lancashire y Cheshire al mando de sir Edward Stanley a la izquierda. Surrey esperó a que los escoceses atacasen, pero Jacobo no salió de la fortaleza natural que había encontrado. Mostrando un in-

Grabado a color del siglo XVI que representa a Jacobo IV de Escocia equipado para la guerra. El cronista inglés Edward Hall rindió este homenaje a su temeraria valentía: «¡Oh, qué noble y triunfante valentía de un rey luchando en una batalla como un simple soldado!».

teligente uso del terreno para ocultar sus movimientos, Surrey ejecutó una atrevida marcha por los flancos, situando a su ejército detrás de la posición de Jacobo y aislando a éste de Escocia.

Campo fatal

A primera hora de la tarde del 9 de septiembre, Jacobo finalmente se dio cuenta de las intenciones de Surrey. Abandonó su campamento y trasladó a su ejército a Branxton Hill, mientras los ingleses todavía intentaban encontrar una posición en terreno pantanoso cerca de la población de Branxton. Las deserciones habían reducido el ejército de Jacobo a unos 34.000 hombres. Éstos se dividieron en cinco grupos. El extremo izquierdo lo ocupó un contingente mixto de *borderers* y *highlanders* al mando de lord Alexander Home y el conde de Huntley. En la derecha se colocó una columna de lanceros controlados por los condes de Errol, Crawford y Montrose. En el centro iba el propio rey con el cuerpo principal. A su derecha había un columna de lanceros al mando del conde de Bothwell. En el extremo derecho figuraba el contingente más numeroso de *highlanders*, comandado por los condes de Lennox y Argyll. Cada ejército escocés contaba con 4.000-5.000 hombres, excepto el del rey, que estaba compuesto por unos 9.000 soldados.

Los ingleses continuaban ocupando sus posiciones, liderados por el pequeño destacamento de Edmund Howard y seguidos por la vanguardia del almirante. Al parecer, Jacobo estaba ansioso por atraparles, a medida que llegaban de forma escalonada al campo de batalla antes que él. Ocupó un puesto en las filas delanteras de su poderosa tropa. Siguió un breve intercambio de disparos de artillería. Algunos ingleses fueron alcanzados, pero varias balas de cañón cayeron en las filas escocesas, provocando que las columnas de lanceros adelantasen su avance y rompieran así sus formaciones. No obstante, Home y la columna de Huntley desperdigaron el contingente de Edmund Howard, menos numeroso. Sólo un ataque perfectamente calculado de los *borderers* de Dacre salvó al flanco derecho inglés del desastre. A continuación, la columna de lanceros de Montrose y Crawford aplastaron la vanguardia del almirante. En los bordes del enfrentamiento, las alabardas inglesas resultaron ser un arma más práctica que las picas de los escoceses, y los hombres del almirante se abrieron paso destrozando todo lo que se iban encontrando.

Siguiendo una arriesgada marcha de flanqueo, el ejército inglés se abrió paso a través de terreno difícil, pantanoso, para enfrentarse al enemigo invasor. Los escoceses, que habían abandonado su posición fortificada original, se desplegaron en el terreno elevado de Branxton Edge, bien colocados para invadir a los ingleses que iban llegando poco a poco.

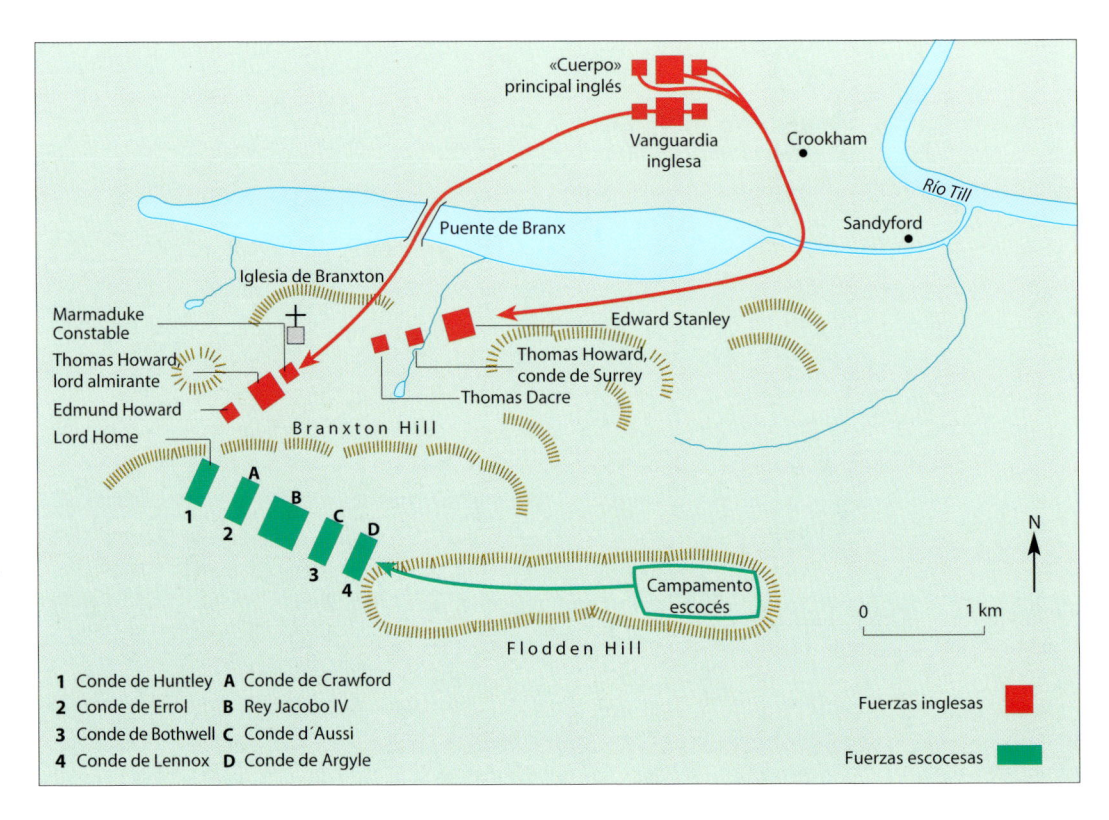

1 Conde de Huntley
2 Conde de Errol
3 Conde de Bothwell
4 Conde de Lennox
A Conde de Crawford
B Rey Jacobo IV
C Conde d'Aussi
D Conde de Argyle

Izquierda *Este grabado en madera contemporáneo muestra a Jacobo muerto mientras la nobleza escocesa sufre los ataques del enemigo.*

Inferior *Reconstrucción moderna de un soldado raso de infantería, inglés, en Flodden. Luce un «jack» metálico y una celada. La alabarda inglesa, derivada de una herramienta agrícola, fue un arma mortífera.*

Las lluvias de flechas no lograron frenar el avance de las dos columnas centrales de lanceros al mando de Jacobo y Bothwell, que se encontraban en pleno combate con la batalla principal de Surrey. El rey escocés condujo a sus hombres a muy poca distancia de los estandartes que marcaban la posición del conde, pero la defensa tenaz se mantuvo firme. Las filas fueron cayendo una tras otra, aniquiladas por los alabarderos ingleses, caballeros y nobles, terratenientes y plebeyos. En el extremo oriental del campo de batalla, las levas de Lancashire y Cheshire pasaron a la ofensiva después de trepar por una ladera fangosa para atacar a los *highlanders* de Lennox y Argyll. Cuando se dieron a la fuga, las levas cayeron sobre la parte trasera de la columna fatídica de Jacobo. Home, que ya veía la derrota, retiró a sus hombres de la lucha al caer la noche. Sin embargo, el resto del ejército escocés no tuvo posibilidad de retirada. Con la luz del día, los ingleses se dieron cuenta de la magnitud de su victoria. Tomaron posesión del magnífico tren de artillería abandonado en Branxton Hill y encontraron el cadáver del propio rey escocés, herido por las flechas y muerto por los golpes de alabarda.

Las incursiones de 1513-1514

Aunque su victoria neutralizó la amenaza de la invasión escocesa durante una generación, los ingleses fueron incapaces de dominar la frontera. Toda Escocia temía una incursión inglesa después de la catástrofe. Sin embargo, lord Home, criticado por abandonar el campo de batalla, salvó a suficientes hombres para defender su tierra. En una violenta serie de incursiones y contraincursiones en el año posterior a Flodden, ninguna de las dos naciones logró un dominio claro. De hecho, las «marcas» (o zonas fronterizas) anglo-escocesas fueron el escenario de enfrentamientos durante casi un siglo. Ni siquiera la muerte de un rey puso paz en la caótica frontera.

COMBATIENTES

Ingleses
- 26.000 hombres.
- Mandados por Thomas Howard, conde de Surrey; sir Thomas Howard, lord almirante; sir Edward Stanley; lord Thomas Dacre; Marmaduke Constable y Edmund Howard.
- 1.500 bajas.

Escoceses
- 34.000 hombres.
- Mandados por Jacobo IV; lord Alexander Home; William Graham, conde de Montrose; Adam Hepburn, conde de Bothwell; Matthew Estuardo, conde de Lennox, y Archibald Campbell, conde de Argyll.
- 7.000-8.000 bajas.

23 Tenochtitlán

Fecha: 13 de agosto de 1521   Lugar: actual ciudad de México, México

Cortés empezaba a sentir que el asedio se estaba prolongando demasiado, pues no había sido capaz de tomar México en cincuenta días. Se maravillaba de la resistencia del enemigo, en las escaramuzas y en combate, y de su determinación a no aceptar la paz, pues sabía que miles de ellos habían muerto a manos de sus adversarios, y muchos otros de hambre y enfermedades.
De Cortés: vida del conquistador, de su secretario Francisco López de Gomarra, 1540

El asalto final a Tenochtitlán, que comenzó en mayo de 1521, fue el acontecimiento fundamental que dio a España el dominio de México. No fue un ataque sorpresa, sino la culminación de 18 meses de contactos entre aztecas y españoles. El general español Hernán Cortés llegó a las costas de México en abril de 1519 y estableció alianzas con vasallos y enemigos desafectos, sobre todo con el estado de Tlaxcala. El objetivo de Cortés era la conquista, aunque su estrategia fue elegir a gobernadores indios y no enfrentarse a ellos con sus escasos hombres. Al llegar a la capital azteca, el 8 de noviembre de 1519, fue recibido por el rey Moteuczoma Xocoyotl (conocido popularmente como Moctezuma). Una semana más tarde, neutralizó al rey (que no opuso resistencia) y se erigió en gobernador de México durante más de siete meses, antes de ser obligado a huir.

Los acontecimientos que culminaron en esa huida comenzaron con la llegada de Pánfilo de Narváez, un conquistador enviado por el gobernador Diego Velásquez para trasladar a Cortés a Cuba por haber desobedecido sus órdenes. Cortés marchó hacia la costa, triunfante sobre Narváez, y allí se le unieron los hombres de éste. Mientras tanto, en Tenochtitlán y sospechando un complot, Pedro de Alvarado (compañero de Cortés) mató a miles de aztecas que participaban en un festival. La población se rebeló a raíz de estos hechos y sitió a los españoles en sus cuarteles. Al conocer esta noticia, Cortés regresó con los hombres de Narváez

A Hernán Cortés se le atribuía la conquista de México. Nacido en Badajoz, España, h. 1485, Cortés aceptó la rendición de Cuauhtemoc el 13 de agosto de 1521. Murió en Sevilla en 1547.

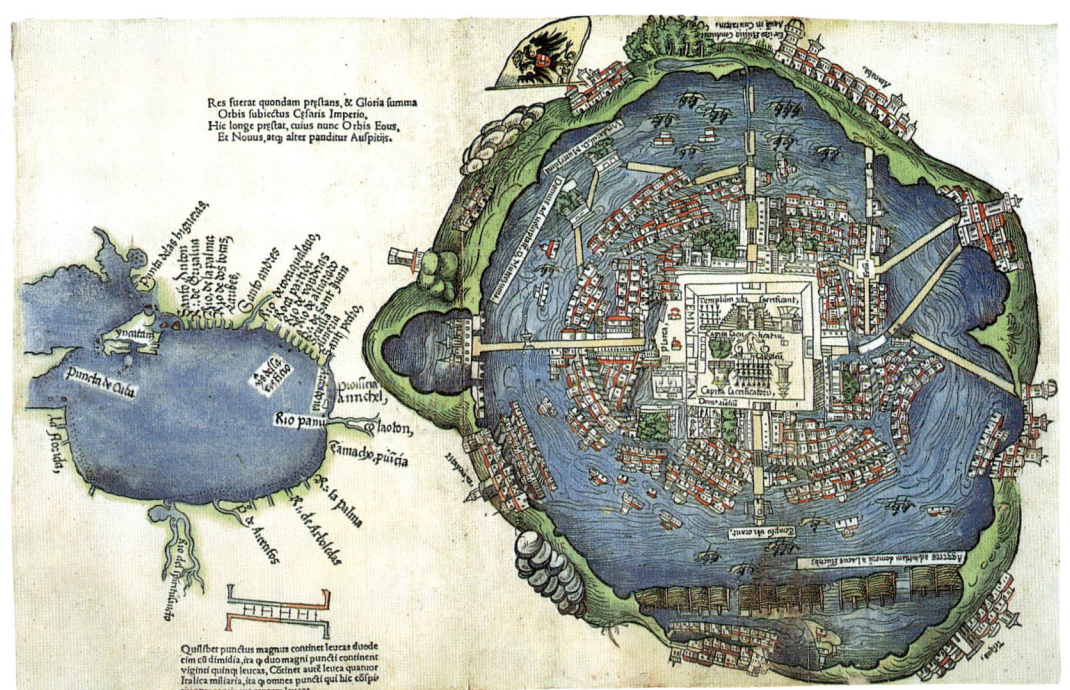

Mapa del Tenochtitlán del siglo XIX, con sus lagos y la costa. La parte superior apunta hacia el oeste y Tenochtitlán se halla en el centro, Xochimilco a la izquierda, Tlacopán en la parte superior y Tepeyacac (actual Tepeaca) a la derecha. La masa de agua a la izquierda del mapa de Tenochtitlán representa el golfo de México.

y 2.000 aliados indios. El 24 de junio entraron en Tenochtitlán sin resistencia, pero rápidamente fueron atrapados. Las incursiones de los españoles y las súplicas de Moctezuma no sirvieron de nada, y con los suministros cada vez más escasos, los españoles se escaparon la medianoche del 30 de junio bajo una gran tormenta. Descubiertos, Cortés y 500 españoles lograron huir, pero perdió a 800 hombres, a sus aliados indios y a sus nobles cautivos, incluyendo a Moctezuma. Después de once días de retirada, los españoles llegaron a Tlaxcala y se recuperaron durante tres semanas antes de retomar sus conquistas. Los aztecas reforzaron sus vasallos cerca de Tlaxcala, pero no pudieron frenar a los españoles, cuyo éxito aseguró su retaguardia y el camino hacia la costa. Ese camino se utilizó durante el año siguiente para transportar hombres hasta conseguir duplicar el número de efectivos.

El hermano de Moctezuma, Cuitlahua, se convirtió en rey, pero pronto murió a causa de la viruela importada por Narváez (enfermedad que mató al 40 % de los indios de México central en el plazo de un año). Le sucedió su sobrino, Cuauhtemoc, en un clima de desorganización política generalizada. Muchos pretendientes al trono cerraron tratos para disponer de ayuda española, sobre todo Ixtltilxóchitl, futuro rey cuyo hermano gobernaba Texcoco, la segunda ciudad del imperio.

Incapaces de consolidar el control sobre los vasallos del este ante las fuerzas españolas/tlaxcaltecas, los aztecas adoptaron una estrategia defensiva. Tenochtitlán estaba conectado a la orilla por tres grandes terraplenes que podían separarse sin perjudicar a las canoas que abastecían a la ciudad ni a las canoas que transportaban a las tropas aztecas hacia sus ataques contra los españoles en todo el valle de México. Por tanto, cuando Cortés volvió a entrar en el valle, el 30 de diciembre de 1520, los aztecas no ofrecieron resistencia.

Preparativos para el asedio

Desde el punto de vista político, Cortés se granjeó la amistad de las ciudades desencantadas del valle y su entorno a fin de privar a los aztecas de seguidores y suministros. Cuando llegaron los españoles, el rey de Texcoco huyó a Tenochtitlán, dejando a Ixtlilxochitl el control de la ciudad, sus provisiones de alimentos y sus hombres, además de una cabeza de playa ideal para un ataque español.

Desde el punto de vista militar, la prioridad máxima de Cortés era aislar a Tenochtitlán. Su principal asalto se dirigió directamente al centro del valle hasta Ixtlapalapan, lo que dejaría a Tenochtitlán sin el abastecimiento de productos agrícolas de los lagos del sur. Sin embargo, el hecho de marchar junto a la orilla de los lagos colocó a Cortés al alcance de los asaltos de canoas aztecas, aunque logró escapar por poco.

Precavido pero sin dejarse intimidar, Cortés lanzó dos campañas envolventes, cada una de las cuales duró más de dos semanas. La primera, que comenzó el 3 de febrero, se movió en el sentido contrario a las agujas del reloj hacia el norte, pasando por las zonas menos pobladas hasta Tlacopan antes de que los refuerzos aztecas obligasen a Cortés a retirarse. El 5 de abril, Cortés comenzó su campaña envolvente hacia el sur. Las poblaciones muy densas y la proximidad a los lagos evitaron una repetición del asalto del norte, de manera que Cortés avanzó en el sentido de las agujas del reloj al sur del valle. Conquistó ciudades a medida que iba avanzando, y volvió a entrar en el valle desde el sudoeste para atacar Xochimilco antes de ser repelido. Estas dos ofensivas abarcaron sólo tres cuartas partes de la circunferencia del valle, pero bloquearon los principales pasos de salida o entrada, impidiendo a los aztecas recibir apoyo externo. Y sentaron las bases del asedio propiamente dicho.

La ventaja de Cortés radicaba no tanto en sus propios hombres y armas como en los hombres y las armas de sus aliados indios. Los ejércitos azteca y tlaxcalteca eran comparables en cuanto a armas, cosa que provocó frecuentes puntos muertos, y los hombres de Cortés eran demasiado pocos para alterar ese equilibrio. Sin embargo, a diferencia de las armas de los indios, los cañones, arcabuces, arcos y lanceros a caballo de los españoles podían penetrar en las líneas enemigas. Por tanto, la principal contribución de Cortés consistiría en dañar y desmontar las líneas enemigas, mientras sus aliados indios aprovecharían las brechas que no pudiesen crear por sí solos.

Después de aislar el valle de apoyos externos, para apretar todavía más el cerco se requería el control de los lagos. Durante toda la campaña, los españoles estuvieron sujetos a los asaltos desde canoas, y a pesar de la eficacia de las armas españolas, un ataque sin apoyo a lo largo de los terraplenes expuestos y estrechos no tenía posibilidad de éxito. Así, Cortés ordenó la construcción de 13 bergantines, cada uno de más de 13 metros de longitud, con 12 remeros, 12 ballesteros y arcabuceros, un artillero y un capitán. Cuando se botaron las embarcaciones en Texcoco, el 28 de abril, comenzó el verdadero asedio.

El asedio

El resto de las fuerzas terrestres se dividieron en tres ejércitos de aproximadamente 200 españoles y 20.000-30.000 indios cada uno. Alvarado y Cristóbal de Olid salieron de Texcoco el 22 de mayo, seguidos por Gonzalo de Sandoval el 30 de mayo a fin de coordinar sus llegadas en los tres grandes terraplenes. Después de destruir a su paso el acueducto de Chapoltepec, que llevaba agua dulce a Tenochtitlán, Alvarado acampó en el terraplén de Tlacopan (oeste), mientras que Olid lo hizo en Coyohuacán y Sandoval

Superior *Ruta de Cortés y sus hombres desde la costa del golfo hasta Tenochtitlán en 1519 y de su huida desde dicha ciudad hasta Tlaxcala en julio de 1520.*

Derecha *Las fuerzas de Pedro de Alvarado avanzaron desde Tlacopan; las de Gonzalo de Sandoval, desde Ixtlapalapan, y el propio Alvarado desde Coyohuacán. Cuando los dos ejércitos se unieron en el terraplén, Sandoval y sus tropas se retiraron a Tepeyacac y avanzaron por dicho terraplén.*

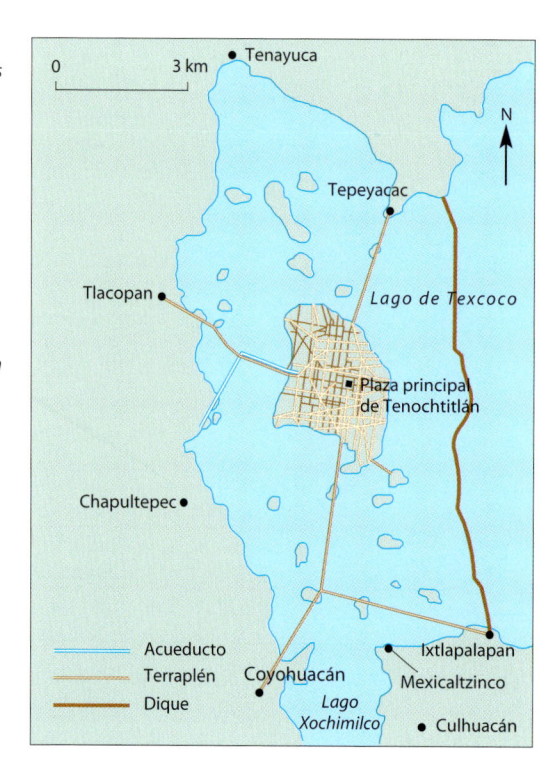

en Ixtlapalapan (los dos últimos terraplenes se unían antes de llegar a la capital).

Cortés entró en escena con su armada, derrotando sin problemas a la primera flota azteca con la que se encontró, además de abrir una brecha en el terraplén de Ixtlapalapan. A continuación, puso rumbo a Coyohuacán, donde dispersó a las canoas enfrentadas a las fuerzas de Olid. Con el apoyo de los bergantines, Olid y Sandoval llegaron a la intersección de los terraplenes el 31 de mayo, lo que dejó el camino libre a Sandoval para bloquear el último gran terraplén (norte), el que se dirigía a Tepeyacac.

Con alimentos y agua bajo mínimos, la numerosa población de Tenochtitlán se convirtió en un inconveniente y sus tropas no pudieron defender los frentes de los terraplenes, donde se concentraba el grueso de las armas españolas. Los aztecas adoptaron medidas para ralentizar el asalto, pero finalmente resultaron inútiles. Los avances españoles durante el día se perdían por la noche, cuando los aztecas aprovechaban para ensanchar las brechas y reconstruir las defensas. Finalmente, Cortés ordenó establecer campamentos allí donde el avance se frenaba durante el día, con lo que se retomó el lento progreso de los españoles.

Algunas canoas burlaron el bloqueo de los bergantines, pero no fueron suficientes y la hambruna pronto se apoderó de Tenochtitlán. Del mismo modo que las fortunas de la guerra se inclinaron del lado de los españoles, así lo hicieron las ciudades del valle, aunque su progreso fue precario. El 30 de junio, 68 españoles fueron capturados durante un asalto. Diez de ellos fueron asesinados inmediatamente, y sus cabezas se lanzaron a las líneas españolas. El resto de los hombres murieron sacrificados aquella misma noche en el Gran Templo, perfectamente visible desde el campamento español. Les despellejaron el rostro, tostaron la piel y los enviaron a los aliados indecisos a modo de aviso. Envalentonados, los aztecas atacaron con una fuerza renovada durante cuatro días, y la mayoría de los aliados de Cortés huyó. Sin embargo, el asalto fue perdiendo intensidad, los campamentos españoles no fueron invadidos, Cortés comenzó su ofensiva una vez más y sus aliados regresaron.

Pintura tardía, con aires románticos, de La Conquista de Tenochtitlán por Cortés *(1521), de un artista de la escuela española.*

Dibujo de la Historia de las Indias de Nueva España e Islas de la Tierra Firme, de Diego Durán. En él se puede ver a Cortés asediado en Tenochtitlán antes de su huida. Los españoles sufrieron el asedio en el palacio de Axayacatl, y los guerreros aztecas atacantes se distinguen por el glifo de una piedra y un cactus, símbolos de Tenochtitlán.

Cuando la batalla entró en la ciudad, los aztecas atacaron desde edificios y tejados. La respuesta de los españoles consistió en arrasar todo a su paso. Quemando y derribando los edificios que iban encontrando, los españoles avanzaron hacia el centro hasta que Cuauhtemoc se prestó a negociar. La lucha perdió fuerza, pero cuando las negociaciones no se materializaron, Cortés reanudó los ataques. El 13 de agosto, los españoles rompieron las últimas defensas. Cuauhtemoc huyó con una flota de canoas, pero fue atrapado por un bergantín y se rindió, poniendo así fin al asedio.

Consecuencias

La conquista de Tenochtitlán supuso en realidad la conquista de México. Algunas ciudades resistieron sin éxito; la mayoría capitularon sin oponer resistencia, consolidando así la victoria española y abriendo México a la colonización y la explotación. Esa victoria sirvió de base para la conquista de Perú, diez años más tarde, y también abrió Asia al comercio, que pasaba desde Manila a Sevilla a través de la ciudad de México. La plata y el oro del Nuevo Mundo colmaron de riqueza a España, que se expandió por gran parte de Europa y estimuló la expansión colonial por parte de otras potencias, lo que cambiaría el mundo de manera irreversible.

COMBATIENTES

Españoles y aliados indios

- Españoles: unos 2.000 hombres implicados en los dos años de enfrentamientos, armados con falconetes, arcabuces, ballestas, espadas, menos de 20 caballos y 13 bergantines; aliados indios: unos 100.000 hombres, entre soldados de Tlaxcala, Huexotzinco, Texcoco, Chalco y Chololan, todos armados de forma similar a los aztecas.

- Comandantes españoles: Hernán Cortés, Pedro de Alvarado, Cristóbal de Olid, Gonzalo de Sandoval; comandantes aliados: Ixtlilxochitl (texcocanos), Chichimecateuctil (tlaxcaltecas).

- Unos 1.000 españoles fallecidos (100 en el asalto final); número desconocido de bajas entre los aliados indios.

Aztecas

- Probablemente, 100.000 hombres, armados con espadas de roble con la hoja de obsidiana, lanzas, hondas, arcos y flechas; protegidos con cascos y armaduras de algodón acolchado.

- Mandados por Moctezuma Xocoyotl hasta el 30 de junio de 1520, por Cuitlahua hasta principios de diciembre de 1520, y por el rey azteca Cuauhtemoc hasta su rendición, el 13 de agosto de 1521.

- Número desconocido de bajas.

Pavía

24

Fecha: 24 de febrero de 1525   Lugar: región de Lombardía, norte de Italia

He tomado todas las medidas necesarias; mis pertrechos están preparados y mis tropas han recibido su paga. Espero a 1.400.000 francos para el mes que viene, y he convocado a nuevas tropas. No he cruzado los Alpes en persona ni he invadido Italia con 30.000 buenos soldados de infantería y el apoyo de una flota de 6.000 o 7.000 hombres para detenerme ahora. Quiero nada menos que todo el estado de Milán y el reino de Nápoles.
FRANCISCO I, *DOCUMENTOS DE ESTADO DE ENRIQUE VIII*, VOL. 6, 359, NOVIEMBRE DE 1524

Cuando Francisco I heredó el trono de Francia, en 1515, las grandes guerras italianas llevaban más de un cuarto de siglo causando estragos. El propio Francisco se enfrentó a una crisis estratégica especialmente grave: en 1516, su rival Habsburgo, Carlos V, se convirtió en rey de España (como Carlos I) y Sacro Emperador Romano. Francia podía ahora esperar una invasión desde Alemania, los Países Bajos o España. El aliado inglés de Carlos, Enrique VIII, amenazó a Francia desde el otro lado del Canal. En 1523-1524 surgió y se sofocó una rebelión liderada por Carlos, duque de Borbón. No obstante, el audaz Francisco decidió declarar la guerra a los Habsburgo, para lo cual guió a los ejércitos franceses hasta la península italiana.

La toma de Milán

El principal objetivo de Francisco era el próspero ducado de Milán. En 1515 salió victorioso en Marignano; en 1522, en Bicocca, fue derrotado. La posesión de Milán se le fue de las manos. En octubre de 1524, Francisco guió otra invasión a través de los Alpes. Con una cifra aproximada de 33.000 hombres, su ejército doblaba en efectivos a las fuerzas imperiales que defendían a Milán. El ejército francés también era de muy alta calidad: suizos, *Landsnecht* (una infantería alemana formidable) e infantería de mercenarios italianos respaldados por caballería pesada francesa y un impresionante tren de artillería. Charles de Lannoy, el comandante imperial, retiró sus fuerzas a Lodi y Pavía y dejó Milán en manos de los franceses el 26 de octubre.

Francisco fue requerido por sus comandantes más veteranos y experimentados (como Louis de la Tremouille y Jacques de Chabannes, seigneur de la Palice) para golpear directamente a la principal fuerza imperial instalada en Lodi. Sin embargo, su joven amigo Guillaume Gouffier, seigneur de Bonnivet, le convenció para sitiar en su lugar Pavía, ciudad que se encontraba más cerca de Milán. El comandante de la guarnición de Lodi, Fernando Francesco d'Avolos, marqués de Pescara, exclamó aliviado: «Estábamos derrotados; pronto saldremos victoriosos».

Francisco I de Francia retratado por Jean Clouet. Probablemente, este retrato se pintó el mismo año que la catástrofe alcanzó al rey en Pavía. Caballeroso y valiente, pero incapaz como general, tuvo suerte de escapar del campo de batalla sano y salvo.

103

El asedio de Pavía

Pavía suponía una empresa difícil para un asediador: al sur, el río Ticino (llamado Ticinus en tiempos romanos; *véase* Cannas, pág. 33) formaba una fuerte defensa natural, mientras que el resto de accesos estaban defendidos por las murallas de la ciudad. La guarnición alemana y española compuesta por 6.000 hombres iba comandada por el competente y decidido Antonio de Leiva. Los asaltos prematuros a la ciudad, ocurridos el 21 de noviembre, fueron repelidos, y un ingenioso intento de desviar el Ticino se vio frustrado por una intensa lluvia. El asedio se convirtió en una lucha de desgaste de duelos de artillería, salidas y escaramuzas.

Francisco destacó a 6.000 hombres de sus propias tropas, al mando de John Estuardo (duque de Albany), con el fin de amenazar al reino de Nápoles. Esta expedición no logró alejar a las tropas imperiales de Lombardía, pero sí convenció al papa Clemente VII de participar en un tratado secreto para apoyar la causa de Francisco. Aunque las fuerzas imperiales se unieron bajo el mando de Lannoy y Carlos, duque de Borbón, el rey francés permaneció confiado e insistió en que Pavía no tardaría en caer.

La jugada imperial

En febrero de 1525, los imperiales sabían que se les acababa el tiempo. La paga de las tropas se había atrasado, y los soldados amenazaban con un motín. Sin embargo, un ataque sobre las fuertes posiciones francesas en torno a Pavía parecía una jugada desesperada. El ejército francés todavía estaba compuesto por unos 30.000 hombres, algunos más de los que los imperiales habían conseguido reunir. Sus baterías de cañones estaban bien atrincheradas y gran parte del ejército se había estacionado en una zona amurallada al norte de la ciudad en cuyo interior se encontraba el pabellón de caza fortificado conocido como Castello Mirabello.

Los intentos de apartar a los franceses de esas posiciones maniobrando en Milán habían fracasado. No quedaba más opción que intentar asaltar las posiciones francesas alrededor de Pavía. Se combinaría un ataque sorpresa a la zona amurallada con una fuerte salida desde el interior de la propia ciudad sitiada. Durante la noche del 23 de febrero, los zapadores abrieron tres brechas de la muralla del recinto militar en tres puntos distintos. El trabajo se hizo en silencio

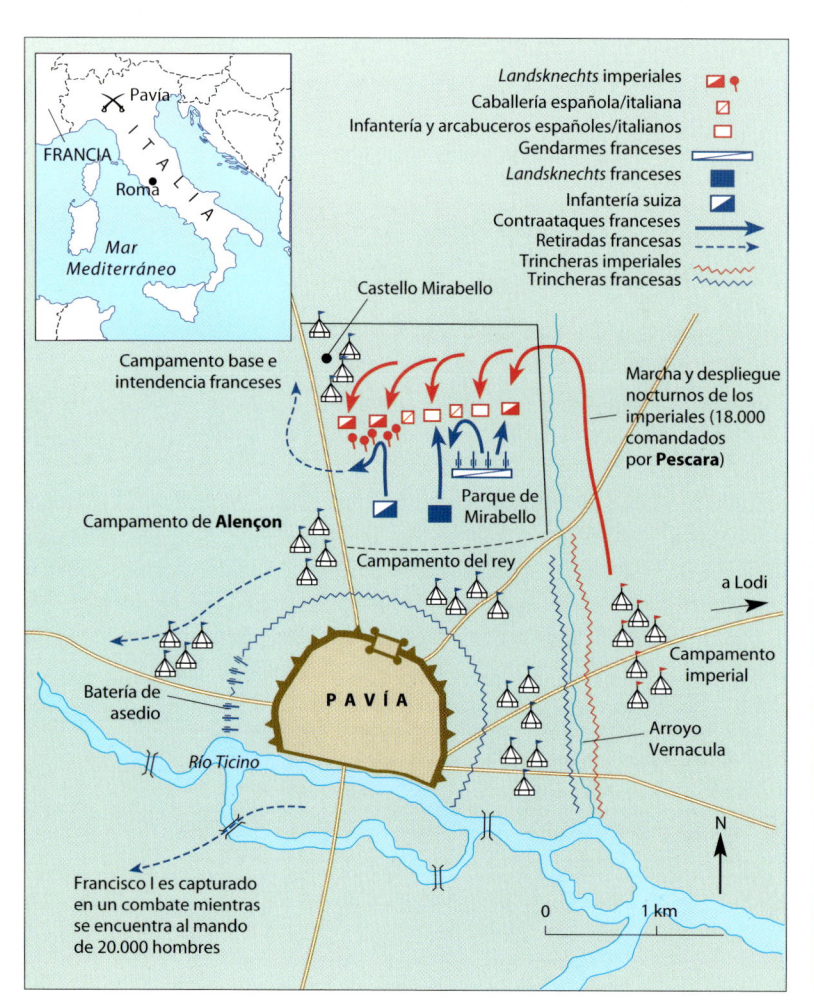

La lucha en Pavía tuvo lugar entre los terrenos boscosos del Parque de Mirabello (el recinto amurallado) y alrededor de las líneas de asedio que rodeaban la ciudad.

COMBATIENTES

Imperiales
- 28.000 hombres.
- Principales comandantes: Charles de Lannoy; Fernando Francesco d'Avolos, marqués de Pescara; Carlos, duque de Borbón; Avolos d'Aquino, marqués de Vasto, y Georg von Frunsberg.
- 1.500 bajas.

Franceses
- 30.000 hombres.
- Principales comandantes: el rey Francisco I; Louis de la Tremouille; Jacques de Chabannes, seigneur de la Palice; Guillaume Gouffier, seigneur de Bonnivet, y Carlos de Valois, duque de Alençon.
- 10.000 bajas.

y sin prisas. Empezaba un nuevo día, el 24 de febrero, cuando las tropas imperiales comenzaron a entrar en el recinto.

La batalla en el parque militar

El primer objetivo del ataque fue Castello Mirabello, tomado por 3.000 arcabuceros liderados por Avolos d'Aquino, marqués del Vasto. Sin embargo, las tropas imperiales recibieron numerosos disparos de los cañones franceses, que parecían haber estado esperando el ataque. Entre las filas de algunas unidades imperiales se abrieron huecos cuando intentaron formar. Los *landsknechts* imperiales, comandados por el famoso capitán Georg von Frunsberg, tuvieron más suerte y avanzaron más hacia el interior del parque, donde no tardaron en encontrarse con un gran cuerpo de lanceros suizos. La defensa francesa parecía descoordinada, con cuerpos de tropas que llegaban poco a poco a la batalla. Sin embargo, los suizos eran muy conocidos por su valentía y disciplina, y contuvieron a los *landsknechts* durante más de una hora antes de retirarse del campo de batalla con cierto desorden.

Las tropas imperiales francesas siguieron entrando al recinto a través de las brechas, guiados por el duque de Borbón y cubiertos por una fuerza de aproximadamente 1.600 soldados españoles de caballería al mando de Lannoy. Para su sorpresa, éste se topó con más de 3.000 hombres de armas franceses en formación. Francisco iba a la cabeza de su caballería pesada y estaba decidido a expulsar a los imperiales. Los jinetes españoles empujaron para enfrentarse a la amenaza, pero la implacable carga francesa se impuso y aisló a los supervivientes. Un reguero de jinetes enemigos huyó del campo, llevándose con ellos a Lannoy. El rey francés exclamó, triunfante: «¡Ha llegado el momento de que me llaméis duque de Milán!». Sin embargo, poco a poco fue que-

Rupert Heller, La batalla de Pavía, 1525 (h. 1529). La importancia de las armas de pólvora en Pavía, tanto del cañón como de los arcabuces manuales, queda bien ilustrada en esta enérgica representación de la batalla.

Mercenarios landsknecht alemanes en combate en este detalle de un tapiz contemporáneo. En Pavía, los landsknechts imperiales se enfrentaron a los landsknechts de la «banda negra», que luchaban por Francia, en una amarga contienda sin cuartel.

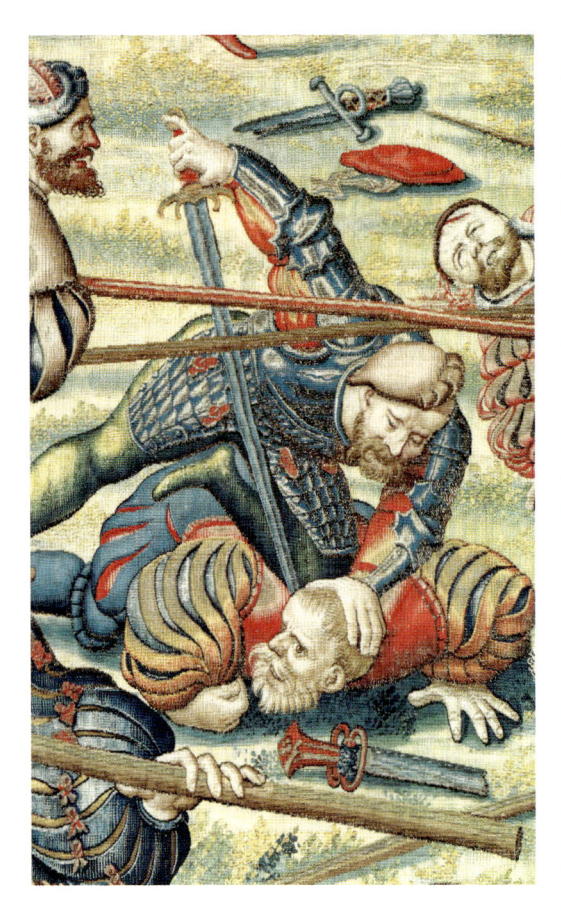

dando claro que iba directo hacia el desastre, no hacia la victoria.

La masa de soldados de caballería franceses bloqueó el cañón que había hecho tanto daño a la infantería imperial, y los artilleros cesaron el fuego. El marqués de Pescara aprovechó este respiro para reorganizar su infantería. Sin apoyo y aislados, el rey y sus hombres de armas pronto se vieron rodeados por una muralla impenetrable de picas. Incapaces de maniobrar, se convirtieron en objetivo fácil para los miles de arcabuceros ocultos en los bosquecillos y las zanjas del parque militar. A medida que iban cayendo, los alabarderos y los espaderos se acercaban para rematarlos. Algunos soldados de infantería franceses corrieron para ayudar a su rey, pero lo único que encontraron fue su fin. Los *landsknechts* alemanes al servicio francés (los famosos «banda negra») se enfrentaron contra sus equivalentes imperiales. Fue un encuentro especialmente amargo, y los hombres de Frunsberg no dieron cuartel en la destrucción de sus compatriotas.

La batalla de Pavía, desarrollada en medio de una niebla espesa, en un terreno accidentado y boscoso, supuso una desconcertante serie de escaramuzas aisladas y encuentros repentinos entre tropas enemigas. El propio rey francés fue atrapado en uno de esos enfrentamientos desesperados. Sin caballo, luchó con valentía para defender su vida mientras la nobleza francesa iba cayendo a su alrededor. Lannoy afirmaría haber salvado la vida de Francisco al protegerlo de una muerte poco gloriosa a manos de un arcabucero. Lo más probable, sin embargo, es que tuviese una pelea nada regia en torno a Francisco, ya que varios hombres lucharon por hacerlo prisionero y pedir un rescate. Caer cautivo suponía un destino terrible para un rey, pero Francisco tuvo más suerte que la mayoría de sus amigos y consejeros. Entre los muertos se encontraban Bonnivet y Tremouille. Richard de la Pole (duque de Suffolk), el pretendiente al trono inglés, exiliado, de la casa de York, luchó y murió entre los hombres de la «banda negra».

La salida de la guarnición de Pavía resultó tan eficaz como el avance imperial a través del parque militar. Las tropas suizas se habían desplazado de su posición, en torno a la región de Cinco Abadías y en los terraplenes de la Torre del Gallo. El último cuerpo de tropas francesas que se formó en el campo de batalla fue el de 5.000 hombres al mando de Carlos de Valois, duque de Alençon, con base fuera del parque militar, al oeste de Pavía. Alertado del desastre por los que huían, Alençon aceptó que la batalla estaba perdida y se retiró hacia Milán. A media mañana, en enfrentamiento había terminado.

El Tratado de Madrid

Resulta destacable que los vencedores no supieron aprovechar la desgracia de Francia. En enero de 1526, el rey Francisco, cautivo, firmó el Tratado de Madrid según el cual renunciaba a sus derechos sobre Italia y entregaba la provincia francesa de Borgoña al Sacro Emperador Romano. Una vez liberado, sin embargo, declaró el tratado «contrario a toda razón y equidad». La habilidad de la diplomacia forjó una nueva alianza con el papado, Venecia, Florencia y Francesco Sforza de Milán. Aunque esta liga, como demostraría el tiempo, era frágil, permitió a Francisco materializar una vez más sus ambiciones en Italia. La cruenta lucha entre los Valois y los Habsburgo se alargaría hasta la firma del Tratado de Cateau-Cambrésis, en 1559. Y tampoco así se lograría la paz, ya que Europa estaba entrando en la oscura época de las guerras de religión.

Panipat 1526

Fecha: 21 de abril de 1526   Lugar: región de Haryana, norte de India

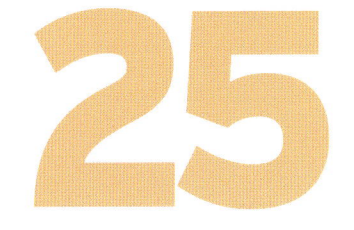

25

Por la gracia y la misericordia de Dios Todopoderoso, este difícil asunto me resultó fácil y aquel poderoso ejército cayó en sólo medio día.
ZAHIR AL-DIN MUHAMMAD BABUR, ABRIL DE 1526

Timur el Cojo (1336-1405), gobernador de Samarcanda, había creado un rico imperio asiático desde su base, en Transoxiana (*véase* Ankara, pág. 78). Sus sucesores lucharon por conservar su legado. En 1494, la responsabilidad de intentar recuperar la fortuna de la dinastía recayó en un niño de once años, Zahir al-Din Muhammad Babur. La lengua y la ascendencia paterna de Babur eran turcas, y su madre era una mongol descendiente de Gengis Kan. El imperio que finalmente formaría Babur tomó su nombre de esta línea familiar: mogol. Babur era amante de la literatura y un consumado poeta, aunque sus primeros años de vida estuvieron dominados por una rígida educación militar.

Babur ganó en tres ocasiones la capital de Samarcanda, y tres veces la perdió, antes de retroceder hasta Kabul obligado por los uzbekos en 1511. En 1514, sus aliados persas fueron derrotados en Chaldiran por el sultán otomano, Selim el Severo. Después de aceptar que no iba a poder recuperar los antiguos territorios timuríes, Babur puso su atención en India. Su pequeño ejército poseía las mejores cualidades de su herencia turca y mongol, y consistía principalmente en una fuerza móvil muy disciplinada de arqueros a caballo. Además, Babur aprendió de los otomanos el uso de armas de pólvora. Equipó a gran parte de su infantería con pistolas de mecha y formó un impresionante tren de artillería.

La invasión de India

Babur comenzó su campaña en 1519 sometiendo a las tribus de las montañas que bloqueaban su ruta de invasión hacia el Punjab. Posteriormente, desplegó varias incursiones en el norte de la India. Los adversarios de Babur eran principalmente afganos que habían emigrado a las llanuras durante el reinado de la dinastía Lodi. Babur tuvo ocasión de establecer una breve alianza con el poco fiable Daulat Kan Lodi, virrey del Punjab, y con su tío, Alam Kan. Juntos intentaron derrocar al sultán de Delhi, Ibrahim Lodi. Sin embargo, las intrigas de Daulat Kan (que acabaron destruyendo la alianza) y la presión uzbeka sobre la tierra natal de Babur retrasaron un intento de invasión en toda regla. Babur tuvo que esperar al año 1525 para poder retomar su entrada en India. Un ejército enemigo al mando de Daulat Kan se disolvió antes de su avance. El sultán Ibrahim tomó el terreno.

Panipat: triunfo de los caballos y las pistolas

El ejército del sultán Ibrahim contaba, según se dice, con 100.000 hombres, diez veces más que la fuerza invasora de Babur. Además, iba acompañado por unos 1.000 elefantes de guerra. Babur, no obstante, per-

Las disposiciones de Babur en Panipat permitieron una poderosa mezcla de defensa firme, basada en fortificaciones y armas de pólvora, y ofensa móvil devastadora: la maniobra tulughma de los arqueros a caballo. Incapaces de avanzar y rodeados de la caballería enemiga, el ejército de Ibrahim no tardó en ser abatido.

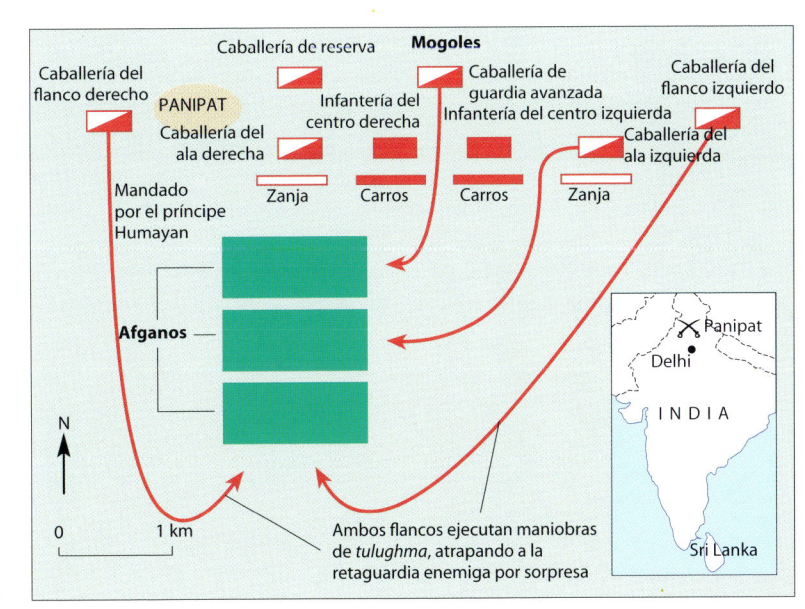

107

maneció impávido: consideraba al sultán un joven e inexperto comandante «que marchaba sin orden, se retiraba o se detenía sin un plan y entraba en batalla sin visión de futuro». Pretendía utilizar una combinación de armas de fuego (su enemigo carecía de ellas) y de la movilidad de su caballería para contrarrestar la ventaja numérica de Ibrahim.

El 12 de abril de 1526, Babur ocupó una posición con su flanco derecho afianzado en Panipat, al norte de Delhi. En el centro de su línea de batalla apostó su cañón y los hombres equipados con armas de fuego. Imitando a los otomanos en Chaldiran, fortificó su posición con 700 carros encadenados y una línea de parapetos. Asimismo, reforzó la posición de sus flancos izquierdo y derecho con zanjas defensivas y una *abatis* («muralla de árboles derribados»). Entre las posiciones fortificadas se dejaron huecos de la anchura de un tiro de ballesta con el fin de permitir el avance de la caballería cuando llegase la oportunidad. Curiosamente, Babur pudo trabajar en sus fortificaciones durante ocho días ante la mirada del ejército de Ibrahim, que permaneció sorprendentemente inactivo después de su llegada a Panipat. Durante este tiempo, los jinetes de Babur cabalgaron hasta las líneas enemigas y dispararon flechas a su campamento sin obtener una respuesta.

El 20 de abril, Babur intentó un ataque nocturno sobre Ibrahim que salió muy mal. Esta pequeña victoria envalentonó a Ibrahim y a sus hombres, y al día siguiente se desplegaron para la batalla. Babur había dividido su ejército en seis divisiones principales: centro derecha e izquierda, alas derecha e izquierda, guardia avanzada y reserva. Además, siguiendo las tradiciones mongoles, había separado dos flancos de caballería ligera (el de la extrema derecha comandada por su hermano, el príncipe Humayan). Estos cuerpos de jinetes llevarían a cabo la maniobra de *tulughma*, una amplia acción envolvente que ataca al enemigo desde la retaguardia una vez que éste se halla inmerso en la batalla.

El 21 de abril, el ejército afgano se dispuso por fin a atacar, y lo hizo con un asalto concentrado sobre el ala derecha de Babur. La reserva de éste se desplazó para ayudar a la parte amenazada, pero los hombres de Ibrahim se retiraron rápidamente a las fortifica-

Akbar el Grande, nieto de Babur, asedia Ranthambhor en 1568. Fue Akbar quien consolidó el dominio mogol en India, aunque el proceso comenzó con la victoria en Panipat.

ciones del campo de batalla. Las filas traseras presionaron sin darse cuenta de que estaban conduciendo a sus camaradas hacia las *abatis* o a las zanjas. Desde detrás de las defensas de Babur, arcos, pistolas y cañones dispararon implacablemente contra las masas desordenadas. La caballería se movió entre los huecos que se habían producido y ahuyentó a los elefantes con lluvias de flechas. Los hombres del ala izquierda de Babur avanzaron. Durante un breve espacio de tiempo se quedaron estancados, hasta que llegaron más soldados desde el centro para apoyar el contraataque. Los afganos realizaron varias cargas desesperadas, pero cada una de ellas fue rechazada y los supervivientes regresaron a sus propias filas.

Mientras la batalla hervía en el centro, la *tulughma* se ejecutó con éxito. Los destacamentos de los flancos pronto se situaron detrás de los afganos, cortando todos los caminos de huida y disparando una flecha tras otra hacia las filas repletas de hombres atrapados. Como recordaba Babur, sus enemigos «no podían avanzar hacia nosotros ni hallar una vía de escape». El propio Ibrahim vio cómo se le cerraba el paso y luchó con valentía hasta el último aliento junto a miles de sus hombres. La batalla terminó a mediodía.

El nacimiento de un imperio

Inmediatamente después de la victoria, Delhi y Agra fueron tomadas. Desde esta base, Babur consolidó su dominio en el norte de la India. Derrotó a los rajputos en Kanua en 1527 y asaltó la fortaleza de Chandiri en 1528. A su muerte, en 1530, Babur poseía todo un imperio que incluía Kabul, el Punjab y Delhi. Al este llegaba hasta Bihar; al sur, hasta Gwalior. Además, sus sucesores heredaron un ejército que resultó ser un maravilloso instrumento de conquista. Así, en Panipat, nació el imperio mogol, que llegaría a dominar el subcontinente indio.

COMBATIENTES

Mongoles
- 10.000 hombres.
- Principales comandantes: Zahir al-Din Muhammad Babur y príncipe Humayan.
- Pocas bajas.

Afganos
- 100.000 hombres.
- Principales comandantes: sultán Ibrahim Lodi y Vikramajit Singh de Gwalior.
- 15.000 bajas.

Elefante mongol con armadura, hacia 1600. Los hombres de Babur lucharon con una potente mezcla de tácticas mongoles y turcas. Cuando los mogoles se establecieron en la India, integraron fuerzas indígenas a sus ejércitos, incluyendo el formidable (aunque no del todo fiable) elefante de guerra.

26 Mohács

Fecha: 29 de agosto de 1526   **Lugar:** sur de Hungría

La división de los jenízaros atacó a los despreciables infieles (gavurs) tres o cuatro veces con fuego de mosquetes e intentó obligarles a retroceder.
Del diario de campaña del sultán Solimán, 1526

A principios del siglo XVI, el imperio otomano suponía un importante poder militar que controlaba los Balcanes, Asia Menor, el litoral del mar Negro, el Mediterráneo oriental y gran parte de Oriente Medio. Comparándola con este vasto imperio de Solimán I (1520-1566), la Hungría de Luis II de Jagiello (1516-1526), el único poder regional de Europa central que había sido capaz de detener el avance otomano en el siglo XV, era un país pequeño y débil. Los recursos del imperio otomano y de Hungría, respectivamente, a principios de la década de 1520 dan una clara idea de sus diferencias: en lo que respecta a territorio, 1.500.000 kilómetros cuadrados frente a los 300.000 kilómetros cuadrados húngaros; población, 12-13 millones de otomanos frente a 3,1-3,5 millones de población húngara; ingresos del tesoro público, 4,5-5 millones de ducados de oro frente a 0,3 millones; y, finalmente, respecto a las fuerzas movilizables potenciales, 110.000-130.000 hombres frente a los 40.000-50.000 de que disponía Hungría.

Tras reconocer que las guerras de su padre contra los safávidas en Anatolia oriental ya no podían continuar por razones económicas, militares y religioso-políticas, Solimán se volvió contra los enemigos cristianos del imperio en Europa, donde sus mayores oponentes eran los Habsburgo y sus vecinos húngaros. Al ocupar Belgrado y Zimona (1521), Orsova (1522) y Szörény (1524), los otomanos asumieron el control del bajo Danubio a mediados de la década de 1520.

Superior izquierda *Después de su ascenso al trono, Solimán el Magnífico se volvió contra los enemigos cristianos de los otomanos.*

Izquierda *Luis II, que no logró movilizar a tiempo las fuerzas del país, cayó de su caballo y fue abatido mientras escapaba.*

Los húngaros, por su parte, perdieron los castillos más importantes de su sistema de defensa de la frontera sur.

Las causas de la campaña otomana de 1526 siguen siendo, aún en la actualidad, motivo de debate. Algunos historiadores afirman que fue una respuesta a las «provocaciones» del rey Luis, a la negativa de éste a las ofertas de paz de Solimán y a la interferencia de Hungría en los dos principados rumanos vasallos del sultán (especialmente en Valaquia, cuyo señor se rebeló en repetidas ocasiones contra los otomanos contando para ello con el apoyo húngaro). Por otra parte, otros estudiosos mantienen que todo eso fueron meras excusas, que la conquista de Hungría era el objetivo principal de Solimán desde el principio de su reinado, y que la llevó a cabo según su plan de «conquista gradual». Dada la política pragmática, y a menudo defensiva, de Solimán, los múltiples compromisos y limitaciones del imperio, la naturaleza no siempre entendida de la ideología otomana, la propaganda y la toma de decisiones, conviene no exagerar la importancia de los imperativos religioso-políticos en lo que respecta a la planificación imperial otomana.

Las fuerzas enfrentadas

En la campaña de 1526, el ejército otomano podría haber llegado a contar con 60.000 soldados de caballería provinciales (las tropas rumelias y anatolias) y fuerzas permanentes (jenízaros –la infantería de elite del sultán–, caballería y artillería), además de otros 40.000-50.000 irregulares y auxiliares. Debido a la larga marcha de cuatro meses, con lluvia y asedios, una buena parte de este ejército se habría perdido antes de llegar a Hungría. Así, el cálculo del arzobispo Pál Tomori (comandante en jefe del ejército húngaro), basado en los informes que recibió, situó la fuerza de lucha del ejército del sultán en torno a 70.000 hombres, una cifra más realistas que las exageradas de 150.000 o 300.000 sugeridas por historiadores posteriores. No obstante, este cálculo más modesto sugiere una considerable superioridad numérica por parte de los otomanos. Dado que las fuerzas de Croacia y Transilvania, de 10.000-15.000 hombres cada una, no pudieron unirse al rey en 1526, el ejército húngaro que se enfrentó a los otomanos al sur de Mohács (cerca de la intersección entre la actual Hungría, Croacia y Yugoslavia) contó con 25.000-30.000 hombres. Los otomanos también eran superiores en cuanto a armas de fuego: si éstos desplegaron 200 cañones, principalmente de pequeño calibre, los húngaros sólo contaron con unos 80 cañones.

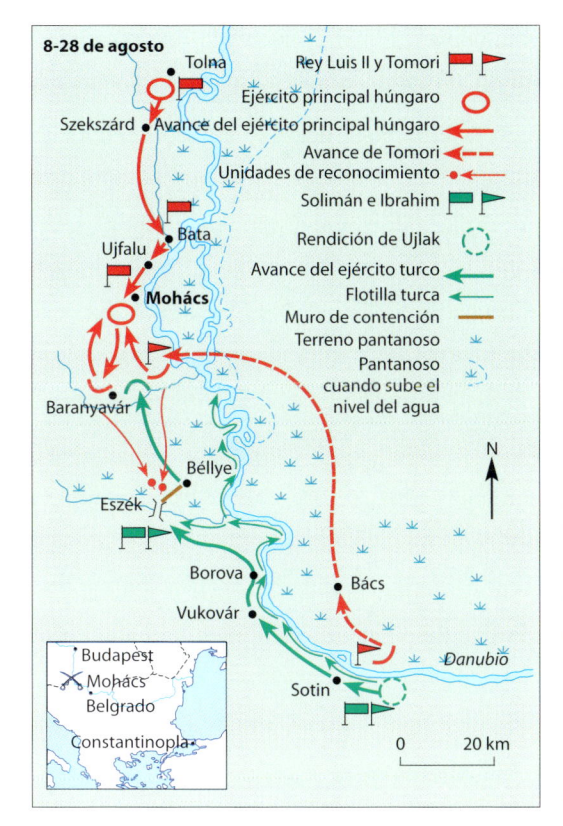

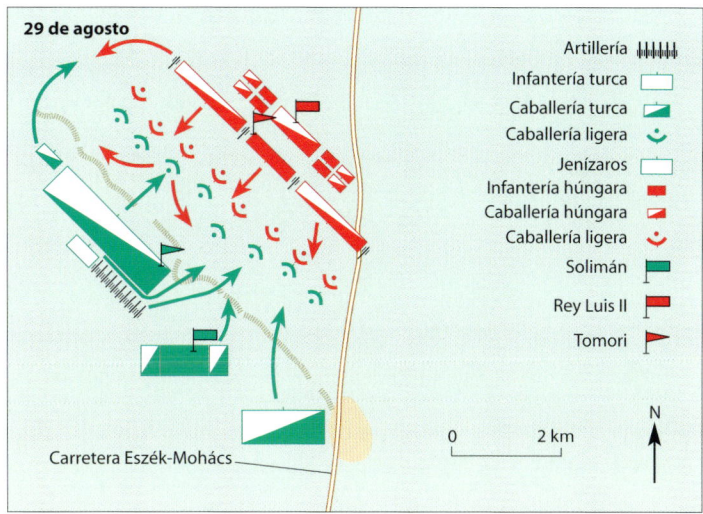

La batalla

El campo de batalla estaba rodeado por los pantanos del Danubio desde el este y por una llanura de 25-30 metros de altura desde el oeste y el sur. El mando húngaro planificó una carga contra el ejército otomano, mucho más numeroso, cuando éste descendiese de la llanura, escarpada y resbaladiza por las intensas lluvias caídas durante las semanas previas a la batalla.

Orientado hacia el sudoeste, el ejército se alineó en dos escalones. En las alas derecha e izquierda del primer escalón se colocó la caballería pesada húngara, frente a la caballería *timariot* rumelia y anatolia, respectivamente, del sultán. Los 10.000 soldados de infantería húngaros se situaron en diez filas en el centro, frente a los jenízaros. Luis II se colocó en el segundo escalón, detrás de la infantería, mientras Solimán, protegido por su caballería central, se situó detrás de los jenízaros. Los cañones otomanos se dispusieron delante de éstos.

Sin embargo, este orden de batalla fue evolucionando. Los húngaros no iniciaron el combate hasta que el ejército rumelio ocupó la llanura. Solimán y su caballería todavía estaban descendiendo de la meseta, y las tropas anatolias del flanco derecho se encontraban muy retrasadas. Las escaramuzas de las fuerzas de caballería ligera ya estaban en marcha cuando la artillería húngara abrió fuego contra el ejército rumelio, a punto de entrar en la llanura. Siguió la carga de caballería del flanco derecho húngaro, que quebró la resistencia de la caballería rumelia. En lugar de perseguir al enemigo que huía, los húngaros se entregaron al saqueo. Por entonces, los jenízaros habían llegado a la parte alta de la terraza y provocaron una gran destrucción entre los húngaros con sus descargas. Aunque la infantería y el ala izquierda húngaras lucharon con valentía, fueron incapaces de superar los obstáculos erigidos delante de los ca-

Superior izquierda *Entre el 8 y el 28 de agosto, los 70.000 soldados del ejército otomano avanzaron a lo largo de la orilla occidental del Danubio hasta llegar a una llanura donde se enfrentaron a las tropas húngaras, que les seguían.*

Superior *Gracias a su posición, los húngaros lograron expulsar a la caballería rumelia, que fue la primera en llegar a la llanura. Sin embargo, no supieron aprovechar esta ventaja inicial y se convirtieron en presa fácil de los otomanos, cuyos expertos jenízaros pusieron punto final a la batalla.*

«Batalla de Mohács», de Süleymanname of Arifi transcrito en 1558. A la derecha, el sultán se halla respaldado por una falange de jenízaros con tocados muy altos. Éstos formaron la barrera humana contra la que se estrelló la caballería húngara. La potencia de fuego de los jenízaros resultó decisiva.

ñones y los jenízaros, y cayeron abatidas por éstos. Contrariamente a la creencia general, no fueron los cañones otomanos, sino el muro insalvable y el fuego de los avezados jenízaros los que decidieron, finalmente, la victoria otomana en esta célebre batalla de Mohács.

Consecuencias y significado histórico de la batalla

Las fuerzas armadas húngaras no sufrían una derrota tan aplastante desde la batalla de Muhi, en el año 1241, contra los mongoles. El rey, la mayoría de los magnates y prelados, alrededor de 500 nobles, 4.000 soldados de caballería y 10.000 de infantería murieron en la batalla. Desgraciadamente, Hungría, además, perdió su lucha de un siglo y medio de antigüedad por contener el avance otomano en Europa central. La batalla provocó una confrontación directa entre los imperios Habsburgo y otomano, ya que un grupo de aristócratas húngaros eligieron al archiduque Fernando de Habsburgo, hermano pequeño de Carlos V, como su rey (1526-1564). Fernando logró controlar sólo la zona noroeste de Hungría, ya que la central y la oriental se encontraban al mando de Juan Zápolya, también elegido rey de Hungría (1526-1540) y cuya política a favor de los otomanos pospuso por un tiempo el enfrentamiento. La muerte de Zápolya, en el año 1540, y el asedio fallido de Fernando sobre la ciudad de Buda durante la primavera y el verano de 1541 desencadenaron la campaña del sultán que condujo a la ocupación otomana de Hungría central. Como consecuencia de todo ello, el país se convirtió en el mayor campo de batalla continental entre los Habsburgo y los otomanos.

COMBATIENTES

Otomanos
- 60.000-70.000 hombres.
- Comandante en jefe: sultán Solimán el Magnífico (1520-1566).
- Número desconocido de bajas.

Húngaros
- 25.000-30.000 hombres.
- Comandante en jefe: arzobispo Pál Tomori; rey Luis II de Jagiello (1516-1526).
- 14.000-15.000 bajas.

Lepanto

27

Fecha: 7 de octubre de 1571   Lugar: cerca de Naupactus, golfo de Patras, Grecia

> … En cinco meses, [los otomanos] han construido 150 embarcaciones con toda la artillería y el equipo necesarios… Su general ya está preparado para zarpar a finales de este mes con doscientas galeras y cien galeotes, con corsarios y otros hombres… Nunca habría creído en la grandeza de esta monarquía si no lo hubiese visto con mis propios ojos.
> De Noailles, embajador francés en Constantinopla, a Carlos IX el 8 de mayo de 1572, siete meses después de la batalla de Lepanto

El 7 de octubre de 1571, la flota aliada de la Liga Santa destruyó a la armada otomana. Los contemporáneos celebraron la victoria del Cristianismo unido sobre los turcos «infieles». Los historiadores afirman que la batalla señaló el «declive del imperio otomano» y «el auge de Occidente». Sin embargo, ¿supuso Lepanto una gran ventaja estratégica para Occidente?

El desafío otomano: la conquista de Chipre (1570-1571)

En la segunda mitad del siglo XVI, el Imperio otomano era una gran potencia que controlaba los Balcanes, Oriente Medio, el mar Negro y el Mediterráneo oriental. Para el gran visir Sokullu Mehmet Pasha (1556-1578), cuyos grandes proyectos políticos incluían los fallidos canales de Don-Volga y de Suez (1569) que tenían como objetivo rodear a los rivales safávidas de Estambul y contrarrestar el imperialismo portugués en el mar Rojo y el océano Índico, la conquista de Chipre parecía una tarea largo tiempo aplazada. Esta isla de gobierno veneciano era una espina en el Mediterráneo oriental, bajo control otomano, ya que ofrecía un refugio seguro a los corsarios cristianos que ponían en peligro las líneas otomanas de comunicación marítima entre la capital y Egipto, la provincia más próspera del imperio, además de preocupar a los comerciantes musulmanes y a los barcos de peregrinos. La imposibilidad de eliminar las expediciones cristianas provocaría serias pérdidas económicas y debilitaría la legitimidad de Estambul en el mundo islámico. Chipre también suponía un objetivo tentador por su riqueza en cuanto a tierras e impuestos, así como por su proximidad a las bases logísticas otomanas (un dato a tener muy en cuenta dado el radio limitado de operatividad de las flotas de galeras de guerra).

Durante la campaña de 1570, los otomanos movilizaron a entre 208 y 360 embarcaciones y a un mínimo de 60.000 soldados de tierra. A pesar de sus fortificaciones a la última, de estilo italiano, Nicosia (la capital de Chipre) cayó el 9 de septiembre, después de 46 días de asedio. Las líneas otomanas de abastecimiento y refuerzos, más cortas, que permitieron a los asediadores superar en número a los defensores en una proporción de seis a uno; las habilidades otomanas en la guerra de asedio; la triste actuación de la flota de refuerzo veneciana, afectada por el tifus y las deserciones; la incompetencia del comandante veneciano a cargo de Nicosia, así como el apoyo local de los chipriotas hacia los otomanos contra sus odiados señores desempeñaron un papel importante en la conquista. La ferocidad del saqueo de Nicosia durante tres días convenció a las otras fortalezas venecianas de que debían rendirse, excepto la guarnición portuaria oriental de Famagusta (capturada el 1 de agosto de 1571, después de soportar siete asaltos y 74 días de intensos bombardeos). Aunque los otomanos aceptaron los generosos términos de la capitulación, la masacre de peregrinos musulmanes retenidos en la guarnición provocó represalias. El día 5 de agosto, los oficiales venecianos fueron decapitados y el gobernador Bragadino, que había ordenado el asesinato de los musulmanes, fue despellejado vivo. Rellenaron su piel con paja y la exhibieron en la costa anatolia y en Estambul.

27 EL SIGLO XVI

Derecha Batalla naval de Lepanto, de Andrea Micheli «Vicentino» (1539-1614). Expuesto en el palacio del Dogo, este cuadro celebra la gran victoria cristiana, en la que Venecia desempeñó un papel decisivo.

Inferior
El almirante Alí Pasha, un comandante de tierra sin experiencia en guerra naval, fue el mayor responsable de la derrota otomana.

La respuesta occidental: la Liga Santa y la batalla de Lepanto

El 25 de mayo de 1571 se proclamó en Roma la Liga Santa, compuesta por el Papado, España, Venecia, Génova, Toscana, Saboya, Urbino, Parma y los Caballeros de Malta. El objetivo de la Liga consistía en luchar en una guerra perpetua contra los otomanos y los musulmanes del norte de África, además de recuperar Chipre y Tierra Santa. Los signatarios proporcionaron 200 galeras, 100 barcos, 50.000 soldados de infantería y 4.500 de caballería ligera, además de las armas y los suministros necesarios.

La flota de 1571, comandada por don Juan de Austria (hermanastro de Felipe II), se formó en Messina a principios de septiembre y llegó a Corfú el 26 del mismo mes. Aquí, la alianza fue informada de que la armada otomana, que durante el verano había atacado las posesiones de Creta y Venecia en el Adriático, había regresado a Lepanto (ciudad portuaria en el lado norte del golfo de Patras). El 4 de octubre, los cristianos supieron de la caída de Famagusta y la tortura de Bragadino. Las noticias alentaron un deseo

Inferior *Aunque el capitán general de la flota de la Liga Santa, don Juan de Austria (de 24 años), era un comandante inexperto, demostró ser un habilidoso diplomático y mantuvo unida la frágil alianza.*

de venganza, lo que dio a la frágil alianza una cohesión poco común.

Mientras tanto, los exploradores otomanos informaron a sus comandantes de la llegada de una flota cristiana a la costa de Cefalonia. En un consejo de guerra celebrado el 4 de octubre, Pertev Pasha, comandante en jefe (*serdar*) de la campaña de 1571, y Uluc Alí Pasha, gobernador (*beylerbeyi*) de Argel, expusieron su opinión de que los otomanos debían adoptar una posición defensiva en el golfo de Lepanto y mencionaron la falta de tripulación y el agotamiento de la armada. No obstante, fue Müezzinzade Alí Pasha, almirante (*kapudan*) de la flota y comandante de tierra sin experiencia en conflictos navales, quien impuso su criterio. Ordenó a su flota atacar a los cristianos.

Las flotas enemigas se enfrentaron el 7 de octubre en el golfo de Patras. Las cifras de embarcaciones de las que se habla resultan confusas, ya que no incluyen los galeotes de la flota cristiana y excluyen a todas las *fustas*, pequeñas embarcaciones de transporte, de ambas flotas. Las cifras estimadas de soldados y armas indican que la Liga Santa superaba ligeramente a los otomanos en cuanto a combatientes y auxiliares (62.100 frente a 57.700) y tenía una ventaja considerable respecto a la potencia de fuego (1.334 frente a 741 armas). Los relatos otomanos también subrayan que su flota estaba falta de tripulación debido a las pérdidas durante la campaña de 1571 y al hecho de que muchos de los soldados a bordo de los barcos costeros de beys ya se habían marchado anticipándose a la llegada del invierno.

La batalla comenzó antes de las once de la mañana con el combate de los escuadrones costeros. El comandante otomano Mehmet Suluk casi logró desbordar a las galeras de Agostino Barbarigo maniobrando entre los bajíos y los venecianos. Éstos perdieron varias galeras y Barbarigo sufrió una herida mortal. No obstante, las galeras del ala izquierda cristiana que no habían entrado en batalla y las embarcaciones de la retaguardia enviadas por otro comandante de la Liga Santa, don Álvaro de Bazán, convirtieron la derrota en victoria al destruir el ala derecha otomana en sólo dos horas.

Mientras tanto, el centro cristiano y otomano protagonizó un crudo enfrentamiento después del choque de los dos buques insignia: la Galera *Real* de don Juan y el *Sultana* de Alí Pasha. Éste pensó en contrarrestar la superioridad cristiana en cuanto a potencia de fuego utilizando sus refuerzos de la reserva hasta que Mehmet Suluk y Uluc Alí desbordasen las alas cristianas.

A pesar de las pérdidas de los cañones de las galeazas (barcos de guerra con remos auxiliares), las galeras otomanas penetraron en las filas cristianas y los hombres de Alí Pasha incluso abordaron la Galera *Real*. Muy pronto, sin embargo, el centro otomano se vio superado. Cuando Alí Pasha murió y su *Sultana* fue remolcada por la Galera *Real*, el centro otomano se vino abajo. Todos los barcos otomanos acabaron hundidos o tomados, y casi to-

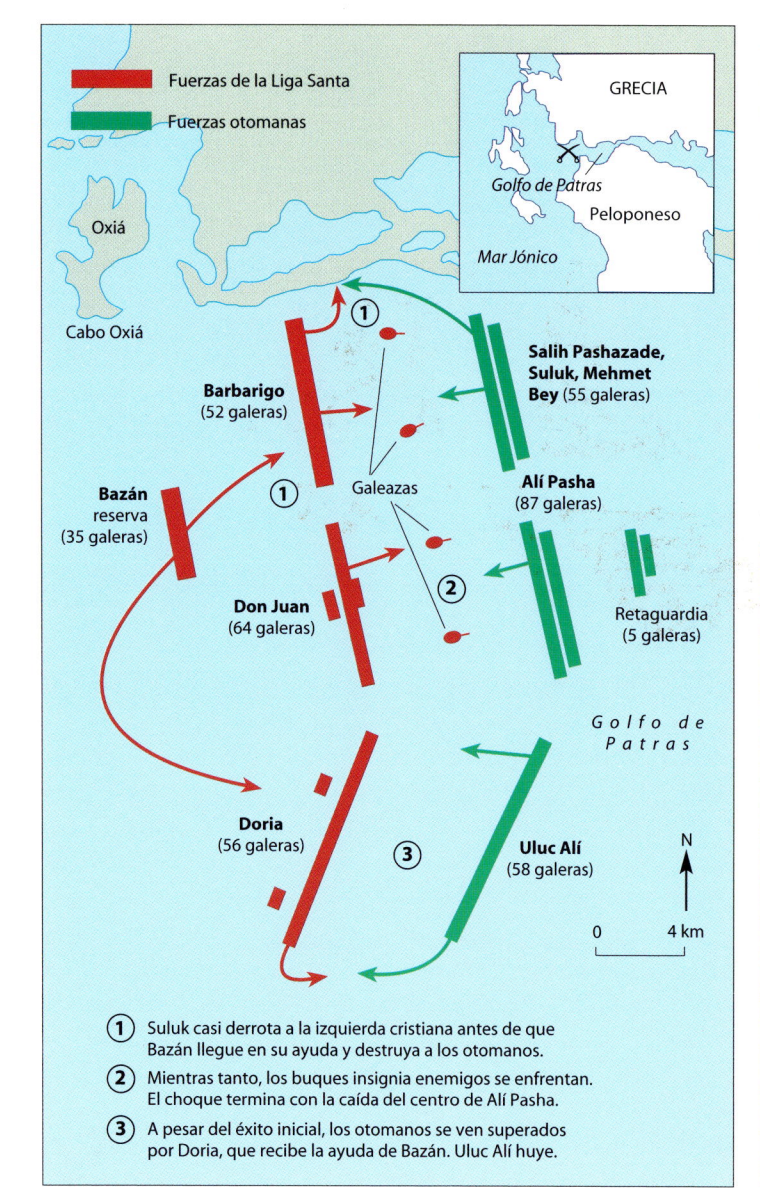

Esta reconstrucción de Lepanto muestra las fases cruciales de la batalla y el despliegue de las galeras de ambos bandos.

① Suluk casi derrota a la izquierda cristiana antes de que Bazán llegue en su ayuda y destruya a los otomanos.
② Mientras tanto, los buques insignia enemigos se enfrentan. El choque termina con la caída del centro de Alí Pasha.
③ A pesar del éxito inicial, los otomanos se ven superados por Doria, que recibe la ayuda de Bazán. Uluc Alí huye.

COMBATIENTES

Liga Santa

- Venecia, la España de los Habsburgo, el Papado, Malta, Génova y Saboya: 62.100 combatientes; 2.300 remeros; 202-219 galeras; 6 galeazas y 1.334 armas de fuego.
- Comandantes en jefe: don Juan de Austria, Agostino Barbarigo, Gian Andrea Doria y don Álvaro de Bazán.
- 33 galeras perdidas o inservibles; 23.000 muertos y heridos.

Otomanos

- 57.700 combatientes, 19.000 remeros, 205 galeras, 35-68 galeotes y 741 armas de fuego.
- Comandantes en jefe: Alí Pasha, Salih Pashazade, Mehmet Bey, Suluk Mehmet y Uluc Alí Pasha.
- 25.000 muertos, más de 3.486 prisioneros, 84 galeras y galeotes destruidos y 127 embarcaciones capturadas.

dos los hombres de sus tripulaciones fueron asesinados sin piedad.

El enfrentamiento entre los escuadrones situados mar adentro comenzó más tarde, ya que Uluc Alí y Gian Andrea Doria, los capitanes marinos más expertos de cada bando, intentaron superar en estrategia al contrario. Mientras el grueso de las galeras de Uluc Alí atacó la derecha y el centro de Doria, el líder otomano logró dañar seriamente algunas de las 15 galeras del contrario que habían roto la formación en el flanco izquierdo.

Uluc Alí continuó atacando el centro del flanco derecho cristiano con el fin de ayudar al centro otomano, en serias dificultades. Fue demasiado tarde. Alí Pasha ya había muerto y Bazán envió a su reserva restante contra Uluc Alí. Al darse cuenta de que no podía hacer nada, éste huyó hacia mar abierto con 30 galeras, aproximadamente. La victoria cristiana era completa. La flota de la Liga Santa derrotó a casi toda la armada otomana con su tripulación y su artillería.

Significado

En 1572, cuando surgió en Estambul una armada otomana completamente nueva al mando del nuevo *kapudan*, Uluc Alí, parecía que Lepanto apenas había alterado el equilibrio de poder. Es cierto que Chipre nunca fue recuperada y que la Liga Santa se desintegró cuando Venecia firmó un tratado con Estambul (1573) y los recursos españoles se destinaron a los nuevos retos que se planteaban en los Países Bajos. También es cierto que en 1574, los otomanos recuperaron Túnez y capturaron la guarnición española de La Goleta. Sin embargo, Lepanto libró a Venecia, a las posesiones mediterráneas que le quedaban (sobre todo Creta) y al Mediterráneo oriental de más conquistas otomanas. Si en 1572 ya se habían reconstruido las galeras, Estambul tardó décadas en reponer las tripulaciones, en especial los experimentados marinos musulmanes y los arcabuceros y arqueros navales. Y Uluc Alí era un marinero demasiado bueno para retar a los cristianos con su armada inexperta.

Batalla de Lepanto, de Hendrick Vroom el Joven (h. 1591-1661). *La batalla, que impidió la expansión otomana en el Mediterráneo, también marcó el apogeo de la guerra de galeras.*

28 La Armada Invencible

Fecha: 31 de julio- 8 de agosto de 1588   Lugar: canal de la Mancha

*No sé quién tuvo la idea de que debíamos unir fuerzas
[con el ejército de Flandes] en lugar con unas corrientes tan fuertes,
con una orilla tan abierta y expuesta a vientos cruzados,
y con tantos bancos de arena…*
Don Francisco de Bobadilla, comandante de los ejércitos de la Armada Invencible,
a don Juan de Idiáquez, secretario de Felipe II, 20 de agosto de 1588

El rey Felipe II (1527-1598) fue el gobernante más poderoso de la Cristiandad y el primero que controló territorios en todo el planeta. La Armada Invencible demostró que existían límites incluso a su poder.

En 1585, los éxitos de las tropas de Flandes de Felipe II de España impulsaron a la reina Isabel a enviar tropas inglesas para ayudar a los holandeses. Una victoria española sobre los rebeldes holandeses habría puesto en peligro su régimen. De hecho, el objetivo de la campaña de 1588 desplegada por Felipe consistía en derrotar a Inglaterra, la principal amenaza a su poder. Si Inglaterra era derrotada, la revuelta holandesa fracasaría y las incursiones contra las colonias y el comercio español y portugués llegarían a su fin. Felipe creía que la mayoría de los ingleses y los holandeses seguían siendo católicos de corazón y aceptarían el nuevo régimen. Además, los éxitos en los dos países también provocarían una rápida victoria del bando católico y proespañol en la guerra civil francesa. Felipe esperaba ganar estas tres guerras con una gran ofensiva y establecer una hegemonía española en toda Europa occidental.

Preparativos

Durante 1586 se desarrollaron dos planes para invadir Inglaterra. El duque de Parma, comandante del ejército de Felipe en los Países Bajos, sugirió que se enviasen 30.000 de sus hombres en barcazas cruzando el canal de la Mancha en un asalto sorpresa. El marqués de Santa Cruz, comandante de la flota atlántica de Felipe, planificó el envío de 55.000 soldados desde España en una flota aumentada de forma drástica. En septiembre de 1587, Felipe convirtió estos planes en uno solo a ejecutar con los recursos disponibles: la flota atlántica pondría rumbo al Canal con parte del ejército invasor para proteger el transporte del ejército de Parma al estuario del Támesis.

El despliegue de una numerosa fuerza desde el sur al norte de Europa supuso una gran tarea administrativa, y la partida de la flota se retrasó en varias ocasiones. En febrero de 1588, Santa Cruz murió y Felipe nombró al duque de Medina Sidonia como su sucesor. El duque era un experimentado administrador y su posición social le otorgaba autoridad para mandar. Cuando la Armada salió de Lisboa, a finales de mayo, contaba con 29.000 hombres repartidos en 24 buques de guerra, 47 buques mercantes armados, 21 buques de transporte y 35 embarcaciones pequeñas. Los vientos contrarios y las tempestades dificultaron su avance, muy lento, y las embarcaciones pasaron un mes en La Coruña para someterse a trabajos de reparación.

El elemento sorpresa se había perdido e Inglaterra dispuso de mucho tiempo para movilizarse. Durante 1588 se pusieron en marcha 34 buques de guerra reales y 192 embarcaciones privadas con 16.000 hombres, aproximadamente. No obstante, gran parte de los barcos privados eran pequeños, muchos de ellos auxiliares. En términos de tonelaje, posiblemente la mitad de la flota inglesa eran buques de guerra construidos para la ocasión, incluidos los privados. La cifra española era de aproximadamente un tercio de la flota.

El combate

A mediados de julio, los ingleses intentaron un ataque preventivo contra la Armada en los puertos españoles, pero los vientos del sur los frenaron. Cuando los españoles surcaron el Canal, el 30 de julio, la mayor parte de la flota inglesa se encontraba en Plymouth. La Armada formó a sus combatientes y buques de transporte en una media luna muy amplia, con grupos adicionales de barcos a modo de reserva táctica. La intención era luchar en línea de frente; probablemente, las armas pesadas se concentrarían de proa a popa, no en los costados. Los españoles sabían que eran inferiores en fuego de artillería, mientras que los ingleses eran conscientes de que debían evitar el abordaje, ya que la Armada contaba con una infantería muy superior. Felipe no tenía esperanzas de que su flota, con un elevado porcentaje de buques mercantes lentos y difíciles de manejar, fuese capaz de entrar en combate con los ágiles barcos de guerra ingleses, pero tenía confianza en poder repeler un ataque del enemigo. Si la Armada alcanzaba al ejército de Parma y protegía su cruce, habría logrado su propósito.

La flota inglesa adoptó fácilmente la posición de barlovento. Dado que en el Canal prevalecían los vientos del oeste, tomaron una posición a popa de la formación española, a la que atacaron. En la primera batalla, que tuvo lugar junto a Plymouth el 31 de julio, la flota inglesa se dividió en dos partes comandadas por lord Howard de Effingham y por sir Francis Drake. Los barcos atacaron de forma individual o en pequeños grupos, disparando los cañones de proa, de los costados y de la popa sucesivamente. Después, orientaron las velas hacia barlovento para recargar los cañones y dejar espacio al barco que se encontraba a popa. El ritmo de los disparos fue lento y el efecto de los mismos a larga distancia no provocó daños significativos.

Dos barcos españoles resultaron seriamente dañados, pero a causa de accidentes, y ambos fueron abandonados a manos de los ingleses (señal de que Medina Sidonia no tenía intención de entablar una batalla decisiva). Éste reorganizó la flota en una vanguardia y una retaguardia más numerosa, ambas navegando en línea de frente. Asimismo, formó grupos de barcos de vela rápidos que pudiesen ser enviados a cualquier punto de la formación. La mañana del 2 de agosto, junto a Portland Bill, el viento otorgó a la Armada durante unas horas una posición de barlovento. Medina Sidonia intentó desencadenar una batalla de proximidad, pero los ingleses la evitaron. El fuego a larga distancia continuó hasta última hora de la tarde, pero apenas sin efectos en ambos bandos.

Al día siguiente, la flota inglesa se dividió en cuatro escuadrones, aparentemente para disfrutar de mayor control. El 4 de agosto, la Armada pasó junto a la isla de Wight y se desencadenó una nueva batalla. Es posible que el duque hubiese dejado algunos barcos a modo de anzuelo para obligar a los ingleses a luchar. Incluso pudo haber intentado utilizar el canal

La reina Isabel (1533-1603) gobernaba una potencia de tamaño medio y tenía costumbre de seguir una política exterior muy prudente. Las inversiones en una armada a largo plazo le brindaron la posibilidad de mantener el control del canal de la Mancha incluso cuando fue atacado por un enemigo temible.

Las flotas dependían de los vientos y del comportamiento de sus peores marineros. La Armada se retrasó debido a los vientos desfavorables, y los vientos del oeste dificultaron su regreso a través del canal de la Mancha. En el Atlántico sufrió grandes tempestades, y los barcos más lentos se quedaron sin comida.

de Solent como puerto protegido. Si ésas eran sus intenciones, falló en ambas. De nuevo, los daños fueron limitados, pero a esas alturas los dos bandos carecían de munición y se abstuvieron de seguir combatiendo.

La Armada echó anclas junto a Calais la tarde del 7 de agosto. La flota principal inglesa se había reforzado con el escuadrón que vigilaba el estrecho. La primera fase de la operación española tuvo éxito, pero la geografía y las complejidades de una combinación combinada provocaron el desastre. Desde 1574, los rebeldes holandeses controlaban los puertos de aguas profundas de sus costas. En aquel momento bloqueaban los puertos de Flandes, evitando que las embarcaciones de Parma llegasen a mar abierto. Además, el mar al que daban estos puertos era poco profundo y no permitía navegar a los barcos de la Armada lo suficientemente cerca como para romper el bloqueo.

Sin una base de aguas profundas para la Armada, la invasión de Parma tendría que llevarse a cabo inmediatamente, antes de que se terminasen las provisiones de los españoles. Sin embargo, sin el control de las aguas poco profundas, la flota de Parma ni siquiera podía zarpar (un problema que tendría que haber sido resuelto en la fase de planificación). Parma y Medina Sidonia habían creído durante mucho tiempo que el otro tenía la solución, mientras Felipe había subestimado la disposición de los holandeses para luchar.

Durante la noche del 7 de agosto, los ingleses enviaron ocho brulotes para desviar a la Armada. Los barcos españoles cortaron las cuerdas de las anclas y huyeron, pero la formación perdió la cohesión.

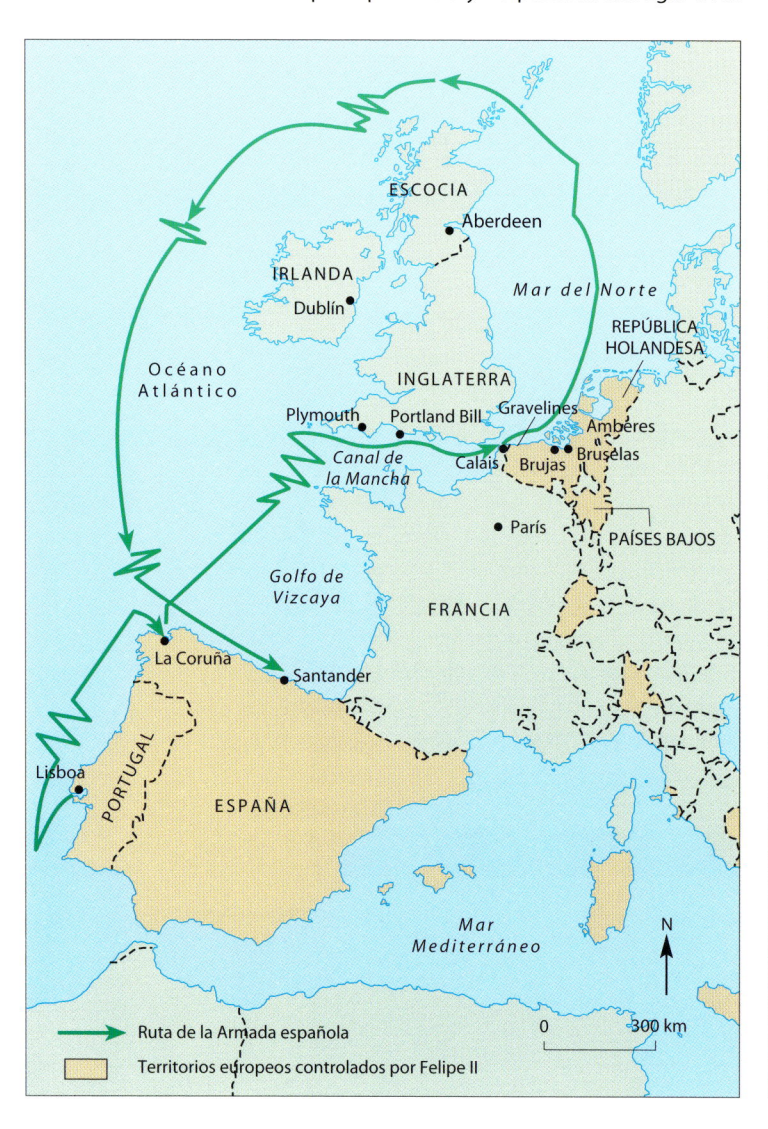

COMBATIENTES

Ingleses y holandeses

- *Ingleses* Fuerzas navales durante 1588: 23 buques de guerra reales mayores y 11 menores, 192 embarcaciones privadas, de las cuales alrededor de 30 serían grandes buques. Desplazamiento total aproximado: 20.000 toneladas de buques de guerra reales y 30.000 toneladas de barcos privados; alrededor de 16.000 hombres, de los cuales 1.500 eran soldados. *Holandeses* Más de 100 buques de guerra costeros.

- *Ingleses* Mandados por el almirante de Inglaterra Charles lord Howard de Effingham. *Holandeses* Mandados por Justin de Nassau.

- *Ingleses* Pérdidas mínimas en combate, aunque murieron varios miles de hombres debido a enfermedades y falta de provisiones. *Holandeses* Número desconocido de bajas.

Españoles

- Fuerzas a finales de mayo de 1588: 20 buques de guerra (galeones), 47 buques mercantes armados, cuatro galeazas (barcos de guerra con remos auxiliares), cuatro galeras, 21 buques de transporte y 31 embarcaciones pequeñas. Desplazamiento total aproximado: 50.000 toneladas; 8.000 marineros, 2.000 remeros y 19.000 soldados.

- Mandados por don Alonso Pérez de Guzmán el Bueno, duque de Medina Sidonia.

- Unos 9.000 soldados y posiblemente 5.000 marineros y remeros muertos, hechos prisioneros, desaparecidos en naufragios; al menos 35 barcos perdidos, dos capturados por los ingleses y dos más por los holandeses.

El 8 de agosto, en la batalla que tuvo lugar junto a Gravelines, la flota inglesa atacó con agresividad y de cerca, y el efecto de su artillería aumentó considerablemente. Medina Sidonia reorganizó su flota poco a poco, pero se perdieron cuatro barcos y varios más resultaron dañados. A primera hora del 9 de agosto, parecía que la Armada iba a encallar en los bancos de arena junto a Flandes, pero se salvó gracias a un cambio de viento. Los españoles no lo sabían, pero si el ejército de Parma hubiese conseguido pasar los bancos de arena, la desgastada pero no vencida Armada podría haber protegido su paso. La flota inglesa ya había gastado su munición y no podría volver a luchar durante varias semanas. Sin un puerto donde atracar, la Armada no tenía más opción que regresar a España.

Con los vientos dominantes y una flota inglesa aparentemente superior, los españoles consideraron que lo mejor era rodear las islas británicas. La flota se desperdigó gradualmente debido a las tormentas, y un total de 28 barcos se hundieron en el mar o en las costas escocesas e irlandesas mientras buscaban refugio para realizar reparaciones y buscar agua. Los primeros barcos llegaron a España el 21 de septiembre, aunque los rezagados siguieron llegando durante un mes. Probablemente, alrededor de la mitad de los hombres que habían partido de España no regresaron, debido principalmente a los naufragios y a las enfermedades. Los vencedores no salieron mucho mejor parados, ya que las enfermedades contagiosas y las bajas logísticas provocaron la muerte de miles de hombres.

Consecuencias

La campaña de la Armada no cambió la situación política y estratégica. El intento de Felipe de ganar todas las guerras con una ofensiva fracasó, y los ingleses continuaron teniendo el control del Canal y la libertad de atacar el comercio español. La culminación de Inglaterra como potencia marítima y naval llegó más tarde, después de un largo período de supremacía marítima holandesa. Felipe desvió el ejército de Parma a la guerra civil en Francia. Los holandeses ganaron mucho territorio y tiempo para desarrollar su ejército y su armada, mientras los franceses tomaron partido por su nuevo rey, Enrique IV, contra la intervención española. No obstante, España continuó siendo la nación europea más poderosa hasta mediados del siglo XVII.

En esta pintura, el artista une los dos acontecimientos más importantes del 8 de agosto. En el fondo, los brulotes ingleses realizan su ataque nocturno junto a Calais, mientras los barcos ingleses y españoles del primer plano luchan cerca de Gravelines, una batalla que duró todo el día.

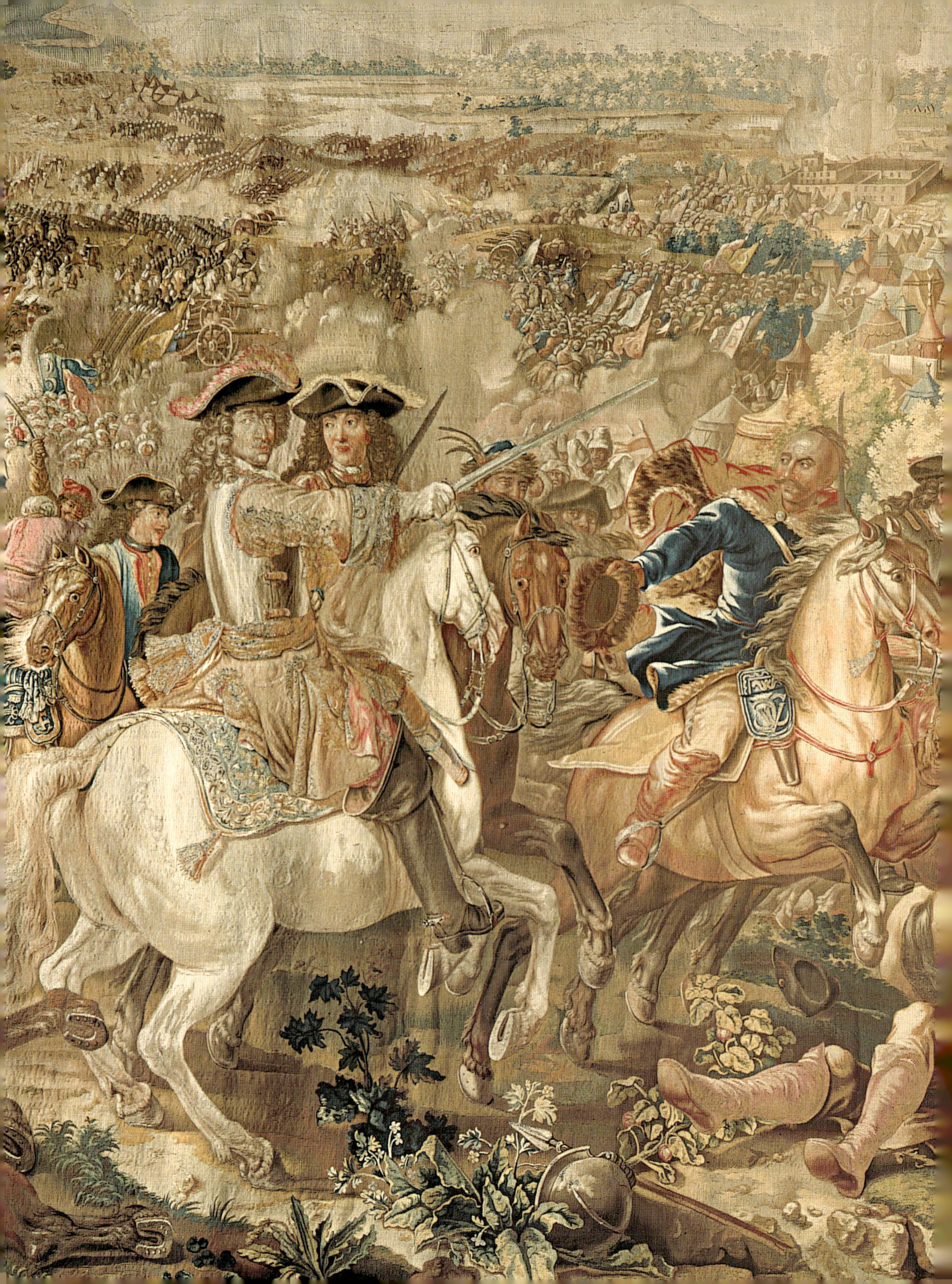

El siglo XVII

Como siempre, las batallas decisivas se libraron entre sistemas militares. Un perfecto ejemplo es Shanhaiguan (1644), la batalla que llevó a la captura de Beijing por parte de la dinastía Manchú y la primera conquista del país por fuerzas no chinas desde la invasión mongol del siglo XIII (Beijing fue saqueada por los mongoles en 1215). La derrota otomana a las afueras de Viena en 1683, por el contrario, marcó el fin del intento de imponerse en la Europa cristiana. Fue seguida por la conquista austríaca de gran parte de Hungría.

Dentro de los sistemas, se produjeron batallas que desempeñaron un papel decisivo en la unificación de estados y en el fin de conflictos civiles, como Sekigahara, en Japón (1600), y Naseby, en Inglaterra (1645). El siglo XVII también fue testigo de importantes batallas entre estados, como la de Breitenfeld en 1631 y Nördlingen en 1634. Breitenfeld encumbró a Gustavo Adolfo de Suecia como el general más importante de la guerra de los Treinta Años. La derrota del ejército imperial impulsó a varios príncipes protestantes alemanes a apoyar a Gustavo, mientras que el Sacro Emperador Romano, el Habsburgo Fernando II, habría establecido cierto control práctico en el imperio (si hubiese sido derrotado) que resultaría inatacable. La indecisión de la guerra quedó patente tres años más tarde, cuando los suecos fueron derrotados a las afueras de Nördlingen, aunque el tamaño desempeñó un papel decisivo (igual que en Breitenfeld). En ambos casos, el ejército menos numeroso salió derrotado.

El efecto global de estas batallas fue garantizar que ninguna potencia dominase la Europa cristiana. La competitiva emulación militar que provocó

La liberación de Viena, 1683. La Europa cristiana celebró la seguridad de su baluarte más destacado con un alivio considerable. El comandante otomano fue condenado a morir estrangulado.

Grabado de Matthaeus Merian el Joven que ilustra la batalla de Nördlingen. En la guerra de los Treinta Años, los combates fueron ganados en general por tropas experimentadas y motivadas cuyas disposiciones se habían establecido con claridad. La superioridad numérica también podía ser crucial.

esta «multipolaridad» tuvo como resultado un aumento de la efectividad total de las potencias europeas cristianas. Las victorias reflejaban la combinación de números, dotes de mando y calidad en la lucha. En Naseby, por ejemplo, la disciplinada caballería de la derecha parlamentaria al mando de Oliver Cromwell derrotó a la caballería monárquica que tenía en frente y después se dispuso a enfrentarse a la veterana, pero muy inferior en número, infantería monárquica del centro, que sucumbió a un ataque implacable.

El tamaño y la espectacularidad de la derrota de la China Ming no tienen comparación en el mundo europeo. La de Shanhaiguan fue una victoria para la caballería manchú sobre el estático sistema militar chino, pero la falta de unidad del enemigo también fue importante. Ésta provocó el debilitamiento de la resistencia y, en algunos casos, propició el avance de los manchú. Desde aproximadamente el año 1582, China había sufrido el gobierno de emperadores débiles, que consistía en un gobierno central cada vez más arbitrario, unos impuestos asfixiantes y problemas económicos en aumento.

Después de conquistar China, la dinastía Manchú se propuso vencer a la rebelión y, en la década de 1690, conquistar Mongolia y derrotar a los dzhungars de Xinjiang. El sistema manchú obtuvo un veredicto decisivo a pesar de la dificultad del terreno, de la distancia con respecto a las fuentes chinas de abastecimiento y de los largos meses de campaña. La combinación de dos aspectos muy importantes militarmente hablando, como son las fuerzas efectivas y los sistemas logísticos y de organización acertados convirtió al ejército manchú en el mejor del mundo.

Los mogoles, la segunda potencia terrestre después de China, se enfrentaron a graves contratiempos en India y otras regiones vecinas, sobre todo en zonas fronterizas donde el terreno no era adecuado para sus ejércitos (por ejemplo, Afganistán). En comparación, el impacto militar europeo en India apenas tuvo importancia, y lo mismo ocurrió en el sur y el este asiático y en África. No obstante, los europeos realizaron importantes incursiones allí donde los nativos eran menos: los ingleses y los franceses se infiltraron en Norteamérica, mientras que los rusos avanzaron a través de Siberia hacia el océano Pacífico. Los europeos también compitieron dentro de su mundo en expansión: las guerras angloholandesas de las décadas de 1650, 1660 y 1670 se libraron en distintas y diferentes territorios, como en África occidental, Norteamérica y el norte de Sudamérica, así como en aguas europeas.

Sekigahara

Fecha: 21 de octubre de 1600   Lugar: prefectura de Gifu, Japón

29

Las artes de la paz y las artes de la guerra son como las ruedas de un carro: si falta una, tendrá dificultades para mantenerse en pie.
Kuroda Nagamasa (samurái que luchó en el bando de Ieyasu en Sekigahara), *Notes on Regulations*, 1568-1623

Hasta finales del siglo XVI, el archipiélago japonés fue testigo de casi 250 años de rivalidad y conflictos internos. De esos años, más de un siglo estuvo ocupado por guerras más o menos intensas. Una elite guerrera tenía el poder. Los guerreros de éxito recibían bienes raíces que incluían el derecho a gobernar a grupos de campesinos dependientes. Este derecho de gobernar tierras y personas a cambio de un servicio militar dio lugar a una jerarquía social que los primeros europeos que visitaron Japón compararon con la Edad Media, y que les indujo a aplicar el término «feudalismo» en sus descripciones de esta aristocracia guerrera.

En realidad, la jerarquía de los terratenientes militares japoneses mostraba algunas similitudes sorprendentes con el orden social de los caballeros medievales occidentales, aunque se diferenciaban en un aspecto crucial. Si en el Occidente medieval los caballeros ocupaban el escalón superior de mando sometidos al emperador y a los diferentes reyes, la elite guerrera japonesa estableció y mantuvo su posición como subsistema social dentro de la estructura política más general liderada por el emperador, o *Tennô*. Éste continuó siendo considerado como el legitimador supremo del poder secular, y por tanto no formaba parte de la elite de guerreros. En consecuencia, las rivalidades y las campañas militares que enfrentaron a los guerreros nunca fueron por la «unidad» de Japón, ni siquiera en el siglo XIII (cuando existieron dos ramas rivales de la dinastía imperial, apoyadas por facciones guerreras también opuestas).

Las fuerzas rivales

No obstante, a lo largo del siglo XVI se produjo una transformación según la cual varios guerreros pa-

Armadura Tosei gusoku *de la época Momayama (finales del siglo XVI-principios del siglo XVII). Realizada en hierro, cuero, laca, seda, madera y hoja de plata. Esta armadura perteneció a Kuroda Nagamasa (1558-1623), daimyo o señor feudal de un territorio situado en la provincia de Chikuzen, y lo utilizó en la batalla de Sekigahara.*

125

saron a ocupar posiciones más poderosas y a disfrutar de un estatus social más alto que sus rivales. Como consecuencia de su poder y autoridad, se hicieron con el control de grandes zonas del archipiélago japonés.

A finales del siglo XVI, los más poderosos de estos aristócratas guerreros fueron Oda Nobunaga, Takeda Shingen, Uesugi Kenshin, Toyotomi Hideyoshi y Tokugawa Ieyasu. A partir de 1573, Oda controló gran parte del archipiélago, aunque en 1583 fue asesinado por un grupo de seguidores temerosos de que un solo hombre ostentase tanto poder. No obstante, Toyotomi Hideyoshi ocupó la posición de Oda y se convirtió en el gobernador de Japón (excepto la isla septentrional de Hokkaido), estableció su cuartel general en la vieja capital imperial de Kyoto y mandó construir el castillo de Osaka como su bastión militar. Cuando murió en 1598, dejó un hijo pequeño bajo la regencia de sus cinco vasallos más poderosos: Tokugawa Ieyasu, Maeda Toshiie, Uesugi Kagekatsu, Mori Terumoto y Ukita Hideie. Los regentes no tardaron en revivir sus rivalidades e intentar imponerse a los demás.

En el contexto de estas campañas, Ieyasu (cuyo bastión se encontraba en la zona de Nagoya, y a quien Hideyoshi envió a la llanura de Kanto, cerca de la actual Tokio) logró atraer al mayor número de seguidores y tuvo la suerte de sobrevivir a sus rivales. Después de la muerte prematura de Maeda Toshiie, en 1599, Ieyasu intentó convertirse en el único sucesor de Hideyoshi, para lo cual se trasladó al castillo de Osaka. Sin embargo, al año siguiente reubicó el núcleo de sus ejércitos en la zona de Kanto con el fin de rechazar un posible levantamiento de los hombres de Uesugi. La salida de Ieyasu de Osaka permitió a sus enemigos reunir un ejército de unos 128.000 hombres, principalmente del oeste de Japón (el «ejército occidental»), en un esfuerzo por controlar el poder imparable de Ieyasu. En octubre de 1600, esas fuerzas, lideradas por Ishida Mitsunari, se reunieron alrededor del paso de Sekigahara, en una zona montañosa al este de Kyoto que bloqueaba la carretera hacia el norte desde Nagoya. Las fuerzas de Mitsunari estaban decididas a lanzar un ataque sorpresa contra Ieyasu para evitar que regresara a Kyoto y Osaka. Sin embargo, Ieyasu se informó de los planes de sus rivales y se presentó bien preparado.

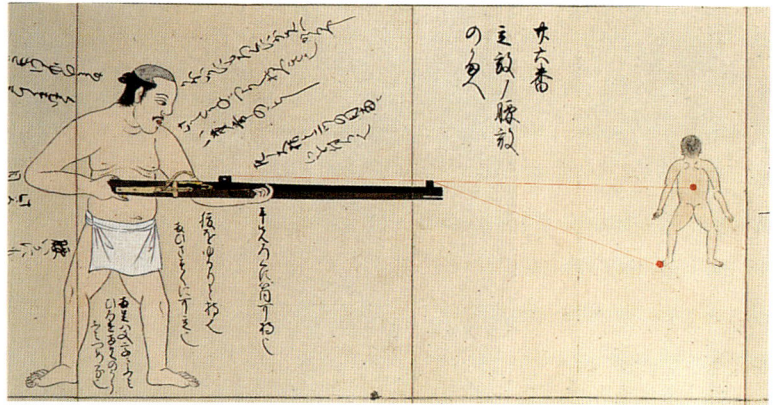

Preludio de la batalla

El «ejército oriental» de Ieyasu, de aproximadamente 75.000 hombres, encontró al enemigo muy ordenado. Además, el comandante sabía de Kobayakawa Hideaki, uno de los hombres de Mitsunari, estaba decidido a traicionar a su señor durante la batalla. Los ejércitos japoneses del siglo XVI estaban compuestos por pequeños grupos de guerreros con algún parentesco, con conexiones locales o dependientes

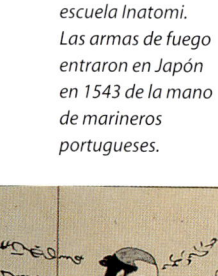

Manual de disparo creado por la escuela Inatomi. Las armas de fuego entraron en Japón en 1543 de la mano de marineros portugueses.

de un señor. Aunque estos grupos se integraban en formaciones tácticas bajo una estructura de mando global, siempre intentaban luchar de forma autónoma. Por lo general, los grupos se separaban de sus camaradas por el terreno (superando montañas, ríos o edificios que complicaban la coordinación de la acción de batalla). Además, el despliegue de arqueros a caballo permitía movimientos rápidos en el campo de batalla que no siempre respondían estrictamente a las órdenes de los mandos. Las armas de fuego portátiles utilizadas por la infantería añadieron un elemento estático a la batalla, ya que la tecnología del siglo XVI sólo permitía recargar dichas armas siguiendo un proceso largo (durante el cual sus portadores quedaban indefensos, por lo que necesitaban protección por parte de otros soldados o de líneas de defensa). Por tanto, las armas portátiles resultaron insignificantes y las tácticas siguieron estando dominadas por piezas como el arco, útil durante las acciones de guerra rápidas y autónomas. Así, la batalla de Sekigahara evolucionó como una secuencia de combates entre pequeños grupos de guerreros.

La batalla propiamente dicha

Las fuerzas de Ieyasu lanzaron un ataque a primera hora del 21 de octubre de 1600. Se desencadenó así un enfrentamiento que duró hasta mediodía y sin una ventaja clara para ninguna de las partes. Las unidades de Hideaki no participaron hasta que Ieyasu empleó fusiles, y casi como si se tratara de una señal, Hideaki dio orden de atacar a las fuerzas de Mitsunari. Este acto de traición resultó decisivo y obligó a Mitsunari a huir del campo de batalla mientras el resto de sus tropas se rendían. Ieyasu perdió alrededor de 6.000 hombres; por parte del ejército occidental, en torno a 9.000 hombres murieron luchando. Diez días más tarde, Ieyasu entró en Osaka como regente en nombre del hijo de Hideyoshi y verdadero jefe de Japón. Mitsunari fue capturado y decapitado.

Repercusiones

Ieyasu no se quedó en Osaka, sino que regresó a la llanura de Kanto, donde se estableció en un puerto de mar convenientemente situado en el extremo de

Detalle de La batalla de Sekigahara, *atribuido a Tosa Mitsuyoshi (época Edo, no más tarde de 1611-1612). Este par de paneles desplegables en ocho se realizó con tinta, color y pan de oro sobre papel.*

una bahía del océano Pacífico que penetraba en la isla principal del archipiélago. Este lugar contaba con una pequeña fortaleza y se utilizó como puerto pesquero bajo el nombre de Edo (la actual Tokio). Los caracteres chinos empleados para escribir «Edo» pueden traducirse como «puerta de agua», un nombre adecuado para un lugar donde varios ríos se encuentran en el océano. No obstante, no está claro si el nombre tenía ese significado antes de que se eligiesen los caracteres chinos para representarlo en la escritura. Ieyasu eligió Edo como la sede de su gobierno cuando el *Tennô* de Kyoto acordó nombrar sogún al guerrero (1603), el rango militar más alto. Como poseedor de ese puesto, Ieyasu podía actuar como el gobernante del país por la autoridad del *Tennô*, aunque la familia de Toyotomi Hideyoshi siguió afirmando que el hijo de Hideyoshi era por derecho el jefe de Japón. El conflicto entre Ieyasu y el clan Toyotomi continuó durante más de diez años, hasta que Ieyasu provocó la batalla de Osaka (1615), donde derrotó a Toyotomi y a sus seguidores. Ieyasu murió al año siguiente. Por entonces ya había traspasado el cargo de sogún a su hijo Hidetada (en 1605), y sus descendientes lo conservaron hasta 1867.

Tokugawa Ieyasu completó el plan de Hideyoshi para la creación de un gobierno militar central bajo la soberanía nominal del *Tennô*, pero también intentó crear su propio centro de gobierno a cierta distancia de la corte, situada en Kyoto. Los delegados de Ieyasu en las provincias estaban obligados a invertir un poco de tiempo y mucho dinero en el centro de Edo, donde tenían que dejar a los rehenes. A través de este sistema, el clan Tokugawa conservó el control incluso en zonas remotas del archipiélago y mantuvo la paz durante 200 años a partir de mediados del siglo XVII.

Ieyasu también siguió el ejemplo de Hideyoshi al intentar desmilitarizar la elite guerrera y desarmar a los guerreros de rango más bajo. A los soldados de elite no les privó de su derecho de seguir llevando espada, pero los decretos promulgados por Hideyoshi sobre la «caza de espadas» se extendieron también a las armas de fuego, que siguieron en uso únicamente para el ejercicio de la caza. Los Tokugawa también ejercieron un estricto control sobre las fortalezas. La única que permitieron construir nueva fue el castillo de Himeji, sede del gobierno Tokugawa para las zonas situadas al oeste de Osaka. En un decreto promulgado en 1615, Ieyasu solicitó que los guerreros de elite se dedicasen a actividades no militares mientras seguían practicando artes marciales con o sin armas.

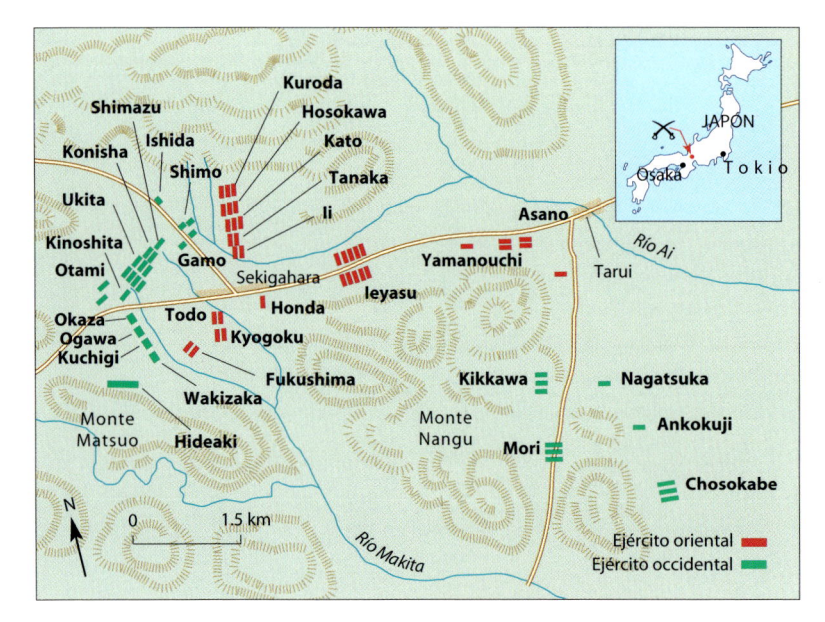

Tokugawa Ieyasu, comandante del ejército oriental, avanzó hacia el oeste a través del valle de Sekigahara. El día de la batalla, en torno al mediodía, Hideaki, Wakizaka y Kikkawa guiaron a los renegados que traicionaron a Mitsunari con el fin de garantizar la derrota del ejército occidental y la victoria de Ieyasu.

COMBATIENTES

Ejército oriental

- 75.000 hombres, aproximadamente.
- Mandados por Tokugawa Ieyasu con la ayuda de Kobayakawa Hideaki.
- Unos 6.000 muertos.

Ejército occidental

- 128.000 hombres, aproximadamente.
- Mandados por Ishida Mitsunari.
- Unos 9.000 muertos.

Breitenfeld

Fecha: 17 de septiembre de 1631   Lugar: norte de Leipzig, Alemania

30

*Breitenfeld no fue lo que llamamos una «victoria» decisiva,
ya que no decidió la guerra. Pero fue una gran victoria, un hito.*
WILLIAM P. GUTHRIE, *BATTLES OF THE THIRTY YEARS WAR*, 2002

La guerra de los Treinta Años (1618-1648) fue en esencia una lucha por la correcta interpretación de la constitución política y religiosa del Sacro Imperio Romano. La dinastía Habsburgo gobernaba simultáneamente el Imperio y una monarquía, Austria, que incluía Hungría. Las disputas de finales del siglo XVI animaron al imperio y a la monarquía a buscar una mayor autonomía política y religiosa. Enfrentado a rebeliones en ambos ámbitos a finales del siglo XVI, el emperador Fernando II intentó reafirmar su autoridad. Y para ello impulsó una violenta reacción que comenzó en Bohemia y se extendió a Alemania después de 1618.

Antecedentes del conflicto

Fernando estaba decidido a imponer su interpretación de la constitución imperial que otorgaba una tolerancia limitada hacia los luteranos, pero no a los calvinistas. El emperador no tenía ningún deseo de enfrascarse en la prolongada lucha de sus parientes españoles contra los rebeldes holandeses protestantes, y era reacio a aceptar la ayuda militar de España. Así, pasó a depender de la Sajonia luterana y de la Bavaria católica. Ésta recibió permiso, en 1619, para recomponer la Liga Católica, una organización que los Habsburgo habían suprimido por considerarla demasiado sectaria, pero que ahora proporcionaba una ayuda inestimable para acabar con los oponentes de Fernando. La intervención danesa amplió la guerra en 1625, lo que animó a Fernando a reclutar su propio ejército al mando de Albrecht Wenzel von Wallenstein (1583-1634), un enigmático noble de Bohemia.

Temerosa del inmenso poder que estaba acumulando el emperador, la Liga se alió con otros príncipes para forzar la destitución de Wallenstein. Los dos ejércitos permanecieron separados, pero el mando de ambos pasó al general de la Liga, Jean Tzerclaes, conde de Tilly (1559-1632).

Tilly era un soldado experimentado y respetado, pero también era un herido de guerra y no estaba precisamente en la flor de la vida. Además, sus hombres se sintieron desmoralizados por la destitución de Wallenstein y por la reducción de sus efectivos. En este punto, el rey Gustavo Adolfo de Suecia intervino con el fin de mantener su propio imperio báltico. Evadió con destreza la superioridad de fuerzas de Tilly al tiempo que consiguió el apoyo de los príncipes alemanes protestantes. Con la llegada del elector Johann Georg de Sajonia, el rey Gustavo Adolfo sintió que contaba con las fuerzas suficientes para entrar en batalla en el norte de Leipzig.

Jean-Jacques Walter, Gustavo Adolfo en la batalla de Breintenfeld *(h. 1632). En el fondo se muestra el ataque de la caballería sueca.*

129

Los dos ejércitos

No existe acuerdo sobre la decisión de Tilly de luchar contra el ejército sueco-sajón, mucho más numeroso. Muchos la atribuyen al conde de Pappenheim, un impetuoso general de caballería que consideraba que Tilly se encontraba en estado senil. Al parecer, el conde guió a la vanguardia imperial a un punto tan próximo al ejército sueco que Tilly se vio obligado a acudir en su rescate. Tilly era partidario de luchar, ya que buscaba el enfrentamiento desde el verano. Sabía que la mayoría de los sajones eran levas sin curtir que confiaban en sus veteranos para derrotar al enemigo.

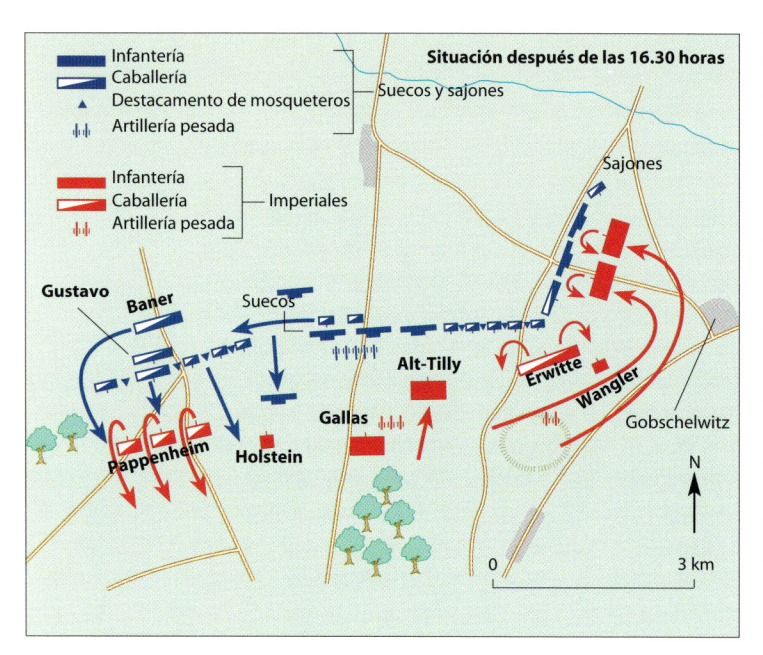

Tilly se desplegó al norte de la población de Breitenbach, en terreno abierto y ligeramente descendente hacia el río Loderbach. El centro constaba de 18.700 soldados a pie, imperiales y de la Liga, agrupados en cuatro brigadas de tres tercios o grandes regimientos de infantería con dos baterías al frente. La brigada de la derecha ocupaba el monte Galgenberg, el único punto elevado del campo de batalla. El ala derecha estaba mandada por el conde Fürstenberg, que disponía de los mejores regimientos de caballería con un total de 3.150 soldados (apoyados por el conde Isolano con 950 soldados croatas de caballería ligera, además de los 1.200 hombres del regimiento de infantería de Wangler).

La izquierda, al mando de Pappenheim, se componía de 3.800 soldados de caballería pesada, además de los 1.500 soldados que formaban el regimiento de infantería de Holstein. Cinco regimientos de caballería poco entusiastas, un total de 2.000 soldados desanimados, quedaron en reserva al mando del coronel Erwitte. No se conocen las intenciones exactas de Tilly, pero el grueso de sus mejores tropas en la derecha sugiere que intentaba aplastar primero a los sajones y después seguir con los suecos.

Los sajones se desplegaron por separado al mando nominal de su elector (aunque en la práctica estaban liderados por el general Arnim). Sus diez batallones, con aproximadamente 12.100 soldados de infantería, se desplegaron de forma muy similar a la infantería imperial, en formaciones relativamente grandes. Iban flanqueados por dos grupos de seis escuadrones, con un total de 5.200 soldados de caballería, y contaban con una batería de 12 cañones para el frente.

Los suecos se desplegaron en formaciones no tan numerosas a fin de maximizar la potencia de fuego. Sus siete brigadas de infantería sumaban un total de 11.930 hombres, y cada una estaba subdividida en tres batallones que se desplegaron con un batallón al frente y dos por detrás como refuerzo. Cuatro brigadas formaron la primera línea, con otros 1.010 mos-

Superior izquierda *La derecha imperial venció a los sajones, pero los suecos se mantuvieron firmes.*

Izquierda *El ejército imperial se vino abajo cuando comenzó el contraataque sueco.*

queteros y 500 soldados de caballería inmediatamente detrás. Las otras tres brigadas ocuparon la segunda línea, con sólo 700 soldados de caballería como apoyo.

Dos alas de caballería permanecieron a cada lado de este centro de infantería, cada una con su primera línea entremezclada con destacamentos de mosqueteros (cuyo fin era brindar un apoyo de armas de fuego a las pistolas de los soldados de caballería). Se suponía que toda la línea dispararía de forma simultánea cuando la caballería enemiga estuviese a la distancia de tiro. Los caballos suecos atacarían en ese momento. Muchos estudiosos mantienen que esta táctica era superior a la de caracoleo de la caballería imperial (una unidad se acerca al enemigo y después cada fila dispara y regresa a la retaguardia para recargar). Aunque copiado por otros ejércitos en la década de 1650, el sistema sueco no fue un éxito total.

El conde Gustav Horn mandó la izquierda, con 1.250 soldados de caballería y 940 mosqueteros en primera línea y 1.050 caballeros más en la segunda. Un destacamento de 460 dragones apoyaba la retaguardia. La derecha estaba al mando del general Johann Baner, aunque en la práctica fue Gustavo Adolfo quien estuvo directamente al mando durante casi todo el día. El rey pretendía realizar aquí su principal ataque, y para ello agrupó a sus hombres (2.450 caballos suecos y finlandeses) en primera línea, apoyados por 860 mosqueteros. Otros 950 soldados de caballería componían la segunda línea.

La batalla

Los suecos y los sajones avanzaron desde Düben a primera hora del 17 de septiembre, forzando el cruce del Loderbach después de una lucha con la caballería croata que había incendiado el pueblo de Podelwitz cuando se retiraba para unirse a Tilly. La artillería de éste abrió fuego a mediodía, cuando los aliados se pusieron a tiro, pero los suecos y los sajones se acercaron a 600 metros antes de devolver el fuego. El intercambio de disparos de cañón se prolongó durante dos horas, tiempo en el que los imperiales perdieron el doble de hombres. Algunos historiadores afirman que eso puso en marcha a la caballería imperial; otros sugieren que fue Tilly quien ordenó el ataque. En cualquier caso, tanto Fürstenberg como Pappenheim avanzaron poco después de las 14.00 horas. Pappenheim se encontró con un gran ataque del ala izquierda sueca y se replegó para unirse a la infantería de Holstein, que acudía en su ayuda. No obstante, la carga sueca no logró romper la línea de la caballería imperial que lanzó otros seis ataques durante las dos horas siguientes.

Fürstenberg tuvo más suerte. La caballería sajona presentó poca resistencia, ya que los 1.500 soldados de leva que formaban el grupo derecho huyeron antes del enfrentamiento. De este modo quedó expuesto el flanco de la infantería que fue arrollado por los coraceros imperiales (que entonces atacaron al otro grupo de caballería sajona, a la izquierda). La mayoría de los sajones huyeron, pero alrededor de 1.000 soldados de caballería de Arnim se quedaron y se unieron a los suecos, mientras que algunos de infantería resistieron algún tiempo más.

Fürstenberg fue incapaz de aprovechar su éxito. Algunos de sus hombres salieron en persecución de los sajones; otros se perdieron entre las inmensas nubes de polvo que se levantaban a cada movimiento en la llanura reseca. El ataque también dejó atrás a la infantería imperial que salió alrede-

> **COMBATIENTES**
>
> **Suecos y sajones**
> - 22.800 suecos con 54 cañones; 17.300 sajones con 12 cañones.
> - Suecos: comandante en jefe, rey Gustavo Adolfo; conde Gustav Horn y general Johann Baner. Sajones: teniente general Georg von Arnim, bajo el mando general del elector Johann Georg I.
> - Bajas: 3.000 suecos y 2.100 sajones.
>
> **Imperiales**
> - 31.300 hombres con 26 cañones.
> - Comandante en jefe: Jean Tzerclaes, conde de Tilly; conde Pappenheim, conde Fürstenberg, conde Isolano y coronel Erwitte.
> - 7.600 muertos, 6.000 capturados, 3.000 más apresados durante la huida del campo de batalla; todos los cañones capturados.

Armadura holandesa de coracero, de aproximadamente 1630. Sólo los soldados mejor vestidos llevarían una protección como esta.

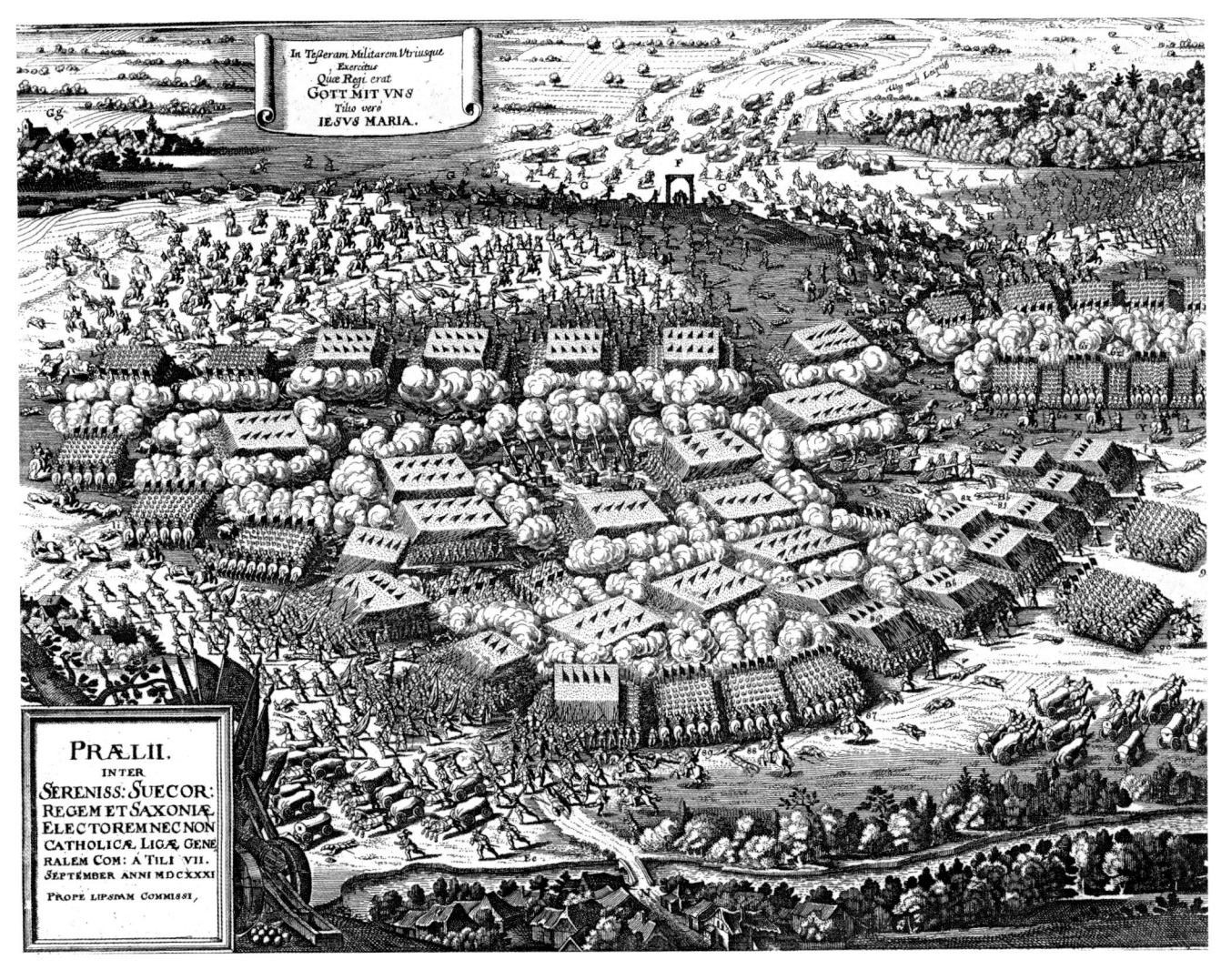

Grabado en cobre con la imagen de Breitenfeld realizado por Matthaeus Merian (de su Theatrum Europaeum, *1637). Obsérvese a los fugitivos que se separan de las apretadas formaciones y las nubes de humo de las armas y de polvo.*

dor de las 14.30 horas formando un arco a la derecha con la intención de golpear a los suecos por el flanco. Las brigadas de Goess y de Pappenheim, junto con la reserva de caballería de Erwitte, marcharon en círculo para atacar desde el este, mientras que la brigada Alt-Tilly se aproximó desde el sur.

Horn tuvo tiempo para improvisar una nueva línea a lo largo de la carretera Leipzig-Düben desplazando la segunda línea de infantería desde el centro. Las unidades imperiales llegaron de forma escalonada y realizaron una serie de ataques descoordinados que terminaron con grandes pérdidas por su parte. Mientras tanto, los imperiales se habían dispersado hasta el punto de abrir grandes huecos en su centro. Tanto Horn como Gustavo contraatacaron poco después de las 16.00 horas. Derrotaron a la caballería de Pappenheim y de Erwitte. La infantería imperial intentó abandonar el campo de batalla, pero muchas unidades vieron cómo se les cerraba el paso. Pappenheim volvió a formar a 1.400 soldados de caballería de su ala para cubrir la retirada.

Repercusiones

El ejército de la Liga fue derrotado y su organización política se desintegró cuatro años más tarde. Tilly murió poco después; Wallenstein fue convocado para recomponer el ejército imperial. En Breintenfeld nació la fama militar de Gustavo Adolfo, aunque la suerte desempeñó un papel considerable en su victoria. Las tácticas suecas resultaron superiores. Gustavo derrotó a Wallenstein en Lützen en noviembre de 1632, pero pagó con su propia vida. Fue el momento álgido de la influencia sueca en el imperio. Suecia conservó el territorio del norte de Alemania hasta 1815.

Nördlingen

Fecha: 6 de septiembre de 1634   **Lugar: Baviera, sur de Alemania**

31

La mayor victoria de nuestro tiempo.
Gaspar de Guzmán, conde-duque de Olivares, 1634

Nördlingen contrasta vivamente con Breitenfeld (*véase* pág. 129) como victoria imperial aplastante que acabó con las esperanzas de Suecia de terminar la guerra de los Treinta Años según sus condiciones. Después de la muerte de Gustavo Adolfo, el canciller Oxenstierna buscó un modo seguro de librar a Suecia de la guerra sin perder los logros territoriales en la costa norte alemana. Reorganizó a los aliados alemanes protestantes en la Liga de Heilbronn con un ejército al mando del duque Bernhard de Weimar (1604-1639) para ayudar a los suecos liderados por el conde Gustav Horn (1592-1657). Sajonia se negó a cooperar, lo que debilitó a la Liga. Por su parte, Oxenstierna destinó a la mayoría de los veteranos suecos a proteger la costa báltica. La animosidad personal entre Weimar y Horn reflejaba la creciente separación entre los suecos y sus aliados. Por el contrario, España desvió sus refuerzos de guerra holandeses al sur de Alemania para ayudar al principal ejército imperial y de la Liga al mando del hijo del emperador, Fernando, rey de Hungría, con la ayuda del general y conde Matteo Gallas.

Los planes de Suecia

Animados por las noticias de la presencia de los españoles, los imperiales sitiaron Nördlingen, en Suabia. Si la ciudad no se salvaba, la Liga de Hellbronn probablemente fracasaría. Weimar tenía intención de atacar a los sitiadores, pero Horn, más cauteloso, prefirió esperar a la llegada de los refuerzos. Weimar acusó a su colega de cobarde y convenció a los otros oficiales de llevar a cabo su plan.

Weimar y Horn se situaron al noroeste de Nördlingen, mientras que los imperiales acamparon al sudeste de la ciudad, al otro lado del río Eger. Como si fuese demasiado peligroso forzar un cruce directo del río, los aliados partieron al amanecer del día 5 de septiembre hacia el oeste, siguiendo la carretera de Böpfingen, para cruzar el río más arriba. A continuación, avanzaron hacia el sur para reunirse con parte de los refuerzos en Neresheim, alrededor de las 11.30 horas. Tras dejar su intendencia vigilada por 2.700 milicianos de Württemberg, marcharon de nuevo hacia el este, en dirección a Nördlingen. Esperaban tomar el monte de Arnsberg, por detrás del ejército imperial, y así obligar al rey Fernando a renunciar al asedio.

Por desgracia, apenas conocían el terreno. Llegaron a la meseta de Arnsberg a media mañana, pero descubrieron que entre ellos y las filas imperiales todavía se interponían el valle de Rezen y una línea de montañas: de noroeste a sudeste en dos grupos (Himmelreich, Ländle y Lachberg separadas del Heselberg y Allbuch), además de una segunda línea hacia el norte, en dirección a Nördlingen y el punto donde se encontraba el campamento imperial (Schönfeld, Adlerberg, Staffelberg y el Galgenberg). Las dos líneas de montañas cruzaban el Eger, con el que formaban un triángulo que encerraba una llanura relativamente abierta conocida como Herkheimerfeld.

El 5 de septiembre comienza la acción

Los 12.000 imperiales acamparon al este de Nördlingen, junto con los 6.000 bávaros al mando del duque Carlos IV de Lorena. El día anterior se les habían unido 15.000 españoles mandados por el príncipe Fernando, hermano menor del rey Felipe IV de España. Como a su primo, el rey Fernando, le acompañaba un consejero experimentado: el marqués de Leganés.

Weimar aceleró el paso y dejó a su artillería obstruyendo la única carretera sobre el Arnsberg, lo que impidió el avance de Horn. Alrededor de las 15.00 horas, los hombres de Weimar se toparon con los dragones españoles y la caballería ligera croata aposta-

La victoria de Nördlingen, de Cornelius Schut, 1635. Esta típica pintura del barroco temprano muestra al joven Fernando triunfante gracias a la ayuda divina.

Esta pintura de la época de Pieter Meulener transmite la confusa forma de luchar típica de las batallas del siglo XVII.

dos desde el Himmelreich hasta el Allbuch. Después de despejar el terreno hasta el Lachberg, tuvieron que detenerse ante la llegada de otros 500 mosqueteros españoles. Horn llegó finalmente en torno a las 22.00 horas, luchó otras dos horas más para despejar el Heselberg y decidió dejar el Allbuch hasta la mañana siguiente.

Por la noche, Horn se desplegó en cuatro líneas entre el Heselberg y el Rezen, con dos brigadas de infantería y tres escuadrones en primera línea. Detrás se colocaron siete escuadrones, tres brigadas de infantería en la tercera línea y ocho escuadrones más en la cuarta. Horn pretendía tomar el Allbuch al amanecer y utilizar su caballería para aprovechar el éxito. Weimar se desplegó en la línea de montañas desde el Ländle hasta el Heselberg para cubrirle. Dispuso sus tres brigadas de infantería en el Heselberg y una batería de 20 cañones pesados en el Lachberg. Sus 21 escuadrones se dividieron en tres grupos, uno detrás de la infantería y dos detrás de los cañones. El coronel Taupadel y 1.000 dragones cubrieron el flanco izquierdo. Los imperiales adivinaron las intenciones de sus oponentes y decidieron apostar un batallón para defender el Allbuch; el resto de soldados se situaron en la cadena montañosa que discurre al norte hacia la ciudad de Nördlingen en previsión de que a Weimar se le ocurriese lanzarse a liberar la ciudad.

La batalla principal

Las cosas para los suecos fueron mal desde el principio. La caballería de Horn atacó al frente de su infantería por error y se involucró en un refriega en el valle de Rezen, dejando a la infantería que tomase la montaña sin apoyo. En el primer asalto capturó a uno de los atrincheramientos, pero Horn quedó desorientado por la explosión de un vagón de pólvora y retrocedió de la mano del regimiento de Idiáquez.

Horn lanzó tres ataques más, pero a las 07.30 horas ya estaba claro que no iba a poder tomar la montaña solo. Weimar llevaba desde las 05.00 horas disparando a la posición imperial principal, mientras los dragones de Taupadel se enfrentaron a los croatas en la llanura. Weimar decidió atacar con la esperanza de aliviar la presión sobre Horn desviando la atención de los imperialistas. Ordenó salir a 2.000 soldados de caballería a la llanura. Por su parte, el general Thurn atacó el Allbuch con dos de sus brigadas de infantería.

Estos movimientos supusieron una división del ejército de Weimar que resultó fatal. Thurn fue hostigado por la caballería española, y los jinetes que envió Horn para ayudar fueron derrotados a su vez por los bávaros de Lorena. Menos de la mitad de la infantería de Thurn escapó al Heselberg y, para entonces, Weimar estaba perdiendo la lucha en la llanura. Hacia las 10.00 horas ya no disponía de caballería; a

NÖRDLINGEN 31

COMBATIENTES

Suecos y Liga de Heilbronn

- 13.300 soldados de infantería, 10.150 de caballería y 68 cañones.
- Suecos: mandados por el conde Gustav Horn; Liga de Heilbronn: liderada por el duque Bernhard von Weimar.
- 8.000 muertos y 4.000 prisioneros junto con todos los cañones y la intendencia.

Imperialistas

- 20.000 soldados de infantería, 13.000 de caballería y 64 cañones.
- Ejército imperial: mandado por el conde Matteo Gallas (bajo el comando general del rey Fernando de Hungría); españoles: liderados por Diego Felipe de Ávila de Guzmán, marqués de Leganés (bajo el mando general del príncipe Fernando, cardenal-arzobispo de Toledo).
- 1.500 muertos y 2.000 heridos.

Gallas le quedaba una reserva. Horn renunció a sus asaltos infructuosos y regresó al valle de Rezen con la intención de vadear en Ederheim cubierto por los hombres de Weimar que quedaban en el Heselberg y Lachberg. Sin embargo, las tropas de Gallas inclinaron la balanza: derrotaron a la caballería sueca y se unieron a los bávaros y los españoles para expulsar al resto de la infantería de Weimar de las montañas. Sólo la brigada principal de Horn logró cruzar antes de que los bávaros tomasen Ederheim. Su retaguardia consiguió huir río abajo, pero el centro fue capturado. Mientras tanto, los croatas llegaron a Neresheim, donde masacraron a los hombres de Württemberg que custodiaban la intendencia.

Consecuencias

Junto con la de la Montaña Blanca (1620), Nördlingen fue la mayor victoria imperial de la guerra. El emperador impuso la paz de Praga (1635) como su solución al conflicto, pero la intervención francesa y la resistencia sueca terminaron por frustrarla y obligaron a su sucesor a aceptar un acuerdo menos favorable en Westfalia en 1648.

Superior derecha *Los primeros ataques suecos se produjeron a primera hora de la mañana.*

Derecha *El ejército imperial-español protagonizó la carga decisiva.*

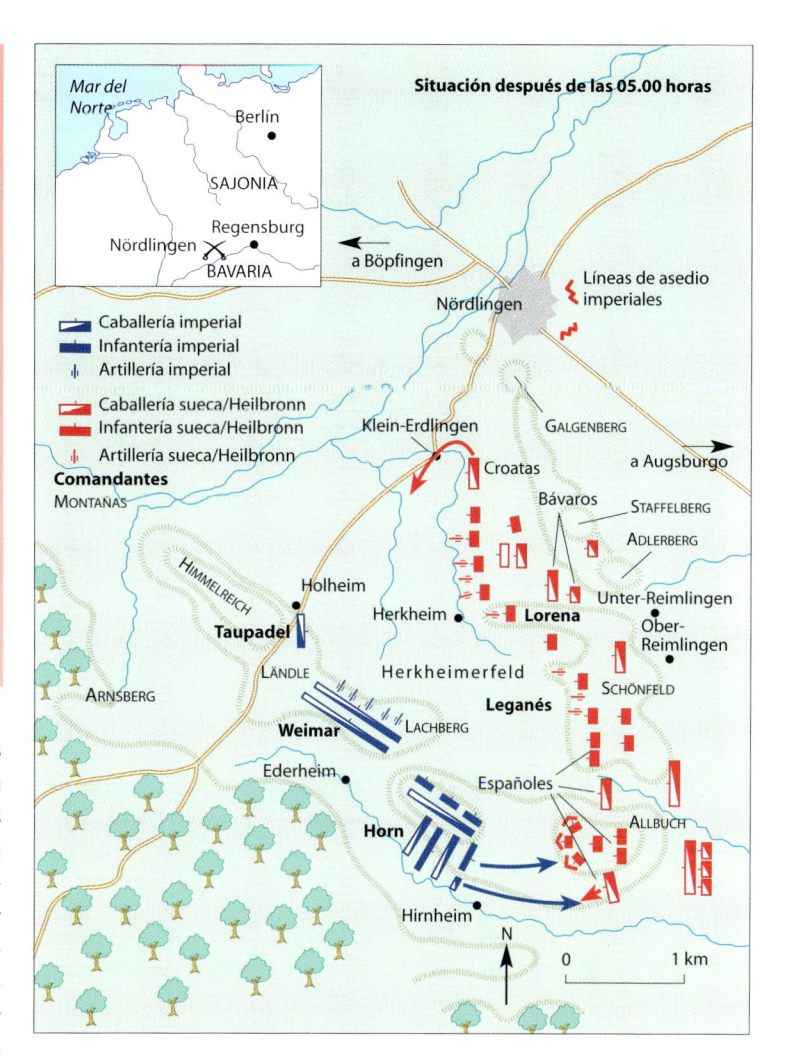

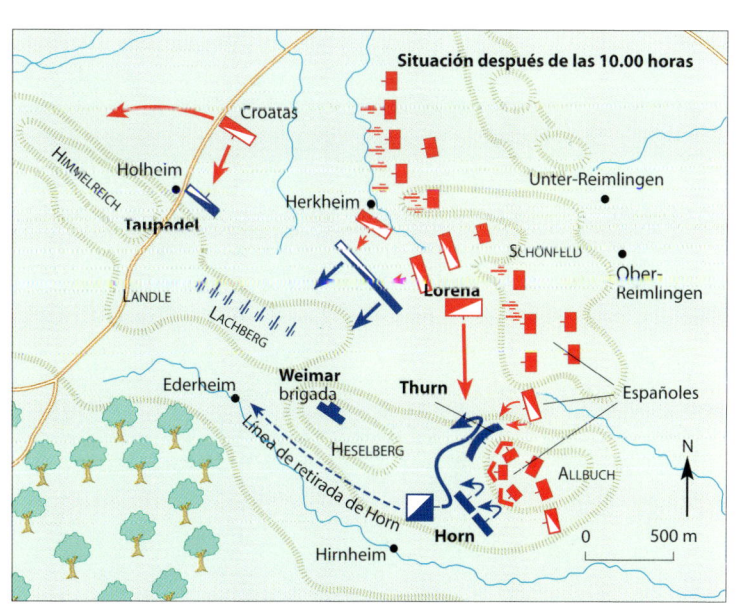

135

32 Shanhaiguan

Fecha: 27 de mayo de 1644   Lugar: provincia de Hebei, nordeste de China

> *Mi corte deseaba reforzar las defensas de la frontera oriental y apuntalar la capital, y me ordenó renunciar a Ningyan y defender Shanhaiguan. Los bandidos se rebelaron de pronto contra el Cielo y derribaron al emperador. Por desgracia para éste, la gente de la capital no permaneció leal y un grupo de traidores abrió las puertas y dio la bienvenida a los ladrones.*
> CARTA DE WU SANGUI AL EMPERADOR QUING (DINASTÍA MANCHÚ), 20 DE MAYO DE 1644

A mediados del siglo XVII, la dinastía Ming sufrió rebeliones internas e incursiones por parte del pueblo manchú (al nordeste), cada vez más poderoso. Aunque la China Ming era un imperio enorme y próspero, su gobierno corrupto y anquilosado ya no podía mantener un ejército eficaz o reaccionar a las crisis. Cuando los rebeldes tomaron la capital, Beijing, el gobierno central se vino abajo y el emperador se suicidó. Atrapado entre los rebeldes y los manchúes, Wu Sangui (el general al frente del ejército Ming que defendió Beijing desde el nordeste) se alió con éstos y aplastó a los rebeldes en Shanhaiguan. Supuso la venganza para el emperador Ming, pero también abrió la puerta a la conquista de China por parte de los manchúes.

Contexto

Las frecuentes hambrunas en las décadas de 1630 y 1640 fomentaron las rebeliones de campesinos, exacerbadas por la débil respuesta del gobierno. En 1641, un ejército rebelde liderado por Li Zicheng había crecido lo suficiente para capturar Luoyang, una importante ciudad amurallada, y Kaifeng al año siguiente. No obstante, muchos de los mejores generales del ejército Ming no pudieron ser reasignados desde la frontera del norte, donde se enfrentaron a la creciente amenaza Manchú. El inepto emperador Chongzhen y su dividida corte no tomaron una decisión, de manera que cuando Li Zicheng tomó Beijing (el 25 de abril de 1644) y el emperador abandonado se suicidó, generales como Wu Sangui se quedaron desamparados en la frontera, tanto desde el punto de vista militar como del político. En un primer momento, en lugar de unirse a los manchúes, Wu decidió aceptar la oferta de Li.

Cuando se dirigía a rendirse ante Li, Wu recibió la noticia de que los rebeldes habían matado a toda su familia. Regresó a Shanhaiguan y repelió dos ataques rebeldes en su posición el 5 y el 10 de mayo. Wu intentó abrir negociaciones con Li sobre la disposición del heredero forzoso Ming, pero Li ya había dejado Beijing y se dirigía a Shanhaiguan con sus 60.000 veteranos.

La posición de Wu Sangui era crítica. Estaba a punto de enfrentarse a un ejército igual o superior al suyo, sin esperanzas de recibir ayuda Ming, y sin una ruta de retirada. No tenía más elección que recurrir a los manchúes, a quienes ya habían servido su tío y varios primos. Los propios manchúes habían decidido cambiar su política y habían llegado a la conclusión de que era el momento de pasar de las incursiones en territorio Ming a la conquista a largo plazo. Así, decidieron utilizar la excusa de aplastar a los rebeldes que habían derrocado al emperador Ming para lanzar una gran invasión. El ejército manchú comenzó su marcha hacia el sur el 14 de marzo, casi una semana antes de la llegada de los mensajeros de Wu Sangui. La petición de ayuda de Wu y las noticias de que el emperador Chongzhen había muerto reforzaron la afirmación de los manchúes de que su objetivo era justo y cambiaron su ruta para pasar por Shanhaiguan.

La batalla

Wu Sangui dejó una fuerza numerosa para guarnecer Shanhaiguan y desplegó su ejército principal cerca del

Espada china (dao), posiblemente de entre 1572 y 1620.

136

Nurhaci, el primer líder manchú, lidera a sus hombres en el asalto a una ciudad china. Ilustración de «Manju i yargiyan kooli» (documentos manchúes), de Men Yingzhao, Beijing, 1781.

río Sha, pocos kilómetros al oeste de la ciudad. Las tropas de Li Zicheng se enfrentaron con las suyas en una línea amplia y profunda. Cuando comenzó la batalla, a primera hora del 27 de mayo, el ejército manchú acababa de llegar a las puertas de Shanhaiguan. Wu Sangui se rindió formalmente a Dorgon, el regente manchú, mientras que sus tropas cargaron en repetidas ocasiones contra las líneas rebeldes. Las fuerzas de Wu soportaron numerosas bajas sin romper las líneas rebeldes, y habrían sufrido una derrota aplastante de no ser por la caballería manchú, que rodeó el flanco izquierdo de los rebeldes para provocar una tormenta de arena cegadora. Cuando los rebeldes se dieron cuenta de la identidad de sus nuevos atacantes, su ejército se vino abajo.

Repercusiones

Li Zicheng huyó atravesando Beijing, donde se detuvo el tiempo suficiente para ser entronizado como emperador y prender fuego a la ciudad a y sus palacios imperiales. El ejército manchú le siguió de cerca, y el 5 de junio ocupó Beijing sin resistencia. Wu Sangui salió en persecución de Li, mientras el resto del ejército manchú utilizó la excusa de sofocar la rebelión y estabilizar la situación para conquistar el norte de China.

La batalla de Shanhaiguan resultó decisiva no por permitir a los manchúes atravesar la Gran Muralla (algo que ya habían conseguido por la fuerza mucho antes), sino por brindarles la oportunidad de aplastar al ejército de Li Zicheng y extenderse por la llanura central de China como una fuerza de rescate.

COMBATIENTES

Dinastías Manchú y Ming

- Manchú: unos 100.000 hombres; Ming: ejército en torno a 50.000 hombres, y milicia local Ming 50.000 hombres.
- Manchú: mandados por Dorgon; Ming: Wu Sangui.
- Se desconoce el número exacto de bajas, aunque las tropas principales de Wu Sangui perdieron a muchos soldados.

Rebeldes

- Unos 60.000 hombres.
- Mandados por Li Zicheng.
- Se desconoce el número exacto de bajas, aunque se afirma que el ejército de Li Zicheng perdió muchas «decenas de miles de cadáveres en el campo de batalla».

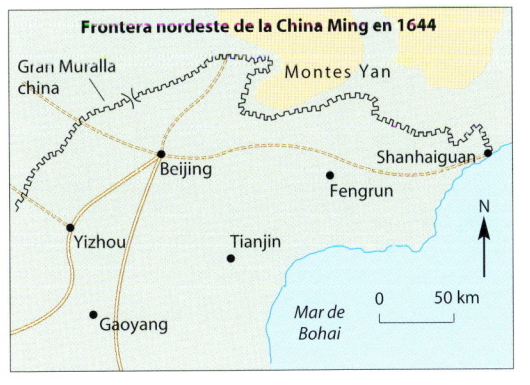

Este mapa muestra la línea de defensa de la Gran Muralla y la ruta entre Shanhaiguan y Beijing.

33 Naseby

Fecha: 14 de junio de 1645   Lugar: cerca de Northampton, centro de Inglaterra

Se perdieron rey y reino.
CONDE DE CLARENDON, CONSEJERO DE CARLOS I E HISTORIADOR MONÁRQUICO DE LA GUERRA,
HISTORIA DE LA REBELIÓN, 1702-1704

Naseby aseguró la derrota de la causa monárquica en la guerra civil inglesa que tuvo lugar entre 1642 y 1646, una derrota que ayudaría a trazar el rumbo de la historia británica y a dibujar el carácter del estado y de la sociedad que se convertiría en potencia imperial del mundo.

La guerra estalló como resultado de la desconfianza provocada por las políticas autocráticas y catolizantes de Carlos I (cuyo reinado abarcó de 1625 a 1649). Esta desconfianza se transmitió a través del Parlamento Largo que se reunía desde finales de 1640. La incapacidad de Carlos para mantener el control político de la situación le llevó a un intento de golpe que consistió en entrar en el Parlamento por la fuerza el 4 de enero de 1642 con el fin de detener a sus oponentes más virulentos (que ya habían huido). Mientras ambos bandos se preparaban para la guerra, Carlos salió de Londres en busca de apoyo, un paso en absoluto acertado, ya que la historia de los conflictos civiles en Inglaterra demostraba la importancia de tomar los recursos y las instituciones de la capital.

Mientras las minorías polarizaban la nación, la batalla comenzó en Manchester en julio de 1642. Carlos, cuyo apoyo era más fuerte en el norte (Gales y Cornualles), avanzó sobre Londres y ganó por un estrecho margen la batalla de Edgehill (23 de octubre de 1642). En cambio, se vio obligado a detenerse en Turnham Green, al oeste de Londres, el 13 de noviembre del mismo año. Se retiró para establecer su cuartel general en Oxford tras haber perdido su mejor oportunidad de ganar la guerra.

Carlos I a caballo con el señor de St. Antoine, *de Anthony Van Dyck, 1633. Su Real Majestad en una imagen de poder antes de la derrota.*

NASEBY   **33**

En 1643, los monárquicos lograron grandes éxitos, especialmente en el oeste de Inglaterra, donde Bristol fue víctima de un asalto. En cambio, los asedios de Gloucester y Hull fueron un fracaso. En 1644, un ejército escocés intervino en el bando parlamentario y una fuerza conjunta derrotó al ejército monárquico en el norte, en Marston Moor (2 de julio de 1644). Como muchas batallas, aunque no es el caso de Naseby, Marston Moor surgió de un intento de levantar un asedio, en este caso el de York, por parte de fuerzas parlamentarias y escocesas.

Este enfrentamiento supuso el antecedente de la batalla de Naseby, que se produjo al año siguiente. Después de que el ejército de parlamentarios y escoceses, compuesto por 27.000 hombres, lanzase un ataque sorpresa contra los 18.000 monárquicos en torno a las 19.00 horas, la caballería monárquica tuvo éxito en la derecha aliada. En cambio, en la izquierda, al mando de Oliver Cromwell y Alexander Leslie, la caballería expulsó a los monárquicos del campo de batalla. La lucha entre infantería en el centro terminó cuando la caballería de Cromwell se unió al asalto sobre la infantería monárquica.

Los aliados perdieron en torno a 1.500 hombres; los monárquicos, unos 3.000 y su cañón. Sin embargo, lo más grave es que se rompió su cohesión y la causa monárquica en el norte sufrió una derrota fatal. York se rindió el 16 de julio, y lo mismo ocurrió con gran parte del norte de Inglaterra. No obstante, más al sur, las fuerzas de Carlos siguieron controlando casi toda Gales, el oeste de Inglaterra y el sur de las Midlands. Carlos se sintió capacitado para rechazar el consejo de que negociase con el Parlamento, consejo que volvió a rechazar en enero de 1645.

La campaña de 1645

En respuesta a la prolongada resistencia de los monárquicos y a la derrota del conde de Essex, el principal líder parlamentario, en Lostwithiel (2 de septiembre de 1644), así como a la incompetencia de sus comandantes en la inconclusa segunda batalla de Newbury (27 de octubre de 1644), las fuerzas parlamentarias se reorganizaron bajo el nombre de New Model Army con sir Thomas Fairfax y Oliver Cromwell al frente (este último a cargo de la caballería). La lucha por el control de las Midlands a finales de la primavera de 1645 proporcionó una oportunidad de destruir al ejército principal monárquico. El 30 de mayo, el príncipe Ruperto del Rin, sobrino de Carlos I, tomó

Izquierda *El éxito militar sacó a Oliver Cromwell de la pequeña nobleza de Huntingdon para convertirse en Lord Protector en 1653, en el ejemplo más espectacular de ascenso social en la historia británica. Este retrato de Cromwell fue pintado por Robert Walker, h. 1650-1653.*

Inferior *Como otras batallas de la época, en la de Naseby hubo más movimiento en los flancos de la caballería que en el centro de infantería.*

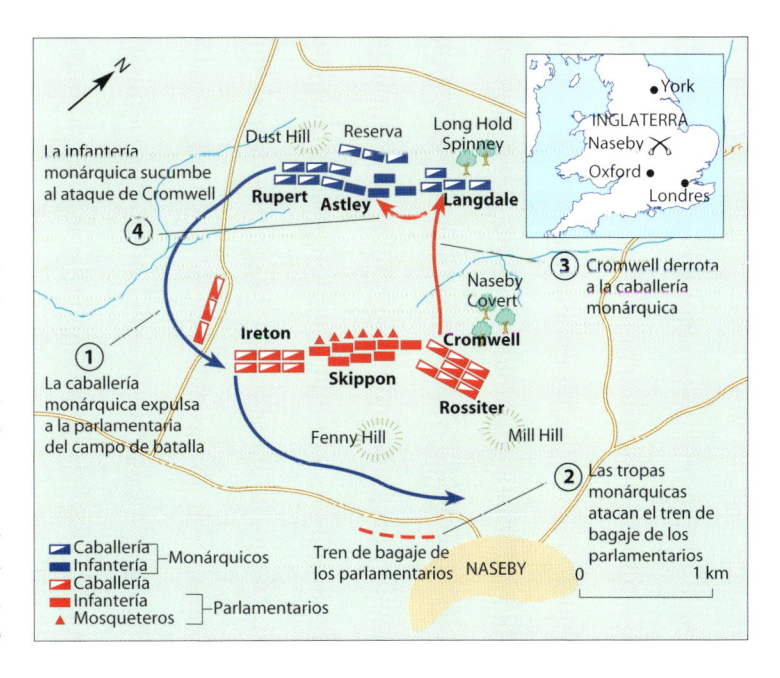

139

Leicester por asalto con 10.000 monárquicos. El control parlamentario de la cercana Northampton se vio amenazado con este gesto, y los dos ejércitos se enfrentaron en las afueras de Naseby, 17 kilómetros al noroeste de Northampton, el 14 de junio.

La batalla

Los monárquicos, desplegados como los parlamentarios con infantería en el centro y caballería en las alas, eran muy inferiores en número. Sin embargo, la batalla (que empezó a las 10.00 de la mañana) se decantó por la disciplina superior de la caballería parlamentaria. La caballería del ala monárquica, al mando de Ruperto, fue expulsada del campo por la caballería parlamentaria de la izquierda de Henry Ireton, pero después se dispersó para atacar al tren de intendencia de los parlamentarios, que ofrecía un botín fácil.

Por el contrario, la derecha parlamentaria, la caballería al mando de Cromwell, derrotó a la caballería monárquica a las órdenes de sir Marmaduke Langdale, aunque conservó el control suficiente para atacar a la infantería monárquica, muy superior en número, en el centro. Aquí la batalla ya estaba en pleno apogeo; la imprecisión de los mosqueteros se contrarrestaba con la proximidad de las líneas enemigas. La infantería monárquica había avanzado y retrocedido de la primera línea de la infantería del New Model, pero Fairfax desplegó las tropas más experimentadas en la segunda línea, que detuvieron a la infantería monárquica. En esta batalla, Cromwell atacó el flanco y la retaguardia de la infantería monárquica. Atacado por la infantería y la caballería, el centro monárquico sucumbió y casi 5.000 hombres fueron hechos prisioneros. Carlos I demostró no tener dotes de mando, entre otras cosas porque no utilizó su reserva de manera eficaz, y huyó del campo de batalla.

Razones de la victoria

En esencia, el equipo y las tácticas del New Model Army eran similares a las de sus oponentes. La principal diferencia era que poseían más disciplina y contaban con una infraestructura y un sistema de abastecimiento más eficaces. El ascenso se obtenía por méritos, y Cromwell en particular beneficiaba a los oficiales y a los hombres que compartían su fervor religioso. Todos estos factores contribuyeron a formar su respuesta disciplinada ante la incertidumbre de la batalla y se combinaron de forma positiva con las dotes de mando de Cromwell. El contraste entre el príncipe Ruperto y Oliver Cromwell consistía en la diferencia de actitud hacia la responsabilidad, la posición, la calidad y el mérito. El New Model Army prefiguró el ejército continental de la guerra de independencia americana, el ejército republicano de la revolución francesa y el ejército rojo de la guerra civil rusa. En cualquier caso, el ejército sirvió como expresión del empuje político de la revolución, además de proporcionarle fuerza.

COMBATIENTES

Fuerzas parlamentarias
- Unos 6.500 soldados de caballería y 7.500 de infantería.
- Mandados por sir Thomas Fairfax.
- Menos de 1.000 muertos.

Fuerzas monárquicas
- Unos 3.600 soldados de caballería y 4.000 de infantería.
- Mandados por Carlos I.
- Al menos 1.000 muertos; casi 5.000 prisioneros.

Mosquetero de la guerra civil inglesa. Los mosquetes eran armas pesadas, lentas en el disparo y de precisión y fiabilidad limitadas. Por ello, se disparaban en grupo y de cerca.

La victoria parlamentaria tardó tres horas en llegar y, como Marston Moor, fue en gran parte una victoria de ataque. También como Marston Moor, y como la victoria francesa sobre los españoles en Rocroi (1643), Naseby señaló el papel decisivo de la caballería en el campo de batalla. Las dotes de mando fueron otro de los elementos cruciales. La capacidad de aprovechar y explotar la iniciativa, y de hacer buen uso del terreno, resultó muy importante. Las victorias de Cromwell frente a los escoceses en Preston (1648) y Dunbar (1650) serían dos buenos ejemplos de esas dotes de mando, también visibles en el grado de éxito en el control de la caballería (el factor decisivo, y nada fácil, en Naseby).

Consecuencias

Naseby supuso una victoria decisiva con resultados decisivos. Logró que la mayoría de los monárquicos apreciasen el fin de la guerra. Carlisle había resistido con éxito un asedio escocés ocurrido el mes de octubre anterior, pero planteó un acuerdo cuando le llegaron las noticias de Naseby. Con el ejército principal seriamente derrotado, la situación de los monárquicos era desesperada, aunque Carlos rechazó la negociación porque todavía tenía esperanzas de éxito en Escocia y porque era terco por naturaleza. Gracias a la superioridad parlamentaria en cuanto a potencia de fuego, el principal ejército monárquico del oeste sufrió la derrota en Langport el 10 de julio, mientras que Bristol fue tomado con éxito el 10-11 de septiembre. Los parlamentarios también salieron victoriosos en Rowton Heath, cerca de Chester, el 24 de septiembre. A finales de 1645, los monárquicos habían sido reducidos a Gales, al sudoeste de Inglaterra y a plazas fuertes aisladas en las Midlands. El ritmo de los ataques parlamentarios continuó a principios de 1646 con la captura de Chester, el 3 de febrero, y con la invasión de gran parte de Devon. El 5 de mayo de 1646, Carlos se rindió ante el ejército escocés en Inglaterra. El siguiente paso fue la rendición o la toma del resto de plazas fuertes monárquicas: Worcester el 23 de junio, Oxford al día siguiente y Harlech Castle en febrero de 1647. La política social e ideológica del New Model, sin embargo, hizo imposible la desmovilización y acabó sirviendo como base para la dictadura de Cromwell.

La naturaleza de Naseby como un enfrentamiento de armas combinadas queda patente en esta imagen. Los lanceros y los mosqueteros eran interdependientes.

34 Viena

Fecha: 15 de julio-12 de septiembre de 1683   Lugar: este de Austria

No puedo creer que el visir proponga ir a Viena y que un diseño tan ambicioso pueda basarse en fuerzas tan mediocres. Es posible que una resolución cruel de este tipo esté inspirada por mero orgullo, pero el juicio de Dios caerá sobre ellos.
EMBAJADOR DEL EMPERADOR LEOPOLDO, ALBERT CAPRARA, DESPUÉS DE SEPARARSE
DEL EJÉRCITO OTOMANO EN ESZÉK EL 12 DE JUNIO DE 1683

En 1683, aproximadamente un siglo y medio después del primer asedio fallido de Viena (1529), los otomanos volvieron a plantarse ante las murallas de la capital de los Habsburgo. Supuso un gran cambio en las recientes relaciones entre otomanos y Habsburgo, que fueron relativamente pacíficas en la primera mitad del siglo XVII debido en gran parte a los compromisos de los Habsburgo en la guerra de los Treinta Años (1618-1648) y a la prolongada guerra entre otomanos y venecianos por Creta (1645-1669). Las hostilidades estallaron en la década de 1660, época en la que se produciría una serie de conquistas otomanas: Hungría (1660 y 1663), Creta (1669) y Polonia-Lituania (1672). Y todo ello bajo el hábil liderazgo del gran visir Köprülü Mehmet Pasha (1656-1661) y de su hijo, Köprülüzade Fazil Ahmed Pasha (1661-1676).

El aumento de la actividad y la capacidad militar de los otomanos se unió a las reformas introducidas por el gran visir Köprülü, que reforzó la autoridad de Estambul y mejoró sus competencias administrativas y económicas. La reciente reavivación de las fortunas militares otomanas y la política conciliatoria de Viena hacia los otomanos (ejemplificada en el Tratado de Vasvár, el 10 de agosto de 1664, que reconocía las últimas conquistas otomanas en Hungría a pesar de una victoria decisiva de los Habsburgo en Szentgothárd el 1 de agosto de 1664) se interpretaron en Estambul como señales de debilidad de los Habsburgo.

Superior izquierda *El fracaso del gran visir en Viena forjó una coalición antiotomana que finalmente volvió a apoderarse de Hungría.*

Izquierda *El triunfo de Jan III Sobieski en Kahlenberg se celebra como una de las mayores victorias en la historia de Polonia.*

La ineptitud del emperador Leopoldo contra los insurgentes húngaros en la década de 1670 y, en especial, el éxito de la insurrección de Imre Thököly (1681-1683) que dio como resultado otro estado prootomano (el «principado de Hungría media», en la Alta Hungría, entre la Hungría monárquica controlada por los Habsburgo y el principado de Transilvania, vasallo de los otomanos) reforzaron la percepción otomana de la vulnerabilidad Habsburgo. La política de «reuniones» de Luis XIV (que consistía en capturar territorios en su frontera nordeste sólo porque se les habían otorgado en tratados anteriores) y la debilidad militar de los Habsburgo convenció al gran visir Kara Musfatá Pashá de que había llegado el momento de asediar Viena. Cuando se puso en marcha, su valoración de la política internacional y de las capacidades otomanas y Habsburgo resultó errónea.

El camino a Viena

Los rumores de un posible ataque otomano contra los Habsburgo se extendieron a partir de la década de 1670, pero Kara Mustafá no logró asegurarse del apoyo del sultán para su campaña hasta agosto de 1682. El sultán Mehmet IV (1648-1687) y su ejército salieron de Edirne, la capital antigua, el 1 de abril de 1683. Llegaron a Belgrado a principios de mayo. Allí, los jenízaros, los artilleros y el grueso de la caballería provincial de Asia Menor y de las provincias árabes se unieron al ejército. El sultán Mehmet decidió quedarse en Belgrado y nombró al gran visir comandante en jefe. La decisión de sitiar la capital Habsburgo, en lugar de Komárom y Györ (Raab en alemán), objetivos oficiales de la campaña, se tomó en Székesfehérvár el 25 de junio o bien en el campamento militar próximo a Györ entre el 1 y el 7 de julio.

El 7 de julio, el gran visir salió del campamento de Györ rumbo a Viena con el ejército principal y dejó a Ibrahim Pashá (el *beylerbeyi*, o gobernador de Buda) con 25.000 soldados otomanos y 10.000 tártaros para sitiar Györ. El gran visir llegó a Viena el 14 de julio con un ejército de aproximadamente 90.000 hombres. De los vasallos otomanos, sólo los tártaros participaron en el enfrentamiento real.

El asedio

El emperador Leopoldo y su corte salieron de Viena el 7 de julio rumbo a Linz y Passau. Los defensores de Viena, al mando del conde Ernst Rüdiger von Starhemberg, sumaban 16.000 hombres: 10.000 de infantería y 6.000 coraceros. Además, contaban con el apoyo de 8.000 ciudadanos y 700 estudiantes universitarios preparados para el servicio militar. Las fortificaciones de la ciudad se modernizaron en la década de 1670 y se reforzaron antes del sitio. Gracias a la incansable diplomacia del papa Inocencio XI (1676-1689), la ayuda militar eficaz también iba de camino.

Después de un asedio preventivo fallido contra Érsekújvár, las fuerzas Habsburgo (comandadas por el talentoso duque Carlos de Lorena, 1643-1690) intentaron asegurar la orilla izquierda del Danubio mientras esperaban a las tropas aliadas polacas. Éstas iban a unirse al ejército de refuerzo según una «ofensiva perpetua y una alianza defensiva» firmada en Cracovia por los representantes del emperador y Jan III Sobieski, rey de Polonia (1647-1696), el 31 de marzo (un día antes de que el sultán abandonase Edirne). Los Habsburgo y la diplomacia papal también garantizaron la participación de aproximadamente 10.000 soldados bávaros y un número similar de soldados sajones liderados por los electores de Baviera y Sajonia: Maximiliano II Emanuel y Johann Georg III, respectivamente.

El 15 de julio, Viena fue rodeada y aislada. Aquel mismo día comenzó el asedio propiamente dicho con un intenso bombardeo que se prolongó durante los dos meses siguientes. A lo largo del asedio, los otomanos concentraron sus ataques contra las murallas situadas entre los bastiones de Burg y Löbl. Sin embargo, tal como ocurriera en 1529, los otomanos carecían de artillería pesada y, además, sus 130 cañones de campaña y sus 19 cañones de calibre medio no superaban en número a los 260 cañones y morteros de los defensores. Éstos, por su parte, carecían de suficiente munición, lo que explica por qué sólo se dispararon uno o dos disparos por arma al día durante el asedio. Los ataques otomanos a las trincheras y las minas, de los que los soldados del sultán eran expertos, demostraron ser más efectivos que los bombardeos. No obstante, los defensores se mantuvieron firmes, realizaron frecuentes salidas, repa-

Las fuerzas de caballería otomanas formaban el núcleo del ejército otomano, con una fuerza movilizable de más de 100.000 hombres. Los sipahis *(«caballeros turcos») acostumbraban a llevar camisa y casco de malla, y sus armas incluían un sable, un arco de doble curva y un pequeño escudo redondo.*

raron las murallas e impidieron el paso de los asediadores erigiendo fortificaciones por detrás de las brechas sin perder un minuto. Los otomanos no pudieron tomar el Burg Ravelin hasta el 2 de septiembre. El 6 del mismo mes, otra mina explotó bajo el bastión de Burg y los defensores, que ya se habían visto reducidos a la mitad y se encontraban debilitados por la disentería y la escasez de alimentos, esperaron un asalto final decisivo. Sin embargo, Kara Mustafá apostó su ejército delante de las murallas con el fin de obligar a la ciudad a rendirse. Si este asalto final hubiese estado en manos del gran visir, habría tomado la ciudad antes de la llegada de los refuerzos.

La batalla crucial en Kahlenberg

La batalla decisiva tuvo lugar en 12 de septiembre cerca de Kahlenberg, en los límites de los bosques de Viena. El ejército de refuerzo, compuesto por 75.000-80.000 hombres y 160 cañones, se reunió al noroeste de Viena. Las tropas de Baviera, Sajonia, Franconia y Suabia sumaban 35.000-40.000 hombres, y se unieron a las fuerzas imperiales de 20.000 soldados comandados por Lorena. Las últimas tropas en llegar, las del rey polaco Jan Sobieski, podrían ascender a unos 20.000 hombres.

COMBATIENTES

Cristianos

- Habsburgo austríacos; alemanes y polacos
  Defensores de Viena: 16.000 soldados y
  9.000 ciudadanos; ejército de refuerzo en la batalla de Kahlenberg: 75.000-80.000 hombres.

- Comandante en jefe de las fuerzas de defensa de Viena: conde Ernst Rüdiger von Starhemberg; comandante en jefe del ejército de refuerzo: Jan III Sobieski, rey de Polonia.

- 2.000 bajas.

Otomanos

- 90.000 hombres durante el asedio; unos 50.000 en la batalla de Kahlenberg.

- Mandados por el gran visir Kara Mustafá Pasha.

- 10.000 bajas.

Kara Mustafá, en un acto de infravaloración de la fuerza del ejército de refuerzo, dejó a la mayoría de sus jenízaros en las trincheras e intentó derrotar a las tropas cristianas aliadas con una carga decisiva de caballería. Aunque los cronistas otomanos cifran en 28.400 hombres las fuerzas otomanas que participa-

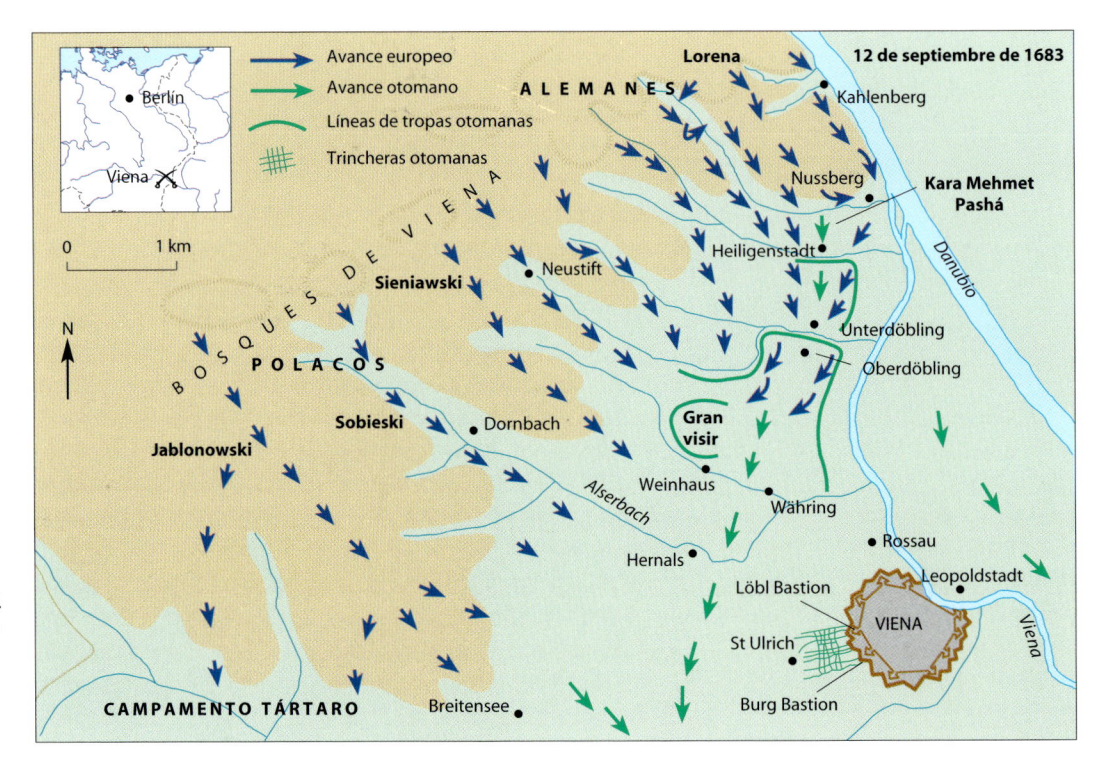

Batalla de Kahlenberg, 12 de septiembre de 1683. Esta reconstrucción muestra la distribución de las tropas y sus movimientos.

ron en Kahlenberg, con las tropas tártaras y otras fuerzas auxiliares debieron alcanzar los 50.000 hombres (aunque contaban sólo con 60 cañones de campaña). Kara Mustafá esperaba que el ataque cristiano se produjese el 11 de septiembre y ordenó a sus soldados que permaneciesen despiertos durante toda aquella noche.

La batalla realmente comenzó la madrugada del 12 de septiembre y enfrentó a las fuerzas de vanguardia otomanas (al mando de Kara Mehmet Pashá) y al ala izquierda cristiana mandada por Lorena cerca de Nussberg. Las tropas de Lorena, reforzadas por los sajones, no tardaron en alcanzar el ala derecha otomana, comandada por Ibrahim Pashá. Los bávaros y los francos también descendieron de las laderas y se adentraron en el interior para unirse a la batalla contra el ala derecha y el centro otomanos. Los polacos de Sobieski, en el ala derecha cristiana, avanzaron lentamente debido a la dificultad del terreno, pero en torno a las 13.00 horas la vanguardia polaca ya había llegado a Dornbach. Aunque los otomanos lucharon con ahínco, un ataque cristiano global que comenzó después de las 15.00 horas, cuando el sol caía con toda su fuerza, decidió el destino de la batalla. El ala izquierda otomana y los tártaros fueron incapaces de soportar la carga de la caballería y los dragones polacos, que fueron los primeros en llegar al campamento otomano desde el oeste. A las 18.00 horas, los otomanos ya habían sido derrotados. Los que no murieron en el enfrentamiento huyeron del campo de batalla, dejando detrás un generoso botín (el campamento otomano al completo) para los cristianos.

Significado

Viena fue salvada por una coalición de países centroeuropeos cuyo ejército resultó superior desde el punto de vista táctico y, por primera vez en la historia de las confrontaciones entre otomanos y europeos, se logró igualar a los otomanos en cuando a número de hombres así como de armas, además del apoyo logístico.

La derrota del gran visir provocó su caída y ejecución, seguida muy de cerca por el destronamiento de su señor, el sultán Mehmet IV. La campaña de 1683 encabezada por Kara Mustafá provocó la creación de una coalición antiotomana, también llamada Liga Santa. En la guerra de 1684-1699, los otomanos perdieron Hungría, la conquista más prestigiosa del sultán Solimán (*véase* Mohács, pág. 110). A pesar de todo, los otomanos estaban muy lejos de ser derrotados: a principios del siglo XVIII se produjo su resurgimiento militar y sus éxitos, así como la limitación de la capacidad militar de los Habsburgo. El tratado de paz de Karlowitz que puso fin a la guerra entre Habsburgo y otomanos señaló una nueva era en la historia de las relaciones entre las dos partes.

Esta imagen de Franz Geffels capta el asedio y la batalla. El rey Sobieski, el héroe de la batalla, aparece en primer plano (derecha). Obsérvense las elaboradas obras para el asedio otomano (trincheras y minas) al fondo.

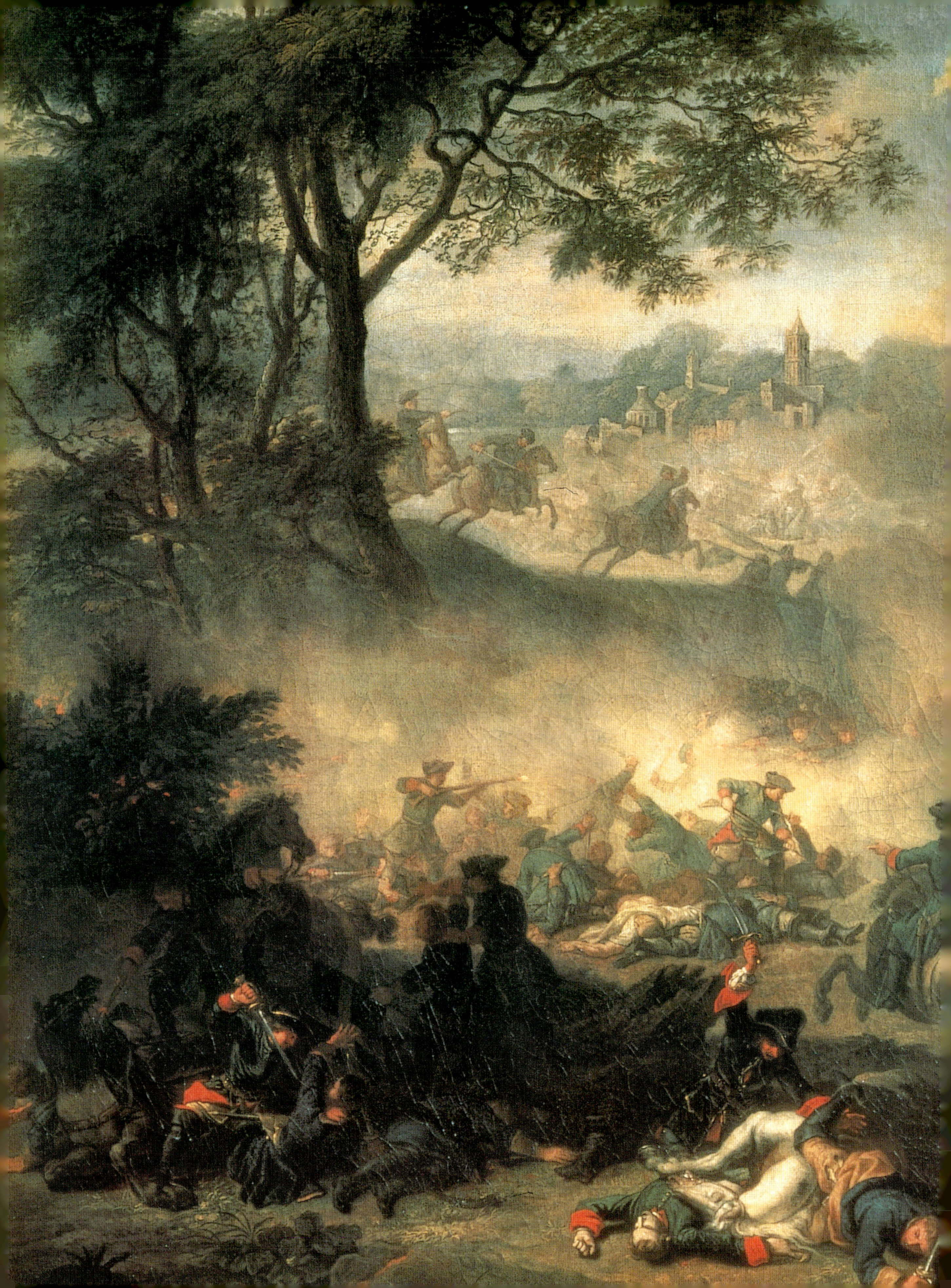

El siglo XVIII

En el siglo XVIII se produjeron dos avances importantes. En primer lugar, las fuerzas europeas fueron acumulando victorias contra sus oponentes no occidentales (la de Belgrado, en 1717, fue decisiva: los austríacos, de la mano del príncipe Eugenio, derrotaron al ejército otomano que intentaba liberar a la ciudad sitiada). Eugenio, en una posición difícil, se decidió por un ataque sorpresa que salió bien. Fue un enfrentamiento confuso que no consistió en formaciones bien definidas intercambiando fuego, y le siguió la rendición de Belgrado. Asimismo, en 1757 se produjo una gran victoria fuera de Europa, en Plassey (norte de la India). Hasta este punto, a pesar del impacto europeo en las Américas y en Siberia, apenas se habían logrado éxitos por tierra de los que informar desde el resto de Asia o de África. Sin embargo, las victorias británicas en India fueron las primeras en cambiar esta situación.

En segundo lugar, las principales batallas en las que participaron fuerzas europeas dentro del mundo occidental pero fuera de Europa fueron contra otras fuerzas europeas, como es el caso de la batalla entre británicos y franceses en las afueras de Quebec, en 1759. Sin embargo, a partir de 1775, la rebelión de los colonos se convirtió en un factor añadido: el gobierno británico se vio desafiado en las trece colonias que se convertirían en el núcleo de Estados Unidos de América, con las victorias americanas decisivas en Saratoga (1777) y Yorktown (1781). Estas batallas demostraron que el éxito americano implicaba no sólo evitar la derrota, sino también obligar a los ejércitos británicos a rendirse (aunque en Yorktown contaron con la ayuda decisiva de la armada francesa, que evitó la liberación de la posición británica sitiada). El logro americano resultó especialmente importante teniendo en cuenta la experiencia británica en proyección de poder y, más con-

La batalla de Poltava, en 1709, significó la aparición de Rusia como gran potencia. En este conflicto, Pedro el Grande derrotó al rey sueco, Carlos XII (véase pág. 153).

Una vista más distante de la batalla de Poltava, pintada h. 1750 por un artista de la escuela rusa.

cretamente, en operaciones en Norteamérica contra los franceses y los nativos americanos. Posteriormente se extendería la rebelión contra el poder europeo: primero contra los franceses (en las décadas de 1790 y 1800), lo que llevaría a la creación de Haití, y después contra el dominio español y portugués en Latinoamérica.

En Europa, las batallas más importantes no surgieron como una consecuencia de las guerras civiles, sino que reflejaban la lucha de poder entre estados. En la década de 1700 fracasó el esfuerzo francés por hacerse con la hegemonía en Europa occidental, especialmente con la derrota en Blenheim (1704). De nuevo, las dotes de mando resultaron cruciales. La victoria de la coalición entre ingleses, holandeses y austríacos sobre el ejército franco-bávaro se debió en gran parte a la flexibilidad táctica de John Churchill, primer duque de Marlborough (y, en particular, a su capacidad de conservar el control y la maniobrabilidad). Los factores decisivos fueron el conocimiento del terreno, la conservación y la administración de las reservas, y lo oportuno del ataque en el centro, donde se rompió la línea enemiga. Después de la victoria se produjo la conquista de Baviera. La victoria de Rusia en Poltava (1709) provocó la caída del imperio sueco en el norte de Europa, mientras que Rossbach (1757) confirmó la recién descubierta reputación de Prusia con Federico el Grande al mando. La capacidad de Federico para tomar la iniciativa y la naturaleza disciplinada de su ejército, inferior en número, fueron decisivas. El auge del poder prusiano se produjo gracias al éxito en la guerra. Rossbach supuso, además, un duro golpe al prestigio militar francés y provocó presiones en Francia para realizar una reforma militar.

Una fuerza muy distinta fue la que salió victoriosa en Jemappes en 1792: las columnas de los soldados revolucionarios franceses pusieron fin al dominio Habsburgo en los Países Bajos austríacos (la actual Bélgica) y añadieron un importante factor ideológico al conflicto en Europa. La *leveé en masse*, un reclutamiento general ordenado en 1793, dio lugar a ejércitos tan numerosos que Francia pudo participar en varios frentes a la vez.

Las cifras de bajas en las batallas de esa época son espectaculares. En Poltava, los suecos sufrieron un número de bajas terrible, ya que su ataque a las posiciones rusas les expuso a unas fuerzas y una artillería superiores. Sólo sobrevivieron 14 de los 700 soldados del regimiento de Uppland y 40 de los 500 del batallón Skaraborg.

Blenheim

Fecha: 13 de agosto de 1704   Lugar: cerca de Donauwörth, Baviera, actual Alemania

35

*Desde un campanario habríais visto al enemigo rechazado en un flanco y a nosotros
en el otro, la batalla avanzando y retrocediendo como las olas del mar,
con toda la línea envuelta en un combate cuerpo a cuerpo.*
DE LAS MEMORIAS DEL CONDE DE MÉRODE-WESTERLOO, 1702-1712

A finales del siglo XVII, Europa occidental estaba dominada por Luis XIV de Francia (1643-1715), y fue su poder el que se resintió en la batalla de Blenheim. En el año 1701, Francia y Austria se enfrentaron en la guerra de sucesión española. En 1702, preocupados por las consecuencias de la herencia de los dominios españoles del nieto de Luis, Felipe, Gran Bretaña y los holandeses entraron en guerra del lado de los austríacos.

Gran Bretaña reunió el grueso de su poder militar en la región cercana donde tradicionalmente tenía lugar la actividad militar: en los Países Bajos. Sin embargo, en 1704 los británicos tuvieron que atacar más lejos. Aliadas con el elector Max Emanuel de Baviera, las fuerzas francesas invadieron el sur de Alemania. En 1703-1704, una combinación de los dos con rebeldes húngaros estuvo a punto de acabar con el poder Habsburgo y destruir la base de la estrategia de alianzas de Gran Bretaña: el uso de la fuerza austríaca para resistir la expansión francesa.

La organización de la respuesta británica corrió a cargo de uno de los generales más destacados del país: John Churchill (1650-1772), por entonces primer conde de Marlborough. Churchill frustró los planes de Luis XIV mediante un audaz avance desde Rhineland hasta el valle del Danubio. Fue el movimiento militar británico más decisivo en el continente hasta el siglo XX, y a diferencia de la campaña de Waterloo en 1815 (*véase* pág. 193), supuso una combinación de estrategia y ofensiva táctica. El avance constituyó un formidable reto logístico, se estable-

John Churchill, primer duque de Marlborough, maestro de la guerra de coalición y de la sorpresa táctica. Retrato atribuido a Michael Dahl, h. 1702.

35 EL SIGLO XVIII

cieron depósitos de provisiones a lo largo de la ruta para proporcionar a la tropa botas nuevas y comida. Esos depósitos permitieron al ejército mantener la cohesión y la disciplina en lugar de tener que dispersarse en busca de provisiones.

La campaña fue un gran triunfo de movilidad y planificación, tanto en estrategia como en el campo de batalla. Se consiguió que los franceses no supieran el destino de Marlborough. Después de llegar a Baviera, Marlborough asaltó los altos de Schellenberg, al norte de Donauwörth, pero Max Emanuel contaba con los franceses (al mando del mariscal Camille de Tallard). Aunque el ejército franco-bávaro era más numeroso, Marlborough (a quien se unieron los austríacos, al mando del príncipe Eugenio, el 12 de agosto) forzó una batalla en Blenheim, en la orilla norte del Danubio.

La batalla

Blenheim fue una batalla dura, con una cifra aproximada de 31.000 muertos o heridos en solo un día. El ejército franco-bávaro adoptó una fuerte posición defensiva, con Tallard protegido por el río Nebel, pero la derrota fue aplastante. La victoria de los aliados se debió en gran parte a la flexibilidad de Marlborough y, en particular, a su capacidad para mantener el control y la maniobrabilidad (capacidad que contrastaba con la que faltaba a los generales enemigos para coordinar operaciones y responder a crisis puntuales). Los factores decisivos fueron el dominio del terreno, la conservación y la administración de las reservas y lo oportuno del ataque. Después de inmovilizar a gran parte de la infantería francesa en acciones defensivas en los alrededores de Blenheim y Oberglau (para las cuales los franceses utilizaron sus reservas), Marlborough lanzó la fuerza principal que se había mantenido inmóvil contra el centro del ejército de Tallard. Logró una superioridad local en lo que convirtió en una parte crucial del campo de batalla. El ataque inicial de la caballería británica fue rechazado por los franceses, que habían asumido que podrían rechazar cualquier avance británico en el centro, pero el apoyo de la infantería y la artillería británicas bloqueó el avance de la caballería francesa, que entonces fue incapaz de poder resistir el segundo ataque de los británicos.

Esto provocó la huida de la caballería francesa, seguida de la retirada de la izquierda franco-bávara al mando de Max Emanuel y la rendición de 10.000 soldados de infantería franceses de la derecha en la población de Blenheim. Su retirada se vio entorpecida por la infantería británica, que explotó la victoria en el centro.

Marlborough tuvo más éxito que sus oponentes en la integración de caballería e infantería. Su caballería

La batalla de Blenheim presentó una planificación más cuidada que muchas batallas de la época, pero además de una planificación hábil se necesitaba calidad en la lucha.

COMBATIENTES

Aliados
- Británicos, austríacos y aliados: 52.000 hombres.
- Mandados por John Churchill, primer conde (por entonces duque) de Marlborough, y príncipe Eugenio de Saboya.
- Alrededor de 13.000 muertos y heridos.

Alianza franco-bávara
- 56.000 hombres.
- Mandados por el mariscal Camille de Tallard y Max Emanuel, elector de Baviera.
- Alrededor de 18.000 muertos/heridos y 13.000 prisioneros.

estaba mejor entrenada para cargar, y la artillería (al mando del coronel Holcroft Blood) maniobraba rápidamente en el campo de batalla y se adelantó para prestar apoyo a la ruptura en el centro. Manteniendo la sangre fría, Marlborough demostró ser un maestro en los detalles de la batalla. Mantuvo en todo momento el control de sus propias fuerzas y dictó el ritmo del conflicto, moviendo y convocando a sus tropas de forma decisiva en el momento que consideraba más adecuado.

El ejército británico

Al mando de Marlborough, el ejército británico alcanzó un éxito que no se repetiría en Europa durante un siglo. La eficacia en el combate de las unidades británicas fue extraordinaria, sobre todo la disciplina de fuego y la habilidad de la infantería con la bayoneta, así como la capacidad de la caballería para realizar cargas eficaces basándose en armas blancas. La extensa experiencia en campañas y batallas en la década de 1690 resultó un factor importante de este éxito, y también desempeñó un papel fundamental en el entrenamiento de los oficiales y en acostumbrar a las tropas a maniobrar de forma inmediata. Fue el ejército británico con más experiencia en batallas desde las guerras civiles de la década de 1640, y éstas no se produjeron en batallas tan extensas (o en asedios de posiciones fortificadas) como las que afrontaron las fuerzas de Marlborough.

La caballería representaba alrededor de una cuarta parte del ejército. Como Gustavo Adolfo de Suecia en la guerra de los Treinta Años, Marlborough hizo que su caballería actuase como una fuerza de choque, cargando con rapidez, en lugar de como infantería montada con pistolas. Recurrió a una enorme carga de caballería en el punto álgido de Blenheim, Ramillies (1706) y Malplaquet (1709). La infantería, organizada en tres filas, disparó en tres cargas, asegurándose de mantener un fuego continuado. El fuego de la infantería británica fue más efectivo que el de los franceses, de manera que la presión del conflicto con los británicos era alta.

La artillería se manipulaba de forma competente: el cañón se situaba en buena posición en el campo de batalla y se recolocaba para influir en el ritmo del enfrentamiento. Dado que el conde de Marlborough era capitán general de artillería además de ser tam-

La batalla de Blenheim, de John Wootton (h. 1743). En 1743, la memoria de Blenheim resultaba dolorosa, ya que su brillante éxito no se repitió en la guerra de sucesión austríaca. La victoria de Jorge II sobre los franceses en Dettingen no tuvo las mismas consecuencias que Blenheim.

El tapiz de Blenheim, 1715. La memoria de Blenheim se mantuvo viva en el nuevo palacio construido para los duques de Marlborough, en Oxfordshire.

bién capitán general del ejército, tenía capacidad para superar los límites institucionales a la cooperación.

Las batallas en las que participó el conde de Marlborough se libraron en un frente más extenso que las de las décadas de 1690, por no mencionar las de 1650. En ellas se daba una gran importancia a la movilidad, a la planificación y a la capacidad de los comandantes de responder con rapidez a los avances en un frente amplio y de integrar e influir en lo que podría convertirse en una serie de conflictos separados. Marlborough se anticipó a la habilidad de Napoleón y determinó la estrategia militar; asimismo, logró coordinar con bastante éxito el despliegue y el uso de la infantería, la caballería y los cañones en el campo de batalla.

A pesar de todo, las cifras de bajas fueron muy elevadas. El intercambio de fuego entre líneas cercanas de tropas muy apretadas, el uso de artillería contra estas formaciones y los combates de caballería con armas blancas produjeron numerosas bajas. Alrededor de 1.500 de los 4.000 soldados británicos que asaltaron las montañas Schellenberg en el año 1704 murieron o resultaron gravemente heridos.

Consecuencias

Después de Blenheim se produjo la conquista del sur de Alemania, cuando Baviera «fue sacada» de la guerra. Después de la batalla y de la retirada hacia el Rin, la mayor parte del ejército franco-bávaro quedó inutilizado. Los aliados tomaron las principales fortalezas de Ulm, Ingolstadt y Landau antes de fin de año. Las fuerzas francesas no llegarían tan al este hasta el año 1741. Por otra parte, Marlborough ganó otras batallas, pero ninguna tuvo el impacto de la de Blenheim, en parte debido a que aquella victoria puso fin al peligro de que la alianza antifrancesa fracasara.

Marlborough descubrió, además, que la victoria no acabó con la dificultad de obtener cooperación entre las fuerzas aliadas. Este factor, combinado con las diferencias de estrategia militar y diplomática entre los líderes políticos (en especial, la cautela holandesa), dificultó su tarea en gran medida. No obstante, se benefició personalmente al convertirse en duque, mientras que el Parlamento proporcionó los fondos con los que se construyó en Oxfordshire un gran palacio al que bautizó con el nombre de su gran victoria (una recompensa sin precedentes para un general británico).

Poltava

Fecha: 8 de julio de 1709   Lugar: este de Ucrania

Hoy, Dios, en su gran misericordia, nos ha brindado una victoria sin igual sobre el enemigo. Toda su fuerza ha sido derrotada.
PEDRO EL GRANDE, 1709

La batalla de Poltava marcó el punto decisivo en la lucha épica de la Gran Guerra del Norte (1700-1721) que decidió el equilibrio de poder en el norte de Europa y marcó la aparición de Rusia como gran potencia. La guerra comenzó con un ataque combinado de Rusia, Dinamarca y Sajonia-Polonia. Los aliados esperaban repartirse el imperio báltico de Suecia, pero infravaloraron al joven rey Carlos XII. Después de derrotar a Dinamarca en cuestión de unos meses, Carlos venció al zar Pedro el Grande en Narva (noviembre de 1700). Rusia siguió en guerra, pero no pudo evitar que Carlos atacase Polonia y Sajonia en 1706. Los suecos hicieron un alto en Sajonia, creando un temor considerable con respecto a su siguiente movimiento. Conscientes de que Rusia estaba recuperando fuerzas, Carlos puso rumbo al este a través de Polonia y entró en Ucrania en 1707.

El ejército principal de 38.000 hombres cruzó el Berezina y derrotó a una fuerza rusa en Holowczyn (julio de 1708). Sin embargo, quedó patente que las tropas de Pedro habían mejorado mucho. El ejército ruso ya se estaba transformando antes de que se convirtiese en zar en 1696. Pedro adoptó un programa que consistía en integrar las ideas y la tecnología de Europa occidental con la experiencia y la disponibilidad de efectivos. Aunque no tuvieron éxito en Narva, los rusos ganaron confianza y ya sustituyeron a la mayoría de los extranjeros contratados en las filas de mando en 1708. La doctrina militar se revisó después de Holowczyn para hacer mayor hincapié en la potencia de fuego con el fin de contrarrestar las tácticas de choque de los suecos (*gå på*). No obstante, Pedro todavía no estaba preparado para una gran batalla y

La Victoria corona simbólicamente a Pedro el Grande en el campo de batalla en esta obra atribuida a Gottfried Danhauer.

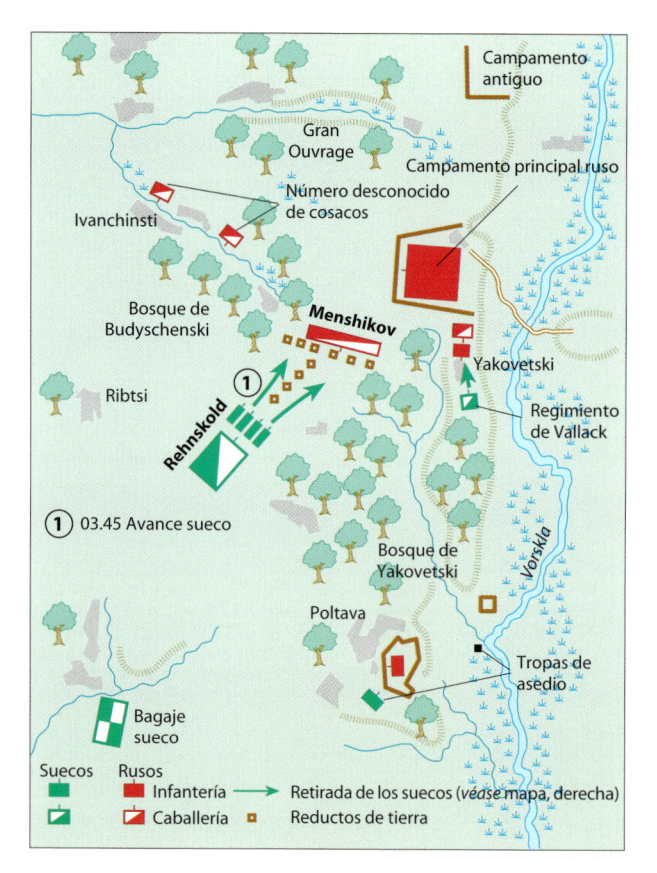

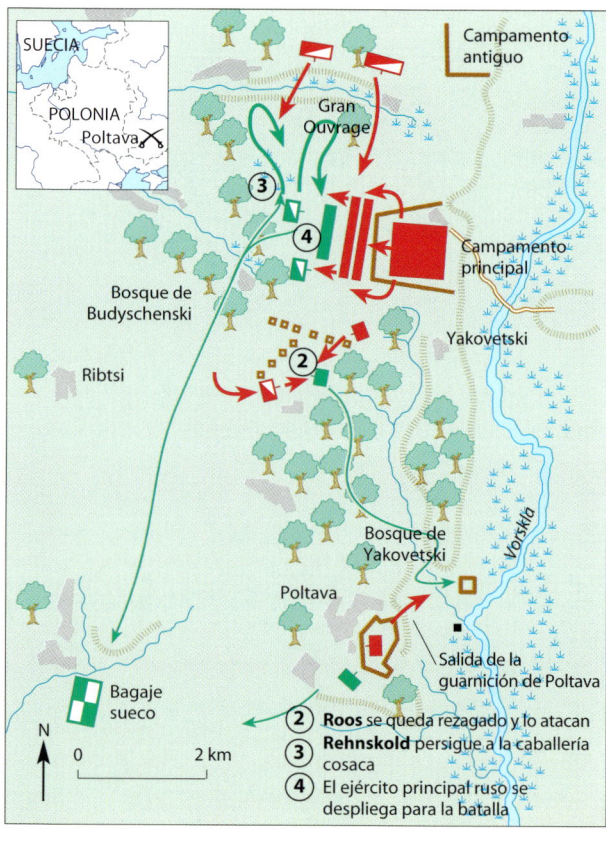

Superior *El asalto de la infantería sueca invadió los primeros reductos.*

Superior derecha *El contraataque ruso atrapó y destruyó gran parte del ejército sueco.*

continuó retirándose, pero destruía todo lo que iba encontrando a su paso.

Los suecos sufrieron un durísimo invierno en 1708, cuando su convoy de abastecimiento fue capturado en Lesnaia, en octubre. Carlos, que tenía intención de abrir la ruta al nordeste de Moscú, sitió la pequeña ciudad de Poltava, junto al Vorskla (un pequeño afluente del Dniéper). El lugar apenas estaba fortificado, pero a los suecos les faltó el equipo adecuado y el sitio se prolongó. Carlos necesitaba una victoria decisiva para ganar terreno y convencer a los turcos y a los tártaros de que se uniesen a él. Pedro también intentó abrir batalla y cruzó el Vorskla para llegar hasta un campamento atrincherado al norte de Poltava. Carlos sufrió una herida en un pie durante una pequeña escaramuza y lo tuvieron que transportar en una camilla. De todos modos, decidió atacar y confió el comando táctico al mariscal de campo Rehnskold (1651-1722).

La posición rusa

Los suecos tenían por delante una tarea formidable. El principal ejército ruso se atrincheró en un rectángulo que daba a los acantilados sobre el Vorskla. Sólo había tres salidas, y el acceso estaba repleto de obstáculos. Se reunieron 51 batallones de infantería con un total de 25.000 hombres con 73 cañones, muchos de los cuales se hallaban en plataformas para disparar por encima del parapeto. Todos los accesos desde el oeste estaban bloqueados por el río Ivanchinsti y por el bosque de Budyschenski, ambos vigilados por caballería cosaca. El bosque de Yakovetski se extendía desde el lado sur hasta Poltava y estaba vigilado por otros 1.000 soldados de infantería y un número similar de cosacos. Poltava estaba defendida por 4.000 soldados de infantería y 28 cañones. De este modo, sólo quedaba una ruta estrecha entre los dos bosques. Se construyó una línea de reductos de tierra para bloquearla con otra línea que se extendía en ángulos rectos hacia el campamento sueco, para poder enfilar cualquier fuerza atacante. Ocho batallones con un total de 4.000 hombres mantuvieron estos reductos unidos con 16 cañones, mientras que 9.000 soldados de caballería en 85 escuadrones se ordenaron para el combate al mando del príncipe Menshikov (1673-1729). Éste llevaba, además, otros 13 cañones ligeros.

COMBATIENTES

Rusos

- 30.000 soldados de infantería, 9.000 de caballería, alrededor de 3.000 cosacos, 102 cañones y la guarnición de Poltava.
- Dirigidos por el príncipe Alexander Danilovitch Menshikov (bajo el mando general del zar Pedro el Grande).
- 1.345 muertos y 3.200 heridos.

Suecos

- 9.500 soldados de infantería, 12.800 de caballería, 32 cañones y hasta 5.000 cosacos.
- Dirigidos por el mariscal de campo conde Carl Gunther Rehnskold (bajo el mando general del rey Carlos XII).
- 6.900 muertos y heridos, más 2.800 prisioneros (en su mayoría heridos). Otros 13.558 soldados y 5.000 civiles capturados en Perevolochna.

Consciente de que las otras fuerzas rusas estaban cerca, Carlos se vio obligado a destacar a 1.800 soldados de caballería al sur de Poltava (no aparece en el mapa). Otros 1.100 soldados de infantería, 200 de caballería y dos cañones mantuvieron las líneas de asedio alrededor de la ciudad, con 1.000 soldados polacos de caballería ligera en el bosque de Yakovetski. La mayoría de la artillería se quedó detrás con el bagaje, vigilado por 2.000 jinetes y los aliados cosacos de Carlos. De este modo, para el asalto sólo quedaron 18 batallones (8.200 hombres), 109 escuadrones (7.800 hombres) y cuatro cañones. Carlos intentó pasar a toda prisa los reductos antes del amanecer y atacar el campamento atrincherado. Al concentrar toda su fuerza en un punto, esperaba romper la línea y arrollar a los rusos que quedasen atrapados en el interior. Le funcionó en Narva, pero ahora Carlos se enfrentaba a un ejército ruso muy distinto.

El ataque sueco

Los suecos se quedaron rezagados debido al retraso de su caballería y no avanzaron hasta las 03.45 horas del 8 de julio. Para empeorar las cosas, no se informó a los comandantes del batallón de si debían seguir adelante o atacar a los reductos. Como consecuencia, seis batallones se quedaron atrás al mando del general de división Roos. Menshikov contraatacó, pero fue derrotado por la caballería sueca (que también ahuyentó a los cosacos del bosque de Budyschenski). Gran parte de la caballería rusa huyó hacia el norte, a un barranco llamado Gran Ouvrage, perseguida por los caballos de los suecos, pero algunos soldados volvieron a formar al sur del campamento al mando de Menshikov.

Rehnskold reagrupó a la infantería sueca en una depresión de aproximadamente 1 kilómetro al oeste del campamento enemigo, pero fue incapaz de llevar a cabo el ataque principal porque el grupo de Roos todavía estaba en el lado equivocado de los reductos. Roos había perdido más de 1.000 hombres intentando tomar los reductos. Ahora no tenía ni la menor idea de dónde se encontraba el ejército principal y se retiró al bosque de Yakovetski con 1.600 supervivientes. Al darse cuenta de que se encontraba en un apuro, Menshikov envió una fuerza de infantería y dragones para atraparlo. Finalmente, Roos se vio obligado a rendirse cerca de Poltava, a las 09.30 horas, después de una resistencia heroica.

Pedro había aprendido la lección en Narva, y en esta ocasión salió de su campamento de forma brusca para atacar a la fuerza principal sueca. Dejó una pequeña tropa para vigilar el campamento y agrupó a 22.000 soldados de infantería en dos líneas, flanqueados por sus dragones (que habían vuelto a formar). Los suecos no pudieron reunir más que una sola línea de infantería, mientras que la mayor parte de su caballería continuó formándose después de sus primeros esfuerzos. No obstante, mantuvieron sus tácticas ofensivas y cargaron contra los rusos. Algunos batallones lograron cerrarse a pesar del fuego de mosquetes y artillería, pero los suecos se vieron abrumados por la superioridad numérica del enemigo y se disolvieron mientras huían.

Rendición de los suecos

Carlos y los supervivientes huyeron al sur, a Perevolochna, donde encontraron el paso bloqueado por el río Dniéper. El rey y su escolta lograron cruzarlo, pero el resto se desmoralizó cuando llegaron los rusos, y se rindieron el 13 de julio. Después del desastre, obligaron a los suecos a presenciar la ejecución de los cosacos que se habían puesto de su parte. Carlos huyó y se exilió en Turquía antes de regresar a Suecia, donde murió en batalla en 1718. Suecia renunció a gran parte de su imperio báltico en 1721, en la paz que confirmó el nuevo estatus de Rusia como gran potencia.

El rey Carlos XII de Suecia con el mismo uniforme austero, azul y amarillo, que el resto de su ejército.

37 Belgrado

Fecha: 15 de junio-22 de agosto de 1717   Lugar: actual Yugoslavia

No hay duda de que la sangre que se va a derramar en ambos bandos caerá como una maldición sobre vos, vuestros hijos y los hijos de vuestros hijos hasta el día del juicio final.
El gran visir Silahdar Alí Pasha a Eugenio de Saboya, abril de 1716

Las relaciones entre Habsburgo y otomanos permanecieron en relativa calma después del tratado de paz de Carlowitz (1699). Los dos imperios libraron guerras en otros frentes. La guerra de sucesión española y la insurrección húngara de Ferenc Rákóczi II acabaron con los recursos de Viena. Los otomanos lucharon con éxito contra los rusos y los venecianos. El príncipe Eugenio de Saboya, mariscal de campo imperial y presidente del consejo imperial de guerra vienés, observaba con recelo las recientes conquistas del sultán Ahmet III en la Morea (Peloponeso) y Creta. A sugerencia de Eugenio, los Habsburgo formaron una alianza defensiva con Venecia en 1716 que desembocó en la declaración de guerra contra Viena por parte de Estambul.

La guerra de 1716-1717

La campaña de 1716 se saldó con grandes victorias de los Habsburgo. El ejército imperial, con 70.000 hombres mandados por Eugenio, se enfrentó al ejército otomano (al mando del gran visir Damad Alí Pasha, ganador de la campaña de la Morea) en Pétervárad (Peterwardein), al noroeste de Belgrado y en la orilla derecha del Danubio. Sin la ayuda de los tártaros y los valaquios, las fuerzas regulares otomanas no superaban los 70.000 hombres: 41.000 jenízaros y 30.000 *sipahis* («caballería turca»). La batalla de Pétervárad (5 de agosto de 1716) terminó con la derrota de las tropas otomanas, que perdieron a 6.000 hombres (incluido el gran visir). A pesar de las importantes pérdidas imperiales (4.500 muertos y heridos), Eugenio decidió sitiar Temesvár, centro de una provincia otomana desde 1552 y fortaleza otomana protegida por 12.000 hombres. Los defensores de Temesvár resistieron el asedio durante 43 días, pero finalmente se rindieron el 16 de octubre. Durante el invierno, Eugenio preparó la campaña del siguiente año. Su principal objetivo era recapturar Belgrado, la base militar otomana más fuerte y la que controlaba la principal ruta de invasión contra la Hungría de los Habsburgo.

La batalla de Belgrado

El 15 de junio de 1717, utilizando pontones, el ejército imperial al mando del príncipe Eugenio cruzó el Danubio en Pančeva, al este de Belgrado. El 18 de junio, Belgrado estaba rodeada y los imperiales construían a toda prisa sus trincheras de protección contra la fortaleza (contravalación) y el ejército de refuerzo que se acercaba (circunvalación). El ejército de Eugenio contaba con 100.000 hombres, más de 100 cañones de campo y un potente tren de artillería de asedio. Defendida por el Danubio desde el norte y por el Sava desde el oeste, Belgrado contaba con la protección de 30.000 soldados y 600 cañones al mando de Sari Mustafá Pasha. Cuando llegó el ejército de refuerzo otomano (al mando del gran visir Haci Halil Pasha), el 27 de julio, Belgrado había sufrido graves daños debido al bombardeo de los Habsburgo.

Rechazado por Luis XIV, el príncipe Eugenio de Saboya entró al servicio de los Habsburgo austríacos, para los que obtuvo numerosas victorias en la guerra de sucesión española y contra los otomanos.

37 EL SIGLO XVIII

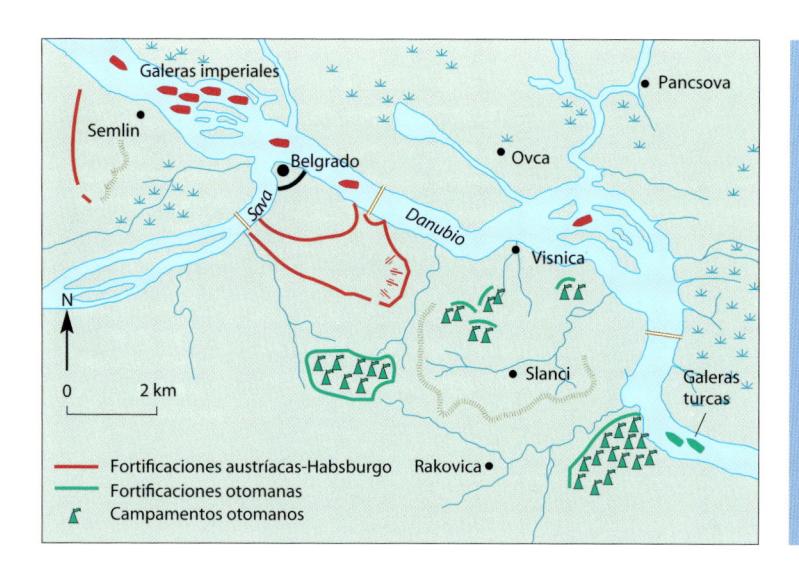

COMBATIENTES

Habsburgo austríacos

- 100.00 hombres.
- Mandados por el príncipe Eugenio de Saboya, mariscal imperial de campo (1663-1736).
- 5.000 bajas.

Otomanos

- Defensores otomanos de Belgrado: 30.000; ejército de apoyo otomano: más de 100.000.
- Mandados por el gran visir Haci Halil Pasha.
- 10.000 bajas.

Superior Esta reconstrucción muestra el despliegue de fuerzas y la contravalación y circunvalación construidas por Eugenio.

Inferior Eugenio culminó su carrera con la batalla de Belgrado, tras la cual se retiró como el general más brillante de los Habsburgo austríacos.

Los efectivos de las fuerzas otomanas quedaron muy por debajo de 100.000 hombres. No obstante, los contemporáneos aseguraban que las tropas regulares representaban sólo «una pequeña proporción del conjunto. El resto… son gentuza… que ignora toda disciplina y no están armados ni entrenados lo suficiente para resistir contra una fuerza regular». Consciente de la debilidad de sus tropas, el gran visir decidió no enfrentarse el ejército de Eugenio en una lucha abierta. En su lugar, mantuvo un fuego de artillería mortal contra los imperiales desde su posición elevada al este de la ciudad, y contra el que la circunvalación apenas sirvió de protección. Los imperiales quedaron atrapados entre el fuego de artillería de los defensores y los otomanos. Eugenio tenía que actuar con rapidez si quería salvar a su ejército, que estaba sufriendo no sólo a causa del fuego enemigo, sino también por la disentería.

Con la esperanza de que los sitiados no pudiesen luchar durante algunos días después de la gran explosión del 14 de agosto, Eugenio decidió atacar al ejército otomano el 16 de agosto. Dejó a 10.000 hombres en las trincheras orientadas a la fortaleza y dio carta blanca al resto de sus tropas a primera hora de la mañana, cuando se disipó la espesa niebla que había ocultado los movimientos de los imperialistas. Gracias a los valientes bávaros y a expensas de los más de 5.000 muertos, los imperiales destruyeron al ejército otomano y capturaron sus 150 piezas de artillería y el campamento del gran visir. Los otomanos, que perdieron en torno a 10.000 hombres, se retiraron hacia Niş. El día siguiente al de la batalla, los defensores de Belgrado (que habían permanecido pasivos durante el enfrentamiento, cegados por los estragos del viento) se rindieron. El 22 de agosto, Eugenio y sus hombres se trasladaron a la ciudad.

Significado

La guerra entre Habsburgo y otomanos de 1716-1717 fue el más breve de los conflictos militares entre los dos imperios. Con la conquista de Belgrado y la región de Temesvár, el príncipe Eugenio de Saboya coronó su carrera como el líder militar de más éxito de su época. El tratado de paz de Passarowitz (1718) restauró la frontera «natural» del Danubio entre los dos imperios.

Rossbach

38

Fecha: 5 de noviembre de 1757   Lugar: oeste de Leipzig, Alemania

*Cuando llega nuestro gran Federico
y se da una palmada en la rodilla
el ejército imperial al completo,
los panduros y los franceses huyen.*
CANCIÓN DE LA ÉPOCA

Rossbach supuso la victoria más completa de Federico el Grande de Prusia. Federico comenzó su reinado en 1740, con un ataque sorpresa sobre Austria y la toma de la valiosa provincia de Silesia. Austria se vio obligada a reconocer esta pérdida cinco años más tarde, pero planificó su venganza. Un cambio radical en las alianzas europeas puso a Francia, Rusia y Suecia al lado de Austria en 1757. Los nuevos aliados decidieron desmembrar Prusia y destruir su magnífico potencial militar.

Preparativos para el conflicto

Temeroso de un ataque, Federico comenzó invadiendo Sajonia (hoy el noroeste de Alemania) en agosto de 1756 con la esperanza de tomarla a modo de base avanzada para la guerra que se avecinaba. De este ataque se encargó Austria, que así pudo legitimar su propia guerra de venganza como defensa del Sacro Imperio Romano. En consonancia con su carácter defensivo, el imperio confiaba en que sus territorios constituyentes apoyasen a sus propias tropas para formar el Reichsarmee, o ejército imperial. Mediante los diez «círculos» (organizaciones regionales) de los territorios alemanes se obtuvo una coordinación limitada. No obstante, los príncipes más ambiciosos que gobernaban territorios más grandes se negaban a subordinar sus fuerzas a la organización de círculos y realizaban sus propios «arreglos», mientras que sus vecinos de menor tamaño tenían que crear sus contingentes de la nada.

Federico el Grande poco después de la batalla de Rossbach. La acción es admirada por las tácticas prusianas de movimiento disciplinado, choque de la caballería y potencia de fuego de la infantería.

Estos defectos influyeron mucho en la suerte de Rossbach, pero las circunstancias políticas probablemente fueron más significativas. La mayor parte de los territorios alemanes se mostraron reacios a seguir el camino abierto por Austria. Los miembros de los tres círculos septentrionales se aliaron con Prusia y Gran Bretaña y formaron su propio ejército para oponerse a los franceses. Se esperaba que Austria aportase 36.200 hombres de los círculos austríacos y borgoñones. Sin embargo, necesitaba su propio ejército para invadir Silesia y envió sólo 8.200 hombres, en su mayoría húsares y panduros (infantería ligera de las provincias balcánicas de los Habsburgo). Los otros cinco círculos presentaron 33.000 hombres, sólo 10.000 por debajo de sus cuotas oficiales. Desde el punto de vista militar, lo más lógico habría sido utilizar estas fuerzas como tropas de guarnición, pero políticamente el ejército imperial tenía que estar en la vanguardia de la campaña para liberar Sajonia. El mando se adjudicó al príncipe de Sajonia-Hildburghausen, un administrador experimentado pero especialmente negado como general. Tuvo que colaborar con un ejército francés al mando del príncipe de Soubise, un hombre que debía su poder a sus relaciones con la corte. Se acordó que la fuerza conjunta invadiría Sajonia desde Turingia, mientras el ejército principal austríaco tomaba Silesia. Federico tendría que dividir sus fuerzas para enfrentarse a estas dos amenazas.

Sin embargo, no calcularon la rapidez de la respuesta prusiana. Federico dejó que su ejército principal protegiese Silesia mientras él se adelantaba con 27 batallones y 45 escuadrones para enfrentarse al ejército franco-imperial. Confiaba en derrotarlo en primer lugar y después regresar antes de que las operaciones austríacas estuviesen totalmente en marcha. Los prusianos cruzaron el río Saale en Sajonia occidental para acampar entre las poblaciones de Bedra y Rossbach, frente a la posición enemiga a 4 kilómetros de distancia. Los franceses formaron a 30.200 hombres en 49 batallones y 40 escuadrones con 32 armas de artillería pesada. La mayoría del ejército imperial quedó

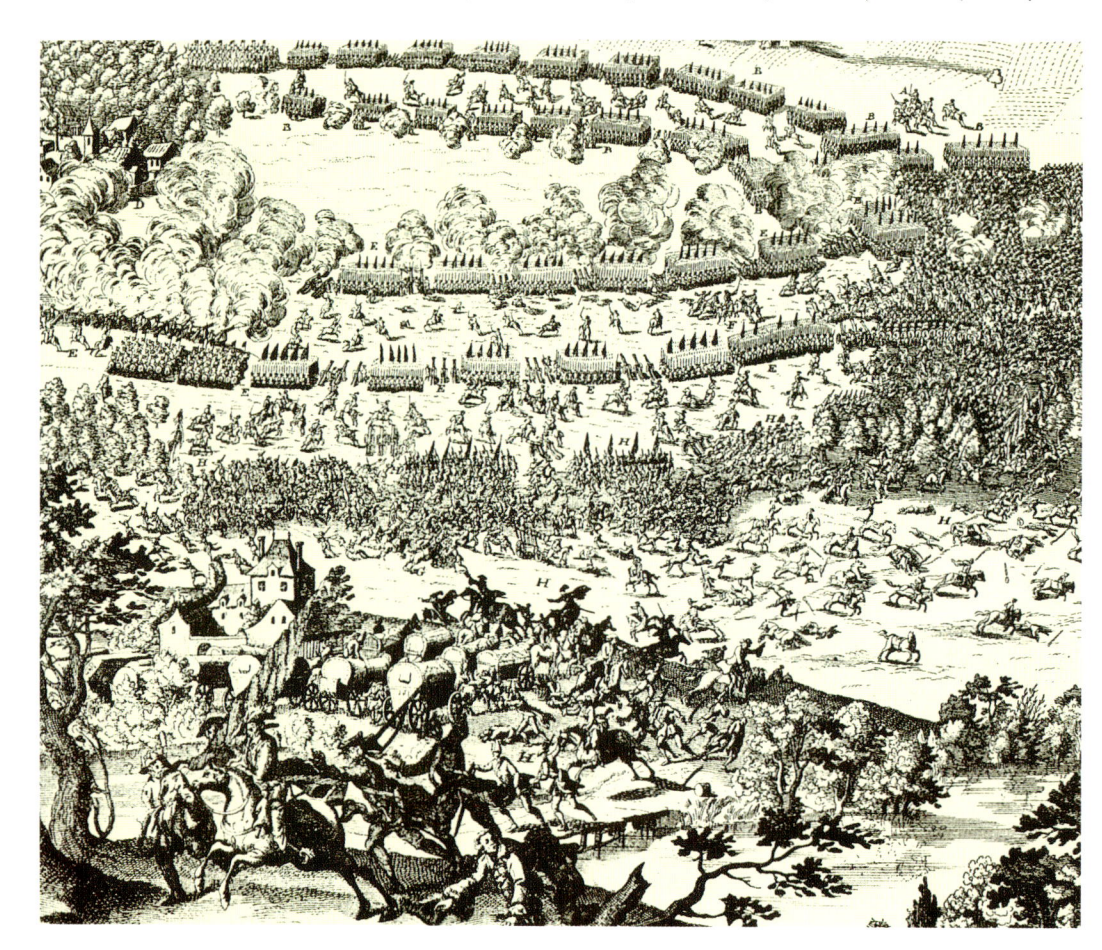

Esta imagen de la época, un tanto idealizada, muestra al ejército franco-imperial al borde del colapso.

destacado cubriendo el flanco y la retaguardia, de manera que en el campamento únicamente quedaron 10.900 hombres, divididos en 12 batallones y 39 escuadrones, 13 cañones pesados y 3.860 soldados de caballería austríacos y tropas ligeras.

El avance franco-imperial

Hildburghausen convenció a un reticente Soubise para atacar a Federico el 5 de noviembre de 1757. Cinco brigadas francesas al mando del conde de St. Germain iban a inmovilizar a los prusianos avanzando sobre las montañas Schortauer, mientras que el ejército principal giraría hacia el sur y después hacia el este para derrotar al flanco enemigo. Las tropas ligeras austríacas al mando de Loudon ocuparían el monte Gallows y actuarían como nexo de unión entre St. Germain y la fuerza principal. Soubise esperaba que Federico se fuese a casa, pero Hildburghausen quería destruir a su ejército.

El plan tenía una base sólida, pero fracasó por la falta de coordinación y por la desmoralización del ejército aliado, que se había quedado sin comida. Soubise salió a las 09.00 horas sin llamar a filas a los grupos que andaban saqueando y sin sacar a los caballos a pastar, dejando a los artilleros que manipulasen sus piezas. La comunicación entre los comandantes de brigada era casi inexistente y la caballería se colocó a 2 kilómetros de distancia por delante de la infantería, mientras que los soldados imperiales a pie quedaron todavía más rezagados porque sus colegas franceses los adelantaron.

Poco después de las 13.30 horas, los aliados observaron la caída repentina de las tiendas prusianas. En cuestión de minutos, el ejército prusiano desapareció detrás del monte Janus. Los dos generales creían firmemente que Federico se había retirado y Soubise escribió a París para informar de la victoria.

Federico pareció despreocupado durante toda la mañana, pero el general Friedrich Wilhelm von Seydlitz ordenó a la caballería que ensillase los caballos a fin de estar preparada cuando su rey se decidiese a actuar. Algunas tropas se quedaron en el campamento para vigilar a St. Germain; por su parte, la infantería formó filas detrás del monte Janus y la caballería se reunió más al este. En la cima del monte se situó una batería de 18 cañones pesados que abrieron fuego a las 15.15 horas contra la caballería franco-imperial, que acababa de llegar al norte de Reichardtswerben.

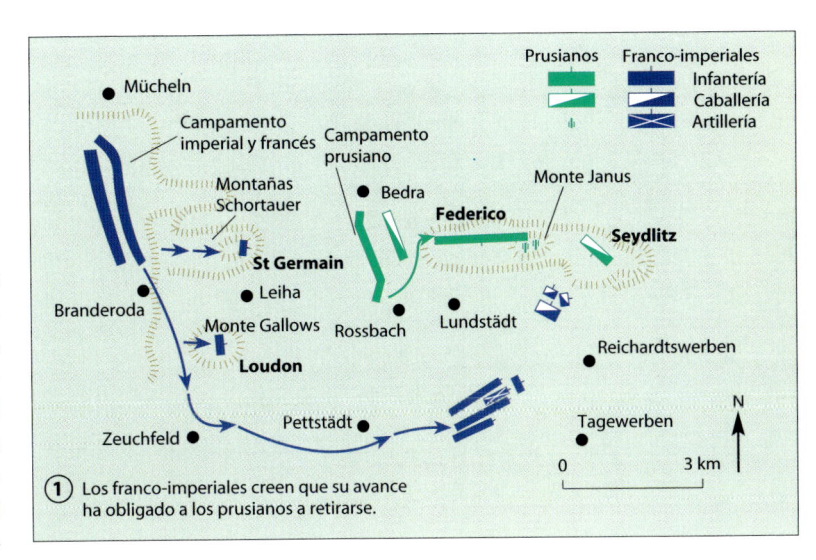

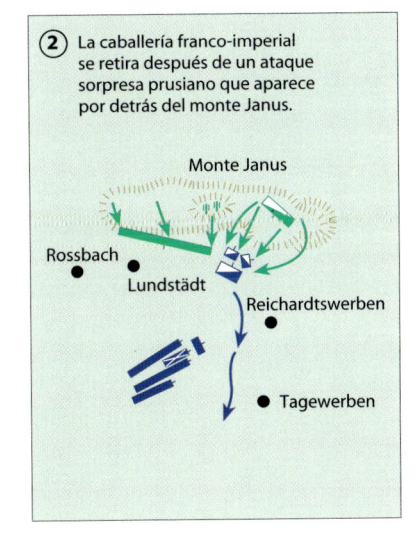

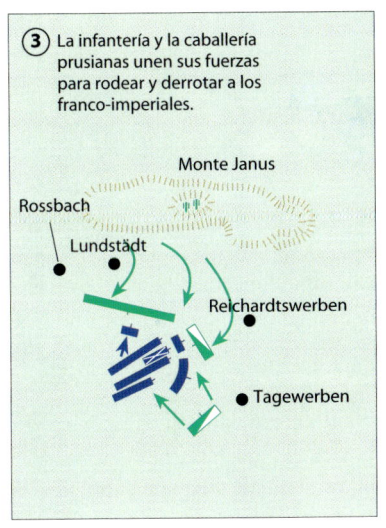

Al creer que Federico sólo estaba cubriendo su retirada, los aliados continuaron con su avance y su infantería se acercó a 750 metros de la caballería enemiga, inmóvil, junto con ocho cañones para responder al fuego. De repente, la caballería de Seydlitz avanzó sobre el monte y cayó sobre los jinetes franco-imperiales que todavía tenían que desplegarse de la columna. Sólo había dos regimientos en el frente, pero lograron retrasar a los prusianos el tiempo suficiente para que pudiesen formar algunos más. La primera línea prusiana retrocedió, pero la segunda avanzó y rompió los regimientos austríacos y franceses que iban delante. Gran parte de la caballería imperial, que no estaba acostumbrada a maniobrar, se vio arrastrada, pero un contingente del sur de Alemania siguió luchando hasta que, en la confusión, fue atacado por los húsares aus-

Extremo superior
Las fuerzas aliadas intentan ahuyentar al flanco prusiano.

Superior izquierda
Ataque inicial prusiano.

Superior
El ataque final prusiano obliga al ejército enemigo a huir.

El regimiento húsar de Széchényi del contingente austríaco con el ejército imperial en una ilustración de la época.

COMBATIENTES

Prusianos
- 16.000 soldados de infantería, 5.400 de caballería, 79 cañones (incluidos 23 pesados).
- Dirigidos por el rey Federico el Grande.
- 548 muertos y heridos.

Franco-imperiales
- 34.000 soldados de infantería, 7.500 de caballería y 114 cañones.
- Mandos: los franceses, dirigidos por el príncipe Carlos de Soubise; los imperiales, por el príncipe Josef María Friedrich von Sachsen-Hildburghausen.
- Franceses: 600 muertos, 2.000 heridos y 5.000 prisioneros; imperiales: 2.535 bajas, en su mayoría prisioneros. Ambas fuerzas perdieron 72 cañones.

tríacos. La caballería aliada no tardó en retirarse en pleno a Reichardtswerben, donde fue presa del pánico y huyó. Seydlitz se detuvo al sudoeste para reagruparse. El enfrentamiento duró sólo media hora.

Las brigadas de infantería aliadas se detuvieron cuando comenzó el combate de la caballería, pero sus comandantes no se lo comunicaron a los que encabezaban las unidades de la retaguardia, que continuaron avanzando y aumentar así la confusión. La infantería prusiana subió la colina a toda prisa y se agrupó en una sola línea para aumentar la potencia de fuego. Los regimientos franceses a la cabeza de las columnas aliadas se desplegaron en columnas para llevar a cabo un ataque con bayonetas, pero se desanimaron ante la lluvia de disparos, cada vez más numerosos, de los cañones del batallón prusiano. Se retiraron y desordenaron las unidades que les seguían, mientras Seydlitz lanzó un segundo ataque de caballería. La infantería francesa se vino abajo y huyó entre los regimientos imperiales que iban detrás. Éstos también huyeron casi en su totalidad, aunque el regimiento de Hessen-Darmstadt se quedó para ayudar a cubrir la retirada junto a los hombres de St. Germain y Loudon.

En sólo dos horas, los prusianos mataron o capturaron a una cuarta parte de los enemigos, mientras que ellos apenas perdieron hombres. Los franceses continuaron sufriendo durante su difícil huida, que se prolongó a lo largo de las dos semanas siguientes, mientras que el ejército imperial se desintegró por completo.

Rossbach y la historia de Alemania

Esta proporción de pérdidas de diez a uno resulta excepcional en las batallas del siglo XVIII y ayuda a hacerse una idea de la escala del triunfo prusiano. La reputación militar de Federico quedó restaurada después de las derrotas del año anterior, y el rey logró otra victoria frente a los austríacos en Leuthen (Silesia) aquel mismo mes de diciembre. Estos dos éxitos convencieron a Gran Bretaña para seguir apoyando a Prusia, contribuyendo así a la supervivencia de Federico durante los cinco años más que duró la guerra. Austria abandonó sus planes de recuperar Silesia y firmó una paz basada en la situación anterior a la guerra en febrero de 1763.

Las consecuencias militares inmediatas no fueron tan espectaculares. Hildburghausen dimitió, pero el ejército imperial se reunió y volvió a luchar con algunos éxitos hasta finales de 1762. Los escritores posteriores ignoraron el impacto divisorio de la guerra de los Siete Años en la política alemana y utilizaron a Rossbach como símbolo de la supuesta superioridad en la organización política y militar de Prusia. El exceso de confianza y la falta de liderazgo convirtieron una simple derrota en un desastre. Si Rossbach se celebra por el movimiento disciplinado de los prusianos, por los ataques de la caballería y por la potencia de fuego de la infantería, fueron los franceses quienes señalaron al futuro con su mezcla de formaciones lineales y en columna. Todo se mejoraría con Napoleón y contribuiría al desastre de Prusia en Jena (1806).

Plassey

Fecha: 23 de junio de 1757   Lugar: Bengala, nordeste de India

39

Caballeros: esta madrugada a la una en punto llegamos al bosquecillo de Plassey. A primera hora de la mañana apareció el ejército al completo del nabab y disparó fuego de cañón contra nosotros durante varias horas. Al mediodía regresaron a un campamento muy fuerte… sobre el cual avanzamos y asaltamos el campamento del nabab… Nuestras pérdidas son insignificantes, pues no más de veinte europeos han resultado muertos o heridos.
ROBERT CLIVE AL COMITÉ DE LA COMPAÑÍA DE LAS INDIAS ORIENTALES, 1757

La de Plassey fue una batalla relativamente menor, pero de consecuencias muy importantes. Gran Bretaña era la potencia militar europea que dominaba la India en 1756, pero los estados locales fueron ganando en fuerza a medida que el imperio mongol se desintegraba. Las compañías francesa y británica de las Indias Orientales formaban parte de un proceso general de construcción de un estado en India, pero también se relacionaban con sistemas de poder internacionales bajo la forma de intereses franceses y británicos. La influencia europea en la India tuvo como consecuencia la expansión de los rifles de chispa, las bayonetas, los cartuchos preparados y los cañones de hierro colado. La caballería en la India no evolucionó a infantería portadora de armas de fuego hasta el siglo XVIII, mientras que las armas superiores y las tácticas eficaces mejoraron considerablemente la artillería.

La crisis inicial en Bengala comenzó como resultado de la necesidad británica de defender su posición. En junio de 1756, el recién llegado nabab de Bengala, Siray al-Dawla, asaltó la posición británica en Calcuta (apenas defendida), el fuerte William, y encerró a sus cautivos en el «agujero negro». Robert Clive, vicegobernador del fuerte Saint David (la mayor posición británica en el sudeste de la India), recibió la orden de recuperar Calcuta. Al mando de 850 soldados británicos y 2.100 cipayos indios (entrenados para luchar como soldados británicos), Clive recuperó el fuerte William a finales de diciembre, en gran parte gracias a las armas del escuadrón naval de apoyo del contraalmirante

Como ha ocurrido en tantas batallas, la pequeña escala de este conflicto no guarda relación con las enormes consecuencias que tendría.

COMBATIENTES

Fuerza anglo-india
- 850 tropas británicas; 50 cañones navales; 2.100 cipayos indios.
- Dirigidos por Robert Clive.
- Aproximadamente 60 bajas.

Indios
- Alrededor de 50.000 hombres.
- Dirigidos por Siray al-Dawla, nabab de Bengala.
- Aproximadamente 500 bajas.

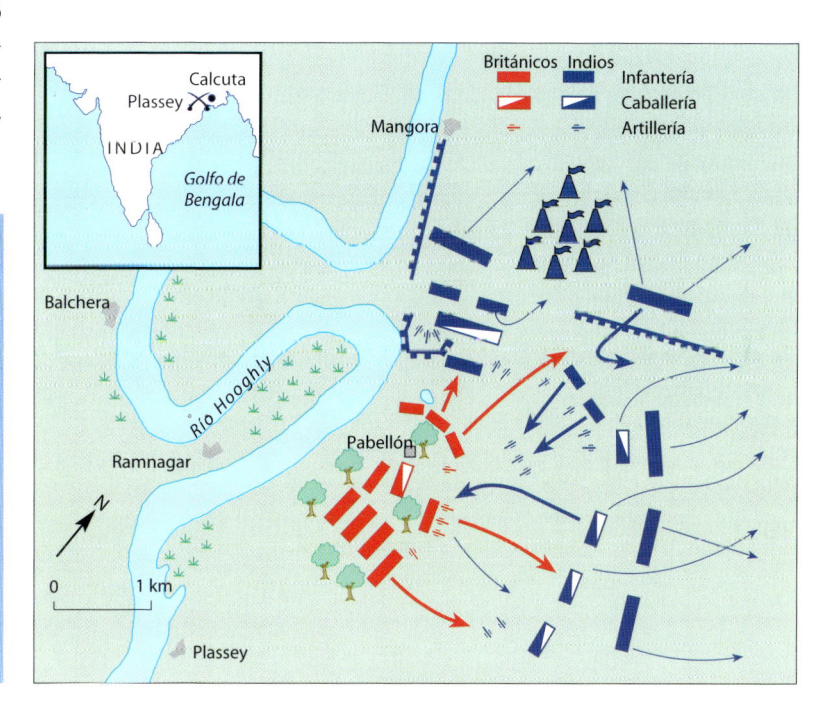

39 EL SIGLO XVIII

Superior *Francis Hayman, uno de los principales pintores de la época, retrata a* Robert Clive y Mir Jafar después de la batalla de Plassey, *h. 1760.*

Inferior *Mosquete de mecha o torador de Lahore, India (finales del siglo XVIII). Las tropas entrenadas por británicos que utilizaban fusiles de chispa se beneficiaron de su calidad de disparo.*

Charles Watson. El avance del nabab sobre Calcuta fue repelido por Clive. Siray al-Dawla firmó la paz y el 9 de febrero de 1757 reconoció a Calcuta como británica.

Preocupado por la presencia francesa en Bengala, Clive atacó a continuación su fuerte en Chandernagore, un avance posible gracias a la excelente navegación en las aguas del río Hooghly. El fuego de proximidad desde los barcos de guerra de Watson resultó decisivo en su caída, el 23 de marzo. No obstante, Clive decidió sustituir al nabab y llegar a un acuerdo con uno de sus generales, Mir Jafar, porque sospechaba de las intrigas entre el nabab y los franceses. A continuación, Clive marchó hacia la capital del nabab, Murshidabad. En el camino aprovechó para tomar el fuerte de Cutwa.

La batalla

El nabab apostó a su ejército para frenar el avance de Clive cerca de la población de Plassey, donde se encontraron las dos fuerzas el 23 de junio de 1757. Clive desplegó a sus hombres delante de un bosquecillo de mangos con un ángulo agudo del río por detrás. Los cipayos se situaron en los flancos con sus diez cañones de campo y obuses. Comenzó un duelo entre artillerías, y Clive retiró a sus hombres hacia el bosquecillo. Los indios no realizaron ningún esfuerzo por atacar, con la excepción de un avance de caballería que retrocedió debido a la metralla, y los hombres de Mir Jafar permanecieron deliberadamente pasivos. La lluvia echó a perder casi todos los cañones del nabab, pero los cañoneros británicos lograron mantener seca su pólvora. Cuando la artillería india (manipulada por franceses) se retiró, Clive avanzó para controlar el muro de contención que rodeaba un gran estanque delante de su posición. Un ataque de la infantería india fue rechazado por la artillería y el fuego de la infantería de Clive. Cuando los indios se retiraron, los hombres del británico avanzaron rápidamente y asaltaron el campamento indio. El nabab ya había huido.

Consecuencias

Las bajas fueron escasas, pero las consecuencias políticas resultaron de gran importancia. La deserción de Mir Jafar, cuyo hijo mató al nabab, supuso un ejemplo dramático de cómo se beneficiaron los británicos de su capacidad de hacerse con aliados locales. Mir Jafar ocupó la posición de sucesor del nabab, lo que permitió a Clive establecerse como político a cambio de un regalo de más de 250.000 libras. La victoria británica en Buxar, en octubre de 1764, condujo al tratado de Allahbabad (1765) que reconoció la posición británica en Bengala y Bihar: el emperador mogol concedió el derecho de cobrar impuestos y dirigir la justicia civil, el *diwan*, a la Compañía de las Indias Orientales. Bengala y Bihar proporcionarían una sólida fuente de ingresos y mano de obra, y se convertirían en la base de la potencia imperial británica en Asia.

El número de soldados en Plassey fue mucho menor que el que luchó en la tercera batalla de Panipat (14 de enero de 1761), cuando los invasores afganos derrotaron a los Maratha en la que probablemente sea la batalla terrestre más larga del siglo. Sin embargo, si se habla de la historia del Sudeste Asiático y de la consolidación de un estado indio, la victoria británica en Plassey fue más importante.

Quebec 40

Fecha: 13 de septiembre de 1759   Lugar: este de Canadá

Nos situamos para recibirles; comenzaron a disparar a distancia, nosotros nos reservamos, y cuando se acercaron les disparamos por divisiones… y parecieron retirarse un poco, aunque seguían avanzando con bastante rapidez, nosotros aumentamos el fuego sin cambiar nuestra posición y, cuando estaban a menos de cien yardas, disparamos todo nuestro arsenal, calamos las bayonetas y toda la línea atacó al amparo del humo.
PARTICIPANTE BRITÁNICO ANÓNIMO, 1759

El enfrentamiento que hizo que Norteamérica se decantase por la cultura inglesa frente a la francesa, la batalla junto a Quebec, fue el resultado de la determinación británica de tomar las bases francesas en Canadá. El conflicto entre las dos potencias estalló en Norteamérica en 1754, pero los franceses prevalecieron hasta la campaña de 1758. El 9 de julio de 1755, los franceses y sus aliados nativos americanos emboscaron y derrotaron una fuerza de regulares británicos que avanzaban sobre Fort Duquesne (la actual Pittsburgh, Pensilvania). En 1756, los franceses expulsaron a los británicos de las orillas meridionales del lago Ontario y capturaron los fuertes Ontario, George y Oswego. En 1757 bombardearon el fuerte William Henry en la cabecera del lago George hasta provocar su rendición.

En 1758, sin embargo, el equilibrio de ventajas cambió. William Pitt el Viejo, el ministro británico más dinámico, había escrito sobre la necesidad de «una guerra ofensiva… El rey es de la opinión de que la toma de Louisbourg y Quebec puede resultar decisiva». En 1758, Pitt planificó una ofensiva triple contra Canadá. El 8 de julio, un ataque frontal británico sobre Fort Carillon, en el extremo sur del lago Champlain, fue rechazado con grandes pérdidas: casi 2.000 muertos o heridos. Sin embargo, los franceses perdieron su mayor base naval en Norteamérica, Louisbourg, en la isla de cabo Bretón, el día 26 de julio. De este modo se abrió paso a un avance anfibio británico por el río San Lorenzo. El tercer flanco capturó Fort Duquesne.

La potencia naval desempeñó un papel fundamental en el éxito británico. Los ingleses pudieron mover fuerzas dentro de su sistema imperial y evitar que los franceses hiciesen lo mismo. El bloqueo de Brest (la principal base naval francesa) dificultó el envío de refuerzos sustanciales por parte de Francia o el mantenimiento de importantes lazos comerciales con las colonias. Las primas de los seguros franceses para los barcos que se dirigían a Quebec pasaron del 5 % en 1755 a más del 50 % en 1758 y casi imposibles de obtener en 1759, un año en el que fueron capturados muchos de los comerciantes enviados a Canadá.

En 1759, con el beneficio que ofrecían pilotos fiables e instalaciones portuarias próximas en Halifax (dos elementos que faltaron en los intentos anteriores de 1690 y 1711), la armada británica escoltó a una fuerza de 8.640 hombres (que incluía 6.560 regulares británicos y 1.190 milicianos americanos al mando de James Wolfe, a las afueras de Quebec). A pesar de su juventud, Wolfe ya tenía experiencia y una merecida reputación por su energía y su determinación. Las fuerzas relativamente pequeñas implicadas en operaciones transoceánicas y la estrecha similitud entre sus armas y sus métodos de lucha dieron un gran valor al liderazgo (en especial, a la capacidad de entender y explotar el terreno) y a la moral, a la cohesión y a la potencia de fuego.

Wolfe llegó a las proximidades de Quebec el 26 de junio, pero la fuerza natural de su posición, las fortificaciones francesas y la habilidad de las disposiciones del marqués de Montcalm frustraron sus disposiciones durante más de dos meses. Las operaciones iniciales de Wolfe en Beauport Shore no tuvieron éxito: el 31 de julio, el numeroso ejército de Montcalm repelió un ataque a las posiciones fran-

Louis-Joseph, marqués de Montcalm, fue un hábil comandante que se mostró especialmente eficaz en las primeras fases de la guerra.

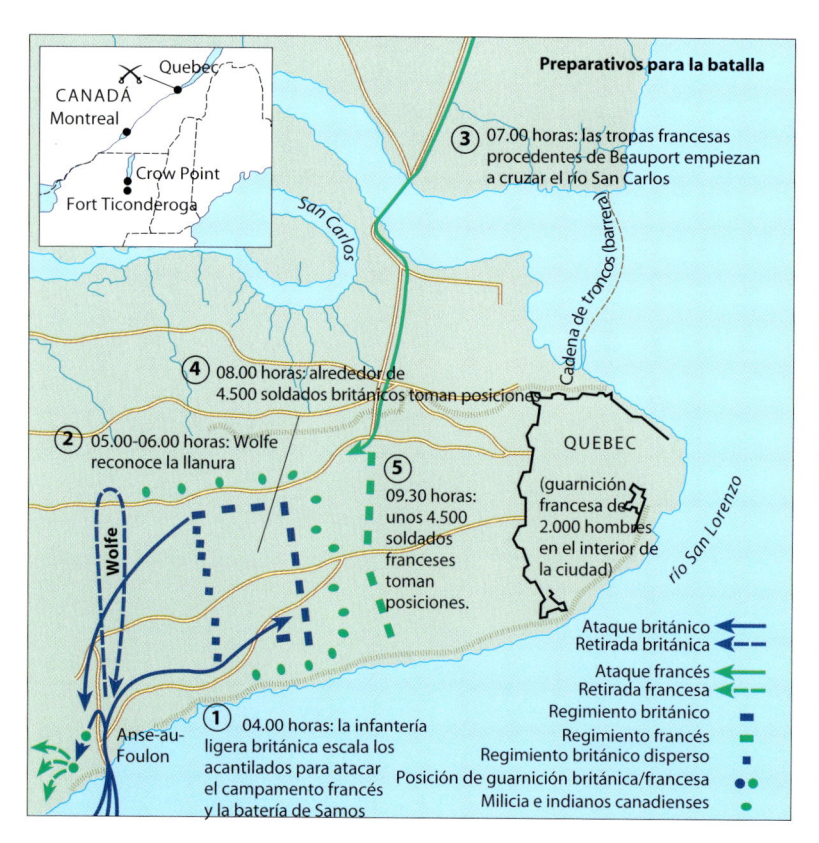

40 EL SIGLO XVIII

Preparativos para la batalla

① 04.00 horas: la infantería ligera británica escala los acantilados para atacar el campamento francés y la batería de Samos

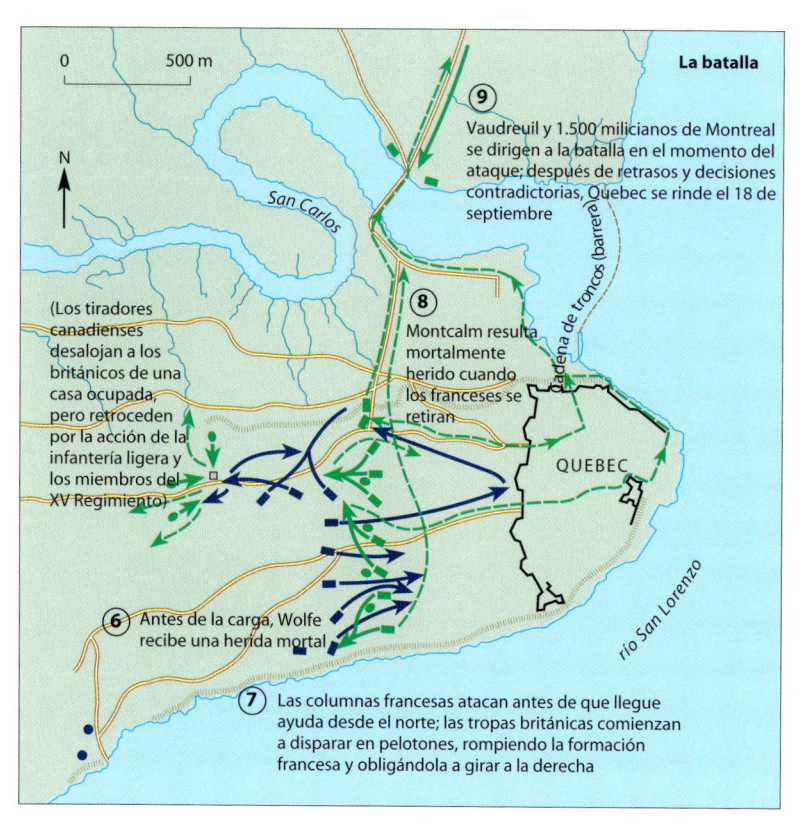

② 05.00-06.00 horas: Wolfe reconoce la llanura

③ 07.00 horas: las tropas francesas procedentes de Beauport empiezan a cruzar el río San Carlos

④ 08.00 horas: alrededor de 4.500 soldados británicos toman posiciones

⑤ 09.30 horas: unos 4.500 soldados franceses toman posiciones.

QUEBEC (guarnición francesa de 2.000 hombres en el interior de la ciudad)

- Ataque británico
- Retirada británica
- Ataque francés
- Retirada francesa
- Regimiento británico
- Regimiento francés
- Regimiento británico disperso
- Posición de guarnición británica/francesa
- Milicia e indianos canadienses

La batalla

⑥ Antes de la carga, Wolfe recibe una herida mortal

⑦ Las columnas francesas atacan antes de que llegue ayuda desde el norte; las tropas británicas comienzan a disparar en pelotones, rompiendo la formación francesa y obligándola a girar a la derecha

⑧ Montcalm resulta mortalmente herido cuando los franceses se retiran

⑨ Vaudreuil y 1.500 milicianos de Montreal se dirigen a la batalla en el momento del ataque; después de retrasos y decisiones contradictorias, Quebec se rinde el 18 de septiembre

(Los tiradores canadienses desalojan a los británicos de una casa ocupada, pero retroceden por la acción de la infantería ligera y los miembros del XV Regimiento)

COMBATIENTES

Británicos
- Alrededor de 4.500 hombres.
- Dirigidos por el general James Wolfe.
- Unos 658 muertos o heridos.

Franceses
- Aproximadamente 4.500 hombres.
- Dirigidos por el general marqués Louis-Joseph de Montcalm.
- 644 muertos o heridos.

cesas. Los británicos sufrieron 440 bajas frente a las 60 de los franceses. A medida que se acercaba el invierno, aumentaba la probabilidad de que los británicos fracasasen, aunque al menos evitaron las numerosas pérdidas por enfermedad que azotaron a las expediciones británicas en las Indias Occidentales.

Wolfe se arriesgó con un movimiento audaz. James Cook, que más tarde se haría famoso como explorador del Pacífico, había examinado a conciencia el San Lorenzo. Por su parte, los buques de guerra británicos dejaron atrás Quebec el 18 de julio y realizaron ataques río arriba el 8 de agosto. El ejército iría detrás. Del 1 al 3 de septiembre, las tropas británicas salieron del campamento de Montmorency y siguieron la orilla sur del río frente a Quebec. El 10 de septiembre, y después de llevar a cabo un reconocimiento del río, Wolfe decidió tomar tierra en Anse-au-Foulon, al oeste de la ciudad. La maniobra requería una reorganización secreta que se realizó con gran habilidad.

Después de los retrasos debidos al mal tiempo, los británicos tomaron tierra a primera hora del 13 de septiembre. Alrededor de 200 soldados de infantería ligera escalaron los acantilados y atacaron con éxito un campamento francés a 100 metros de la retaguardia. Otros 385 hombres tomaron tierra y atacaron la batería de Samos. El resto de la fuerza britá-

Superior izquierda *A primera hora del 13 de septiembre de 1759, los regimientos británicos comenzaron a tomar tierra al sudoeste de Quebec. La preparación fue crucial para situar correctamente a las tropas.*

Izquierda *La batalla terminó muy pronto; las columnas francesas fueron incapaces de resistir la potencia de fuego de las líneas británicas.*

166

nica (alrededor de 5.140 hombres) tomó tierra y avanzó hacia las llanuras de Abraham, al sudoeste de la ciudad.

La batalla

Montcalm ocupaba una posición fuerte, con un total de 13.000 hombres en la zona y tropas frescas que se acercaban a la retaguardia de Wolfe, pero en lugar de esperar a la defensiva y unir sus fuerzas, decidió atacar con los hombres de que disponía en aquel momento. Los franceses avanzaron en columnas, pero su centro torció a la derecha y sus formaciones quedaron desorganizadas. Los británicos esperaron a que los franceses se encontrasen a 30 metros de distancia y abrieron fuego regular. Este ataque de proximidad provocó la desintegración de las columnas francesas y su retirada antes de que los franceses comenzaran su carga de bayonetas. Wolfe ya había quedado herido de gravedad antes del avance francés y Montcalm también sufrió una herida mortal cuando sus tropas se retiraron.

Las bajas francesas y británicas fueron comparables, pero la moral francesa quedó por los suelos. Quebec no fue capturada en parte porque la presencia de 1.500 milicianos canadienses en el flanco derecho de la fuerza francesa convenció a los británicos de que no persiguiesen a los galos hasta la ciudad. Los franceses conservaron el control de la mayor posición fortificada y 2.000 soldados más llegaron inmediatamente después de la batalla a la retaguardia británica, lo que hizo que los ingleses enviasen a los regimientos XLVIII y XXXV y dos piezas de artillería de campo para responderles. En un consejo de guerra, los oficiales franceses decidieron no arriesgarse de nuevo y retirarse río arriba. La decisión de la retirada se cambió el 17 de septiembre, cuando los franceses se rindieron (el 18 del mismo mes) mucho antes de lo necesario a pesar de que una fuerza de apoyo se acercaba a Quebec: se quedó a menos de 5 kilómetros de la ciudad cuando el comandante de Ramezay se rindió.

Consecuencias

La captura de Quebec fue el golpe decisivo al dominio francés en Canadá, pero su impacto quedó reforzado por los avances en otros frentes: los británicos capturaron Fort Niágara el 26 de julio y Carillon (rebautizado más tarde como Ticonderoga) el 27 de

Vista de la toma de Quebec. *Esta obra infravaloró la dificultad y el peligro de escalar los acantilados.*

Edward Penny, La muerte del general James Wolfe, 1763: una escena totémica de sacrificio por la causa del imperio que se adelantó a la de Nelson en Trafalgar. El 17 de agosto de 1791, en un teatro de Birmingham (Inglaterra), el público recibió la promesa de una «gran pantomima seria» que culminaría con la muerte de Wolfe.

julio. A principios de 1760, el ejército francés todavía presente en Canadá avanzó para intentar recuperar Quebec. La posición británica se había debilitado por el cierre del San Lorenzo debido al hielo, lo que privó a las tropas de apoyo naval y abastecimiento. En el mismo campo de batalla, los británicos fueron derrotados en la batalla de Sainte-Foy (28 de abril de 1760), que supuso en muchos aspectos una réplica de la batalla de 1759: los franceses contaban con 4.200 hombres, y los británicos con 3.870. Los galos vencieron con una carga de bayonetas que se benefició de la falta de orden en la fuerza británica, y ésta se retiró a Quebec con un número mayor de bajas: 1.088 muertos y heridos, frente a las 833 bajas de los franceses.

El deshielo, sin embargo, permitió a la tropa británica llegar con refuerzos el 16 de mayo. De nuevo, la potencia naval resultó decisiva. Los franceses se replegaron en Montreal. Aquel verano, las tropas británicas avanzaron desde Quebec, Ticonderoga y el lago Ontario, y los franceses (ampliamente superados en número, ya que eran 3.520 frente a unos 17.000 hombres), al mando del marqués de Vaudreuil, gobernador general de Nueva Francia, se rindieron en Montreal el 8 de septiembre. Tres días más tarde, el fuerte de Trois-Rivières, entre Quebec y Montreal, también se rindió.

La campaña de 1760 resultó un impresionante triunfo de recursos y planificación, pero la caída de Quebec debía recibir más atención. En aquella fase, el destino de la guerra se encontraba más equilibrado. Además, el general James Wolfe se convirtió en un símbolo de los sacrificios y éxitos del imperialismo británico.

Saratoga

41

**Fecha: 19 de septiembre-17 de octubre de 1777
Lugar: estado de Nueva York, este de Estados Unidos**

… proyectos precipitados, empresas visionarias y acontecimientos desastrosos.
PANFLETO BRITÁNICO QUE DESCRIBE LA EXPEDICIÓN DE SARATOGA

La derrota de todo un ejército británico en 1777 supuso un acontecimiento clave en la consecución de la independencia por parte de los americanos. Además, se convirtió en el fracaso total de una estrategia audaz que consistía en dividir por la mitad las trece colonias rebeldes siguiendo el corredor del Hudson. El ejército británico de Canadá avanzó al sur y tomó fácilmente Ticonderoga, en el lago Champlain, el 6 de julio. Desde allí, avanzó hacia el Hudson a través de un difícil terreno boscoso, con la dificultad añadida de los árboles talados por los americanos para bloquear los riachuelos. Todas las guerras implican riesgos, y el hecho de no ejercer presión, después de tomar Ticonderoga tan fácilmente, habría significado no hacer contribución alguna a lo que parecía la campaña decisiva. Si los británicos estaban cansados, sus oponentes no se encontraban precisamente en su mejor momento: bajos de moral y con numerosas deserciones, y sin saber cómo responder al avance del comandante británico John Burgoyne. El general Philip Schuyler escribió estas palabras acerca de Ticonderoga el 5 de julio:

«Si nos ocurre un accidente en este acuartelamiento y se pierden las tropas, nos encontraremos en una desagradable situación, con poco más que la milicia; sin una sola pieza de artillería pesada o ligera, y sin ningún artillero… no tenemos ni un cartucho».

En lugar de resistir, se replegaron. Una parte de la fuerza británica, sin embargo, sufrió una derrota cerca de Bennington el 16 de agosto. Después de cruzar el Hudson por un puente flotante el 13 y el 14 de septiembre, Burgoyne hizo frente a un ejército americano que iba engrosando sus filas y se trasladaba al norte desde Albany. Burgoyne no sopesó los riesgos, en parte porque era muy consciente de la falta de información precisa, que de tanta valía le hubiese sido.

La batalla

El 19 de septiembre, Burgoyne se acercó a la posición del comandante americano Horatio Gates, fortificado con parapetos y reductos, en Bemis Heights (una zona muy boscosa al norte de Stillwater, en la parte occidental del Hudson). El avance fue un desastre. Los americanos al mando de Benedict Arnold y Daniel Morgan avanzaron para hacer frente al centro británico en Freeman´s Farm, aproximadamente a 2 kilómetros al norte de Bemis Heights, y los fusileros de Morgan provocaron numerosas bajas. Cada vez que los británicos avanzaban, los americanos se retiraban, tirando desde una posición emboscada desde 180 metros y matando sobre todo a oficiales. Los británicos lucharon con valentía, pero no llegaron a las trincheras de Gates.

Burgoyne fue el responsable por no coordinar sus tres unidades de avance y por exponer a sus tropas a un enfrentamiento en el que perdieron la iniciativa sin contar con una posición defensiva fuerte sobre la que replegarse. Por suerte para Burgoyne, Gates (un general sobrevalorado) se negó a dejar sus trincheras para prestar apoyo a Morgan y a Arnold, mientras que los británicos recibieron la ayuda de un avance de auxiliares alemanes al mando del general Frederick Riedesel. Burgoyne quedó al mando del campo de batalla, pero perdió alrededor de 600 hombres, frente a los 300 de los americanos, mientras Gates seguía bloqueando la ruta sur. El avance británico no cumplió sus objetivos operativos y reveló las graves debilidades de la táctica inglesa.

Burgoyne decidió intentarlo de nuevo, pero pospuso su ataque para comprobar el impacto que ten-

Retrato de Horatio Gates, 1872, pintado por Charles Willson. Vencedor en Saratoga y administrador eficaz, Gates sufriría una derrota desastrosa frente a los británicos en Camden (1780). Fue sustituido rápidamente por Nathanael Greene.

169

EL SIGLO XVIII

Benedict Arnold, el héroe de Saratoga, cae de su caballo mientras los americanos se enfrentan a un grupo de hombres de Riedesel. Arnold quedó gravemente herido en Bemis Heights. En 1780 estableció una correspondencia de traición con los británicos, pero pronto fue descubierto y obligado a huir.

dría un avance británico Hudson arriba desde Nueva York al mando del general sir Henry Clinton. El 28 de septiembre, Burgoyne escribió a Clinton informándole de que el enemigo era más numeroso, que había cortado la retirada desde Canadá y que las provisiones se le terminarían el 20 de octubre. Clinton contaba con un pequeño ejército, pero el 6 y el 7 de octubre avanzó, tomando los fuertes Montgomery, Clinton y Constitution. No obstante, estaban lejos de la posición de Burgoyne.

Desde el enfrentamiento del 19 de septiembre, el ejército cada vez más expuesto de Burgoyne se vio afectado por la falta de moral, el descenso de las provisiones y las deserciones. En un consejo de guerra celebrado el 5 de octubre, sus oficiales presionaron a Burgoyne para retirarse mientras todavía tuviesen una oportunidad, pero el general respondió obstinadamente convocando un ataque a gran escala contra Gates, cuyo ejército había pasado a ser de 11.469 hombres (frente a los 6.617 soldados de Burgoyne). Cuando se señaló que el bosque hacía imposible obtener información precisa, Burgoyne propuso un reconocimiento en masa que podría ampliarse a un ataque para envolver los flancos americanos. Lo intentó el 7 de octubre, pero fue rechazado por los americanos (aunque el rechazo de Gates a convocar a todas sus tropas limitó el alcance del desastre). Los británicos perdieron 600 hombres, incluyendo varios oficiales importantes; las bajas americanas se quedaron en 130, aproximadamente.

La batalla destruyó la moral del ejército de Burgoyne. El 8 de octubre, los británicos comenzaron la retirada, dejando atrás a los heridos (una medida que golpeó todavía más su ya maltrecha moral). Los americanos, por su parte, ya habían fortificado la orilla opuesta del Hudson a fin de evitar el cruce del río. Burgoyne accedió a abandonar las armas y el bagaje, y la retirada tuvo luchar a marchas forzadas con el fin de cruzar el Hudson por encima de Fort Edward. Sin embargo, cuando el general descubrió que aquella ruta también estaba bloqueada, ordenó cambiar el sentido de la marcha. Tras acampar en Saratoga, el ejército de Burgoyne se limitó a esperar a Clinton mientras se hallaba expuesto a un fuego constante.

COMBATIENTES

Americanos

- En total, 21.000 hombres.
- Dirigidos por el comandante en jefe y general Horatio Gates, general Benedict Arnold y general Daniel Morgan.
- Alrededor de 430 bajas.

Británicos

- 7.000 hombres.
- Dirigidos por el comandante en jefe y general John Burgoyne, general Simon Fraser; auxiliares alemanes liderados por el general Frederick Riedesel.
- Todos los soldados británicos acabaron hechos prisioneros de guerra.

Los hombres de Clinton avanzaron, pero el 14 de octubre Burgoyne comenzó a negociar con Gates, y el 17 de octubre se produjo la rendición del ejército. Deseoso de poner punto final porque le preocupaba el avance de Clinton, Gates se mostró de acuerdo en que las tropas de Burgoyne regresasen a Gran Bretaña con la condición de que no volviesen a servir en América. Este tipo de libertad bajo palabra era natural para los combatientes europeos y Gates, excomandante en el ejército británico, creía que actuaba según las convenciones normales. Sin embargo, ante la preocupación de que los que se habían rendido y regresaban a Gran Bretaña sustituyesen a otros soldados que podrían ser enviados a la guerra, el Congreso desaprobó la convención y mantuvo a los soldados encerrados como prisioneros de guerra. Las tropas británicas fueron a parar a Virginia, donde permanecieron hasta el final de la guerra.

El enfoque de Burgoyne en lo que respecta a las operaciones en el bosque no fue lo suficientemente flexible. Simon Fraser, general británico, fue abatido por los tiradores de Morgan el 19 de septiem-

Superior derecha *El primer ataque. La fuerza británica fue repelida, pero Riedesel lideró un contraataque sobre la derecha americana, lo que permitió a Burgoyne conseguir una batalla igual al caer la noche.*

Derecha *Ataque final de Burgoyne. Después de ser repelidos, Burgoyne y su ejército dejaron a los británicos heridos en el campo de batalla y se retiraron a Saratoga, donde se acordaron los términos de la rendición.*

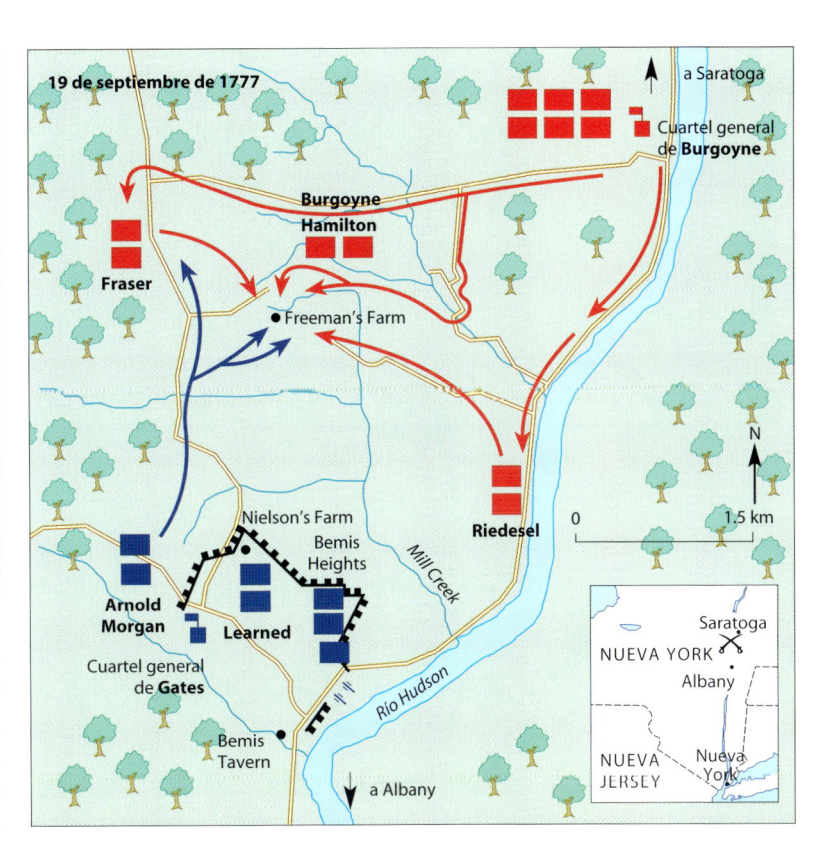

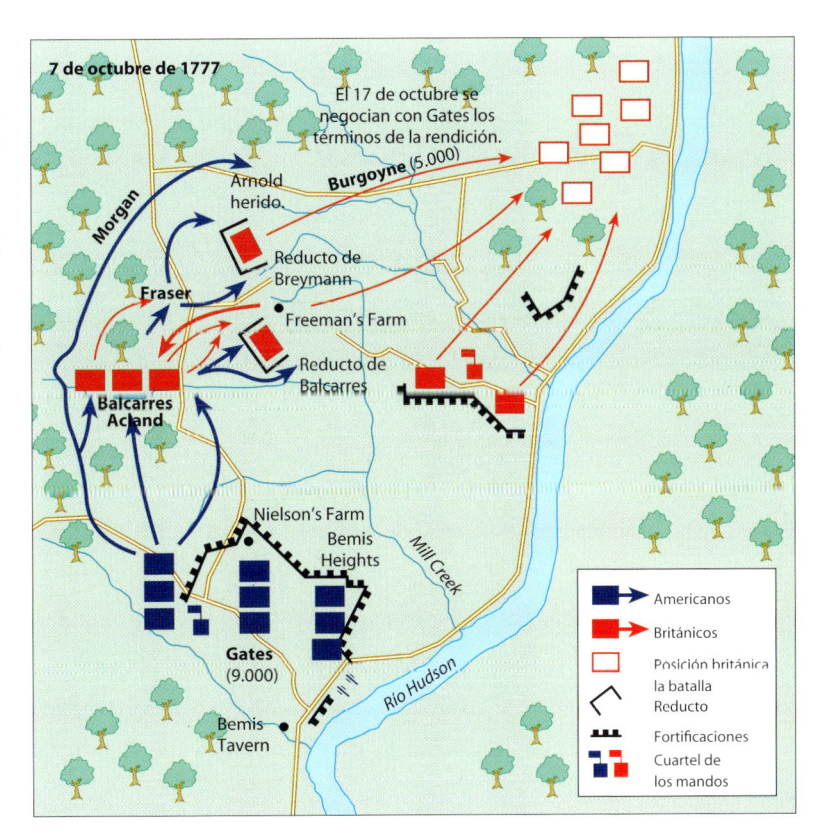

bre; Riedesel, su contrapunto alemán, podría haber logrado derrotar a los americanos. Sin embargo, con Burgoyne al mando, los británicos acusaron la grave falta de liderazgo. Ser «*burgoyned*» (es decir, rodeado y capturado) se convirtió en un término común.

Consecuencias

Las pérdidas de las tropas fueron graves, igual que las consecuencias estratégicas. Los británicos ya no atacaron al sur de Canadá. Adoptaron una estrategia marítima centrada en el control de los puertos y las zonas costeras sin utilizar la capacidad terrestre proporcionada por una fuerza ofensiva con base en Canadá. De este modo se redujeron las opciones estratégicas de los británicos. Saratoga supuso el fin de toda perspectiva seria de separar Nueva Inglaterra del resto de América. Si Burgoyne se hubiese retirado, habría estado en disposición de contraatacar y amenazar de nuevo a la zona del alto Hudson. La campaña, además, sirvió como un aviso para los que pensaban que los americanos sólo contaban con un ejército importante y, en consecuencia, su derrota significaría el fin de la guerra. Cuando se consideró por primera vez el avance de Burgoyne, se dio por sentado que el único riesgo significativo sería que Washington se pusiera en su contra. Lo que ocurrió fue que Burgoyne fue derrotado mientras Washington luchaba cerca de Filadelfia.

La idea de que la milicia o los fusileros de Morgan ganaron Saratoga constituye una vieja tradición que los estudiosos modernos ya no aceptan; sin embargo, refleja una vez más el énfasis en los voluntarios y los soldados no profesionales del mito militar americano. Saratoga contribuyó poderosamente a este mito a lo largo del siguiente siglo. Se consideró como una victoria de un modo de luchar típicamente americano. En realidad, las milicias derrotaron en 1776 a un destacamento británico en Bennington, lo que supuso un gran golpe en el contexto de la campaña. Además, la fuerza de continentales de Gates en Saratoga pudo luchar debido al gran número de milicianos que acudieron en su ayuda. Gran parte de la lucha en el bando americano, sin embargo, recayó en los continentales destacados del ejército de Washington al mando de Arnold.

La batalla de Saratoga causó un gran impacto en América y Europa, y elevó considerablemente la moral y el prestigio de la revolución. Al demostrar la resistencia americana, la campaña acercó a Francia a la intervención.

La rendición del general Burgoyne fue la consecuencia de la impaciencia, de la mala interpretación de la situación geográfica y estratégica, y de la falta de apoyo por parte de otros generales británicos. Liberado bajo palabra, Burgoyne fue nombrado comandante en jefe de Irlanda en 1782.

Yorktown

**Fecha: 29 de septiembre-19 de octubre de 1781
Lugar: Virginia, este de Estados Unidos**

Sólo se veían bombas y balas de cañón cayendo en toda nuestra línea.
DEL DIARIO DE JOHANN DÖHLA, QUE LUCHÓ AL LADO DE CORNWALLIS EN YORKTOWN, 1781

La rendición de la fuerza británica en Yorktown condujo al final de la guerra de independencia americana, ya que provocó una crisis de confianza en la continuación de la guerra y la caída del gobierno británico. Fue una batalla decisiva, ganada con pocas bajas. La derrota marcó en especial el fracaso de la coordinación mar-tierra de los británicos y de la estrategia que llevó a Cornwallis a marchar al norte, atravesando Carolina del Norte, hasta Virginia. La falta de apoyo legitimista acabó con las esperanzas de conquistar Virginia, y las operaciones de Cornwallis mostraron una falta de objetivo estratégico claro. Si la pacificación era el objetivo británico, alcanzar Virginia, por destructivo que resultase, no iba a garantizarla. Además, Cornwallis se vio reducido a establecer una posición en Chesapeake Bay en respuesta a las órdenes de cubrir un fondeadero para buques de guerra británicos. Representaba una peligrosa pérdida de flexibilidad y de iniciativa, ya que los americanos y sus aliados franceses se preparaban para actuar.

No obstante, en esta fase la guerra todavía no se había perdido. Estaba claro que ni la estrategia británica en el sur ni el avance sobre Virginia habían proporcionado los beneficios previstos, pero los ingleses demostraron en el sur que podían ganar, mantener puntos importantes y derrotar a las fuerzas americanas.

Acuarela de soldados americanos en Yorktown, pintada por un oficial francés, Jean-Baptiste-Antoine de Verger. Incluye un soldado de infantería de color del Primer Regimiento de Rhode Island. Es la única imagen conocida de la época de un soldado negro en el ejército.

Extremo superior
El asedio fue pequeño y breve para los estándares europeos, pero resultó crucial. Esta vista es obra de Louis Nicolas van Blarenberghe.

Superior George Washington, *por James Peale (Charles Willson Peale, h. 1787-1790). Yorktown supuso el punto culminante de la carrera militar de Washington.*

Además, la carga económica de la lucha era cada vez mayor para los americanos. La hiperinflación hundió la economía americana, y a principio de 1781 se produjo un motín de las unidades. Nathanael Greene, comandante de las fuerzas americanas en el sur, se quejó así el 13 de agosto de 1782: «El abastecimiento es tan insignificante en comparación con nuestras necesidades que sólo ha servido para hacer burla de nuestro malestar… Los murmullos y el descontento predominan entre los soldados en gran medida».

Además, si los británicos hubiesen conservado sus posiciones con éxito en América y continuado su guerra naval contra Francia y España, podrían haber tenido esperanzas de dividir a sus rivales. Pero no fue así, ya que proporcionaron a sus oponentes una oportunidad que éstos apreciaron y no desaprovecharon. Cornwallis se asentó en Yorktown, una posición defensiva no digna de alabanza, ya que carecía de fortificación, era baja y no dominaba terreno alguno (aunque sí disponía de un fondeadero adecuado para buques de línea). George Washington esperaba atacar la base británica de la ciudad de Nueva York, pero rápidamente tomó ventaja de las posibilidades creadas por los movimientos de Cornwallis. Las tropas americanas y francesas, incluido el crucial tren de asedio francés, se trasladaron al sur, a Virginia.

La respuesta naval británica resultó inadecuada, en gran parte debido a que el almirante Rodney se negó a enviar suficientes barcos desde las Indias Occidentales y los franceses lograron una superioridad crucial en fuerzas navales. Como resultado, el 5 de septiembre en la batalla de los cabos de Virginia, el almirante británico Thomas Graves se encontró superado por 24 a 19 en buques de línea. En la batalla, ninguno de los bandos sufrió hundimientos, pero el choque resultó decisivo porque evitó que Graves liberase al ejército de Cornwallis.

Mientras tanto, el cerco se fue cerrando. Las tropas francesas tomaron tierra el 1 de septiembre cerca de la entrada al río James; el 14 del mismo mes, Washington llegó a la península de Williamsburg. Dos días más tarde, tranquilizado por una promesa de apoyo naval, Cornwallis escribió: «Si no tuviese esperanzas de auxilio, preferiría arriesgar una acción que defender mis fortificaciones a medio terminar, pero como decís que se espera la llegada de [el almirante] Digby de un momento a otro, y ha prometido invertir todos sus esfuerzos en ayudarme, no creo que tenga justificación por mi parte dejar el destino de la guerra en un intento tan desesperado». Pronto no tuvo otra opción. La fuerza francoamericana tomó posiciones alrededor de Yorktown la noche del 28 de septiembre y el día siguiente.

La batalla

Animado por la promesa de apoyo, Cornwallis abandonó sus fortificaciones exteriores la noche del 29 de septiembre con el fin de radicalizar su posición y aumentar la densidad de su defensa ante la superioridad numérica de los asediadores. Los hombres de Washington ocuparon las fortificaciones exteriores el 30 de septiembre, aunque tuvieron que enfrentarse al fuego pesado de cañón de Cornwallis hasta la llegada de su propia artillería, el 6 de octubre. A partir de entonces, los asediadores pudieron comenzar un asedio convencional contra una posición fortificada vulnerable y débil para los estándares de la época.

La noche del 6 de octubre, los asediadores empezaron a cavar el primer «paralelo», una zanja paralela a las fortificaciones y parte crucial y habitual en los asedios. Lo terminaron el 9 de octubre y, aquella misma tarde, empezó el bombardeo con una fuerza de artillería más numerosa y más pesada que la de Cornwallis, con numerosas bajas y daños. Provocó una fuerte bajada de moral en los defensores.

El 11 de octubre, Cornwallis escribió:

«[…] nada, excepto un movimiento directo hacia el río York, que incluye una acción naval exitosa, puede salvarme. El enemigo realizó su primer paralelo la noche del 6 a la distancia de 550 metros y lo ha perfeccionado, ha construido plazas de armas y baterías con gran regularidad y cautela. La tarde del 9 abrieron fuego sus baterías y desde entonces siguen disparando, sin interrupción, con unas 40 piezas de cañón, en su mayoría pesadas, y 16 morteros […] muchas de nuestras fortificaciones han sufrido daños considerables; con tales fortificaciones en terreno desventajoso, contra un ataque tan poderoso, no podemos esperar resistir por mucho tiempo».

Un comentario añadido el 12 de octubre dice así: «La pasada noche, el enemigo realizó su segundo paralelo a una distancia de 270 metros. Seguimos perdiendo muchos hombres».

Muchos de los cañones de Cornwallis quedaron silenciados por el bombardeo, mientras que un gran número de soldados sufrieron heridas o murieron. La noche del 14 de octubre, los sitiadores atacaron los dos reductos que obstruían el camino del segundo paralelo al río, de manera que se redujo todavía más el perímetro británico. Al día siguiente, Cornwallis escribió: «La experiencia ha demostrado que nuestras fortificaciones recientes no resisten a su potente artillería… La seguridad del lugar es, por tanto, tan precaria que no puedo recomendar que la flota y el ejército corran un gran riesgo para intentar salvarnos».

El final

El 16 de octubre, una salida pensada para inutilizar los cañones de los asediadores tuvo un efecto limitado y pasajero. Cornwallis decidió intentar cruzar por la noche el río York hasta el puesto avanzado británico de Gloucester y después atacar a la fuerza francesa bloqueando esa posición. El primer desta-

Superior Charles Cornwallis, primer marqués de Cornwallis, de Thomas Gainsborough, 1783. Derrotado en Yorktown, Cornwallis recuperó su reputación con sus éxitos en la India (1791-1792) e Irlanda (1798).

Luchar de espaldas al río nunca fue recomendable, y las fortificaciones débiles no mejoraron demasiado la situación de los británicos.

camento cruzó el río con éxito a última hora de aquel día, pero una violenta tormenta impidió que las embarcaciones cruzasen una segunda vez. Cuando el tiempo mejoró, era demasiado tarde para llevar a cabo un ataque y Cornwallis tuvo que replegar la primera oleada. Bajo un intenso bombardeo que no pudo devolver, Cornwallis decidió finalmente abandonar la posición.

El 17 de octubre, Johann Conrad Döhla, miembro de las fuerzas Ansbach-Bayreuth del ejército de Cornwallis, relató lo siguiente: «Al amanecer comenzó de nuevo el bombardeo enemigo, más intenso que nunca. Disparaban desde todas las posiciones sin descanso. Nuestro mando, que se encontraba en el Hornwork, ya no podía seguir soportando las bombas, los obuses y las balas de cañón». Aquel día, el del cuarto aniversario de la rendición de Burgoyne en Saratoga, Cornwallis propuso un armisticio con el fin de negociar su rendición. Después de las negociaciones que tuvieron lugar el 18 de octubre, las tropas británicas abandonaron sus posiciones en ruinas al día siguiente para rendirse al son de «The World Turned Upside Down».

Aunque los británicos todavía poseían Charleston, la ciudad de Nueva York y Savannah, Yorktown supuso el fin efectivo de los esfuerzos británicos en Norteamérica. Provocó la caída del gabinete de lord North en marzo de 1782 y su sustitución por un gobierno al mando del marqués de Rockingham, fiador de las negociaciones con los americanos. A escala mundial, sin embargo, Gran Bretaña no salió tan mal parada. La superioridad temporal y localizada que la flota francesa disfrutó en Chesapeake no fue la consecuencia, ni tampoco la causa, de una batalla decisiva en la que una flota destruyó la otra y no se obtuvo una ventaja definitiva sobre Gran Bretaña. El 12 de abril de 1782, Rodney infligió una grave derrota a la flota francesa junto a las Îles des Saintes. De haber llegado antes, el resultado final en la batalla de Yorktown podría haber sido muy distinto.

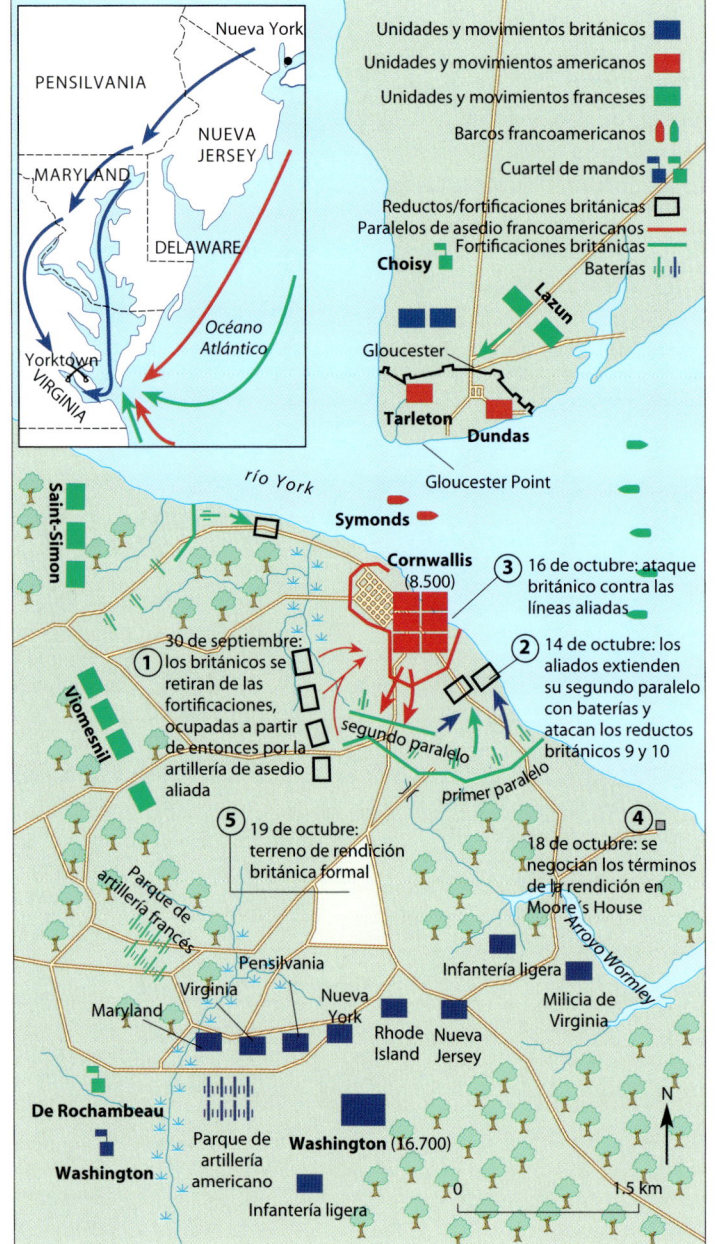

COMBATIENTES

Ejército francoamericano
- 16.000 hombres.
- Mandados por el general George Washington.
- 600 bajas.

Británicos
- 6.000 hombres.
- Mandados por el general lord Cornwallis.
- Toda la fuerza hecha prisionera.

Jemappes

43

Fecha: 6 de noviembre de 1792   Lugar: cerca de Mons, sudoeste de Bélgica

No había una unidad en el ejército francés que no hubiera sido vencida y eso acercaba al enemigo con frío acero.
DE LAS MEMORIAS DEL GENERAL CHARLES FRANÇOIS DUMOURIEZ

Jemappes fue la primera gran derrota de un ejército profesional en Europa a manos de una fuerza guiada por el principio revolucionario de los «ciudadanos en armas». Esta forma de organización surgió de la Revolución francesa de 1789, y de ella se esperaba que barriese a los mercenarios (supuestamente desinteresados) del campo de batalla.

No obstante, las guerras revolucionarias (1792-1802) fueron mucho más que un simple enfrentamiento entre ideologías opuestas y sus respectivas instituciones militares. Fuera de Francia, apenas nadie creía que la guerra era inevitable y todos pensaban que el rey Borbón era el único culpable por fracasar en las reformas que otras monarquías más ilustradas sí habían llevado a cabo. Prusia, Rusia y Austria estaban mucho más interesadas en los problemas de Europa del este. Francia continuó siendo una monarquía, pero el nuevo gobierno liberal de la Convención Nacional no logró resolver los problemas subyacentes. Mientras los radicales, los moderados y los conservadores se peleaban por el poder, la guerra cada vez parecía un modo mejor de salir del callejón sin salida en que se hallaba el país. Los Países Bajos (las actuales Bélgica y Luxemburgo) mantenían un levantamiento desde 1787 contra Austria, y en París todos creían que los habitantes de dicha región recibirían a los franceses como liberadores. La Convención declaró la guerra al emperador Habsburgo

Aguafuerte contemporáneo de la batalla de Jemappes que muestra el heroico ataque francés contra las posiciones austríacas.

y dirigió la Armée du Nord, compuesta por 34.000 hombres, con la intención de invadir Bélgica el 29 de abril de 1792.

La campaña de 1792

Aunque los franceses superaban en gran número a los austríacos en la frontera, huyeron hacia el sur en su primer enfrentamiento. Francia parecía a punto del colapso total, lo que brindó a Austria y Prusia la oportunidad de aparcar sus propias diferencias. A cambio del reconocimiento de su posición destacada en el este de Europa, Prusia apoyó la oferta de Austria de arrebatar Alsacia y Lorena a Francia al amparo de una invasión para restaurar la autoridad de Luis XVI.

El exceso de confianza de los aliados provocó una falta de coordinación de los ataques en el nordeste de Francia a finales de aquel verano. El principal ejército prusiano se enfrentó a una fuerza francesa formada a toda prisa en Valmy, a 160 kilómetros al este de París, el 20 de septiembre de 1792. Después de disparar los cañones, los prusianos se retiraron con sólo 184 bajas. Este enfrentamiento, por lo demás insignificante, tuvo unas serias repercusiones políticas. Al día siguiente, la Convención Nacional abolió la monarquía y proclamó una república. Faltos de provisiones, los aliados se retiraron desordenados, permitiendo a los franceses invadir Renania y enviar más tropas a la frontera belga.

El mando del sector del norte recayó en manos del general Charles François Dumouriez (1759-1823), un pequeño aristócrata con 34 años de experiencia en el ejército real. La reforzada Armée du Nord de Dumouriez ahora constaba de 90.000 soldados, lo que le daba una clara ventaja sobre los 50.000 austríacos (la mayoría de los cuales se hallaban dispersos dedicados a la seguridad interna y a las guarniciones). Usando columnas más pequeñas para distraer a los austríacos de la frontera, Dumouriez empujó a su fuerza principal hacia Mons con el objetivo de llegar a Bruselas. Sus tropas eran una mezcla del viejo ejército real y nuevas fuerzas de voluntarios. Constaban de 32 batallones de filas y 38 batallones más de voluntarios, con un total de 35.000 soldados de infantería y 3.000 de caballería en 10 regimientos y cuatro compañías libres. De los 100 cañones se encargaban artilleros profesionales y expertos.

Los austríacos estaban mandados por el mariscal de campo Albert duque de Sachsen-Teschen (1738-1802), que sólo pudo reunir a 13.200 hombres en 14 batallones y 16 escuadrones, y 54 cañones pesados para enfrentarse a los invasores. Desplegó su ejército en una montaña al sur de la pequeña población de Jemappes, con la vanguardia protegida por un río, trincheras y el pueblo de Quaregnon.

Comienza la batalla

Después de tres días de escaramuzas, Dumouriez finalmente se aproximó a primera hora del 6 de noviembre. Se desplegó en tres grupos, cada uno en dos líneas. El izquierdo, al mando del general Ferrand, se dirigió a tomar Quaregnon, mientras que el derecho (mandado por Dampierre) dejó atrás Frameries para rebasar a los austríacos y expulsarlos de Mons. El centro protagonizaría entonces el ataque principal. Sin embargo, las cosas no salieron como estaban planeadas.

«Partida de los voluntarios». La botella de vino podría ser una referencia a la práctica francesa de vivir de la tierra.

COMBATIENTES

Franceses
- Armée du Nord (38.000 hombres, 100 cañones).
- Mandados por el general Charles François Dumouriez.
- 4.000 muertos y heridos.

Austríacos
- 13.200 hombres, 54 cañones.
- Mandados por el mariscal de campo Albert duque de Sachsen-Teschen.
- 305 muertos, 513 heridos y 423 prisioneros.

Este mapa muestra la disparidad entre las fuerzas enemigas: los austríacos, muy inferiores en número, se despliegan para defender su posición contra un ejército francés que les triplica en número.

Después de tres horas de bombardeos preliminares, los austríacos estaban en clara inferioridad numérica y de armas. Dumouriez ordenó a Ferrand que comenzase su asalto a las diez de la mañana. La infantería francesa formó columnas de batallón y avanzó rápidamente hacia Quaregnon, redesplegándose en línea para disparar a los defensores. Con el apoyo de su batería principal, los austríacos impidieron su avance. La primera línea del centro francés avanzó en columnas de batallón para realizar el ataque principal en torno al mediodía. Alcanzados dos veces por fuego pesado, los franceses realizaron algún progreso cuando Ferrand por fin tomó Quaregnon. No obstante, el ala derecha apenas logró progresar debido a la fuerte resistencia y fue incapaz de evitar que los austríacos escapasen hacia las dos de la tarde, dejando Mons atrás.

Los austríacos perdieron 1.241 hombres, y aunque los franceses reclamaron una gran victoria, sus asaltos frontales resultaron muy caros y sufrieron 4.000 bajas.

¿Una victoria revolucionaria?

Las generaciones posteriores proclamaron Jemappes como «una verdadera victoria revolucionaria», tipificada por el veredicto de Georges Lefebvre, el gran historiador de la Revolución francesa, que escribió que «se ganó en un ataque abierto sin maniobras astutas y por los *sans-culottes* que forzaron al enemigo a seguir el ritmo marcial de la *Marsellesa* y la *Carmagnole*, abrumando al adversario con la pura fuerza de los números». Aunque la superioridad numérica desempeñó un papel clave, no fue una victoria clara de un ejército moderno y revolucionario sobre un oponente anticuado. Los regulares del ejército real formaban más de la mitad de las tropas de Dumouriez, todavía resplandecientes con sus uniformes blancos. Cuando el ataque flaqueó, los hombres volvieron a formar de la mano del duque de Chartres, el futuro rey Luis Felipe (que por entonces tenía 19 años y que gobernaría Francia de 1830 a 1848). Los austríacos se retiraron a Colonia, dejando los Países Bajos en poder de los franceses. No obstante, regresaron en menos de un año y recuperaron gran parte de la provincia antes de lograr una derrota más convincente en Fleurus, en junio de 1794.

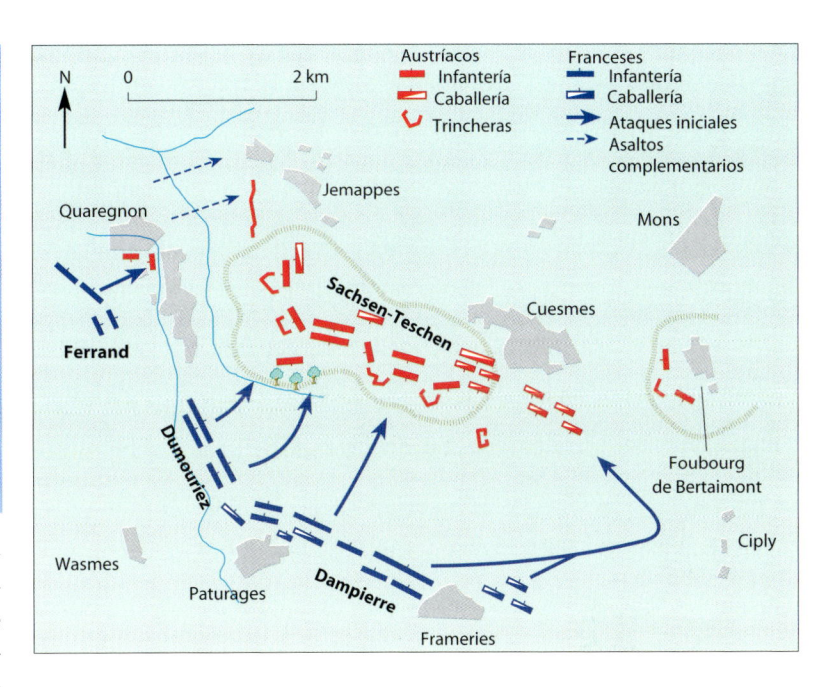

El significado político de Jemappes pesó mucho más que su importancia militar. Animada por el éxito, la Convención Nacional declaró su decisión, dos semanas más tarde, de «prestar apoyo fraternal a todas las gentes que deseen recuperar su libertad», comprometiendo a Francia a una prolongada guerra ofensiva que desembocaría en el imperio napoleónico. La política doméstica dio un giro radical, primero con la ejecución de Luis XVI (el 21 de enero de 1793) y después con el Terror jacobino de abril de 1793. Los regulares se mezclaron con los voluntarios para crear un solo ejército revolucionario, apoyado por el reclutamiento universal decretado en agosto de 1793. Acompañadas por un anticlericalismo cada vez más acusado, esas medidas provocaron una profunda división y Dumouriez fue uno de los primeros oficiales que se pasaron al bando de los austríacos.

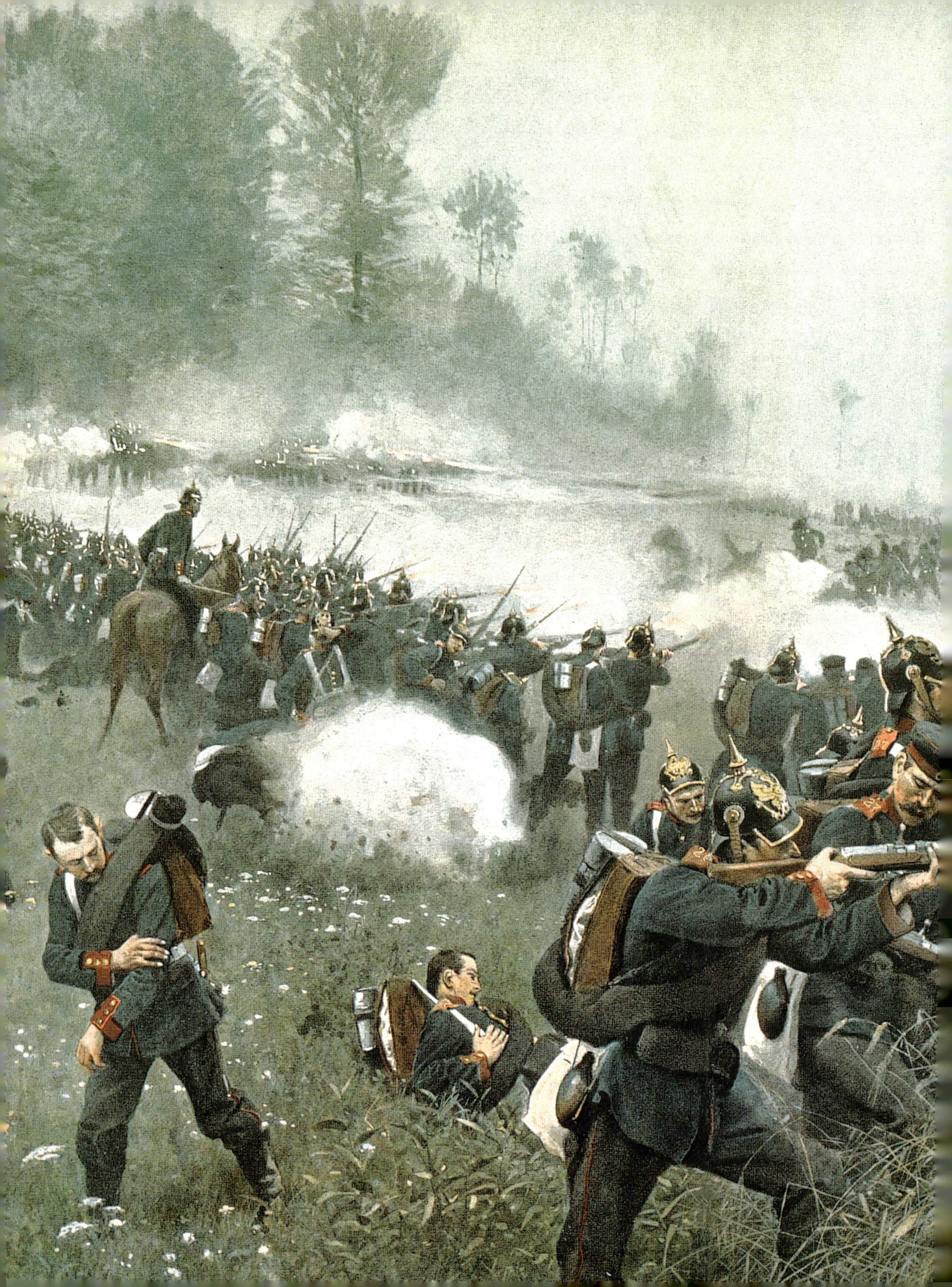

El siglo XIX

La conquista de gran parte del mundo por Occidente, en especial de África, Oceanía y el sudeste y el centro de Asia, motivó guerras durante este siglo y causó batallas como Omdurman (1898), en la que se derrotaron numerosas fuerzas no occidentales. En Occidente también se produjeron batallas surgidas de conflictos dentro de estados, como Antietam (1862) y Gettysburg (1863) en la guerra civil americana (1861-1865), o entre estados, como Trafalgar (1805), Leipzig (1813), Waterloo (1815), ciudad de México (1847), Inkerman (1854) y Sadowa (1866). Estas luchas internas por el poder surgieron en algunos casos por conflictos secesionistas, y no hay mucha diferencia entre aquellos en los que el separatismo fracasó (como la guerra civil americana) y en los que fue un éxito (como en Ayacucho en 1824, una batalla crucial en las guerras de emancipación de América Latina contra el dominio español).

Durante el siglo XIX se produjeron importantes avances técnicos en capacidad y operaciones en el campo de batalla. La lucha terrestre se vio transformada por los continuos avances en el campo de las armas de fuego, como la introducción del fusil de pistón y la bala Minié, ambos en la década de 1840, y de los fusiles de cartuchos de retrocarga. La mejora, tanto para las armas de fuego manuales como para la artillería, consistió en cambios sustanciales en la precisión, la movilidad y la rapidez en el uso. Los comandantes, sin embargo, se enfrentaron al problema de cómo responder de la mejor manera a estos avances. Debido a la potencia de fuego defensivo, los ataques frontales en masa a posiciones preparadas fueron cada vez más complicados. La potencia de fuego demostrada por los británicos en la derrota final de Napoleón en Waterloo fue superada en la época de la guerra civil americana, en la que ambos bandos tuvieron conciencia de la necesidad

La eficacia prusiana, su superioridad tecnológica y su sofisticación táctica se confirmaron en la batalla de Sadowa (véase pág. 215), en 1866, cuando las fuerzas de Moltke derrotaron a los austríacos comandados por Benedek.

de construir las trincheras en la batalla de Antietam (1862). Ya en Inkerman, las columnas rusas atacantes, que buscaban acercarse al máximo, sufrieron numerosas pérdidas por los rifles Enfield de los británicos y fueron derrotadas.

Las bayonetas y los mosquetes perdieron importancia frente a las fortificaciones de campo y artillería: si se observa la situación en las dos guerras mundiales, las tácticas de infantería dieron resultado. En la campaña de Sadowa, la táctica prusiana de concentrar las fuerzas en la línea de ataque y adoptar formaciones más extensas y menos densas que las columnas o las líneas (y, en consecuencia, menos expuestas al fuego) fueron notables. Pero, la habilidad prusiana en los niveles operativo y táctico y la falta de liderazgo austríaco no evitaron la aparición de numerosas dificultades, provocadas por la artillería austríaca.

En general, en el siglo posterior a Waterloo (1815) creció la producción de munición surgida de un proceso de fabricación más moderno y sistematizado. El resultado fue un cambio mucho mayor que el que se produjo en todo el siglo anterior.

En el caso de la logística, el mando y la guerra naval, los avances fueron mucho más espectaculares, ya que el ferrocarril, el telégrafo y la máquina de vapor influyeron no sólo en las campañas cercanas, sino también en las libradas a distancia. La combinación de estos tres elementos posibilitó la aplicación de más recursos, y de un modo más sostenido. Tuvo así lugar la expansión imperial, aunque como siempre, convenía obtener el apoyo de los que se encontraban sujetos a presión. En realidad, gran parte de las batallas en el sur de Asia y en África occidental estuvieron protagonizadas por tropas locales reclutadas y entrenadas por británicos y franceses, respectivamente. En el este de Asia, Japón modernizó con éxito su ejército bajo presión occidental, pero China no hizo lo mismo. Japón tomó parte en la revolución naval surgida de los grandes avances en blindaje, armas y propulsión.

El control del mar a través de la guerra fue un tema en el que hicieron hincapié los teóricos de finales del siglo XIX, en especial el influyente Alfred Thayer Mahan. A partir de la década de 1890, todas las potencias principales desarrollaron flotas de acorazados. La potencia de la artillería naval aumentó cuando las armas de retrocarga sustituyeron a las que se cargan por la boca, con la introducción de cañones más rápidos y proyectiles capaces de perforar los blindajes, y con el nuevo diseño de barcos para permitir el montaje de cañones en torretas centrales.

Carga de los 21.º Lanceros en Omdurman, 2 de septiembre de 1898, *pintada al año siguiente. La infantería y la artillería británicas resultaron más eficaces que las del enemigo y derrotaron a los mahdistas.*

Trafalgar

Fecha: 21 de octubre de 1805   Lugar: costa sur de España

44

Esta batalla debe considerarse como una excepción con respecto a las acciones hasta el momento emprendidas por el modo en que atacó el enemigo; fue una concurrencia de enfrentamientos individuales en un espacio reducido.
Jefe del estado mayor de Villeneuve, comandante J. B. Prigny, 1805

Esta famosa batalla naval tuvo lugar en las costas junto al extremo sudoeste de España, entre una flota británica de 27 buques de línea mandada por el vicealmirante Horatio, vizconde Nelson, y una flota combinada de 18 barcos franceses y 15 españoles de línea al mando del vicealmirante francés Pierre, conde de Villeneuve.

Trafalgar fue una consecuencia de fracaso de los sueños imposibles del emperador Napoleón de invadir Gran Bretaña en 1805. Esos sueños se vinieron abajo al primer obstáculo serio, cuando la flota combinada de Toulon y Cádiz de Villeneuve no pudo unirse a la de Brest debido a un destacamento británico que se encontraba a la espera (al mando del almirante Calder, junto a Ferrol, el 22 de julio de 1805) y tuvo que regresar a Vigo y después a Cádiz. Napoleón decidió entonces marchar hacia el este, contra el objetivo más accesible de los ejércitos austríaco y ruso.

La flota combinada en Cádiz iba a ser empleada en el Mediterráneo para proteger al flanco imperial italiano expuesto a un ataque anfibio británico y ruso. Después de asumir que la indecisión de Villeneuve le impediría dejar atrás la flota británica de bloqueo, Napoleón envió a un nuevo comandante, el almirante Rosily, para llevar la flota hasta Italia.

La noticia de la llegada inminente de Rosily y de la retirada de parte de la flota británica de vigilancia para situarse en Gibraltar animó a Villeneuve a dejar a un lado sus recelos. Zarpó con su flota el 19 y el 20 de octubre con la esperanza de recuperar su reputación ejecutando las órdenes del emperador por sí

Inferior izquierda
El vicealmirante Horatio, vizconde Nelson.

Inferior
Boceto de Nelson recientemente descubierto (2000). Después de considerar una maniobra para «doblar» la línea enemiga (en la mitad superior), desarrolla su idea de romper dicha línea por dos puntos (mitad inferior), patente en los trazos vigorosos.

Pintura de Nicholas Pocock sobre las etapas finales de la batalla de Trafalgar (véase segundo mapa, página siguiente). En la distancia, la vanguardia francesa huye hacia el sur-sudoeste; a la izquierda, el francés Achille *se incendia y explota.*

mismo. Cuando la flota combinada salió del puerto, una cadena de fragatas y buques de línea informó de sus movimientos a Nelson, cuya flota se vislumbraba en el horizonte. Anticipando que se dirigían al Mediterráneo, Nelson desplazó su flota al sudeste para interceptarlos.

Preparativos para la batalla

Nelson, el almirante más importante de la época, se había hecho cargo de la flota sólo tres semanas antes, pero tenía una idea clara de los pasos que iba a dar. Así lo comunicó a sus capitanes, lo cual elevó la moral entre su recién formada flota de bloqueo. Nelson y Napoleón fueron únicos en su tiempo por provocar siempre batallas de aniquilación. Un resultado de este tipo sería imposible de conseguir mediante las maniobras tradicionales en primera línea durante las pocas horas de luz de finales de octubre. Los enfrentamientos victoriosos para Nelson contra los españoles en el cabo San Vicente (1797) y contra los franceses en el Nilo (1798) revelaron la falta de eficacia de la artillería de éstos. El almirante decidió arriesgar con un ataque frontal en dos columnas.

Su propia columna (con 12 buques de línea) rompería el centro enemigo, capturaría a su almirante y haría retroceder a la vanguardia adversaria para impedir la acción decisiva. Ésta se realizaría destinando un número mayor (15 buques de línea al mando de Collingwood) para ahuyentar a la retaguardia enemiga. Con el fin de restringir los daños de un ataque de frente contra los costados enemigos, Nelson ordenó entrar en lucha con la mayor rapidez posible, para lo cual decretó que sus barcos desplegasen todas las velas hasta llegar a la línea enemiga en lugar de limitarse únicamente al aparejo de las gavias (opción que evitaba que las velas mayores se incendiasen debido a los canonazos). Sus buques más grandes encabezaron sus columnas, ya que eran los más adecuados para resistir los daños, poseían el peso necesario para romper la línea enemiga y transportaban mayor número de cañones para medirse en cuanto a potencia de fuego concentrada hasta que los barcos que les seguían llegasen en su ayuda.

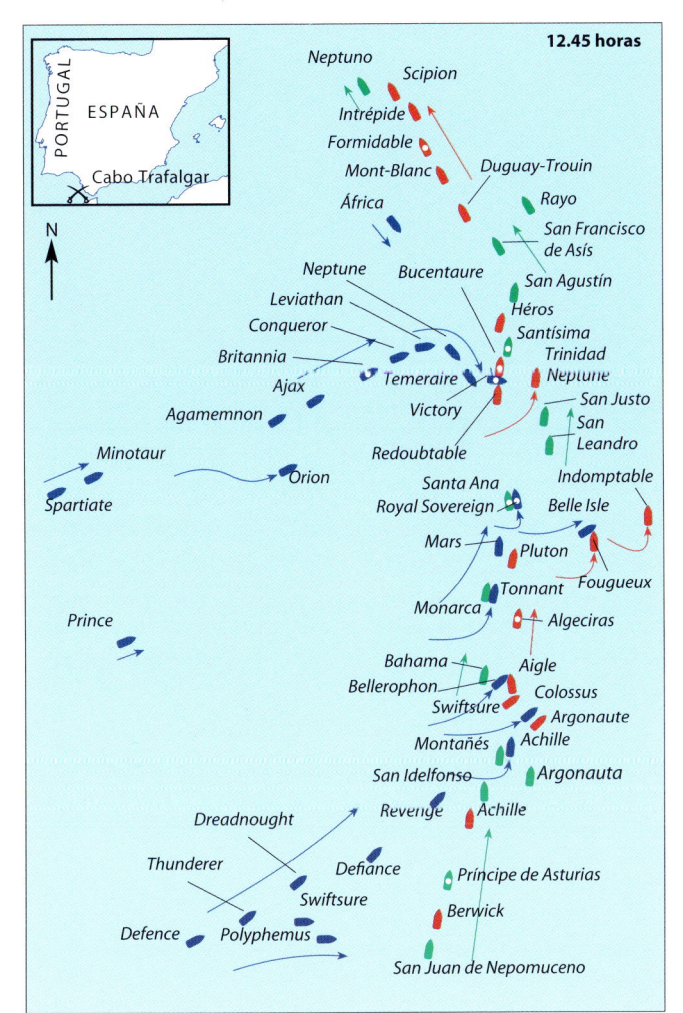

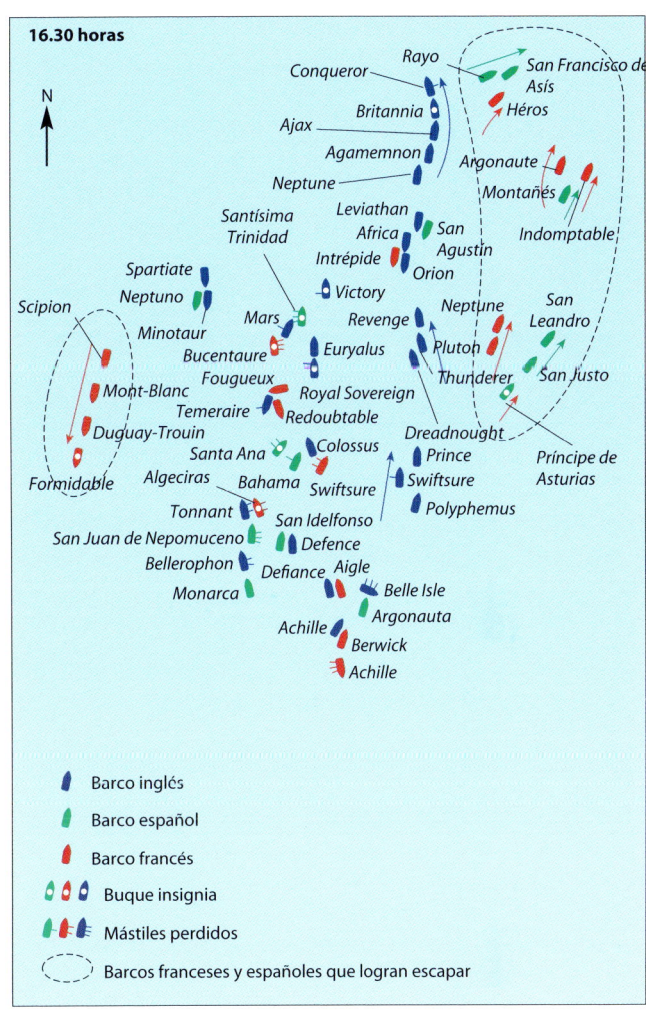

Villeneuve, que estuvo en el Nilo, predijo sin equivocarse que Nelson no lucharía en una batalla ortodoxa de línea contra línea, sino que se concentraría contra una parte de su flota. Para contrarrestarlo, formó un escuadrón rápido de observación al mando del almirante español Gravina (con el *Príncipe de Asturias*) con el fin de intervenir con independencia de la línea de batalla allí donde se necesitase. Asimismo, dio a todos sus capitanes la orden de entrar en acción con la mayor brevedad posible, y recomendó tácticas de abordaje para contrarrestar la superioridad británica en armas de fuego.

Sin embargo, los subordinados de Villeneuve le abandonaron en plena acción. Gravina acercó dócilmente sus barcos a la retaguardia de la línea (donde también se acercaba Collingwood, tal como pudo comprobar) en lugar de aprovechar su libertad de acción para maniobrar contra el flanco de Collingwood y abortar su ataque. El almirante Dumanoir (*Formidable*), al mando de la vanguardia aliada, se permitió quedar inmóvil ante la maniobra inicial de Nelson contra la vanguardia antes de atacar el centro, y por ello llegó tarde a ordenar a sus barcos que regresasen y apoyasen al centro (un movimiento todavía más retrasado por el ligerísimo viento, hasta el punto de que tuvieron que recurrir a los botes para remolcarlos).

Superior izquierda
12.45 horas: la columna de Collingwood ya había entrado en batalla y Nelson rompió la línea con el Victory en la cabeza de su columna.

Superior
16.30 horas: parte de la vanguardia aliada escapó tras fracasar en el rescate del Bucentaure y el Santísima Trinidad. El resto de la vanguardia huyó a Cádiz.

El almirante Pierre Charles Jean-Baptiste Silvestre, conde de Villeneuve, comandante en jefe de la flota combinada francesa y española.

Acción

Collingwood (en su recién reparado *Royal Sovereign*, de primera clase) fue el primero en romper la línea aliada en torno al mediodía. Nelson dirigió su columna a través del centro, en el *Victory*, a las 12.45 horas. La batalla se prolongó hasta las 16.30 horas, aproximadamente. Los primeros barcos británicos que entraron en acción sufrieron el grueso de las bajas, ya que se encontraron rodeados por barcos enemigos. El propio Nelson murió por los disparos de un tirador francés, igual que dos capitanes de la división de Collingwood.

No obstante, a medida que entraban más barcos británicos por los huecos abiertos en la línea enemiga, su superioridad de fuego y su apoyo mutuo en el conflicto demostraron su valía. Los intentos franceses de utilizar tácticas de abordaje se quedaron en nada frente a los cañones cortos, de calibre pesado, de los británicos. Murieron dos almirantes, un comodoro y seis capitanes. Nueve barcos españoles y ocho franceses fueron capturados (incluidos Villeneuve y su buque insignia, el *Bucentaure*); otra embarcación francesa se incendió y explotó. Once huyeron a Cádiz con Gravina, mortalmente herido, y Dumanoir escapó hacia el norte con cuatro barcos de la vanguardia.

Después de la batalla se produjo una violenta tormenta que duró varios días, mientras los británicos lucharon por mantener sus propios barcos dañados y sus capturas a flote. Finalmente, Collingwood salvó todos sus barcos y cuatro de los capturados. Durante la tormenta, el 23 de octubre, cinco de los supervivientes aliados realizaron una audaz salida desde Cádiz y lograron rescatar a dos embarcaciones, pero una de ellas se hundió junto a tres de las naves rescatadoras. El resto de capturas se hundieron o naufragaron en la costa adyacente, o bien fueron destruidas por los británicos para evitar ser recapturadas.

El número total de bajas en el bando británico fue de 449 muertos y 1.214 heridos; en la flota combinada francoespañola, 4.408 murieron y 2.545 quedaron heridos (muchos de ellos incluidos entre los 7.000 prisioneros). El 3 de noviembre, cuatro fugitivos de Dumanoir fueron interceptados en el golfo de Vizcaya por sir Richard Strachan cuando intentaban llegar a Rochefort y cayeron presos. En total, de los 33 buques de línea que conformaban la flota combinada, 24 se perdieron.

Significado de la batalla

Nelson logró casi por completo la batalla de aniquilación que buscaba (se tomaron más embarcaciones de línea que en cualquier batalla anterior). Sin embargo, los efectos inmediatos de Trafalgar apenas se notaron. Evitó que la flota combinada interfiriese en las operaciones en el Mediterráneo, pero dichas operaciones (la invasión rusobritánica de Nápoles) quedaron invalidadas por las victorias francesas en Ulm y Austerlitz. Trafalgar no detuvo en absoluto el avance de Napoleón en Europa, pero sí retrasó en gran parte cualquier intento de que éste retomara sus ambiciones en el oeste. Los británicos dispusieron de tiempo suficiente para reconstruir su deteriorada flota y sus ánimos con el fin de seguir con la lucha a pesar de la derrota de sus aliados.

COMBATIENTES

Británicos

- Dotaciones totales: 21.456 hombres; 18.134 marineros, 3.322 soldados de infantería de marina; «primera clase» de tres cubiertas: 3 x 100 cañones; «segunda clase» de tres cubiertas: 4 x 98 cañones; «tercera clase» de dos cubiertas: 1 x 80 cañones, 16 x 74 cañones y 3 x 64 cañones; 4 fragatas, 1 goleta, 1 cúter.
- Comandante en jefe: vicealmirante Horacio, vizconde Nelson; segundo al mando: contraalmirante sir Cuthbert Collingwood.
- 449 muertos, 1.214 heridos.

Flota combinada francoespañola (aliados)

- Franceses: dotaciones totales unos 15.000 hombres; «tercera clase» de dos cubiertas: 4 x 80 cañones, 14 x 74 cañones; 5 fragatas; 2 corbetas. Españoles: dotaciones totales 11.817; «primera clase» de cuatro cubiertas: 1 x 130 cañones; «primera clase» de tres cubiertas: 2 x 112 cañones, 1 x 100 cañones; «tercera clase» de dos cubiertas: 2 x 80 cañones, 8 x 74 cañones, 1 x 64 cañones.
- Comandante en jefe: flota francesa y combinada, vicealmirante Pierre, conde de Villeneuve; flota española: almirante don Federico Gravina.
- Franceses: unos 3.370 muertos, 1.160 heridos, 5.000 prisioneros, 2.500 hechos prisioneros pero huidos durante la tormenta después de la batalla. Españoles: 1.038 muertos y 1.385 heridos; 3.000-4.000 prisioneros, algunos de los cuales escaparon durante la tormenta, y todos los heridos fueron liberados por Collingwood.

Napoleón intentó ocultar la victoria británica al pueblo francés (su frialdad hacia Villeneuve condujo a éste al suicidio cuando regresó bajo palabra en 1806) y se dispuso a reconstruir sus flotas, pero nunca recuperó la confianza de sus comandantes y de las tripulaciones para enfrentarse a la marina británica con éxito. España fue la gran perdedora: nunca repuso su flota y la pérdida de su potencial naval contribuyó al fin de su vulnerable imperio americano. No obstante, España obtuvo consuelo de la valiente y prolongada resistencia de sus tripulaciones improvisadas y sin entrenar frente al ataque violento y mortífero de los británicos. El estigma del servilismo hacia los franceses fue desechado y las generaciones posteriores vieron este hecho como el nacimiento heroico y sangriento de una nueva España, el comienzo de la restauración del honor nacional que llevaría a la guerra peninsular y al rechazo definitivo del dominio francés.

Trafalgar fue la última gran batalla naval de la época de la navegación a vela y se convertiría en el hito con el que se compararían todas las batallas navales en el futuro. El vencedor muerto y su victoria se inmortalizaron en el centro de Londres con la columna de Nelson (en la célebre Trafalgar Square). Nelson dejó a la nación británica un triunfo naval que supuso la piedra angular del prestigio de la armada británica y símbolo de su dominio marítimo durante otro siglo más, hasta la batalla de Jutlandia (véase pág. 232).

La caída de Nelson. *Mortalmente herido por un tirador de primera al principio de la batalla en la cubierta del Redoubtable, un navío francés, Horatio Nelson vivió el tiempo suficiente para saber del alcance de su victoria.*

45 Leipzig

Fecha: 14-19 de octubre de 1813   Lugar: este de Alemania

En la historia moderna, ningún campo de batalla se ha inundado tanto de sangre humana. Pero así, y sólo así, podía eclipsarse para siempre la vanagloria desmesurada de Napoleón, ofreciendo un recuerdo espantoso a la naturaleza, pero realmente beneficioso para la humanidad.
GENERAL CONDE GNEISENAU, THE LIFE AND CAMPAIGNS OF FIELD MARSHAL PRINCE BLÜCHER, 1815

Guardia imperial, granadero a pie. Soldado de infantería de Napoleón con su atuendo de verano (se distingue por las polainas blancas).

La batalla de Leipzig, que se prolongó durante seis días en octubre de 1813, fue la mayor durante las guerras napoleónicas, tanto por el terreno como por las cifras. La heterogénea *Grande Armée* de Napoleón se enfrentó a fuerzas de toda la coalición europea, lo que dio pie a su otro nombre: la «batalla de las naciones». Gracias a la presencia de Francisco de Austria y del zar Alejandro, junto con Napoleón y los reyes de Prusia, Sajonia, Suecia y Nápoles, también se conoce como la «batalla de los tres emperadores».

Antecedentes

El imperio de Napoleón comenzó a desintegrarse después de su desastrosa invasión de Rusia, de la cual sólo regresó una décima parte de su ejército, a principios de 1813. Prusia desertó a finales del mes de diciembre de 1812 y se unió a Rusia en la declaración de una «guerra de liberación» (el 16 de marzo) respaldada por Gran Bretaña y, poco después, por Jean-Baptiste Bernadotte, uno de los mariscales de Napoleón que entonces pasó a ser príncipe heredero de Suecia. Napoleón improvisó un nuevo ejército para responder a esta amenaza del este, pero a pesar de una serie de victorias menores, fue incapaz de derrotar a los aliados en el este de Alemania y firmó un armisticio el 4 de junio. Austria aprovechó la oportunidad de declararse a favor de los aliados.

Las rivalidades políticas quedaron enterradas bajo la superficie, pero los aliados finalmente acordaron operar con tres ejércitos separados. El ejército de Bohemia era el más numeroso y lo encabezaba el príncipe Schwarzenberg, el comandante en jefe aliado nominal. Aunque poco imaginativo, Schwarzenberg poseía el tacto necesario para preservar la armonía entre los aliados, y posteriormente fue descrito por el mariscal prusiano Blücher como «el comandante en jefe que tuvo a tres monarcas en su cuartel general y aún así logró derrotar al enemigo». Blücher estaba al mando del ejército de Silesia, compuesto por prusianos y rusos, mientras que una fuerza mixta similar, respaldada por un cuerpo suizo y un pequeñísimo contingente británico, daba forma al ejército del Norte (al mando de Bernadotte).

Napoleón esperaba derrotar a sus tres enemigos uno por uno, pero éstos evitaron el contacto con habilidad. Cuando finalmente atrapó a Schwarzenberg en Dresde, fue incapaz de lograr la victoria decisiva que buscaba y tuvo que retirarse a la parte noroeste de Sajonia. Después de la deserción de Baviera (el 8 de octubre), surgió la necesidad imperativa de contar con Sajonia, su principal aliado en el centro de Europa. En Dresde se dejaron dos cuerpos y el resto del ejército se concentró en Leipzig, la segunda ciudad de Sajonia.

14 de octubre

La victoria continuaba al alcance de Napoleón si lograba derrotar a Schwarzenberg antes de que llegasen los demás, y sus posibilidades mejoraron debido a la naturaleza del terreno. Leipzig se encuentra en la confluencia de los ríos Elster y Pleisse. El terreno entre los ríos al sur de la ciudad era pantanoso y boscoso, igual que casi toda la zona al oeste.

Debido a que el zar Alejandro se negó a desplegar rusos al oeste del Pleisse, Schwarzenberg sólo apostó a 32.000 austríacos en estos sectores y mantuvo al resto de su ejército al este del río. Blücher y el ejército de Silesia avanzaban por el sector noroeste de la ciudad; Bernadotte les seguía un poco atrás. Napoleón desplegó el grueso de sus tropas en el campo de batalla principal, al sudeste de la ciudad; su línea exterior de 41.000 hombres estaba al mando del rey de Nápoles Joachim Murat.

La vanguardia de Schwarzenberg se encontró con el destacamento de Murat en la población de Liebertwolkwitz a primera hora del 14 de octubre. Murat lanzó una serie de contraataques con su caballería durante toda la mañana, y sus previsiones de victoria convencieron a Napoleón de resistir y luchar en lugar de huir hacia el oeste mientras el camino todavía estaba abierto. De hecho, ambos bandos perdieron alrededor de 2.000 hombres, pero las bajas de los aliados mejoraron disminuyeron debido a la llegada del resto del ejército de Schwarzenberg.

Napoleón completó su despliegue el 15 de octubre, aumentando sus fuerzas al sudeste de Leipzig hasta reunir a unos 120.000 hombres (con la consiguiente ventaja frente a los 100.000 de Schwarzenberg). No obstante, éste esperaba que las reservas rusas y prusianas se le uniesen, mientras Blücher se aproximaba rápidamente a la ciudad desde el noroeste. Napoleón sólo tenía a 40.000 hombres al norte de Leipzig, y otra pequeña fuerza en Lindenau protegía la ruta de escape al oeste.

16 de octubre

La batalla principal del 16 de octubre se desarrolló en dos partes diferenciadas: Schwarzenberg atacó a las fuerzas de Napoleón al sudeste de la ciudad, mientras Blücher atacó la población de Möckern, al norte. La primera oleada de Schwarzenberg se produjo a las ocho de la mañana contra la línea de pueblos (protegida por los franceses) desde Markleeberg hasta Kolmberg, pasando por Wachau. Los galos respondieron con un intenso bombardeo que se incrementó cuando la niebla se disipó, a las diez de la mañana (se produjeron más de 80.000 disparos). Schwarzenberg se dio cuenta de que no tenía fuerzas suficientes para continuar el ataque y se replegó a su línea de partida en torno a las once de la mañana. Los austríacos situados al oeste del Pleisse también se retiraron después de algunos éxitos iniciales, cuando no lograron defender Lindenau o forzar un cruce en Connewitz.

Consciente de su debilidad, Napoleón contraatacó con la esperanza de hacer girar a los aliados alre-

Superior derecha *Los franceses defendieron con éxito su posición cuando los aliados convergieron poco a poco en Leipzig.*

Derecha *La superioridad numérica se impuso cuando los aliados aplastaron a los franceses, rodeados.*

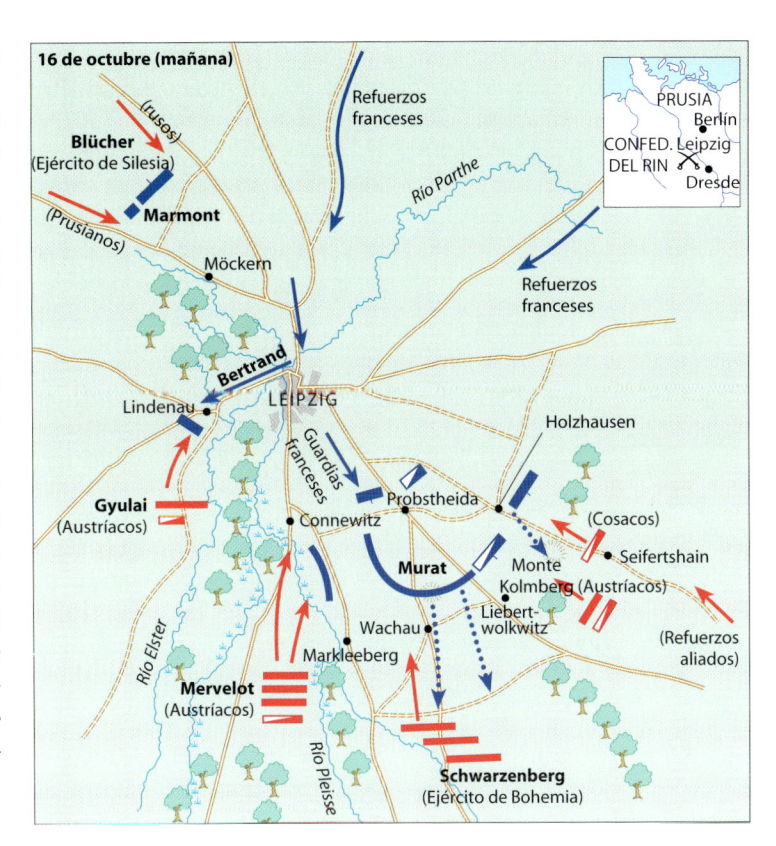

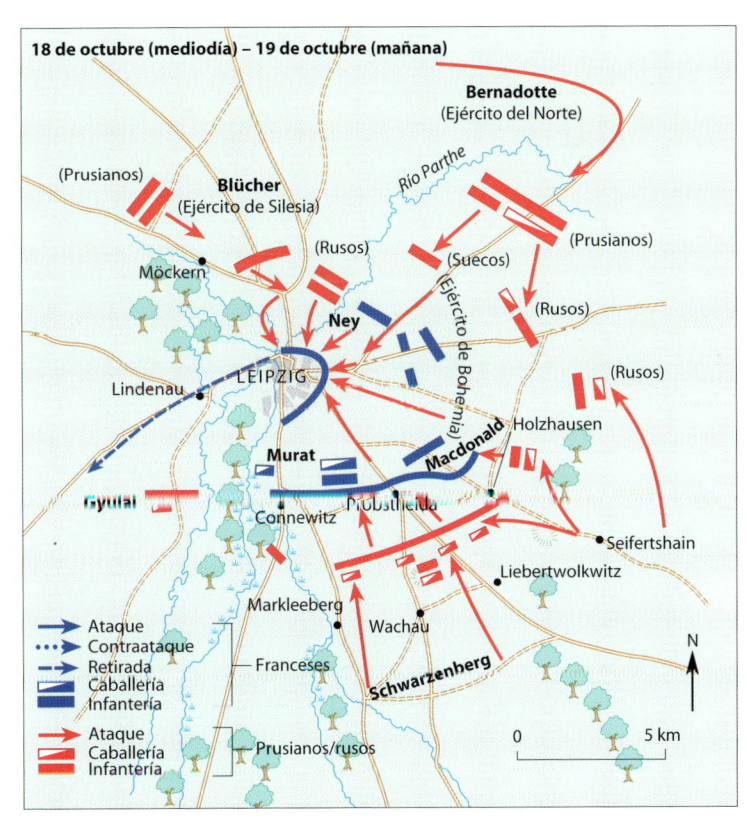

Escuela francesa, La batalla de Leipzig. Esta obra del siglo XIX da una idea bastante aproximada del alcance de la batalla.

dedor de Seifertshain. Al principio, los éxitos locales le animaron a mantener más tropas hasta que el ataque se generalizó en torno a las dos de la tarde. Murat encabezó una gran carga de 10.000 soldados de caballería para abrir huecos en las delgadas filas aliadas, pero fue rechazado por las reservas aliadas. Reforzado, Schwarzenberg resistió tres asaltos más de infantería. Napoleón se negó a comprometer sus reservas para un asalto final y dejó este sector hacia las dos y media de la tarde para concentrarse al norte de Leipzig.

Los mariscales Marmont y Ney sólo disponían de dos cuerpos para mantener la posición de Möckern contra todo el ejército de Silesia al mando de Blücher. Ignoraron las órdenes de Napoleón de que se le uniesen al sur de la ciudad, pero el ataque austríaco en Lindenau les empujó a destacar tropas a última hora de la mañana. Por suerte, el ejército de Blücher se encontraba extendido a lo largo de la carretera de acceso, y sólo 20.000 prusianos estaban en su lugar para el ataque de las tres. Los franceses retomaron Möckern tres veces antes de ser finalmente expulsados con 10.000 bajas. Los prusianos perdieron 8.000 hombres y fueron incapaces de avanzar más porque la noche se les echó encima.

Resumiendo, Napoleón se mantuvo firme, pero fue incapaz de aprovechar su superioridad local al sur de la ciudad. Perdió a 25.000 hombres a manos de 30.000 aliados. El 17 de octubre no dejó de llover en todo el día, y ambos bandos pasaron la jornada reposicionando sus fuerzas para la batalla final. El número de hombres del ejército de Schwarzenberg ascendía ahora a unos 170.000; por su parte, Bernadotte llegó por fin con sus 60.000 soldados como refuerzo de los

40.000 que quedaban con Blücher. Los aliados estaban convencidos de que Napoleón intentaría escapar al nordeste y por ello indicaron a Bernadotte que marchase describiendo un arco amplio cruzando el Parthe para atacar Leipzig desde esta dirección. Blücher tendría que continuar su asalto solo hasta que los hombres de Bernadotte alcanzasen su nueva posición. De hecho, Napoleón consideraba la posibilidad de escapar hacia el oeste y reforzar su avanzada en Lindenau al tiempo que acercaba más a la ciudad a sus 150.000 hombres restantes.

18 de octubre

Schwarzenberg no se situó completamente para atacar la nueva posición francesa desde Connewitz hasta Holzhausen, pasando por Probstheida, hasta las dos de la tarde. Los aliados tomaron casi todas las poblaciones después de duros enfrentamientos. Alrededor de 5.000 sajones y ciudadanos de Württemberg se pasaron a los aliados en torno a las cuatro y media de la tarde. Napoleón los culparía más adelante de su derrota, pero la llegada de Bernadotte al sur del Parthe resultó mucho más significativa. Blücher también avanzó y los franceses se vieron obligados a retroceder hacia la ciudad.

A los franceses apenas les quedaba munición. La intendencia se había marchado a las once de la mañana y la retirada continuó durante todo el día y toda la noche atravesando Leipzig y a lo largo de los dos kilómetros de terraplén que cruzaban los pantanos hasta Lindenau. Los aliados empezaron a bombardear esta ruta a la mañana siguiente al tiempo que renovaban su ataque contra la propia ciudad. La situación era crítica, pero todavía no llegaba a resultar desesperada hasta

Francisco I de Austria, Federico Guillermo III y el zar Alejandro de Rusia se reúnen en el campo de batalla después de la gran derrota de Napoleón en Leipzig (obra del siglo XIX).

que el ingeniero francés encargado del puente (decisivo) sobre el Elster se asustó y decidió volarlo, impidiendo así el paso de la retaguardia de 20.000 franceses y polacos que todavía se encontraban en Leipzig.

Consecuencias

Napoleón huyó con sólo 80.000 hombres, pero derrotó a otro ejército austrobávaro que intentó bloquear su ruta en Hanau. Resistió en Francia hasta que las abrumadoras fuerzas aliadas le obligaron a abdicar, el 11 de abril de 1814. Leipzig reúne las características de una gran batalla napoleónica. Fue una acción muy dura que se prolongó varios días a medida que las unidades recién llegadas coincidían en el campo de batalla. La caballería todavía desempeñó un papel táctico clave, junto con los ataques de la artillería y la infantería. La experiencia recibió interpretaciones muy distintas por parte de Jomini y Clausewitz (los dos teóricos militares más importantes del siglo XIX), ambos presentes como oficiales del Estado Mayor en los ejércitos aliados.

COMBATIENTES

Aliados

- Ejércitos de Silesia, Bohemia y del Norte: 342.000 soldados y 1.500 cañones.
- Mandados por el príncipe Karl Philipp von Schwarzenberg.
- 22.600 rusos, 16.000 prusianos, 14.900 austríacos y 200 suecos muertos y heridos.

Franceses

- *Grande Armée*: 195.000 soldados y 900 cañones (el 14 de octubre sólo disponía de unos 177.000 hombres y 700 cañones).
- Mandados por el emperador Napoleón.
- 13.000 muertos, 23.000 heridos (en su mayoría también capturados), 15.000 prisioneros y 5.000 desertores; 325 cañones y 900 carros perdidos.

Waterloo

Fecha: 18 de junio de 1815   **Lugar: al sur de Bruselas, Bélgica**

*Nunca había visto una batalla igual… y nunca había logrado una victoria igual.
Espero no volver oír a hablar de Napoleón Bonaparte.*
Duque de Wellington

46

Extremo izquierda Retrato del duque de Wellington, *de Francisco de Goya, 1812.*

Centro Napoleón en su estudio, *obra de Jacques-Louis David, 1812.*

Izquierda *Retrato de 1828 del mariscal de campo Gebhard Blücher.*

La batalla de Waterloo, librada el 18 de junio de 1815, representó el punto álgido del conflicto conocido como guerras revolucionarias y napoleónicas (que se prolongó durante 23 años). Tres años después de la Revolución francesa de 1789, estalló la guerra entre Francia por un lado y Austria y Prusia por el otro (*véase* Jemappes, pág. 177); a estos últimos se sumó rápidamente casi todo el resto de Europa. La lucha continuó entre altibajos hasta 1802, pero en aquel año el último oponente de Francia, Gran Bretaña, se vio obligado a firmar la paz. Aunque Francia experimentó algunos fracasos, puede decirse que en conjunto se llevó la mejor parte. No obstante, no aprovechó el triunfo de 1802. Bajo el liderazgo de Napoleón Bonaparte, el brillante general que tomó el poder en 1799, Francia siguió dificultando la paz. En 1803, Gran Bretaña fue provocada para renovar el conflicto. Después de un enfrentamiento largo y complicado, Napoleón (que se había convertido en emperador de Francia en 1804) se superó a sí mismo. Tras la derrota de 1813 en Leipzig (*véase* pág. 188), un año más tarde fue derrocado y obligado a abdicar.

Con Francia en manos de Luis XVIII, Napoleón fue enviado a la minúscula isla mediterránea de Elba, donde se esperaba que terminase sus días como un principito insignificante y dependiente de una paga del gobierno francés. Esta paga, sin embargo, la recibió de forma esporádica. Además, es posible que el antiguo emperador temiese que Luis intentase asesinarlo. Ante las noticias que le llegaban de que en Francia crecía el desasosiego, Napoleón partió de Elba al mando de su diminuto ejército. Tomó tierra en la costa francesa el 1 de marzo de 1815 y marchó hacia París. Al descubrir que su ejército no iba a enfrentarse a Napoleón, Luis huyó al exilio. Napoleón llegó a la capital el 20 de marzo. Su regreso no fue aprobado de forma unánime (en realidad, existía un descontento considerable), pero los soldados del viejo ejército imperial estaban dispuestos a luchar por

193

46 EL SIGLO XIX

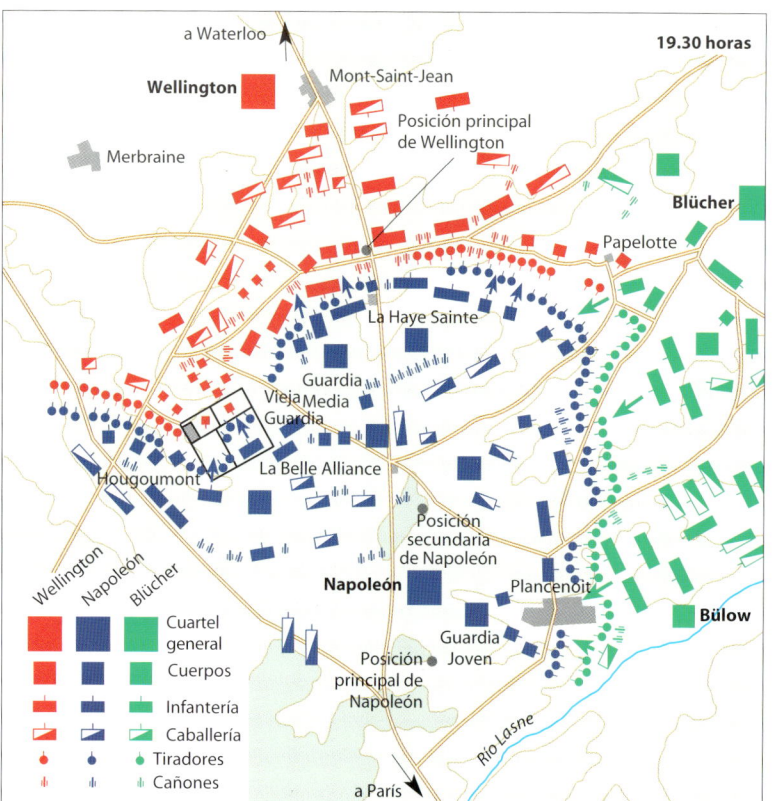

él, y Napoleón no tardó en reunir a una fuerza de unos 280.000 hombres. Por su parte, las potencias europeas, reunidas en Viena para discutir sobre una paz definitiva, declararon la guerra a Napoleón y lo consideraron a él un proscrito que había que derrocar a toda costa.

La campaña

Para ganar el conflicto que se avecinaba, Napoleón sabía que tenía que ser rápido y contundente con el fin de infligir tal golpe a los aliados que alguno o todos sus oponentes decidiesen que lo mejor era firmar la paz. Las fuerzas aliadas que guarnecían Bélgica eran el objetivo más accesible, de manera que a principios del mes de junio, 120.000 hombres pusieron rumbo a Bruselas. En contra tenían dos ejércitos: 93.000 británicos, holandeses, belgas, ciuda-

Superior izquierda *En torno a las 11.30 horas, la línea principal de Wellington se encontraba en la cumbre próxima a Mont-Saint-Jean y Napoleón en la falda de la misma.*

Izquierda *El asalto final de la Guardia Imperial francesa fue repelido y Blücher se acercó desde el este.*

danos de Hannover, Nassau y Brunswick al mando del duque de Wellington, y 117.000 prusianos dirigidos por el mariscal de campo Blücher. Para enfrentarse a estos oponentes, Napoleón sólo tenía una opción: conseguir que su ejército se situase entre las dos fuerzas contrarias y derrotar primero a una y después a la otra.

En lugar de marchar sobre Bruselas por el camino directo (un plan que habría obligado a Wellington a unirse a los prusianos), Napoleón condujo a su ejército a una posición más al sur de la capital belga y cruzó la frontera en Charleroi. La carretera que salía de esta ciudad en dirección a Bruselas marcaba el punto exacto donde terminaban las responsabilidades de un ejército y comenzaban las del otro. Era un buen plan (Wellington en particular fue atrapado con su ejército totalmente por sorpresa al oeste), y los ejércitos aliados no estaban en buena forma: de los 30.000 soldados británicos de Wellington, muchos no eran más que reclutas sin apenas entrenamiento, y los holandeses, belgas y alemanes (prusianos y no prusianos por igual) eran principalmente reclutas sin interés ni entusiasmo por la lucha. No obstante, los franceses tampoco estaban en la mejor situación posible: Napoleón contaba con pocos de sus mejores comandantes, y el ejército estaba mal equipado y muy afectado por los rumores de traición y deserción. El plan no tardó en fracasar estrepitosamente.

Después de cruzar la frontera el 15 de junio, los franceses se tropezaron con Blücher en Ligny al día siguiente, al tiempo que contactaron con las avanzadillas de las fuerzas de Wellington en Quatre Bras. Vigorosas ofensivas en ambos lugares podrían haber dado la victoria a Napoleón, pero aunque el emperador lo consiguió en Ligny, no logró derrotar al ejército prusiano, que se retiró en buen orden.

Todavía peor, en Quatre Bras las fuerzas francesas del mariscal Ney no lograron infligir unos daños significativos. Y tampoco lograron apartar a Wellington y Blücher: el primero se retiró al norte, hacia Bruselas, y el segundo no se dirigió al este, a la frontera alemana, sino al norte, hacia Wavre. El comandante alemán mantuvo así abierta la posibilidad de reunirse con Wellington a pesar de sentirse abandonado (con razón) por su colega británico («embaucado», tal como se describió, por Napoleón, Wellington se ganó a Blücher para luchar en Ligny prometiéndole que acudiría en su ayuda cuando sabía perfectamente que era

Impresión de un artista de la batalla de Waterloo. Wellington, en el extremo izquierdo sujetando un catalejo, da órdenes a un oficial en el momento álgido de la batalla.

195

del todo imposible). Por último, pero no por ello menos importante, las fuerzas francesas ya no estaban unidas. Si Napoleón siguió a Wellington con 73.000 hombres, 33.000 fueron tras Blücher al mando de Grouchy.

La batalla

Con una lluvia torrencial, la tarde-noche del 17 de junio, las tropas de Wellington llegaron a una montaña llamada Mont-Saint-Jean, a 3 kilómetros al sur de Waterloo. Desde aquí se dispusieron a luchar al día siguiente. El monte proporcionaba excelentes posiciones de «vertiente opuesta» al ejército aliado, mientras que varios caminos conducían desde el campo de batalla hasta la posición prusiana en Wavre. Delante de la línea principal, tres granjas aisladas (Hougoumont, La Haye Sainte y Papelotte) ofrecían excelentes bastiones defensivos. Incluso en aquel momento, Napoleón podría haber ganado, pero el terreno estaba muy embarrado y el emperador esperó a que el sol lo secase un poco. Cuando los franceses atacaron, sus esfuerzos resultaron torpes y descoordinados. Al principio, numerosos efectivos de infantería se atascaron en la lucha en torno a Hougoumont, en el flanco izquierdo de Napoleón; en segundo lugar, un ataque torpe contra el centro izquierdo de Wellington se quedó en nada gracias a la caballería británica, y por último, el grueso de la propia caballería de Napoleón fue derrotado en una serie de cargas en el centro derecho aliado.

A última hora del día, la planificación más cuidada sí dio resultados: La Haye Sainte pasó a manos de los franceses y las fuerzas excesivamente separadas y exhaustas de Wellington quedaron al borde de la destrucción. Sin embargo, los prusianos dieron un giro a la situación. Al escuchar el sonido de los cañones, Blücher puso en marcha a todos los hombres que pudo (un despliegue que Grouchy fue incapaz de evitar). Desde primera hora de la tarde, los prusianos llegaron en masa al flanco derecho de Napoleón. A fuerza de un gran coraje, los franceses resistieron, pero les quedaban muy pocas reservas para que la captura de La Haye Sainte sir-

COMBATIENTES

Ejército del Bajo Rin

- 75.000 soldados (participantes efectivos: 28.000); 264 cañones.
- Mandados por Gebhard Blücher von Wahlstadt.
- Bajas: 7.000.

Ejército de los Países Bajos

- 68.000 soldados (30.000 británicos, 20.000 alemanes y 18.000 holandeses belgas); 155 cañones.
- Mandados por el duque de Wellington.
- Bajas: 8.600 británicos, 4.000 holandeses belgas y 3.000 alemanes.

Ejército francés del Norte

- 73.000 soldados y 252 cañones.
- Liderados por Napoleón Bonaparte.
- Bajas: 25.000 muertos y heridos; 17.000 prisioneros o perdidos por deserción.

viese de algo. Así, con la noche a punto de caer, Napoleón realizó un último esfuerzo por romper la línea de Wellington y envió al ataque lo poco que quedaba de la infantería de la Guardia Imperial. Sin embargo, los hombres implicados eran ostensiblemente inferiores en número, y en cuanto llegaron al monte, se vieron superados. Al ver la caída de la Guardia, el resto del ejército se dejó llevar por el pánico y en cuestión de pocos minutos el ejército de Napoleón, al completo, se batió en retirada.

Impacto y consecuencias

La consecuencia más obvia es que Waterloo terminó con la carrera de Napoleón Bonaparte. El antiguo emperador no tardó en ser desterrado a Santa Elena, donde murió en 1821. Por la misma razón, Wellington fue ensalzado como el héroe de héroes británico. Efectivamente, la acción puso fin a 150 años de sueños de dominio en Europa occidental por parte de los franceses. Si Napoleón hubiese ganado en Waterloo, tarde o temprano habría encontrado su fin. La consecuencia es que el auténtico significado de la batalla no es político o diplomático, sino militar. Waterloo proporcionó a los generales europeos el concepto del enfrentamiento titánico de armas capaz de solucionar una guerra al primer golpe. Como tal, se convertiría en un espejismo fatal; la fuente de la tragedia de 1914.

En la conclusión de la batalla, los soldados franceses huyen perseguidos por los prusianos al mando de Blücher.

47 Ayacucho

Fecha: 9 de diciembre de 1824   Lugar: sur de Perú

La opinión en Perú, general, es la misma que en todo el mundo: que todos quieren ser rey de su propio trono. En cuanto a la decisión de tomar las armas, sin duda tenéis más tropas y mejor posición que nosotros, pero vuestros soldados no son iguales que los nuestros, como veréis en el combate.
EL GENERAL JOSÉ MARÍA CÓRDOBA AL GENERAL ANTONIO MONET, 9 DE DICIEMBRE DE 1824

En junio de 1824, los revolucionarios respondieron a la recaptura de Lima por parte de los realistas votando a favor de nuevos poderes para el carismático líder peruano Simón Bolívar y para el general Antonio José de Sucre. Bolívar y Sucre infligieron un revés militar menor a las fuerzas realistas en Junín, en el mes de julio. A continuación, Bolívar se dirigió a Lima con un ejército y dejó a Sucre solo ante una esperada contraofensiva realista.

Esa ofensiva fue liderada por el virrey José de la Serna, que creía que la causa realista en Perú estaba condenada al fracaso. Esperaba establecer un gobierno provisional e invitar a un príncipe Borbón a que visitase Perú y asumiese el trono. A pesar de su pesimismo sobre el futuro control político español de Perú, Serna confiaba en poder derrotar al ejército de Sucre. Desplazó a sus 9.300 soldados al norte del punto donde se encontraban las fuerzas de Sucre, cerca de la ciudad de Ayacucho (el nombre significa «Rincón de los Muertos» en quechua), aproximadamente a 300 kilómetros al sudeste de Lima. Con este movimiento, Serna esperaba cortar el paso de los revolucionarios hacia el mar e impedir la llegada de los posibles refuerzos del nuevo ejército que Bolívar estaba intentando reunir cerca de Lima. La altitud de la región de Ayacucho, a 2.800 metros, prometía limitar todavía más la capacidad de maniobra de Sucre.

Las fuerzas de la Serna superaban en número a las de Sucre, que sólo contaba con 5.780 hombres (la mayoría de ellos de Gran Colombia y Perú). Serna intentó utilizar esta superioridad para rodear a Sucre,

Los espacios abiertos de Ayacucho, en los Andes, permitieron que una fuerza peruana más pequeña superase a una española más numerosa.

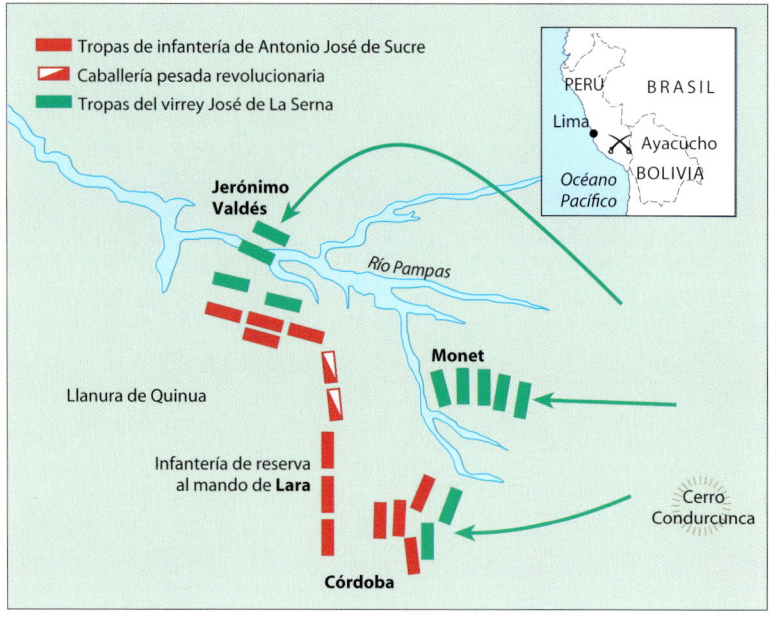

COMBATIENTES

Peruanos (revolucionarios)
- 5.780 soldados.
- Dirigidos por Antonio José de Sucre.
- 309 muertos, 607 heridos.

Realistas
- 9.300 soldados
- Dirigidos por el virrey José de la Serna.
- 1.400 muertos, 700 heridos y 2.500 prisioneros.

que respondió hábilmente alejando a sus hombres del peligro y estableciendo una posición defensiva en la llanura de Quinua, bien protegida por barrancos. Por la noche, Sucre y sus oficiales trazaron un plan para permitir que Serna atacase primero y responderle con las reservas. Repartieron sus fuerzas en cuatro divisiones, con dos regimientos de caballería pesada en el centro y cuatro batallones de infantería en cada flanco. Tres batallones de infantería al mando del general Lara formaron una reserva capaz de responder al ataque de Serna.

La «batalla de los generales»

La madrugada del 9 de diciembre, los realistas atacaron la derecha de Sucre, mandada por el general José María de Córdoba. Este ataque falló, igual que el infligido en el centro por las fuerzas del general realista Antonio Monet. Los colombianos al mando de Córdoba respondieron con una carga de bayonetas que hizo retroceder a la izquierda de la línea realista, rompiendo sus filas y permitiendo a los revolucionarios introducir sus reservas de caballería e infantería. Las reservas realistas avanzaron de forma insensata, quedando en posición de ser rodeados por las fuerzas revolucionarias.

A pesar de su inferioridad numérica, Sucre ganó una batalla rápida y relativamente limpia. La acción en su conjunto duró menos de 80 minutos. Las bajas revolucionarias totales se concentraron en poco más de 300 muertos y 600 heridos.

Las bajas de los realistas, por otro lado, fueron sorprendentemente altas: 1.400 muertos, 700 heridos y 2.500 prisioneros. Entre éstos estaban casi todos los oficiales más importantes. El propio virrey Serna se convirtió en un prisionero de guerra, igual que 15 generales, 16 coroneles y 68 tenientes coroneles. El elevado número de bajas de oficiales superiores dio a esta batalla el sobrenombre de «batalla de los generales». Los realistas no podían permitirse la pérdida de liderazgo de tantos militares y administradores.

Consecuencias

Sucre ofreció a los realistas unas condiciones de rendición honrosas. Serna accedió a retirar todas las fuerzas realistas de Perú, que quedaría así independiente con respecto a España. Sucre se trasladó a continuación al Alto Perú, y en Chuquisaca proclamó la independencia de la provincia (en agosto de 1825), a la que rebautizó con el nombre de «Bolivia» en honor de Simón Bolívar.

La victoria en Ayacucho puso fin al control español de Sudamérica. El impacto de las guerras napoleónicas significó que las fuerzas realistas no podían esperar refuerzos de Europa. La última fuerza española importante se rindió en Callao en enero de 1826. Sucre se convirtió en el primer líder constitucional de Bolivia, pero pronto dimitió debido a una insurrección. Chuquisaca recibió más tarde el nombre de Sucre en su honor.

Antonio José de Sucre (1793-1830) a caballo en Ayacucho, 1824, durante la guerra de independencia contra España.

48 Ciudad de México

Fecha: abril-septiembre de 1847 **Lugar: México central**

… una de las [guerras] más injustas jamás librada por una nación más fuerte contra una más débil.
De las memorias de Ulysses S. Grant, 1885-1886

Las operaciones militares realizadas por Estados Unidos en las primeras fases de su guerra con México (1846-1848), al sur del río Grande, no tuvieron resultados decisivos. En octubre de 1846, el presidente James K. Polk decidió atacar directamente a Ciudad de México, la capital, pero como demócrata que era, abrigaba serias dudas sobre el oficial mejor equipado para llevar a cabo esta peligrosa misión, el general de división Winfield Scott. Polk sospechaba que Scott utilizaría una campaña exitosa como trampolín para presentar una candidatura presidencial whig (liberal) en 1848.

No obstante, el 23 de noviembre de 1846, Scott recibió órdenes de comenzar a planificar la operación. El 9 de marzo de 1847 desembarcó con 10.000 hombres cerca del puerto de Veracruz. Después de un breve asedio de 20 días, tomó la ciudad. La estrategia de Scott para la campaña de la Ciudad de México reflejaba métodos utilizados anteriormente más al norte. Las fuerzas estadounidenses avanzarían rápidamente al interior, utilizando el amplio espacio disponible, y tomarían sus objetivos sin demora antes de que los mexicanos pudiesen concentrar una fuerza para responder al ataque. Para evitar la aparición de guerrillas que pudiesen poner en peligro a las vulnerables líneas de abastecimiento se trataría con relativa amabilidad a la población civil.

Scott se enfrentó a grandes problemas logísticos porque su ejército tenía que coronar las sierras que se extendían ante ellos. Cuanto más avanzaban, más se alargaban sus líneas de comunicación con Veracruz. Scott, a pesar de toda su presunción, tenía una gran habilidad militar y fue un aplicado estudiante de historia militar. Para ofrecer un asesoramiento detallado en el proceso de planificación, creó su «pequeño gabinete», el primero de campaña de la historia militar estadounidense. Entre sus miembros figuraban algunos de los oficiales jóvenes con más talento del ejército de Estados Unidos: Robert E. Lee, P. G. T. Beauregard y George B. McClellan (*véase* Antietam, pág. 206).

Marcha sobre México

El 10 de abril de 1847, Scott comenzó su marcha sobre Ciudad de México. Las largas columnas estadounidenses subieron penosamente los estrechos senderos de montaña, conscientes de que estaban a punto de participar en una aventura militar de dimensiones épicas. El caudillo mexicano, el general Antonio López de Santa Anna, que combinaba la presidencia con el control del ejército, se apresuró a bajar desde el norte de México para bloquear el paso a Scott.

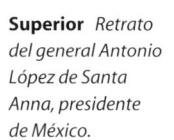

Superior *Retrato del general Antonio López de Santa Anna, presidente de México.*

Derecha *El general de división Winfield Scott, h. 1849. Aunque quejumbroso, vanidoso y ostentoso, Scott fue la figura central de la transformación del ejército norteamericano en un ejército profesional durante la guerra con México.*

La toma de Chapultepec fue el momento clave del asalto a Ciudad de México. La artillería y la potencia de fuego superiores allanaron el camino para el asalto estadounidenses.

En una brillante serie de maniobras de desbordamiento, Scott expulsó a Santa Anna de sus posiciones defensivas fuertes en Cerro Gordo (18 de abril) y Contreras (18-20 de agosto). Scott se había visto obligado a esperar durante casi tres meses en Puebla hasta que terminasen los alistamientos de 7.000 voluntarios, y no podía avanzar más sin refuerzos.

En agosto de 1847, Scott formó cuatro divisiones con 10.738 hombres. No eran demasiados, y Ciudad de México contaba con fortificaciones resistentes. Los accesos a la ciudad discurrían por terraplenes a través de extensos pantanos en los lechos de lagos secos (*véase* Tenochtitlán, antigua Ciudad de México, pág. 98). Los puntos de entrada estaban cubiertos por líneas defensivas y fuertes (el más poderoso era El Peñón). Para defender la ciudad, Santa Anna contaba con 25.000 hombres divididos en tres ejércitos de campaña.

El éxito de Scott en Contreras le permitió avanzar sobre la ciudad desde el sur y evitar El Peñón. Cuando Scott se acercaba a Ciudad de México, recibió una petición de armisticio por parte de Santa Anna, a la cual accedió. Sin embargo, Scott estaba convencido de la falta de honradez de Santa Anna y sospechaba que los mexicanos estaban aprovechando la tregua para fundir campanas de iglesia para fabricar cañones nuevos en una fundición improvisada en Molino del Rey. Scott decidió atacar al día siguiente. Logró tomar la posición, pero a un precio muy alto: perdió a 700 hombres; los mexicanos sufrieron unas 2.000 bajas y perdieron a 700 efectivos que cayeron prisioneros. Los oficiales de Scott no encontraron pruebas de engaño.

Asalto a la ciudad

Aunque fue un error, la toma de Molino del Rey llevó a las fuerzas estadounidenses hasta las mismas murallas de la fortaleza de Chapultepec. Scott decidió asaltar la ciudad sin demora. El día 12 de septiembre anunció que atacaría aquella misma jornada, pero el teniente coronel honorario Robert E. Lee le convenció para que esperase hasta la mañana siguiente, de modo que el bombardeo de la artillería tendría más efecto. A las ocho de la mañana del 13 de septiembre, tres divisiones de Scott avanzaron para el asalto: John A. Quitman desde el sur, Gideon J. Pillow desde el sudoeste, y William J. Worth desde el oeste. La infantería utilizó escalas de mano para subir las murallas. Hacia las nueve y media, Chapultepec ya había caído en manos estadounidenses. Después, las divisiones de Quitman y Worth siguieron avanzando hacia las puertas de Belén y San Cosme, respectivamente. Ambas puertas fueron tomadas por la noche. Scott abrigaba serias dudas sobre su capacidad de tomar la ciu-

La defensa de Ciudad de México dependía de sus terraplenes exteriores. Cuando éstos se rindieron, Santa Anna decidió abandonar la ciudad en lugar de luchar por las calles.

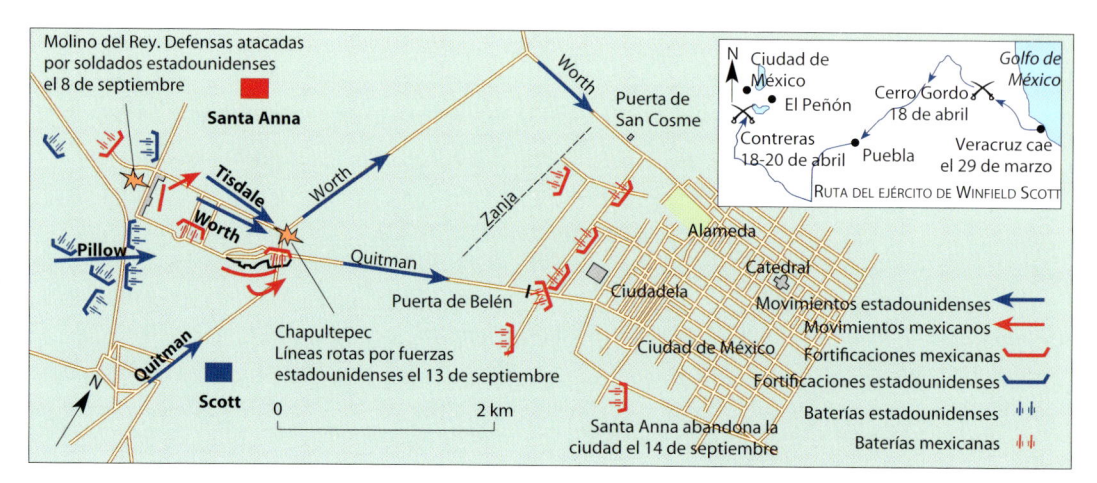

dad y mantenerla: había sufrido 900 bajas y se estaba quedando sin munición.

Los mexicanos resolvieron su dilema. Santa Anna mandó un ejército desmoralizado que luchó con valentía pero que no logró mantener las plazas fuertes de Ciudad de México. El general decidió abandonar rápidamente la capital y retirarse al norte, a Guadalupe Hidalgo. El 14 de septiembre, Ciudad de México se rindió. Las tropas de Quitman marcharon sobre la Gran Plaza e izaron la bandera de Estados Unidos. Scott y sus hombres llegaron para el saludo en menos de una hora.

Las hostilidades continuaron durante varias semanas, ya que Santa Anna se negaba a tirar la toalla definitivamente. Intentó retomar Puebla y obligar a Scott a retirarse acosando a las líneas de abastecimiento estadounidenses. Sin embargo, fracasó en estas pequeñas operaciones del mismo modo que lo había hecho en las más grandes. Después de renunciar a la presidencia mexicana, el 11 de octubre fue retirado del mando militar.

La campaña de Scott contra Ciudad de México representa un gran logro de planificación y ejecución. Teniendo en cuenta la longitud de sus líneas de abastecimiento, un solo error podría haber llevado a la catástrofe, pero no hizo caso de sus temores. La coordinación y el acierto logístico de Scott fueron inmejorables.

El Tratado de Guadalupe Hidalgo

La guerra mexicana no terminó formalmente hasta el 2 de febrero de 1848, fecha en que se firmó el Tratado de Guadalupe Hidalgo. México cedió más de la mitad de su territorio nacional, California y los territorios de Nuevo México; además, Estados Unidos se hizo con la frontera de río Grande (lo que suponía más de un millón de kilómetros cuadrados en total). A cambio, México recibió 15 millones de dólares más 3.250.000 dólares en concepto de indemnización por daños.

La guerra de México anunció la determinación de Estados Unidos de convertirse en la potencia soberana de Norteamérica. Facilitó el establecimiento de una república continental que abarcaba desde el Atlántico hasta el Pacífico. Lamentablemente, al adquirir gran parte del nuevo territorio desde México, la victoria de Scott reavivó el debate local sobre su carácter futuro. ¿Esclavista o no? Estas cuestiones influyeron en el equilibrio norte-sur y, en última instancia, la crisis política de la década de 1850 terminaría en la catástrofe de la secesión y la guerra civil.

COMBATIENTES

Fuerzas de Estados Unidos

- 10.738 hombres.
- Mandados por el general de división Winfield Scott.
- 900 bajas.

Fuerzas mexicanas

- 25.000 hombres.
- Liderados por el general Antonio López de Santa Anna.
- 4.000 bajas.

Inkerman

49

Fecha: 5 de noviembre de 1854   Lugar: sudeste de Crimea, Ucrania

¡Qué escabechina!
General P. F. J. Bosquet, al ver los cuerpos amontonados en torno a la batería de Sandbag,
5 de noviembre de 1854

La guerra de Crimea (1854-1856) surgió de los intentos de Rusia de expandirse hacia el sur a costa del imperio otomano y de la determinación de Gran Bretaña y Francia de evitar dichos intentos. Rusia ocupó las provincias turcas del Danubio danubianas en julio de 1853; Turquía declaró la guerra en octubre y Gran Bretaña y Francia, el mes de marzo siguiente. Cuando los rusos, amenazados por la intervención austríaca, se retiraron, los ejércitos aliados se centraron en la península de Crimea y en la destrucción de la base naval de Sebastopol (desde la cual Rusia controlaba el mar Negro y amenazaba a Constantinopla).

La campaña

Las fuerzas anglofrancesas tomaron tierra el 14 de septiembre, se desplazaron hacia el sur, a Sebastopol, y libraron una gran batalla en el río Alma. Aunque Sebastopol pasó a estar sitiada, gran parte del ejército ruso permaneció en el interior de la península y pudo comunicarse con la ciudad, sitiada de forma incompleta, y amenazar a los asediadores. Los rusos intentaron atravesar el puerto de abastecimiento británico en Balaklava el 25 de octubre; al día siguiente, una expedición rusa comprobó la verdadera extensión de la parte británica de la línea de asedio.

Aunque reconocían la vulnerabilidad de este flanco, los comandantes aliados Canrobert y Raglan decidieron concentrar sus recursos limitados en un asalto decisivo a la ciudad antes de la llegada del invierno. Menshikov, el comandante ruso, se encontraba presionado por el zar para que atacase rápidamente, acabase con el asedio y expulsase a los invasores de Crimea. La llegada de refuerzos desde el escenario del Danubio le aportó una notable superioridad en hombres y en artillería. Diseñó un golpe decisivo a través de un movimiento de tenazas dirigido a la débil derecha británica. Dos fuerzas convergentes reducirían y tomarían la apenas defendida cumbre de Inkerman, y ocuparían la llanura de Queroneso por detrás de las fuerzas de asedio, al tiempo que los ataques de diversión mantendrían ocupados a los franceses. Menshikov confió el mando de la campaña al general Dannenberg, que acababa de llegar con las tropas danubianas.

La batalla

El ataque ruso comenzó en la madrugada del domingo 5 de noviembre, cuando todavía no había luz.

La de Crimea es la primera campaña documentada con fotografías, aunque la batalla real quedó al margen de aquella tecnología limitada. En esta imagen del campamento de la División Ligera tomada por Roger Fenton se aprecia la naturaleza abierta y vulnerable de las disposiciones británicas por encima de Balaklava.

COMBATIENTES

Fuerzas anglofrancesas

- 7.500 británicos y 8.200 franceses en Inkerman Ridge.
- Comandantes en jefe: general Lord Raglan (británico) y general F. C. Canrobert (francés).
- Británicos: 635 muertos y 1.938 heridos. Franceses: 175 muertos y 1.625 heridos.

Fuerzas rusas

- 35.000 hombres en Inkerman Ridge.
- Comandantes: ayudante de general y almirante príncipe A. S. Menshikov (comandante en jefe) y general P. A. Dannenberg.
- Alrededor de 5.000 muertos y unos 7.000 heridos.

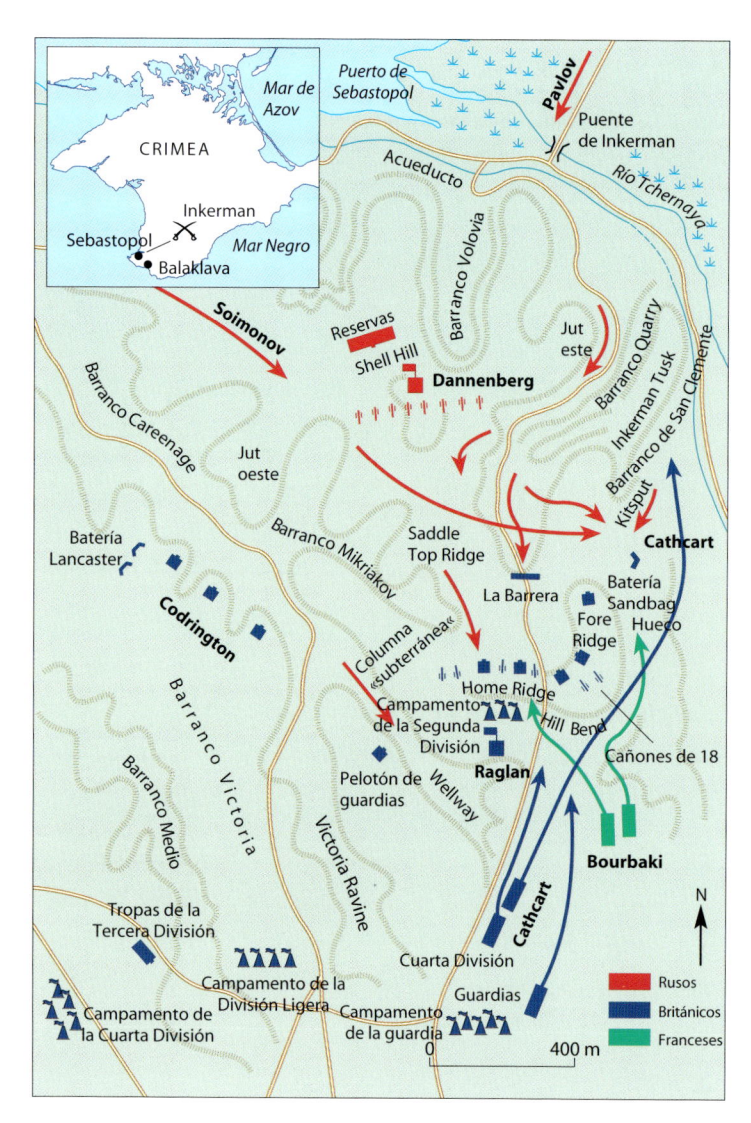

El mapa superior ilustra el estrecho frente del choque a lo largo de los montes, llenos de barrancos, por encima de Sebastopol. Esta concentración benefició a los defensores británicos y redujo el efecto de la superioridad numérica de los rusos.

Los 19.000 efectivos de infantería, con artillería de apoyo, mandados por el teniente general Soimonov avanzaron desde Sebastopol hacia el extremo derecho de las líneas británicas en Inkerman. Una segunda fuerza de 16.000 hombres al mando del teniente general Pavlov, acompañados por Dannenberg, tenía previsto realizar un avance simultáneo cruzando el río Tchernaya para unirse a las tropas de Soimonov y romper las líneas británicas. Sin embargo, las reparaciones del puente de Inkerman y los cambios introducidos por Dannenberg en el programa de Menshikov evitaron la unión de las dos fuerzas, que atacaron consecutivamente en lugar de hacerlo de forma simultánea. Gracias a la oscuridad, la llovizna, la niebla y el terreno, Soimonov logró sorprender totalmente al adversario, pero el comandante de la Segunda División británica, el general de brigada Pennefather, decidió avanzar a los soldados de que iba disponiendo con el fin de reforzar sus pelotones en lugar de retirarse a la llanura para esperar más refuerzos. Esta táctica evitó que la superioridad numérica y armamentística de los rusos (que habían instalado la artillería en Shell Hill, complementada con dos cañoneros apostados en la bahía) tuviese su efecto completo.

Ninguno de los bandos era completamente consciente del número de efectivos y de las disposiciones del contrario, ni siquiera cuando la niebla se disipó parcialmente y tuvo lugar una serie de enfrentamientos encarnizados e inconexos en los montes y en los barrancos flanqueados de arbustos al borde de la llanura. Aunque el rifle Minié utilizado por algunos británicos era claramente superior a los mosquetes rusos, el efecto perjudicial de la lluvia nocturna en esos rifles, la escasez de munición y el enfrentamiento de proximidad hicieron que se recurriese básicamente a la bayoneta en la lucha cuerpo a cuerpo. La Guardia de Coldstream realizó 11 cargas de bayoneta. La resistencia frenética e improvisada de la división de 3.000 hombres de Pennefather rompió el avance de Soimonov; el propio general ruso resultó muerto, de manera que la línea británica en Home Ridge continuaba intacta cuando llegó la división de Pavlov. Raglan, presente en el campo de batalla, dejó las respuestas locales en manos de comandantes de sector, pero tomó dos decisiones cruciales: pedir ayuda a Francia (declinada con anterioridad) y ordenar a dos cañones de asedio de 18 que se enfrentasen a la artillería enemiga.

Las fuerzas francesas, más numerosas, se enfrentaron a dos ataques de diversión: el primero, una dura salida de la ciudad a la izquierda de la línea de asedio; el segundo, un ataque fingido al sur de la llanura por parte de una fuerza de 22.000 efectivos comandados por el general Gorchakov. La debilidad de la presión de Gorchakov dejó al general francés Bosquet la suficiente confianza para despachar a varios de sus regimientos al norte con el fin de ayudar a los británicos. En esta segunda fase, cuando los destacamentos que llegaban se lanzaban a la desesperada, la golpeada línea británica abrió un hueco; la confusión y a la indisciplina de los comandantes contribuyeron a agravar el problema. Sólo el impacto de los cañones de 18 que debilitó a la artillería enemiga y la llegada de los regimientos de Bosquet (principalmente zuavos) mejoraron las cosas. Después de registrar numerosas bajas, Dannenberg ordenó la retirada.

La clara superioridad de los rusos, favorecida por la ventaja de la sorpresa, no les otorgó la victoria. Los fallos de coordinación entre los mandos rusos y el avance de las tropas británicas (que limitaron al enemigo a un estrecho frente y un terreno difícil en el que no pudo desplegar todos sus recursos) permitieron mantener la línea hasta la llegada de los franceses. Inkerman, una batalla totalmente defensiva y de reacción desde el punto de vista de los aliados, podría calificarse como «una batalla de soldados» y un enfrentamiento muy sangriento. «Debemos nuestra existencia como ejército al valor de cada uno de los soldados», afirmó un oficial subalterno.

Repercusiones

Las consecuencias iniciales de la batalla resultaron negativas para ambos bandos. Los británicos sufrieron un gran revés; el heroísmo de la infantería impidió un desastre y las bajas fueron muy numerosas (del 50 % en algunas unidades). Un general sufrió una crisis nerviosa y otro aconsejó abandonar toda la campaña. El asalto planificado sobre Sebastopol pasó a ser imposible y el asedio tuvo que prolongarse durante el invierno. Una gran tormenta que destruyó los barcos de abastecimiento británicos en Balaklava (el 14 de noviembre) agravó las privaciones y las pérdidas durante todo el invierno de 1854-1855. Los refuerzos fueron llegando poco a poco a Crimea hasta que los aliados lograron ser superiores desde el punto de vista militar.

Las repercusiones en el bando ruso fueron todavía mayores. Una tercera batalla importante no logró desalojar a los invasores, y cuando se produjo la concentración de aliados, quedó claro que Sebastopol iba a caer. Después de un último intento de liberarse, la ciudad cayó en septiembre de 1855 y la guerra terminó con la victoria anglofrancesa. El Tratado de París (1856) desmilitarizó el mar Negro y detuvo la expansión rusa a costa de Turquía durante 20 años. La pérdida del aura de invencibilidad militar por parte de Rusia, mantenida desde 1815, tendría profundas consecuencias nacionales e internacionales. En cambio, la posición internacional de la Gran Bretaña de Palmerston quedó confirmada y la de la Francia del emperador Luis Napoleón, afianzada.

Incluso este cuadro idealizado de la muerte del teniente general sir George Cathcart, que guió a sus hombres a un barranco expuesto a fuego ruso, transmite parte de la confusión que se vivió en el campo de batalla de Inkerman.

50 Antietam

Fecha: 17 de septiembre de 1862
Lugar: Scharpsburg, noroeste de Maryland, EE. UU.

El actual estado de cosas, en mi opinión, sitúa en poder del gobierno de los Estados Confederados el proponer con corrección a los Estados Unidos el reconocimiento de nuestra independencia.
ROBERT E. LEE A JEFFERSON DAVIS, 8 DE SEPTIEMBRE DE 1862

El presidente Abraham Lincoln visitó a las tropas de McClellan en Antietam el 1 de octubre de 1862. Frustrado con su comandante, utilizó el sarcasmo cuando describió el ejército del Potomac como el «guardaespaldas de McClellan».

La campaña de Maryland de septiembre de 1862 en la guerra civil americana, que culminó en Antietam, surgió de los reveses estratégicos infligidos a la Unión por el general confederado Robert E. Lee. Las batallas de los siete días (25 de junio-1 de julio) salvaron a la capital confederada, Richmond; la segunda batalla de Manassas recuperó la frontera confederada a lo largo del río Potomac. El 5 de septiembre, el ejército de Virginia del Norte, comandado por Lee, entró en Maryland.

Preparativos para la batalla

El presidente Abraham Lincoln reaccionó ante esta crisis de manera decisiva. Reunió a 300.000 voluntarios más, llamó a filas a las fuerzas de la Unión del Atlántico sur y el valle de Kanawha, y nombró al general de división George B. McClellan comandante de todas las fuerzas de la Unión en la zona de Washington (su decisión más controvertida). Como demócrata, McClellan estaba considerado por algunos miembros del gabinete de Lincoln como un enemigo político y, a pesar de demostrar unas grandes cualidades de organización, las batallas de los siete días dejaron patente que estaba más preocupado por evitar la derrota que por derrotar al enemigo. Tras el nombramiento se redimió estableciendo un programa intensivo de formación y aportando nuevos reclutas al ejército del Potomac. El 7 de septiembre, McClellan guió a sus tropas a la campaña, pero casi una cuarta parte de sus hombres (en torno a 20.000) no habían entrado nunca en combate.

La confianza de Lee le llevó a subestimar la resistencia de la Unión, y la rapidez de la reacción de McClellan le llegó por sorpresa. Lee contaba con al menos tres semanas para que sus tropas pudiesen descansar, reorganizarse y atravesar los condados occidentales (unionistas) de Maryland hacia Pensilvania. Lee pretendía quedarse en territorio septentrional hasta noviembre, desgastando el apoyo a favor de la continuación de la guerra y obligando a Lincoln a reconocer la independencia de los confederados. En 1866, comunicó al coronel William Alan: «He ido a Maryland para presentar batalla» con la esperanza de superar a las fuerzas de la Unión y asestar un golpe mortal que ganara la guerra para el Sur.

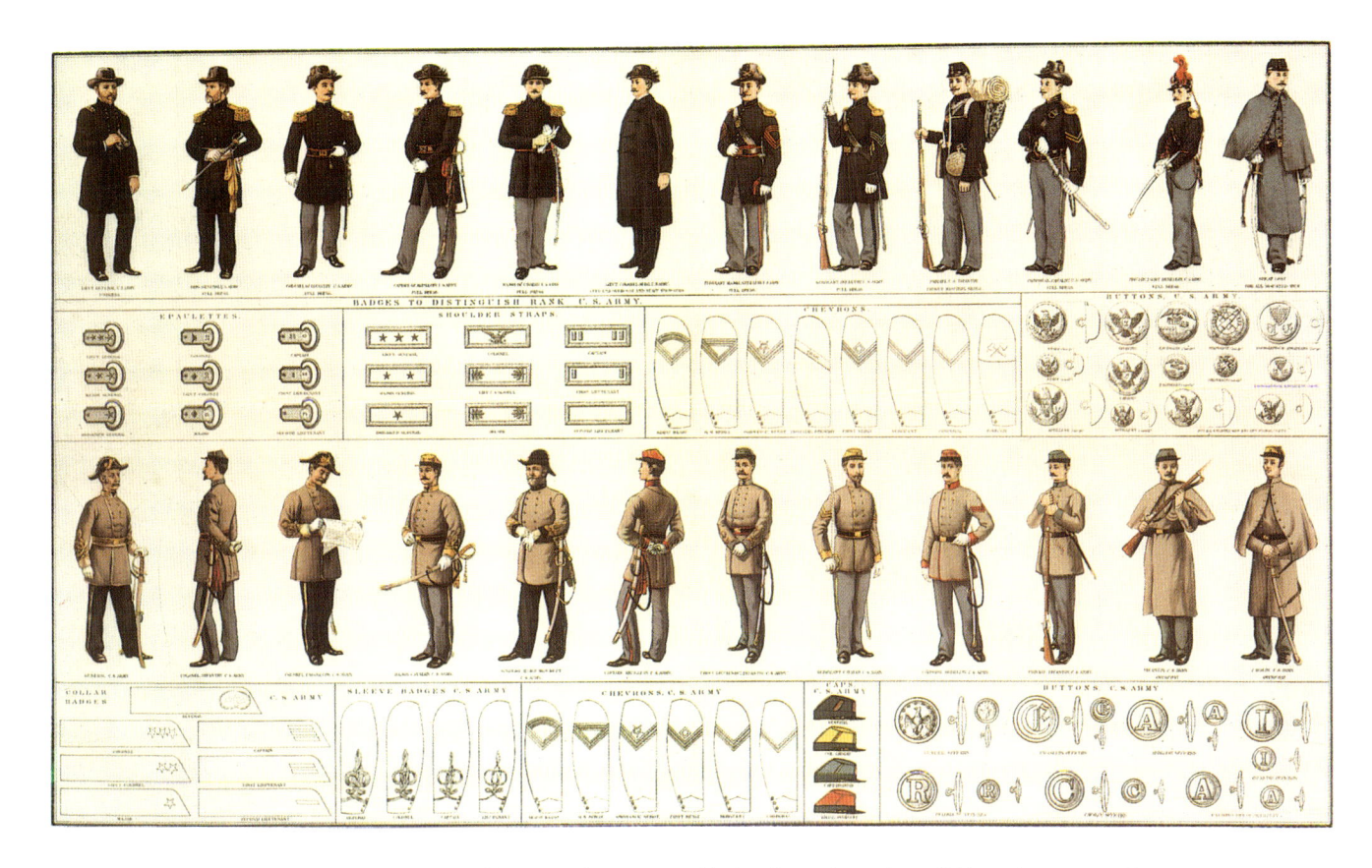

El ejército del norte de Virginia tuvo que dispersarse. El 9-10 de septiembre, el gabinete de Lee editó la Orden Especial núm. 191 detallando su dispersión. Más significativo aún es que el general de división Thomas «Stonewall» Jackson y 38.000 efectivos fueron enviados de nuevo para «interceptar» a la guarnición federal en Harper´s Ferry. Las tropas de la Unión encontraron una copia de esta orden (la famosa Orden Perdida) y la entregaron a McClellan. Éste la agitó ostensiblemente en el aire, en un acto que no pasó por alto a un espía confederado. Parecía dudoso que Lee conociese la causa exacta del regocijo de McClellan durante un tiempo, aunque sí reconoció que sus planes habían quedado comprometidos.

En cualquier caso, Lee ya había perdido la iniciativa. El 12 de septiembre, las tropas de la Unión entraron en Frederick, Maryland. Lee disponía de una sola división para proteger su retaguardia, la de D. H. Hill. El 14 de septiembre, McClellan atacó a Hill en la batalla de South Mountain, pero no supo aprovechar su éxito. En un esfuerzo por proteger a la fuerza de Jackson, Lee ordenó una retirada a través de Keedysville. Desde aquí, el 15 de septiembre divisó Sharpsburg Heights y comprendió su importancia como posición defensiva para su ejército. Poco después, recibió un despacho de Jackson que preveía la caída de Harper´s Ferry (un asedio imprevisto). Lee ordenó una concentración del ejército en Sharpsburg.

En esta fase, Lee todavía tenía que decidir si presentaba batalla a McClellan o se retiraba. Sin embargo, el regreso a Maryland en una fecha posterior habría echado a perder la oportunidad estratégica de la campaña. Scharpsburg Heights ofrecía una confusa serie de cumbres entrecruzadas que podrían ayudar a engañar a McClellan sobre la debilidad numérica de Lee, de manera que éste dispondría de un tiempo precioso. Con el meandro del Potomac a sus espaldas, los flancos confederados podrían descansar de forma segura, pero no disponían de vía de escape si McClellan rompía el frente. En torno al mediodía del 15 de septiembre, Lee contaba únicamente con 15.000 hombres y 100 cañones, y asumió un riesgo enorme al realizar una parada en Sharpsburg.

Jackson llegó la mañana del 16 de septiembre (excepto la división de A. P. Hill), aumentando considerablemente la fuerza de Lee. Aquella tarde, el comandante de caballería (el general de división J. E. B. Stuart) informó de la llegada de tropas de la

Uniformes de la Unión y de los Confederados en 1861, en la «guerra del azul y el gris». La elección del color gris corrió a cargo del presidente confederado, Jefferson Davis, que fue cadete en West Point y siempre había admirado el gris de los uniformes de los cadetes.

El ataque violento de McClellan degeneró en una serie de ataques por partes. De este modo, Lee pudo concentrar sus reservas en puntos clave para repeler dichos ataques.

Unión: primero, el I Corps del general de división Joseph Hooker, seguido de cerca por el XII Corps al mando del general de división Joseph Mansfield. A las cuatro de la tarde, ambos cuerpos empezaron a cruzar Antietam Creek y se aproximaron a la izquierda confederada, pero McClellan no realizó ninguna otra acción aquel día. Perdió la oportunidad de la sorpresa al anunciar su fuerza, y concedió a Lee otro día para realizar sus preparativos.

McClellan estaba al mando de 75.000 hombres y 275 cañones. La artillería unionista era superior en calidad y en peso, y McClellan concentró sus cañones en su derecha, en Poffenberger Hill (detrás de North Woods). Creía que los confederados eran más numerosos que ellos, cuando en realidad Lee apenas disponía de 50.000 hombres listos para la batalla. Su plan de debilitar ambos flancos confederados con ataques para después caer sobre el centro de Lee requería un gran control táctico y una coordinación perfecta. Por desgracia para él, McClellan estableció su cuartel general lejos, en la retaguardia, y no pisó el campo de batalla ni una sola vez. En consecuencia, su plan se descompuso en una serie de ataques frontales por partes, ninguno de los cuales tuvo la fuerza suficiente para derrotar al ejército de Lee.

Acción

El 17 de septiembre, el ataque de la Unión se desplegó en la derecha a las cinco de la madrugada. Hooker pretendía tomar el terreno elevado en torno a la iglesia de Dunker. Una vez tomado, el ejército de Lee podría ser conducido hacia el Potomac. La artillería confederada situada en Nicodemus Hill batió por el flanco a la infantería unionista que avanzaba. Jackson iba al mando de este sector y resistió tenazmente el ataque de Hooker. El XII Corps recibió la orden de avanzar a las siete y media de la mañana, pero Mansfield cayó mortalmente herido y sus divisiones sufrieron ataques diversificados. Lee envió a Jackson una división desde el centro y otra desde la derecha. La línea reforzada de Jackson resistió.

La segunda fase de la operación comenzó en torno a las nueve de la mañana, cuando el II Corps del

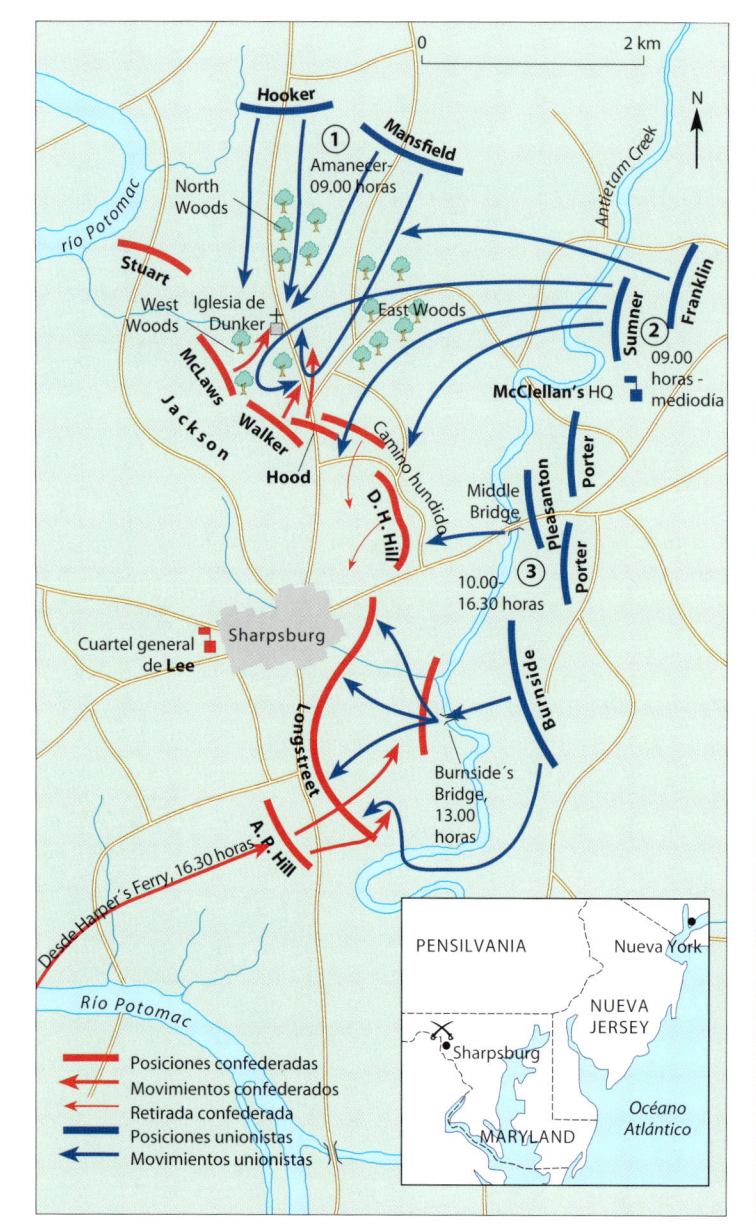

COMBATIENTES

Unión

- 75.316 hombres.
- Mandados por el general de división George B. McClellan.
- 2.108 muertos, 9.549 heridos y 753 desaparecidos (incluidos prisioneros).

Confederados

- 51.844 hombres.
- Mandados por el general Robert E. Lee.
- 2.700 muertos, 9.024 heridos y 2.000 desaparecidos (incluidos prisioneros).

La estrecha proximidad de los dos ejércitos, el poder de su artillería y la naturaleza desesperada de la lucha provocaron un elevado número de bajas.

general de división Edwin V. Summer empujó hacia delante el centro confederado. Era la parte más débil de la posición de Lee porque un valle conducía directamente al Potomac. La división de D. H. Hill cubrió el punto esencial, una cañada, que lo conectaba con el flanco izquierdo confederado.

McClellan dejó avanzar este ataque como un asalto frontal sin apoyo (contribuyendo así al proceso de desgaste que debería haberse contenido). Las tres divisiones de Sumner cayeron presas de la confusión debido al terreno, se separaron y realizaron tres asaltos independientes. Lee luchó por resistirlos y encargó a la división de R. H. Anderson que apoyase a D. H. Hill, pero a las 13.30 horas los confederados fueron expulsados del cañada.

La batalla parecía ir en contra de Lee. Una de las divisiones de Sumner renovó el asalto contra la iglesia de Dunker, que estuvo en manos confederadas durante dos horas. Lee trabajó a contrarreloj para arreglar su línea, pero a las dos y media de la tarde ya no tenía más reservas. Una débil división de 2.400 hombres cubrió todo su flanco derecho. Y entonces ocurrió otro desastre. Finalmente, el IX Corps de Burnside expulsó a los tiradores confederados y cruzó el puente de Rohrbach (actualmente de Burnside), trepó los acantilados sobre Antietam Creek y avanzó sobre Sharpsburg para cortar la retirada de Lee. Éste no logró volver a formar a los confederados que huían y, en una acción dramática, la división de A. P. Hill llegó procedente de Harper´s Ferry. «General Hill», dijo un Lee exultante, «nunca me había alegrado tanto de verle. Le necesitamos con todas nuestras fuerzas». En el momento oportuno, la División Ligera de Hill cargó contra el flanco izquierdo expuesto de Burnside y retrocedió de nuevo hacia el río.

El 18 de septiembre, Lee se mantuvo firme, en el campo de batalla y por tanto victorioso. McClellan no hizo ningún esfuerzo por contradecirle. Al día siguiente, con sus tropas exhaustas, Lee se retiró hacia Virginia. El ejército del Potomac también estaba agotado y permaneció en el lugar casi en su totalidad durante seis semanas más. Aunque técnicamente fue una retirada, Antietam sigue siendo una de las batallas más decisivas y sangrientas de la guerra civil americana. Cada uno de los bandos perdió en torno a 12.000 hombres.

Consecuencias

Antietam frustró los esfuerzos de Lee por decidir la guerra en favor de la Confederación. Asimismo, acabó con la más mínima oportunidad de que Gran Bretaña y Francia interviniesen del lado del Sur. La retirada de las tropas confederadas ofreció a Lincoln una victoria estratégica suficiente para justificar la publicación, el 22 de septiembre, del preliminar de la Proclamación de Emancipación. Liberaba a los esclavos, excepto a los del territorio de la Confederación, pero marcaba el programa más severo de Lincoln contra el Sur. Lo que buscaba era una rendición de los confederados o la destrucción del sistema social sureño basado en la esclavitud. Aunque se ha indicado que Antietam hizo más probable la intervención extranjera debido a los temores humanitarios de una guerra servil, Gran Bretaña sólo tenía intención de «mediar», no de intervenir militarmente. Lincoln pudo haber dejado de lado esta posibilidad.

En resumen, Antietam proporcionó los importantísimos cimientos para la victoria unionista final. Se dice que fue una de las batallas más decisivas de América. Sin ella, Estados Unidos no habría establecido un *imperium* en el hemisferio occidental en la década de 1880, preludio de la potencia mundial que es hoy.

51 Gettysburg

Fecha: 1-3 de julio de 1836   Lugar: sur de Pensilvania, EE. UU.

Los muertos, moribundos y heridos son indescriptibles. Se amontonan apilados en Brest Works y a lo largo de kilómetros se extienden como sacos de harina en campos de cosecha (hombres, caballos, mulas, cañones rotos, ajustes, cornetas, tambores, espadas y mosquetes extendidos por los campos de grano pisoteados). La visión más horrible que jamás haya visto un hombre.
CARTA DE UN SOLDADO DE WISCONSIN DESPUÉS DE LA BATALLA

Gettysburg probablemente fue la batalla más importante de la guerra civil americana (1861-1865). Después de su brillante victoria en Chancellorsville, en mayo de 1863, el general Robert E. Lee, comandante del ejército confederado de Virginia del Norte, convenció al presidente confederado Jefferson Davis de que le permitiese llevar a cabo una invasión en Pensilvania. Lee pretendía que fuese un ataque de saqueo para retrasar una invasión anticipada por parte del ejército federal del Potomac del general de división Joseph Hooker (*véase* Antietam, pág. 206). Brindaría a Virginia la oportunidad de recuperarse de los estragos de la guerra y la Confederación podría aprovechar los abundantes recursos de Pensilvania. Asimismo, llevar la guerra al Norte favorecería el movimiento por la paz, y si el Sur era capaz de conseguir una gran victoria militar, sin duda mejorarían las posibilidades de gozar del reconocimiento diplomático en el extranjero. Aunque la Unión gozaba de una ligera ventaja en cuanto a efectivos (85.000-90.000 frente a los 70.000 confederados), las cifras estaban más igualadas de lo que habían estado en el pasado o estarían en el futuro.

El 3 de junio, el ejército de Lee comenzó a desplazarse hacia el oeste. Hooker tomó una ruta paralela al norte del Rappahannock, manteniendo sus propias fuerzas entre Lee y la capital federal. Lee atravesó Blue Ridge, se trasladó al norte a través del valle de Shenandoah y cruzó el Potomac para atravesar Maryland hasta llegar a Pensilvania. Si se aseguraba Harrisonburg, Lee podría cortar las comunicaciones de la Unión con el oeste. Y también estaría en disposición de amenazar a varias ciudades orientales, incluyendo Baltimore y Washington, lo que obligaría a Hooker a atacarle (así lo creía Lee).

A finales de junio, los tres cuerpos de Lee (al mando de los tenientes generales Richard Ewell, A. P. Hill y James Longstreet) se encontraban en Pensilvania, pero muy repartidos. Dado que no había recibido noticias de su comandante de caballería, el general de división J. E. B. («Jeb») Stuart, que tenía que proteger el flanco derecho de la Confederación en la marcha hacia el norte, Lee dio por sentado que el ejército federal no suponía una amenaza. Sin embargo, Stuart se había separado del ejército confederado principal y se vio obligado a dar la vuelta por detrás de las tropas unionistas que se dirigían al norte. Al caer la noche del 28 de junio, con sus propias fuerzas peligrosamente dispersas, Lee recibió la noticia de que el ejército de Hooker se encontraba concentrado cerca de Frederick, Maryland, más cerca de algunas partes del ejército de Lee de lo que éstas estaban entre sí. Lee tenía que concentrarse de inmediato. De lo contrario, su ejército sería destruido poco a poco.

Los confederados se reunieron en Gettysburg, una pequeña ciudad de 2.400 habitantes e importante cruce de caminos. El ejército de Virginia del Norte llegó desde el noroeste; el ejército del Potomac, desde el sur. Las fuerzas de la Unión también contaban con un nuevo comandante, el general de división George Gordon Meade. Hooker discutió con sus superiores en Washington, y el 28 de junio el presi-

Interpretación artística de la lucha entre las tropas de la Unión (izquierda) y soldados confederados (derecha) en el segundo día de la batalla, el 2 de julio de 1863. Litografía pintada a mano publicada por Currier & Ives.

dente Abraham Lincoln lo sustituyó. Hooker había demostrado ser un comandante de cuerpo eficaz, pero titubeó y permitió que Lee (con la mitad de los hombres) lograse una brillante victoria en Chancellorsville en el mes de mayo. Lincoln y sus consejeros dudaron de si Hooker podría resistir ante Lee. Si a Meade le llevaba un tiempo tomar decisiones, él seguía siendo un comandante fiable e imperturbable.

El contacto preliminar entre las dos fuerzas tuvo lugar cerca de Gettysburg el 30 de junio. La caballería de la Unión al mando del general de brigada John Buford entró en Gettysburg y avistó a la infantería confederada de A. P. Hill al oeste de la ciudad. Buford informó al general de división Joseph Reynolds, comandante del I Corps de la Unión y del ala izquierda de Meade. Buford decidió intentar conservar la plaza de Gettysburg mientras ambos bandos tomaban por asalto lo que encontraban a su paso.

Posiciones unionistas y confederadas en Gettysburg, 3 de julio de 1863.

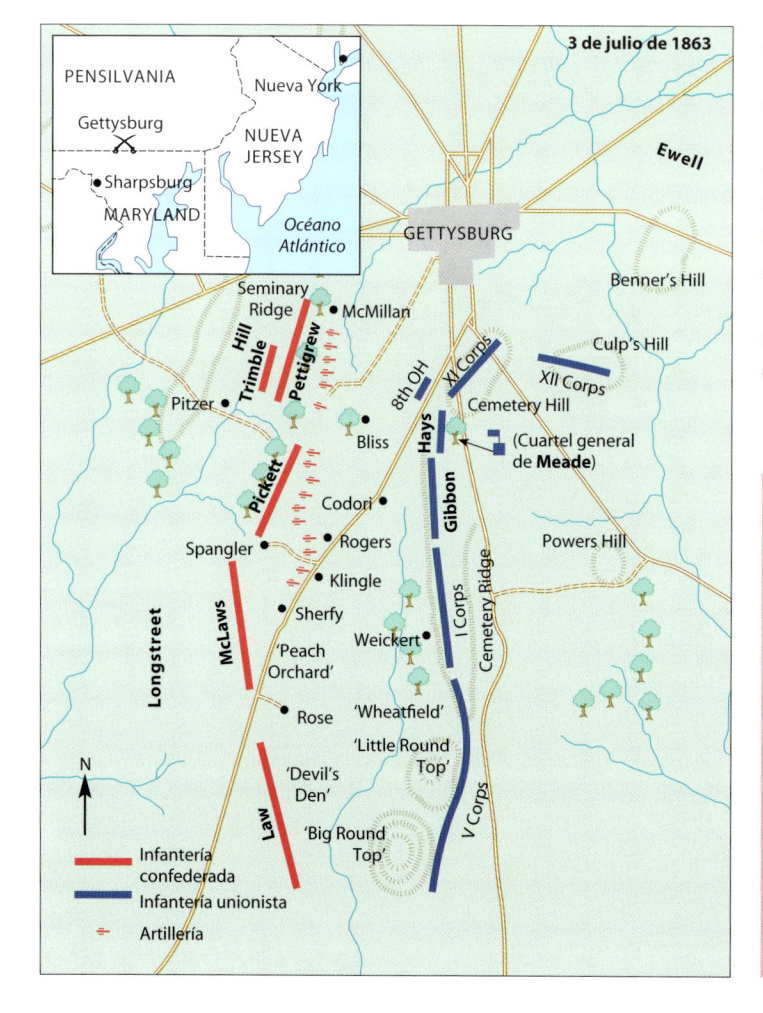

La batalla

La batalla de Gettysburg duró tres días. El primer día, el 1 de julio, terminó con una victoria de los confederados. Reynolds llegó a la ciudad a media mañana y avanzó con su infantería para sustituir a la caballería de Buford. Murió mientras dirigía el despliegue de las unidades. A primera hora de la tarde, el XI Corps de la Unión al mando del general de división Oliver Howard llegó al campo de batalla y tomó posiciones al norte de Gettysburg.

En la cruenta lucha que siguió, los confederados hicieron retroceder a las tropas unionistas a través de Gettysburg y éstas ocuparon posiciones fuertes en Cemetery Hill y Culp´s Hill. Reynolds y Buford habían ganado tiempo suficiente, ya que la línea defensiva unionista resultante (que pasó a ser conocida por su forma como Fishhook, «anzuelo») fue la mayor ventaja individual de Meade. La Fishhook se situó en la derecha junto a Culp´s Hill. Discurría en dirección oeste hasta Cemetery Hill, y después al sur siguiendo Cemetery Ridge hasta los dos Round Tops. La caballería de la Unión protegía los flancos. Los confederados, mientras tanto, ocuparon Seminary Ridge, una elevación extensa y parcialmente boscosa que discurría al norte y al sur en paralelo a Cemetery Ridge. La batalla del primer día resultó cara para la Unión; dos tercios de los 18.000 federales que lucharon el 1 de julio causaron baja.

El segundo día confirmó la ventaja de la Fishhook. Meade, que operaba desde líneas interiores, podía desplazar tropas y avituallamiento con mucha más

COMBATIENTES

Unión

- Aproximadamente 85.000 hombres del ejército del Potomac y 372 piezas de artillería.
- Mandados por el general de división George Gordon Meade.
- 23.000 bajas.

Confederados

- Alrededor de 70.000 hombres del ejército de Virginia del Norte y 274 piezas de artillería.
- Mandados por el general Robert E. Lee.
- Hasta 28.000 bajas.

Extremo izquierda
El general de división George Gordon Meade, comandante del ejército unionista del Potomac.

Izquierda
El general Robert E. Lee, comandante del ejército confederado de Virginia del Norte.

Inferior
Participantes en una reconstrucción moderna de la batalla de Gettysburg.

facilidad que Lee. Longstreet solicitó un esfuerzo inmediato para asegurar los Round Tops en el sur de la línea defensiva de la Unión y después rodear las fuerzas unionistas que amenazaban Baltimore y Washington para desplazar a Meade de sus posiciones defensivas. Lee, sin embargo, planificó un ataque doble contra los flancos de la Unión.

Esos ataques ocurrieron de forma consecutiva, lo que permitió a Meade contener ambos. La marcha de Longstreet más allá de la izquierda de la Unión y sus puestos de observación ocuparon gran parte de la tarde. No obstante, el ataque de dos divisiones confederadas contra la Unión realizado bajo el mando del general de división Daniel Sickles, comandante del III Corps, resultó un éxito. Sickles salió de Cemetery Ridge sin pensar y avanzó por delante del resto de la línea unionista, formando un saliente que quedó completamente desprotegido.

La lucha hizo estragos en lugares que pasaron a ser famosos: Peach Orchard, Wheatfield, Devil´s Den y Little Round Top. Meade desplazó las fuerzas hacia el sur, y aunque los hombres de Sickles regresaban a Cemetery Ridge, mantuvieron esa posición. Los confederados tampoco lograron tomar Little Round Top gracias a que el 20.º Regimiento del Maine, comandado por Joshua Chamberlain y muy inferior en número, llegó justo a tiempo. Si los confederados hubiesen obtenido el éxito en este lugar, Longstreet habría podido batir por el flanco toda la línea unionista.

La lucha pasó a continuación al centro de la Unión. Aunque Hill atacó con un número insuficiente de efectivos, una brigada confederada aseguró una posición firme en Cemetery Ridge. Al norte, y con el crepúsculo, dos brigadas confederadas retrocedieron desde Cemetery Hill; el ataque de Ewell contra Culp´s Hill también fue rechazado. El segundo día terminó en tablas.

El tercer día, Lee planificó un ataque confederado masivo desde Seminary Ridge contra el centro de la línea unionista, protegida por el II Corps del general de división Winfield Scott Hancock. La caballería confederada al mando de Stuart (que llegó el día anterior) debía rodear la línea unionista desde el norte, pero fue derrotada a 8 kilómetros al este del campo de batalla por la caballería de la Unión.

Alrededor de la una de la tarde, los confederados comenzaron un bombardeo masivo de artillería desde Seminary Ridge con unos 160 cañones. Más de 100 cañones unionistas situados en Cemetery Ridge respondieron en un cañoneo que duró dos horas. Después se hizo el silencio y los confederados comenzaron su asalto sobre 1,5 kilómetros de campo abierto en filas de la misma anchura, con los estandartes de batalla ondeando como si se tratara de un desfile. En la carga participaron tres divisiones, con la del general George Pickett en el centro. Las otras dos desaparecieron y retrocedieron hacia las líneas confederadas, dejando a la división de Pickett sola y expuesta al fuego de enfilada unionista. Sólo unos pocos cientos de confederados llegaron a la línea unionista, donde fueron obligados a detenerse. De los 12.000-13.500 hombres, Pickett perdió entre 8.000 y 10.000 en un solo día.

Lee acortó su línea. Al día siguiente permaneció en su puesto a lo largo de Seminary Ridge, esperando que Meade le atacase, pero el comandante unionista no cayó en la trampa. Finalmente, la noche del 4 de julio, Lee levantó el campamento y aprovechó la oscuridad y la lluvia intensa para retirarse hasta Virginia descendiendo por el valle de Cumberland. Se llevó el botín capturado y 6.000 prisioneros.

Repercusiones

En la batalla propiamente dicha, Meade perdió alrededor de 23.000 hombres. Las pérdidas de Lee fueron tan numerosas como las de la Unión (posiblemente, en torno a 28.000 hombres). Aunque el Sur cantó victoria, los más prudentes vieron que en realidad se trataba de una derrota de los confederados. El ejército del Potomac por fin cumplió su promesa. La victoria unionista en Gettysburg, junto con el éxito simultáneo en Vicksburg (Mississippi), rompió por fin el equilibrio militar y diplomático en favor del Norte. A partir de aquel momento, la Confederación comenzó un descenso imparable hacia la derrota.

Un soldado confederado muerto en Devil´s Den, Gettysburg.

Sadowa

Fecha: 3 de julio de 1866   Lugar: actual Sadová, República Checa

52

El camino estaba repleto de hombres huyendo del ala derecha. Caballería, infantería, artillería, trenes, de todo; no podíamos despejarlos ni restaurar orden alguno. Nuestras columnas se rompieron. El enemigo dirigió su fuego hacia este barranco abarrotado y todas las balas dieron en el blanco. Nos retiramos, dejando atrás miles de muertos.
UN OFICIAL AUSTRÍACO EN SADOWA, 1866

La victoria de Prusia sobre Dinamarca en 1864 supuso la incorporación a Rusia de las provincias de Schleswig y Holstein. Poco después, Austria lideró una coalición que incluía Baviera, Sajonia y Hannover para hacer frente a la expansión prusiana y equilibrar una alianza italoprusiana. Ante la amenaza inminente de la guerra, las fuerzas prusianas (al mando del general Helmuth von Moltke) se movilizaron y se prepararon para desplegarse en junio de 1866. La acertada estrategia del Estado Mayor prusiano enseguida dio frutos. Moltke recurrió a seis líneas de ferrocarril distintas para concentrar tres ejércitos en un arco de 500 kilómetros en Bohemia. Los austríacos, mucho más lentos, se vieron sorprendidos.

Dado que no esperaba un movimiento y una concentración tan rápidos de las fuerzas de su oponente, el general austríaco Ludwig von Benedek sufrió una serie de derrotas locales antes de situar a sus fuerzas entre las ciudades de Sadowa y Königgrätz. Su despliegue fue más propio del siglo XVIII que del XIX. Los austríacos se desplegaron de espaldas al río Elba, con el flanco derecho en terreno bajo y el izquierdo virtualmente desprotegido. Esta posición no era adecuada para sus líneas de retirada, y sus reservas estaban demasiado cerca de las fuerzas principales. Por tanto, se colocaron en una posición que permitiría a los prusianos rodearles si les localizaban y atacaban con rapidez.

Benedek ganó fama al salvar al ejército austríaco después de la derrota en Solferino (1859). Ahora man-

Extremo Izqulerda *Uno de los creadores del tipo de moderno del Estado Mayor y uno de los primeros en utilizar el ferrocarril, el general Helmuth von Moltke captó la importancia de la planificación.*

Izquierda *El estatus de héroe del general Ludwig von Benedek en Solferino (1859) se vino abajo después de Sadowa, cuando Austria le responsabilizó de la pérdida.*

COMBATIENTES

Prusianos
- 225.000 hombres.
- Mandados por el general Helmuth von Moltke.
- 9.000 muertos y heridos.

Austríacos y sajones
- 230.000 hombres.
- Mandados por el general Ludwig von Benedek.
- 20.000 muertos y heridos; 20.000 prisioneros.

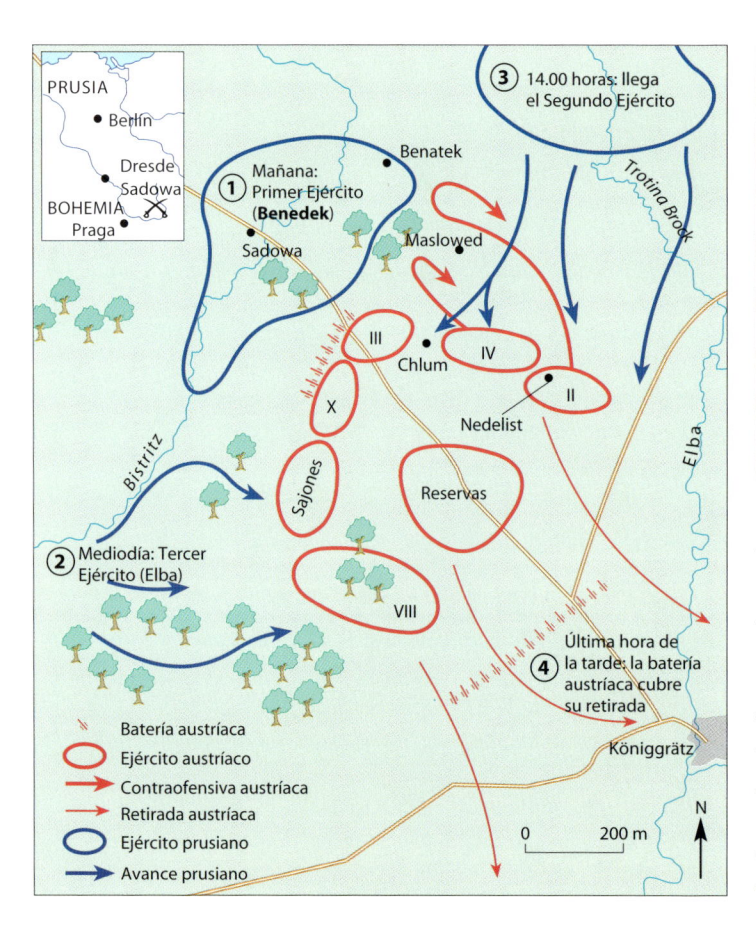

La posición austríaca dejó expuestos los flancos que los prusianos, mejor armados, pudieron explotar.

daba una fuerza desmoralizada y políglota con casi un 60 % de eslavos. A estos soldados no les importaba demasiado una guerra para decidir quién se iba a convertir en el amo de Alemania. Las estrategias austríacas eran claramente inferiores a las prusianas, lo que llevó a Benedek a mostrarse pesimista sobre las oportunidades de Austria de ganar la guerra. Ya había solicitado a su emperador que pidiese la paz y no fue escuchado. Se encontraba en una posición difícil, mal informado y mal armado.

Moltke necesitaba ganar una guerra rápida para mantener a Francia neutral y compensar las largas líneas de abastecimiento desde Prusia. El 2 de julio, sus exploradores localizaron a los austríacos en medio de una intensa tormenta. Moltke planeó avanzar a la mañana siguiente con sus tres ejércitos y cortar la retirada de los austríacos con su caballería. Si todo salía según sus planes, podría destruir al ejército de Benedek, a pesar de que ambas fuerzas contaban con un número aproximado de 250.000 hombres cada una.

No obstante, como el propio Moltke observó en una ocasión, ningún plan sobrevive al primer contacto con el enemigo. Debido a un fallo en sus comunicaciones telegráficas, el Segundo Ejército no recibió sus órdenes y, por tanto, no atacó. A media mañana, la artillería austríaca había logrado contener a los otros dos ejércitos prusianos, que apenas ganaron terreno a excepción de una zona boscosa en el centro conocida como Swiepwald. Los austríacos, poco acertados, decidieron contraatacar para recuperar los bosques, avanzando directamente hacia la sólida infantería prusiana armada con fusiles de retrocarga conocidos como fusiles de aguja. Estas armas permitieron a los prusianos dispersarse, disparar tumbados en el suelo y permanecer ocultos.

Llegada del Segundo Ejército

A mediodía, los austríacos habían sufrido un ataque sangriento, pero no mostraban intenciones de retirarse. No obstante, no sabían de la llegada del Segundo Ejército. Al oír los sonidos de la batalla, por la mañana, el Segundo Ejército comenzó a avanzar y llegó al flanco derecho del ejército austríaco en torno a las dos de la tarde. Los prusianos avanzaron en formaciones dispersas y atacaron a las mismas unidades, ya exhaustas, que habían sido asaltadas en Swiepwald. El avance posterior del Primer Ejército prusiano en el centro mantuvo el centro austríaco en su lugar, mientras que el flanco derecho tuvo que enfrentarse al fuego fulminante del Segundo Ejército. Cayó en poco tiempo, y con él se llevó toda esperanza de victoria austríaca. El mal tiempo retrasó el avance de los prusianos lo suficiente para permitir que Benedek ordenase contraataques a fin de cubrir la retirada. Así, pudo liberar a su ejército tal como lo había hecho en Solferino, siete años antes.

El ejército austríaco sobrevivió, pero quedó muy maltrecho. Más de 40.000 austríacos murieron o cayeron heridos, y 20.000 más se convirtieron en prisioneros de guerra. Prusia sólo perdió 9.000 hombres. Desde el punto de vista militar, Sadowa ayudó a establecer la reputación del ejército prusiano, y en especial la de sus altos mandos. La eficacia, la superioridad tecnológica y la sofisticación táctica de los prusianos superaron con creces a las de sus oponentes. Prusia empleó el mismo sistema, con algunas mejoras, para derrotar a Francia en la guerra franco-prusiana (1870-1871).

El Tratado de Praga

Las ramificaciones políticas de la batalla fueron igual de impresionantes. En el Tratado de Praga, firmado el 23 de agosto, Austria se excluía de los asuntos alemanes y reconocía el dominio prusiano en la Confederación de Alemania del Norte. Tras perder su influencia en Alemania, Austria decidió trasladar su poder al este y al sur. Negoció con Hungría para formar la monarquía dual en 1867. De ese modo, la influencia austríaca se concentraría en Europa central y en los Balcanes. La derrota en Sadowa, además, obligó a Austria a abandonar su campaña en el Véneto, lo que permitió a las fuerzas italianas recuperar Venecia y dar paso a las etapas finales de la unificación.

Las condiciones presentadas por el canciller alemán Otto von Bismarck a los austríacos en Praga fueron, en realidad, más generosas de lo que cabría esperar de la situación. Con Austria vencida en el campo de batalla y con unos líderes temerosos de una revolución, Bismarck pudo haber sido mucho más exigente de lo que fue con los austríacos. Aunque los prusianos exigieron una indemnización, Austria no perdió territorio. Las dos potencias alemanas mantuvieron unas relaciones relativamente buenas en los años inmediatamente posteriores a la guerra. En 1879, las relaciones entre los dos estados eran lo suficientemente cordiales para conducir a la conclusión de la doble alianza, el primer paso en el sistema de alianzas que llevó a Europa a la guerra en 1914.

Esta pintura capta parte de la confusión en medio de la batalla. Los prusianos, más organizados, se enfrentaron mejor a este caos, lo que les proporcionó una importante ventaja en el campo de batalla.

53 Omdurman

Fecha: 2 de septiembre de 1898   Lugar: cerca de Jartum, centro de Sudán

No fue una batalla, sino una ejecución.
G. W. STEEVENS, *WITH KITCHENER TO KHARTUM*, 1898

Este retrato de Kitchener posterior a Omdurman, pintado por C. M. Horsfall, transmite la imagen de austeridad implacable y crueldad de su protagonista.

Omdurman representó el punto álgido del éxito del imperialismo militar británico contra la resistencia nativa y puso fin al Mahdiyya, el estado derviche del Sudán egipcio. Aunque Gran Bretaña ocupó Egipto en 1882, el control de Sudán se perdió a manos del movimiento mesiánico islámico del Mahdí. Las derrotas de las fuerzas británicas culminaron con la muerte del general Charles Gordon en Jartum (1885).

Gran Bretaña y Egipto (gobernada *de facto* por el cónsul general británico lord Cromer) dejaron Sudán en manos del califa, el sucesor del Mahdí, durante una década. Vengar la muerte de Gordon fue una causa popular en Gran Bretaña, pero no el motivo de la reconquista de 1896-1898. Lord Salisbury, primer ministro conservador, ordenó una diversión para ayudar a los italianos, derrotados por Abisinia en Adua a principios de 1896, y para impedir cualquier alianza entre Abisinia, el califa y Francia. Sin embargo, el éxito del avance egipcio por el sur siguiendo el Nilo hacia Dongola demostró la voluntad de las tropas nativas de luchar contra los musulmanes, y Londres recibió noticias de una expedición militar francesa que se dirigía hacia el valle del Alto Nilo.

Salisbury y Cromer decidieron que las fuerzas mandadas por el general de división Herbert Kitchener, *sirdar* («comandante») del ejército egipcio, debían tomar Omdurman, la capital derviche, y garantizar el control de todo el valle del Nilo. La expedición contó con recursos y refuerzos británicos, aunque continuó siendo egipcia (y en torno a dos tercios de los hombres y del dinero vinieron de Egipto).

La expedición

La campaña de Kitchener dependía del transporte y el avituallamiento. Superó los problemas de la distancia y del desierto construyendo el ferrocarril militar de Sudán que cruzaba el gran meandro del Nilo (616 kilómetros en total), lo que inspiró a Winston Churchill estas palabras: «El califa fue derrotado gracias al ferrocarril». La línea garantizó el flujo rápido de provisiones, refuerzos y secciones prefabricadas de los barcos de vapor que otorgaron a Kitchener el control efectivo del Nilo y de sus orillas, ya que las crecida estacional del río permitían cruzan las cataratas. En Atbara, en abril de 1898, fue derrotada una fuerza mahdista de 12.000-16.000 efectivos; posteriormente, los derviches apenas ofrecieron resistencia cuando el ejército angloegipcio avanzó por el río. El califa se lo jugó todo en una gran batalla librada delante de su capital.

La batalla

Los invasores llegaron a las llanuras que se extienden ante Omdurman, en la orilla oeste del Nilo, el 1 de septiembre. Los «amistosos» nativos aseguraron la orilla este; la artillería y los cañoneros bombardearon la ciudad y sus defensas. Un gran ejército derviche ocupó el campo y Kitchener decidió proteger a sus fuerzas por la noche con un gran campamento semicircular que daba al río, junto a las embarcaciones, con una *zariba* («muralla de espinos») en el lado del desierto. Un ataque nocturno habría reducido la ventaja de la potencia de fuego aliada y habría proporcionado a los derviches su mejor oportunidad de romper la *zariba*, pero la batalla comenzó con las primeras luces del alba.

Se produjo en dos fases. En la primera, las fuerzas principales de Kitchener protagonizaron un enfrentamiento esencialmente defensivo desde el interior de la *zariba*; en la segunda, salieron y avanzaron sobre Omdurman, y cortaron la retirada de los derviches (a Kitchener le ponía nervioso la idea de luchar en las calles de una ciudad hostil).

La primera fase estuvo dominada por el peso de la potencia de fuego anglo-egipcia cuando la infantería enemiga cargó contra todo el perímetro de la llanura. Los derviches, superiores en número, apenas tenían artillería, carecían de cañones y sólo poseían mosquetes y fusiles obsoletos con munición de mala calidad, en contraste con las armas modernas del enemigo. La artillería de Kitchener, 80 piezas (incluidas las de los cañoneros), inició el fuego con metralla a 2.750 metros, los cañones 44 Maxim a 1.650 metros y los fusiles de la infantería a 1.370 metros.

Los batallones egipcios contaban con el fusil Martini Henry; los británicos, con el nuevo Lee-Metford, de repetición y sin humo. Pocos derviches sobrevivieron dentro de los 270 metros del perímetro, y ninguno llegó al mismo. Churchill, testigo ocular, declaró que la matanza fue «una simple cuestión de maquinaria». El único contratiempo de los aliados fue que la caballería y los cuerpos de camellos, situados fuera de la *zariba*, hacia Kerreri Hills, fueron conducidos más al norte por la caballería derviche. La intervención de los cañoneros los salvó del desastre.

La aniquilación de las cargas derviches convenció a Kitchener para salir del perímetro y avanzar sobre Omdurman a fin de cortar la retirada a los enemigos que quedaban. La decisión resultó prematura. En esta segunda fase, sus fuerzas sufrieron más pérdidas y se enfrentaron a serios contratiempos; además, se encontraban demasiado lejos para re-

Inferior
La campaña dejó valiosos documentos fotográficos. Aquí vemos a Kitchener dirigiendo las operaciones. Su negativa a utilizar a un jefe del estado mayor le perjudicó como comandante de campaña, pero sus preparativos para la batalla resultaron igualmente decisivos.

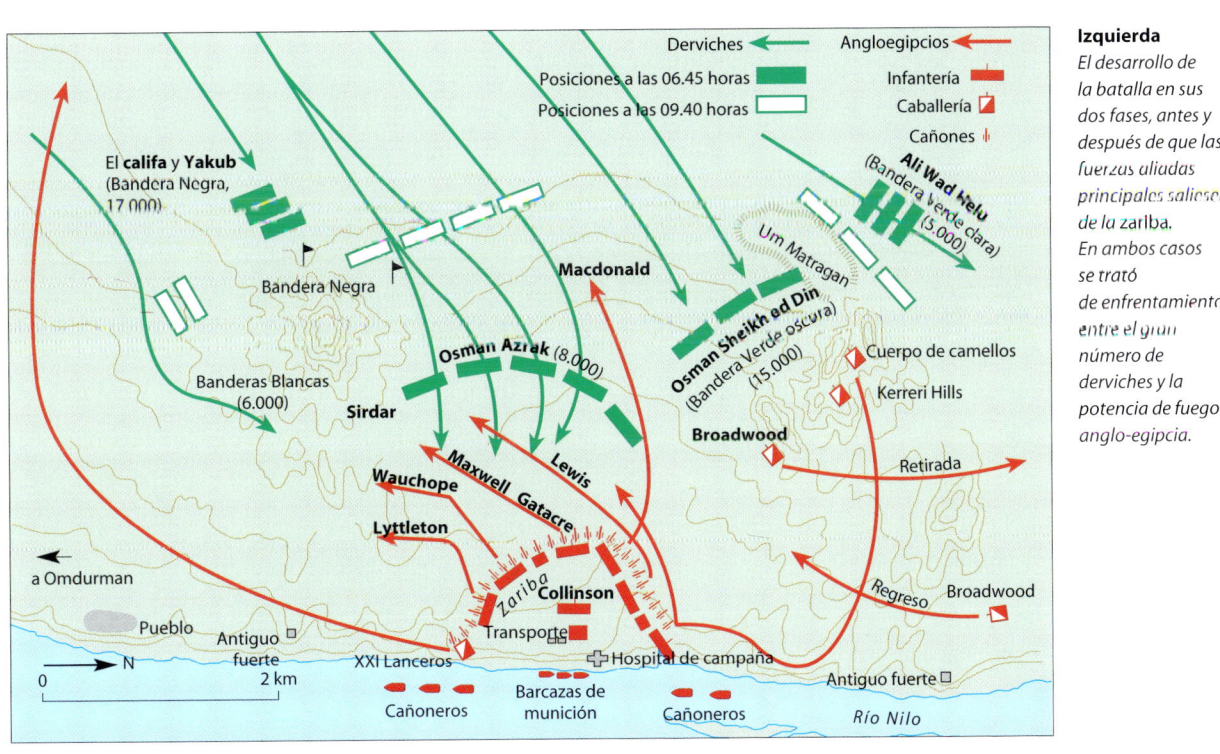

Izquierda
El desarrollo de la batalla en sus dos fases, antes y después de que las fuerzas aliadas principales saliesen de la zariba. En ambos casos se trató de enfrentamientos entre el gran número de derviches y la potencia de fuego anglo-egipcia.

cibir el apoyo de los cañoneros. Kitchener subestimó las reservas del califa, a la espera tras las montañas. La carga de caballería de los lanceros del escuadrón XXI, a pesar de los éxitos, resultó innecesaria y cara; diversas bajas entre hombres y caballos dejaron la unidad inservible para su cometido.

El abandono de la formación escalonada estándar ante las prisas por entrar en la ciudad dejó a la división de infantería egipcia, mandada por el teniente coronel Hector Macdonald, expuesta en el flanco noroeste del avance. Fue atacada por las fuerzas del califa desde el oeste y después por los derviches que regresaban desde el norte. «Fighting Mac» realineó a su división orientada al oeste y después al norte, mientras todavía era atacada, y respondió a los asaltos hasta verse liberada.

De nuevo, el peso de la potencia de fuego occidental se impuso sobre las cargas masivas de los nativos, en su mayoría lanceros, a pesar de su valentía. Las fuerzas restantes del califa se retiraron del campo de batalla y la marcha aliada sobre Omdurman llegó a su fin. La ciudad fue ocupada sin apenas resistencia mientras los derviches que huían siguieron arrasando sistemáticamente lo que encontraban a su paso. El califa no fue apresado hasta el año siguiente.

Impacto

Esta victoria abrumadora marcó el abismo existente entre las armas occidentales y nativas, y sus respectivas tácticas. Las cargas masivas derviches sólo intensificaron el efecto de la potencia de fuego superior de los aliados. Churchill la calificó como «el triunfo más logrado jamás logrado por las armas de la ciencia sobre la barbarie». Una vez borrado el impacto de Adua, los europeos habrían pasado a parecer invencibles en África. Desde el punto de vista de la estrategia, las consecuencias fueron decisivas para el control británico de todo el valle del Nilo;

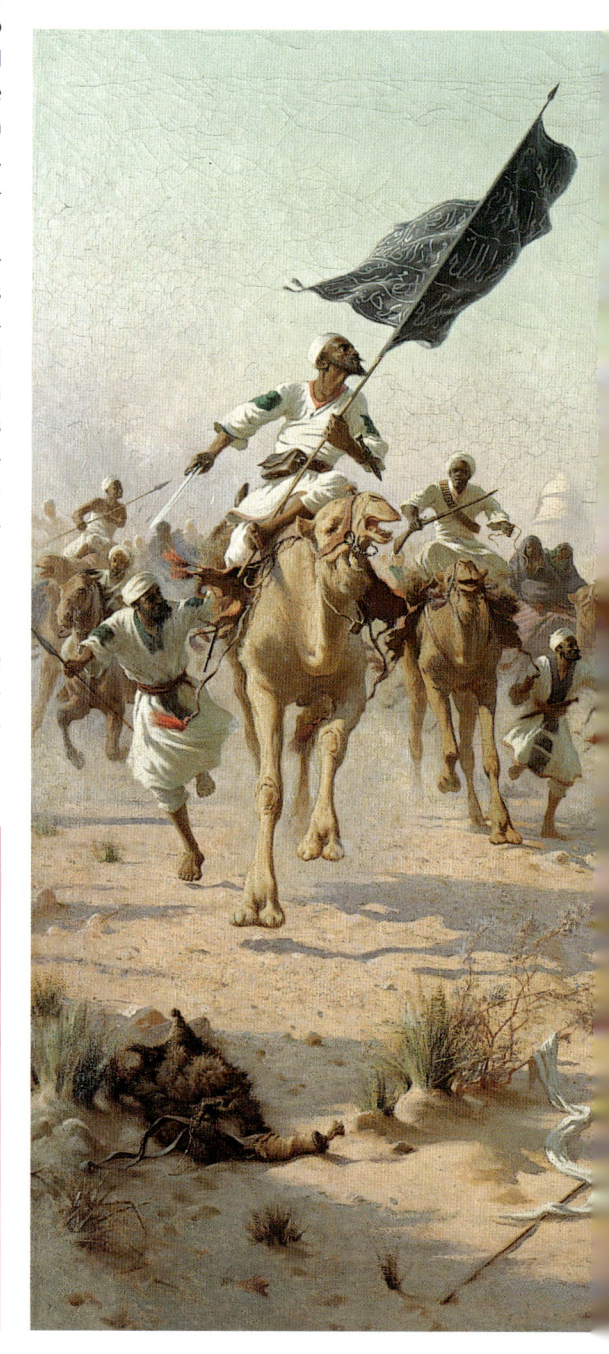

COMBATIENTES

Fuerzas anglo-egipcias
- 8.200 británicos y 17.600 egipcios y sudaneses.
- Dirigidos por el general de división sir Herbert Kitchener.
- 48 muertos y 434 heridos.

Fuerzas derviches
- Alrededor de 52.000 guerreros.
- Dirigidos por el califa Abdullahi.
- 9.700 muertos, 10.000-16.000 heridos y 5.000 prisioneros.

Sudán fue declarado un condominio angloegipcio. La fuerza expedicionaria francesa de Marchand, que anteriormente llegó a Fashoda, tuvo que enfrentarse a las fuerzas de Kitchener. Después de algunos días de tensión internacional, París aceptó retirarse y ceder el valle del Nilo al control británico. El sueño de una África oriental de dominio británico estaba más próximo a la realidad. La victoria se recibió con entusiasmo en Gran Bretaña, y Kitchener se convirtió en un héroe popular (a pesar de que también recibió cierta crítica de la prensa por el asesinato de los derviches heridos). No obstante, las ilusiones sobre la invencibilidad de las fuerzas británicas en campos de batalla coloniales pronto quedarían en nada debido, en parte, a la guerra Bóer.

El retrato de la huída del califa, pintado por Robert Kelly, resulta muy imaginativo, pero aun así sugiere el impacto que la exótica imagen del poder derviche tendría en la opinión británica.

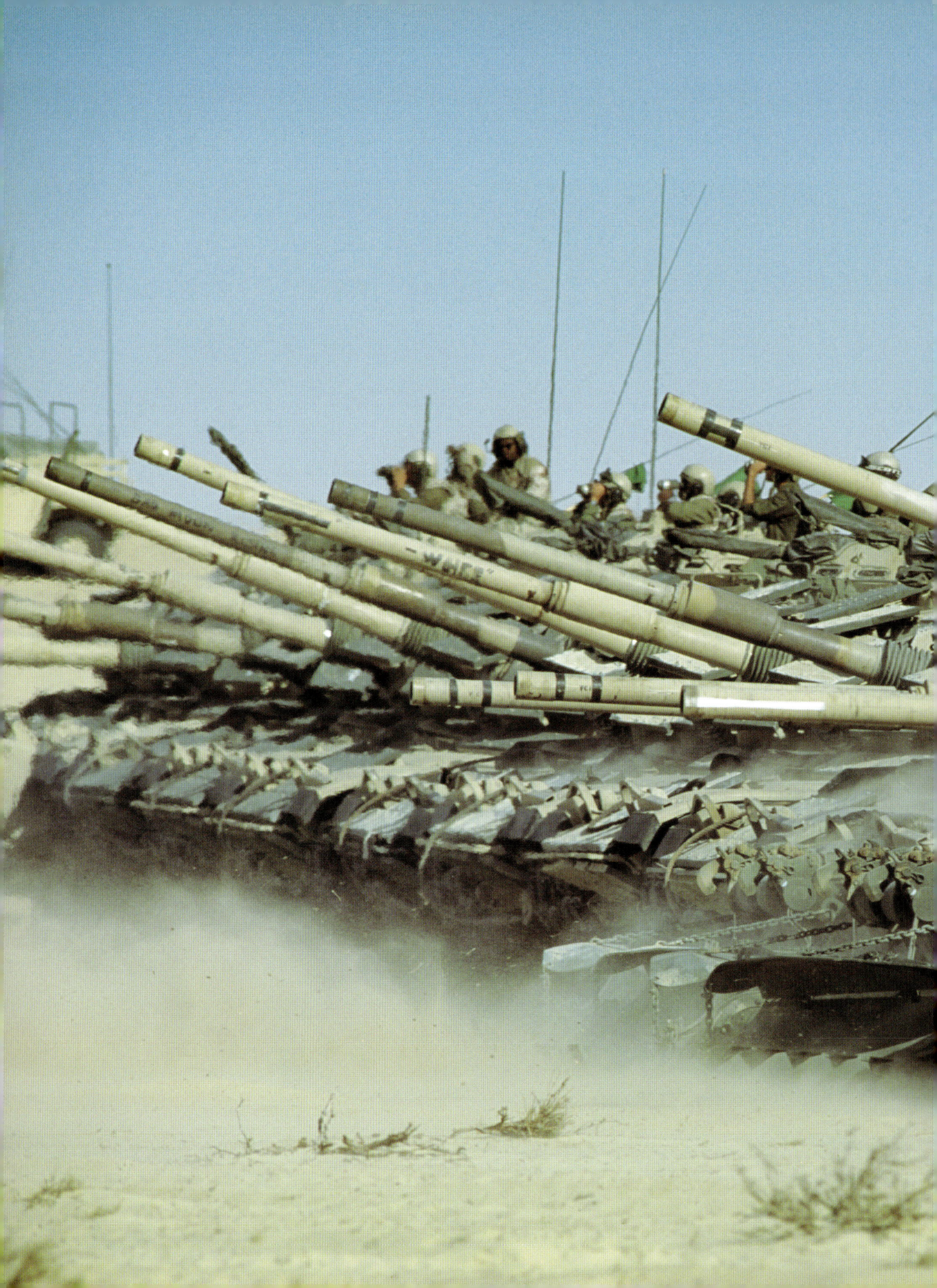

La época contemporánea

El siglo XX trajo consigo un cambio espectacular en el alcance y la naturaleza de las batallas. Se introdujo el combate aéreo (por ejemplo, en la victoria británica defensiva sobre los alemanes en la batalla de Inglaterra, 1940, y el ataque aéreo americano sobre Japón en 1945), y la combinación de combate por tierra y por mar cambió ambos en gran medida. En el mar, los grandes enfrentamientos entre acorazados (una victoria japonesa aplastante frente a los rusos en Tsushima, 1905, y la batalla entre la flota británica y la alemana ocurrida en Jutlandia en 1916) fueron sustituidos por conflictos dominados por la potencia aérea. La victoria estadounidense en Midway (1942), por ejemplo, cambió el curso de los acontecimientos en la guerra en el Pacífico. El hundimiento de cuatro portaaviones pesados japoneses y la pérdida de numerosas aeronaves y pilotos cambió el equilibrio naval; la iniciativa y la aritmética del poder de los portaaviones se pusieron en contra de los japoneses.

La potencia aérea también empezó a influir en la guerra con una nueva fuerza en los conflictos navales: los submarinos (como en la victoria anglo-estadounidense sobre los submarinos alemanes en la batalla del Atlántico, 1943). Otros factores que también desempeñaron un papel importante fueron la efectividad de los convoyes de escolta, la capacidad aliada para interceptar y descifrar los códigos navales germanos, y la construcción de muchos más buques mercantes a partir de 1942, en especial por parte de los estadounidenses. La aviación desempeñó un papel secundario en las batallas terrestres de la primera guerra mundial (Tannenbarg, 1914; Verdún, 1916, y la ofensiva aliada del frente occidental, 1918), que continuaron principalmente en manos de la artillería y la infantería, aunque los tanques desempeñaron un papel de apoyo en 1918.

Tanques americanos en formación cerrada entrenándose para la guerra del Golfo (1991), un conflicto que llevó a la guerra de Iraq en 2003. La introducción de vehículos blindados constituye un elemento clave en la guerra moderna.

Fotografía propagandística alemana que pretendía provocar una falsa confianza durante Stalingrado. El difícil terreno urbano entorpeció el avance de los alemanes, que además se vieron contraatacados.

Muchas de las campañas decisivas de la primera mitad del siglo (Tannenberg, 1914; Moscú, 1941; Stalingrado, 1942 y Bagration, 1944) se centraron en la lucha entre Alemania y Rusia por el dominio de la mitad occidental de Eurasia. Los alemanes llegaron por esta causa hasta Stalingrado, junto al Volga, pero se quedaron estancados a pesar de disponer de abundantes recursos. Cuando los soviéticos contraatacaron, Hitler no logró responder con la flexibilidad necesaria e impidió una retirada desde Stalingrado antes de que la ciudad quedase rodeada. A continuación, los soviéticos avanzaron, por lo que los alemanes tuvieron que retroceder hacia el Elba (1945), una distancia mayor que cualquier de las conseguidas por una fuerza europea durante más de un siglo. Una campaña clave fue la Operación Bagration (1944), que consistió en la invasión de Bielorrusia y acercó a los soviéticos a Varsovia (durante su avance casi destruyeron grupo de ejércitos del centro).

En la mitad oriental de Eurasia también se produjeron diversas guerras por la hegemonía. Las más significativas fueron la guerra entre Rusia y Japón (de la que Tsushima fue la batalla naval decisiva); la guerra en el Pacífico entre Estados Unidos y Japón (1941-1945), en la que Midway detuvo a los japoneses y el ataque aéreo americano sobre Japón puso fin a la contienda; la guerra civil china, una de cuyas batallas claves fue Huai-Hai (1948-1949) y que condujo al triunfo comunista, y los intentos de fijar la posición comunista en el este asiático (que desembocaron en las guerras de Corea y de Vietnam). La derrota francesa en Dien Bien Phu en 1954 provocó su retirada de Vietnam, y aunque los estadounidenses (que finalmente los sustituyeron) frustraron el asalto comunista de 1968 (la ofensiva del Têt), su incapacidad para obtener la victoria también les hizo retirarse en 1973. A dicha retirada le siguió la invasión comunista del sur de Vietnam en 1975.

Durante la segunda guerra mundial, por el contrario, la fuerza aérea fue más importante, como se verá en la batalla de Normandía, cuando británicos y estadounidenses derrotaron a los alemanes en la lucha decisiva por el control de Francia (1944). Los intentos posteriores de utilizar la supremacía aérea como herramienta para ganar la guerra no siempre dieron buenos resultados (por ejemplo, en la guerra de Vietnam), pero llegaron a ser muy importantes (como es el caso de los ataques contra Iraq en 1991 y 2003 encabezados por los estadounidenses).

Los conflictos sangrientos asolaron todos los rincones del mundo, en especial a África, pero no en batallas a gran escala. La guerra de Iraq (2003) indicó con claridad que la victoria en una batalla no es lo mismo que ganar la guerra. La superioridad tecnológica, de recursos y de entrenamiento de los estadounidenses fue importante para derrotar con rapidez a las fuerzas iraquíes, pero la eficacia de la guerra de guerrillas y los ataques terroristas han desafiado el significado del control político. Resulta poco probable que este contraste disminuya a lo largo de este siglo.

Tsushima

54

Fecha: 27 de mayo de 1905   Lugar: isla en el estrecho de Corea

El destino del imperio depende de esta batalla; que cada hombre haga todo lo que pueda.
(Mensaje enviado desde el buque insignia *Mikasa*) Almirante Heihachiro Togo, 13.55 horas, 27 de mayo de 1905

Las tensiones entre Rusia y Japón en torno a las zonas de influencia en Corea y Manchuria provocaron la ruptura de las relaciones diplomáticas el 6 de febrero de 1904. Dos días más tarde, sin declarar la guerra, los japoneses lanzaron un ataque sorpresa contra la flota rusa del Pacífico: enviaron diez destructores a Port Arthur y torpedearon dos acorazados y un crucero (todos fueron reparados posteriormente). En la primera acción de la guerra ruso-japonesa en alta mar, la batalla del mar Amarillo (10 de agosto de 1904), la flota combinada del almirante Heihachiro Togo frustró un intento de huida de Port Arthur a Vladivostok por parte de la flota rusa del Pacífico. Ninguno de los bandos perdió naves en el enfrentamiento, pero la distancia sin precedentes a la que tuvo lugar la batalla (8.000-9.000 metros) atrajo la atención mundial.

En los meses siguientes, los cañones de asedio japoneses hundieron cuatro acorazados y dos cruceros en Port Arthur. Los rusos, por su parte, hundieron un quinto acorazado para evitar que cayese en manos enemigas cuando la base se rindiese (2 de enero de 1905). Mientras tanto, después de la pérdida de un crucero blindado en la batalla del mar de Japón (14 de agosto de 1904), un escuadrón de cruceros rusos con base en Vladivostok evitó arriesgarse a participar en lo que quedaba de guerra. Las pérdidas japonesas en 1904 se limitaron a dos acorazados, un pequeño crucero blindado y dos cruceros protegidos (todos fueron alcanzados por minas), y un tercer crucero protegido que se hundió por accidente en una colisión con otro buque de guerra japonés.

Después de las derrotas de agosto de 1904, los rusos decidieron proteger Port Arthur con refuerzos enviados desde el Báltico. La segunda escuadra del Pacífico del almirante Zinovy Rozhestvensky, incluyendo gran parte de la flota báltica rusa, partió rumbo a Extremo Oriente el 15 de octubre. Entre los contratiempos a los que se enfrentaron en el camino figura el incidente de Dogger Bank (21-22 de octubre de 1904), en el que los asustados cañoneros rusos confundieron un grupo de pesqueros británicos en el mar del Norte con «torpederos japoneses» (hundieron uno y dañaron a seis). Después del incidente, sólo los esfuerzos diplomáticos más intensos por parte de Francia (que consideraba a Gran Bretaña y Rusia como futuros aliados naturales contra Alemania) evitaron que Gran Bretaña declarase la guerra.

Rozhestvensky dividió a su flota junto a la costa española y envió a las unidades más pequeñas al océano Índico pasando por el Mediterráneo y el canal de Suez; los acorazados, por su parte, rodearon el cabo de Buena Esperanza. En enero de 1905, Rozhestvensky reunió a sus fuerzas junto a Madagascar, donde recibió la noticia de la rendición de Port Arthur. En un intento de compensar los barcos perdidos, Rozhestvensky recibió el refuerzo del tercer escuadrón del Pacífico al mando del contraalmirante N. I. Nebogatov. La fuerza consistía en acorazados y cruceros más an-

Superior izquierda *Retrato del almirante Rozhestvensky (1848-1909), al mando de los escuadrones rusos segundo y tercero en Tsushima.*

Superior *Su enemigo, Heihachiro Togo (1848-1934), comandó la flota combinada japonesa.*

tiguos o más pequeños que no se habían incluido en la escuadra de Rozhestvensky debido a su falta de velocidad y de potencia de fuego. El tercer escuadrón atravesó el canal de Suez y se unió al segundo en abril de 1905, en la bahía de Cam Ranh (Indochina francesa). A continuación, la fuerza combinada puso rumbo al norte para reunirse con las unidades supervivientes la escuadra rusa en Vladivostok.

La batalla

Mientras la flota de Rozhestvensky se acercaba a la zona de guerra, el almirante Togo planeó interceptarla en el estrecho de Corea, junto a la isla de Tsushima. Los japoneses contaban con 12 buques de guerra blindados (cuatro acorazados y ocho cruceros blindados); los rusos, con 14 (11 acorazados y tres cruceros blindados), pero Togo poseía una clara superioridad cualitativa. Ninguno de sus barcos blindados tenía más de ocho años de antigüedad, y tres de sus acorazados eran más grandes que cualquier barco de la flota rusa. Por el contrario, la flota de Rozhestvensky incluía los tres guardacostas de la clase *Admiral Ushakov*, de 4.970 toneladas, y sus tres cruceros blindados eran en realidad fragatas blindadas con más de dos décadas de antigüedad. Aparte de los cuatro acorazados de 13.250 toneladas de la clase *Borodino* y del acorazado *Osliabia*, de 12.680 toneladas, sus buques de guerra más grandes se habían quedado obsoletos.

Togo comenzó la batalla a las 13.40 horas del 27 de mayo de 1905 con un cruce de la «T» rusa de este a oeste en un punto a menos de 40 kilómetros al este de Tsushima. Cuando repitió la maniobra de oeste a este, Rozhestvensky respondió intentando maniobrar hacia el nordeste, obligando a Togo a perseguirlo. A las 14.08 horas, los cañones rusos iniciaron los primeros disparos de la batalla contra el buque insignia de Togo, el *Mikasa* (de 15.140 toneladas), a

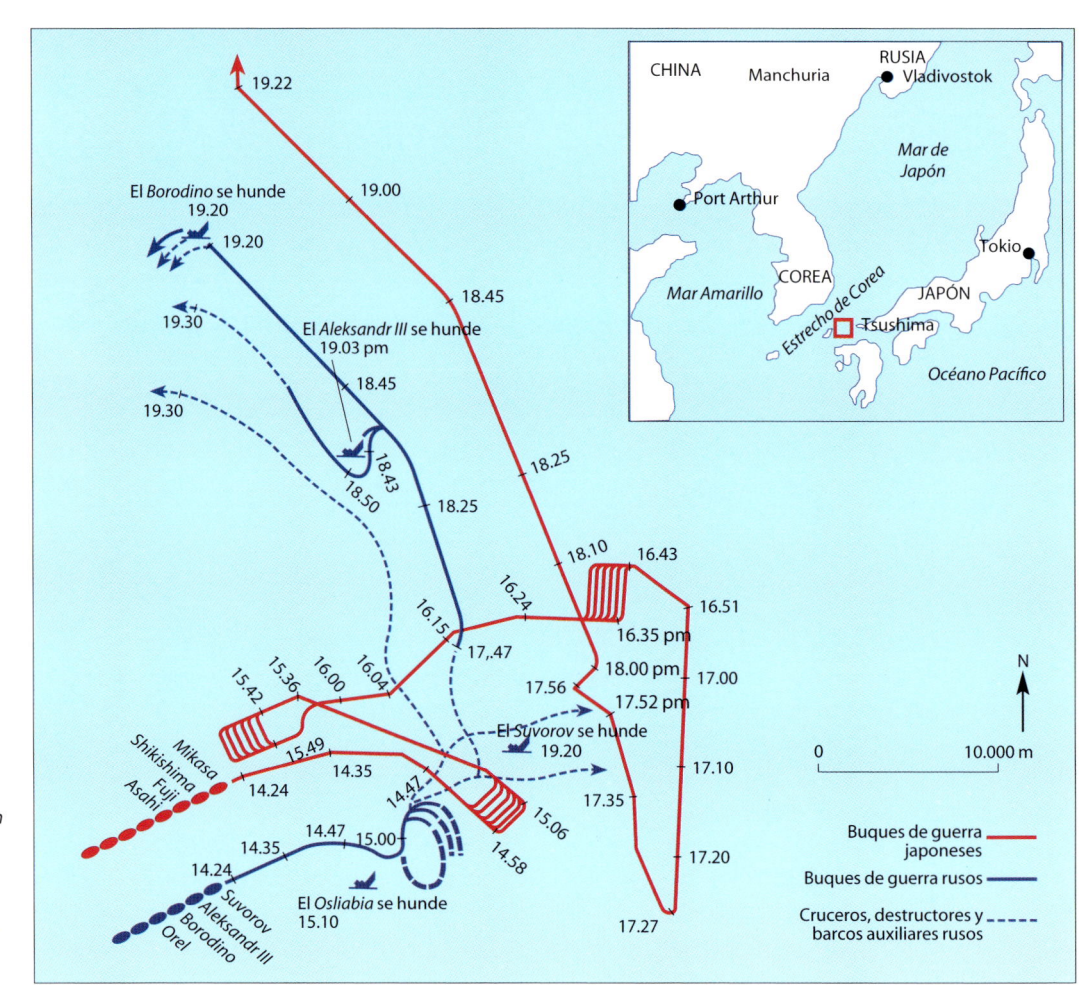

Plano de la batalla de Tsushima. Acción entre las 14.30 y las 19.30 horas, después del primer cruce de la «T» rusa por parte de los japoneses.

una distancia de 7.000 metros. Aunque las dos flotas se enfrentaron a distancias más cortas que en la batalla del mar Amarillo (en Tsushima, los japoneses mantuvieron el fuego hasta quedar a 6.400 metros), la artillería de calibre medio volvió a resultar casi inútil. Una vez más, la ventaja de los japoneses en cuanto a la rapidez impidió a los rusos llegar a Vladivostok, pero a diferencia del encuentro anterior del mes de agosto (que terminó en una retirada rusa a Port Arthur), la flota de Rozhestvensky no tenía ningún lugar adonde ir.

El *Osliabia* fue la primera baja: se hundió a las 15.10 horas. Mientras la línea japonesa avanzaba por delante de la rusa, Rozhestvensky volvió sobre sus pasos e intentó avanzar al norte siguiendo la estela de la columna de Togo. El almirante japonés, sin embargo, dio la vuelta rápidamente al oeste para cortarle el paso. Rozhestvensky, a su vez, giró hacia el sur y su columna empezó a dispersarse. Los pesados cargamentos de carbón que transportaban los buques de guerra rusos sólo sirvieron para acelerar su destrucción, ya que los incendios impidieron que se defendiesen mientras los japoneses se acercaban para hundirlos. En el clímax de la acción, Rozhestvensky perdió tres *Borodinos* en 30 minutos (incluyendo el buque insignia *Suvorov* a las 19.20 horas). Las últimas unidades rusas que seguían en combate cruzaron fuego con sus atacantes a sólo 2.500 metros de distancia, tan cerca que por fin la artillería de calibre medio pudo entrar en acción. Durante la noche del 27 al 28 de mayo, los japoneses hundieron o capturaron a la mayor parte del resto de buques de guerra rusos. Rozhestvensky, gravemente herido, fue rescatado del *Suvorov* antes de que se hundiese, pero acabó siendo capturado a bordo de un destructor ruso. La mañana del 28, a unos 240 kilómetros de Tsushima, Nebogatov (segundo jefe) se rindió con el último de los *Borodinos* (el *Orel*, de 13.520 toneladas) y con tres acorazados más pequeños.

Consecuencias

El choque decisivo de las flotas en Tsushima justificó el único ejemplo de «una decisiva batalla» respecto a la guerra naval que Alfred Thayer Mahan defendió en su influyente obra *The Influence of Sea Power upon History* (1890). Los japoneses hundieron seis acorazados rusos, un crucero blindado y un crucero protegido, además de capturar otros cuatro acorazados.

Grabado japonés que representa la acción nocturna del 27-28 de mayo, durante la cual la flotilla de torpedos de Togo hundió a varios buques de guerra rusos.

El Mikasa, *buque insignia del almirante Togo (15.140 toneladas).*

Los rusos hundieron un acorazado, dos cruceros blindados y un crucero protegido para evitar su captura; los tres cruceros protegidos restantes consiguieron llegar a Manila y ser internados por Estados Unidos. El yate armado *Almaz* y dos destructores llegaron a Vladivostok; las otras 16 unidades más pequeñas se hundieron o bien fueron o capturadas.

Los japoneses perdieron tres torpederos, y tres de sus buques de guerra blindados sufrieron daños moderados. Los botines que lograron, junto con otros buques de guerra recuperados en Port Arthur y reparados más tarde, compensaron con creces las pérdidas sufridas por la flota de Togo en 1904. Los desastrosos resultados del enfrentamiento naval más importante desde Trafalgar obligaron a Rusia a firmar la paz. Las negociaciones, con la mediación de Estados Unidos, desembocaron en el Tratado de Portsmouth (septiembre de 1905). La pérdida de territorios de Rusia (la mitad sur de la isla de Sakhalin) fue mínima en comparación con su merma de influencia en el noroeste asiático. Rusia tuvo que transferir a Japón el usufructo de la península de Liaotung, además de entregar la base naval de Port Arthur y renunció a la antigua zona rusa de influencia en Manchuria. Japón también ganó el pulso en Corea, a la que se anexionó en 1910.

Los observadores navales de la época tuvieron dificultades para extraer una lección de Tsushima y de la guerra ruso-japonesa. Un ataque de torpedos dio pie al enfrentamiento, pero ninguno de los dos bandos llegó a utilizar un submarino. Las minas hundieron dos acorazados japoneses y uno ruso, y el temor a sufrir un encontronazo con ellas influyó en el comportamiento de ambas armadas. También ambas hicieron un uso eficaz de destructores, desplegados en combate por primera vez. En Tsushima, como en la batalla del mar Amarillo, los grandes cañones de los buques de guerra más grandes dispararon a distancias inusuales debido a los nuevos telémetros y a la mejora en los cañones. Estos avances restaron importancia los demás y justificaron la construcción del *Dreadnought* británico y de cruceros de guerra, así como de otros buques de guerra con grandes cañones que ya estaban diseñados en la época.

COMBATIENTES

Japoneses

- Flota combinada: 4 acorazados, 8 cruceros blindados, 7 cruceros protegidos, 65 destructores o embarcaciones más pequeñas.
- Mandados por el almirante Heihachiro Togo.
- 116 muertos, 538 heridos y 3 torpederos hundidos.

Rusos

- Escuadrones segundo y tercero del Pacífico: 11 acorazados, 3 cruceros blindados, 5 cruceros protegidos, 19 destructores o embarcaciones más pequeñas.
- Mandados por el almirante Zinovy Rozhestvensky.
- 4.830 muertos, número desconocido de heridos, 5.917 prisioneros, todos los barcos (excepto 3) hundidos, bombardeados, capturados o internados.

Tannenberg

Fecha: 25-30 de agosto de 1914   Lugar: actual Stębark, Polonia

55

No existe información sobre la situación del Segundo Ejército la noche del 31...
No hay noticias del XIII Cuerpo. Los hombres aislados del XV Corps están llegando
por tandas a Ostrolenka. Una parte del XXIII Corps está luchando con el I Cuerpo; otra parte
estaba con el XV Cuerpo.

INFORME DEL CUARTEL GENERAL RUSO DEL NOROESTE, 31 DE AGOSTO DE 1914

El informe citado indica el estado de confusión extrema y la completa derrota de los ejércitos rusos a manos de los alemanes en la batalla de Tannenberg. Fue una de las victorias más completas de la historia militar: se destruyeron cuatro cuerpos rusos a pesar de la superioridad numérica de éstos (basados en sus ejércitos Primero y Segundo) por casi dos a uno.

Los alemanes llevaban mucho tiempo pensando en luchar a la defensiva en Prusia oriental, donde la red de ferrocarril facilitaba el movimiento rápido de las tropas. El general alemán Paul von Hindenburg pasó su retiro planificando hasta el último detalle para derrotar a una invasión rusa de Prusia oriental. No obstante, la planificación de guerra alemana para 1914 se basó en un despliegue de siete ejércitos en Francia, dejando sólo un ejército para enfrentarse a una fuerza rusa mucho más numerosa.

La defensa de Prusia oriental se convirtió en un asunto todavía más complicado cuando se produjo una movilización rusa más rápida de lo que los alemanes habían pensado. Rusia derrotó a Alemania en la batalla de Gumbinnen (20 de agosto). El comandante alemán Max von Prittwitz temía que las fuerzas rusas, más numerosas, lo rodeasen. Cuando propuso una retirada hacia el río Vístula, el alto mando alemán lo sustituyó por Hindenburg, recientemente llamado a filas después de su retiro. Además, Erich Ludendorff, uno de los héroes de la campaña alemana en Bélgica, fue nombrado jefe del estado mayor de Hindenburg.

«El emperador confió en mí»

A pesar de su avance, los rusos ocupaban en realidad una mala posición. Los comandantes de los dos ejércitos rusos, Pavel Rennenkampf y Alexander Samsonov, tenían poca información sobre las posiciones exactas de los demás. El comandante del frente noroeste, Yakov Zhilinski, no intentó resolver la confusión de los comandantes ni su conocida enemistad. Así, los rusos avanzaron con cautela y de manera que ninguno de los dos ejércitos prestase apoyo al otro ante un posible ataque alemán. Sus comunicaciones, además, dependían de radio y mensajes sin codificar que daban importantes pistas a los espías alemanes.

Al llegar al este, Hindenburg y Ludendorff revisaron un agresivo plan de un oficial para introducir al Octavo Ejército alemán entre los ejércitos rusos Primero y Segundo. El plan era arriesgado, pero encajaba con las enseñanzas del estado mayor sobre las líneas

Erich Ludendorff y Paul von Hindenburg asumieron el mando del Octavo Ejército alemán poco antes de Tannenberg. Su éxito en la batalla los convirtió en los dos hombres más poderosos de Alemania.

229

55 LA ÉPOCA CONTEMPORÁNEA

de comunicaciones internas y con las ideas que Hindenburg y Ludendorff habían discutido durante su viaje en tren.

El plan alemán consistía en proteger Rennenkampf con una división de caballería y redirigir el resto de las fuerzas alemanas contra Samsonov. Mientras éste avanzaba hacia al oeste, inconsciente del peligro que se le avecinaba, un cuerpo alemán al mando del agresivo Herman von François se trasladó al este y rodeó a los rusos. El ataque alemán principal llegó desde el sudoeste y atrapó al ejército de Samsonov. La llegada de fuerzas adicionales desde el norte completó el envolvimiento.

Las unidades rusas pronto se vieron atacadas desde diferentes flancos y sufrieron numerosas bajas. El 28 de agosto, el XIII y el XV Cuerpo de Samsonov lucharon en fiero combate con las fuerzas alemanas. Atrapado entre pantanos y lagos, Samsonov no pudo redesplegar sus fuerzas, lo que aumentó la confusión. Su decisión de avanzar y dirigir las operaciones desde el cuartel del XV Cuerpo le incapacitó para dirigir la batalla en su conjunto. Al día siguiente, el XV Cuerpo no logró romper el envolvimiento y pronto encontró a sus unidades mezcladas con las del XIII. Después de comunicar al jefe del estado mayor estas palabras: «El emperador confió en mí. ¿Cómo podré volver a mirarle a la cara después de este desastre?», Alexander Samsonov no lo hizo. Aquel mismo día se suicidó.

Aunque la caballería de Rennenkampf se encontraba a una distancia útil del ataque alemán principal, permaneció impasible ante la crisis de Samsonov. Las fuerzas alemanas que atacaron a la derecha de Samsonov también bloquearon los accesos a la ciudad de Allenstein, dificultando todavía más cualquier posible movimiento de Rennenkampf. Cuando se hizo patente que los alemanes estaban moviendo fuerzas muy numerosas a su alrededor, Rennenkampf

Superior
La infantería alemana, con sus clásicos cascos puntiagudos, avanza. Su misión inicial era defender Prusia oriental, pero Hindenburg y Ludendorff no tardaron en desarrollar planes para emplearla en una gran ofensiva dirigida a destruir a los dos ejércitos rusos.

Derecha *Los lagos Masurianos limitaron la capacidad rusa de concentrar su superioridad numérica, lo que dotó a los alemanes de una oportunidad única.*

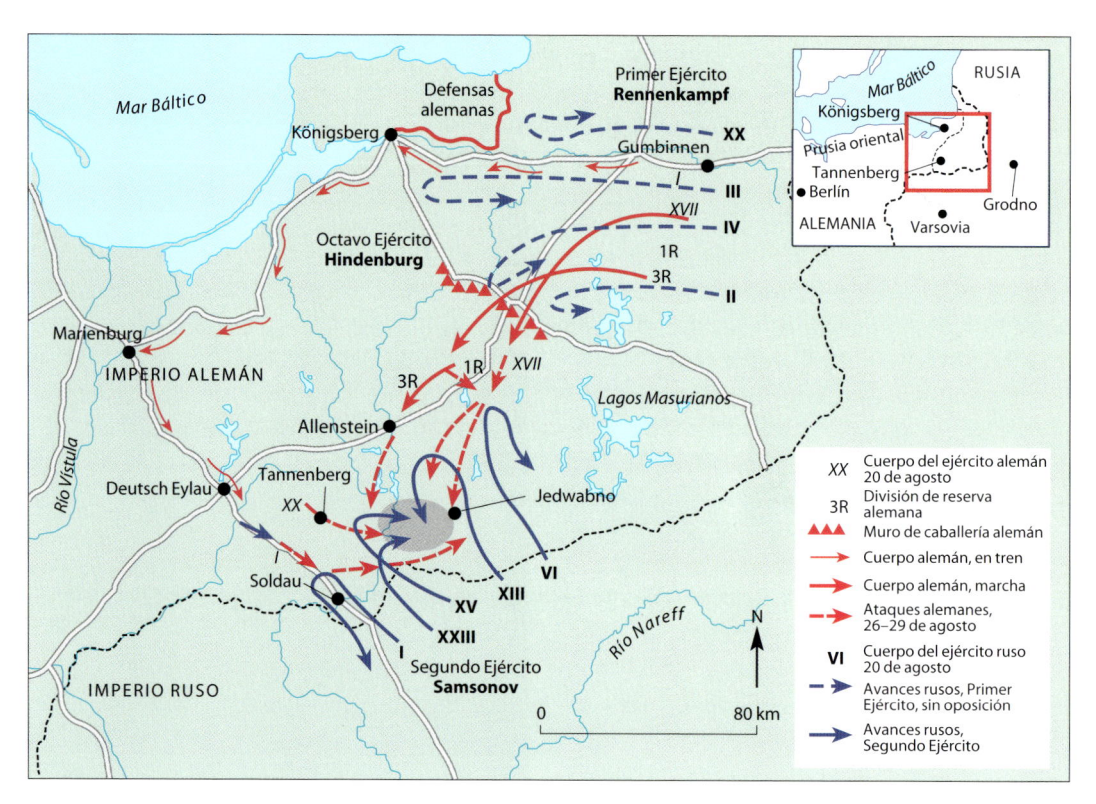

230

Soldados rusos luchando desde una trinchera improvisada. La falta de liderazgo y de formación condenó a miles de rusos a la muerte o a la prisión.

reaccionó retirando sus efectivos hacia el este. Esta decisión le dio un respiro temporal frente a los movimientos alemanes, pero dejó a Samsonov sin apoyo.

Los rusos perdieron a 30.000 hombres, además de 130.000 prisioneros y 500 cañones pesados. Los alemanes tuvieron que destinar 60 trenes para transportar los caballos y el equipo arrebatado a los rusos. Hoffman sugirió bautizar con el nombre de Tannenbarg a la gran victoria debido a la batalla que tuvo lugar allí en 1410 (y en la que guerreros polacos y lituanos exterminaron a los Caballeros Teutónicos).

Repercusiones

Tannenberg ayudó a los Imperios Centrales a sobrevivir durante los primeros meses de la guerra. Esta victoria compensó el revés sufrido por los alemanes en el río Marne, cerca de París, apenas dos semanas más tarde. Y ayudó a compensar la debilidad del Imperio Austrohúngaro, cuya caótica movilización y planificación de guerra provocaron las primeras derrotas. Quizá lo más importante y lo más destacable sea que Tannenberg redujo en gran medida la amenaza de que se produjera una invasión rusa del centro de Alemania.

Para Rusia, esta derrota aplastante llevó a sus principales aliados, Gran Bretaña y Francia, a abrigar serias dudas sobre la capacidad de lucha de su colosal pero torpe socio. Tannenberg rompió el equilibrio y permitió que los alemanes ganasen de nuevo en la batalla de los lagos Masurianos. Entre los días 7 y el 14 de septiembre, las mismas fuerzas alemanas que destruyeron el Primer Ejército de Samsonov derrotaron al Segundo Ejército de Rennenkampf. Los rusos acusaron unas pérdidas de 140.000 hombres más.

Junto con el fin del plan Schlieffen en el oeste, Tannenberg provocó un cambio fundamental en la estrategia alemana. Hindenburg y Ludendorff se convirtieron en «orientalistas» confirmados y creyeron que era más probable ganar contra Rusia que en Francia. En 1915 tuvieron su oportunidad al provocar graves daños a Rusia en la campaña de Gorlice-Tarnów. Ni siquiera esta derrota logró destruir al gigante ruso, y Alemania se vio ante una guerra en dos frentes que reconocía como imposible de ganar.

COMBATIENTES

Fuerzas alemanas
- Octavo Ejército: 200.000 hombres.
- Mandados por Paul von Hindenburg y Erich Ludendorff.
- 10.000 muertos y heridos.

Fuerzas rusas
- Segundo Ejército: 150.000 hombres.
- Mandados por Alexander Samsonov.
- 30.000 muertos y 130.000 prisioneros.

56 Jutlandia

Fecha: 31 de mayo-1 de junio de 1916   Lugar: estrecho de Skaggerak, junto a la costa danesa del mar del Norte

Parece que hoy falla algo en nuestros malditos barcos.
Vicealmirante David Beatty, después de la explosión del *Queen Mary*, el segundo crucero de guerra británico hundido en Jutlandia, 16.26 horas, 31 de mayo de 1916

El almirante sir John Jellicoe (1859-1935), comandante de la Gran Flota británica en Jutlandia.

Al principio de la primera guerra mundial la estrategia alemana planeó un ataque del escuadrón de cruceros del contraalmirante Franz Hipper que obligaba a una parte de la Gran Flota Británica a un enfrentamiento en el Mar del Norte con la flota germana de Alta Mar. El razonamiento consistía en que si la flota alemana al completo conseguía destruir una parte de la flota británica, la inferioridad numérica germana en cuanto a acorazados desaparecería de un solo golpe. En la primera salida que tuvo como resultado el contacto con los británicos, en la batalla de Dogger Bank (24 de enero de 1915), el escuadrón de Hipper compuesto por tres cruceros de guerra y el crucero blindado *Blücher* atrajeron a cinco cruceros de batalla del vicealmirante sir David Beatty fuera de Rosyth y después pusieron rumbo a Wilhelmshaven. Sin embargo, en la acción de persecución los británicos hundieron al *Blücher* y no perdieron ni un solo barco.

El káiser Guillermo II respondió a la derrota destituyendo al almirante Friedrich von Ingenohl, comandante de la Flota de Altamar y superior de Hipper, por haber mantenido a los acorazados alemanes demasiado lejos de los cruceros de batalla para acudir en su ayuda o para atrapar al escuadrón británico. Posteriormente, el emperador mantuvo tan a raya al sucesor de Ingenohl, el almirante Hugo von Pohl, que la Flota de Altamar prácticamente se «oxidó» al permanecer mucho tiempo anclada.

A principios de 1916, el vicealmirante Reinhard Scheer sucedió a Pohl y convenció al emperador de que permitiese a la Flota de Altamar retomar las salidas y utilizar los cruceros de Hipper para engañar de nuevo a los británicos. A diferencia de Ingenohl el día de Dogger Bank, Scheer pretendía mantener sus acorazados lo suficientemente cerca para rescatar a Hipper y destruir a las fuerzas británicas que saliesen en su persecución. Las salidas realizadas en febrero, marzo y abril de 1916 no trajeron consigo ningún contacto con acorazados británicos. La cuarta salida de Scheer, en cambio, tuvo como resultado la batalla de Jutlandia, el mayor enfrentamiento naval de la guerra. En las horas previas al amanecer del 31 de mayo, cinco cruceros de guerra al mando de Hipper pusieron rumbo al norte desde Wilhelmshaven, en paralelo con la costa de la Jutlandia danesa y en dirección al estrecho de Skaggerak. Les seguían a unos 80 kilómetros de distancia 16 acorazados, seis preacorazados y diversos barcos de guerra más pequeños.

Como ocurrió en Dogger Bank, los cruceros de batalla de Beatty salieron de Rosyth para interceptar a Hipper, esta vez seguidos por el resto de la Gran Flota al mando del almirante sir John Jellicoe, de Scapa Flow. En el bando británico, igual que en el alemán, el cuerpo principal de la flota seguía a unos 80 kilómetros a la fuerza de cruceros. Debido a un reciente intercambio de barcos entre Beatty y Jellicoe, el primero contaba con seis cruceros y cuatro acorazados, mientras que Jellicoe disponía de 24 acorazados y tres cruceros.

Los cruceros ligeros que protegían a Beatty y Hipper intervinieron por primera vez a las 14.28 horas, a 160 kilómetros al oeste de la costa de Jutlandia. Las dos fuerzas de cruceros comenzaron el enfrentamiento a las 15.48. Después de avistar a los cruceros británicos, Hipper viró al sur-sudeste, en dirección a Scheer, con el fin de obligar a Beatty a entrar en la batalla con toda la Flota de Altamar.

La primera fase de la batalla, llamada más tarde «huida al sur», duró 50 minutos. Navegando en paralelo en dirección sur-sudeste, las dos columnas de cruceros se batieron a una distancia de 11.000-

14.500 metros. El fuego de artillería del *Von der Tann* hundió al *Indefatigable* a las 16.02 horas, y los proyectiles del *Derfflinger* provocaron el hundimiento del *Queen Mary* a las 16.26. Doce minutos más tarde, cuando Beatty avistó el cuerpo principal de la Flota de Altamar que se acercaba desde el sur, cambió el rumbo hacia el norte con la esperanza de atraer a toda la flota alemana hacia la vanguardia de Jellicoe.

Durante la segunda fase de la batalla, ninguno de los bandos perdió acorazados. Sin embargo, los proyectiles de 38 centímetros de los cuatro acorazados de la clase *Queen Elizabeth* que se acercaron a la retaguardia de Beatty superaron los de 27 y 30 centímetros de los cruceros de Hipper, a la cabeza de la columna alemana, y provocaron daños considerables. Los alemanes se enfrentaron a la fuerza principal británica por primera vez a las 17.36, cuando un crucero ligero enviado en avanzada por Jellicoe se encontró con el grupo de Hipper.

En torno a las 18.15 horas, los barcos de Beatty se unieron a la línea de Jellicoe y toda la fuerza británica cruzó la «T» alemana, poniendo rumbo al este en una línea este-oeste. Los viejos cruceros blindados *Defence* y *Warrior*, desplegados con los cruceros de Beatty en la cabeza de la columna, recibieron un intenso bombardeo de los acorazados alemanes a una distancia de apenas 7.300 metros. El *Warrior* sobrevivió y fue remolcado de la escena al final de la jornada (aunque se hundió a la mañana siguiente); el *Defence* se hundió a las 18.20 horas, seguido de un tercer crucero británico, el *Invincible*, a las 18.32 horas. Los cruceros de Hipper, todavía encabezando la columna alemana, también sufrieron en la batalla pero permanecieron a flote, aunque su buque insignia (el *Lützow*) recibió daños suficientes para obligar al almirante a pasar a otro barco.

A las 18.45 horas, toda la columna alemana viró al sudoeste y volvió a girar al nordeste antes de las 19.00 horas. Cuando la batalla llegó a su fin, minutos más tarde, Jellicoe logró un segundo cruce de la «T» ralentizando su línea, de manera que los barcos delanteros de la columna de Scheer fueron a parar di-

El acorazado alemán König *amarrado después de Jutlandia, donde recibió diez disparos de artillería pesada británica. En la década comprendida entre la botadura del HMS* Dreadnought *(1906) y la batalla de Jutlandia, Gran Bretaña terminó 42 buques de guerra de gran calado (acorazados y cruceros) frente a los 22 de Alemania. De éstos, 37 acorazados británicos y 21 alemanes participaron en la batalla de Jutlandia.*

rectamente a su flanco de estribor. A las 19.15 horas, toda la línea británica concentró el fuego en la columna alemana desde una distancia de 10.000-12.800 metros (los disparos llegaron hasta el barco situado en undécima posición). Scheer volvió a virar al sudoeste, pero esta vez sin orden. Alrededor de las 19.35 horas, cuando quedaba una media hora de luz, Jellicoe decidió no perseguir a los alemanes. El miedo a que los torpedos enemigos alcanzasen a sus acorazados lo obligó a renunciar a una victoria decisiva (que entonces estaba a su alcance).

Cuando cayó la noche, Jellicoe reconsideró su posición y ordenó a la Gran Flota salir en persecución de los alemanes. La quinta y última fase de la batalla comenzó con la Flota de Altamar disfrutando de una ventaja de 16 kilómetros sobre sus perseguidores, aunque los británicos se acercaban a gran velocidad. A las 20.30 horas, las dos flotas se dirigían casi derechas hacia el sur, los británicos entre los alemanes y la costa de Jutlandia. En torno a la medianoche, los británicos perdieron el crucero blindado *Black Prince* después de toparse con los acorazados de Scheer. Sin embargo, las pérdidas de buques de guerra a 1 de junio eran alemanas en su totalidad, incluyendo el crucero *Lützow* (torpedeado por un destructor alemán antes de ser abandonado definitivamente hacia las 03.00 de la madrugada) y el preacorazado *Pommern* (torpedeado por un destructor británico a las 03.13 horas). Resulta extraordinario que la Flota de Altamar pusiese rumbo a casa a pesar de que, durante varias horas de la noche del 31 de mayo al 1 de junio, la flota británica estuvo más cerca de Wilhelmshaven. Los alemanes sobrevivieron porque Scheer siguió un rumbo mucho más próximo a las costas de Jutlandia y Schleswig de lo que Jellicoe había previsto. El cuerpo principal de su flota, en dirección sur-sudeste, cruzó por fin la estela de la fuerza británica y se dirigió al sur-sudoeste.

Consecuencias

En Jutlandia, los alemanes infligieron muchos más daños de los que sufrieron: hundieron tres cruceros de batalla, tres cruceros blindados, un buque de mando y siete destructores; perdieron un crucero de batalla, un acorazado, cuatro cruceros ligeros y cinco destructores. Aparte de la buena suerte de Scheer y de los momentos de prudencia de Jellicoe, Jutlandia se desarrolló de este modo debido en gran parte a la cons-

Huida de la Flota de Altamar. Visión de un artista alemán de la acción ocurrida la mañana del 1 de junio de 1916.

JUTLANDIA 56

18.15–19.35 horas

DINAMARCA — Jutlandia

① 18.19 horas
La Gran Flota de **Jellicoe**, junto a los cruceros de **Beatty**, se despliega

③ 19.15 horas
La Gran Flota vuelve a cruzar la «T» alemana y dispara directamente a los flancos de Scheer

Warrior
Defence
Wiesbaden (inutilizado)

② 19.00 horas
Después de virar al sudoeste, Scheer vuelve a poner rumbo al nordeste

Flota de Altamar (**Scheer**)

④ 19.35 horas
Jellico decide no perseguir al enemigo

Británicos →
Alemanes →

Situación al anochecer

⑤ 20.00 horas
Jellicoe reconsidera su decisión; su Gran Flota retoma la persecución a 16 kilómetros por detrás del enemigo

⑥ 20.30 horas
Los británicos avanzan en paralelo y ambas flotas ponen rumbo al sur

⑦ Primera hora de la mañana, 1 de junio
Scheer vira al sur-sudeste y finalmente logra evitar más pérdidas al cruzar la estela de la Gran Flota antes de regresar a Wilhelmshaven

---

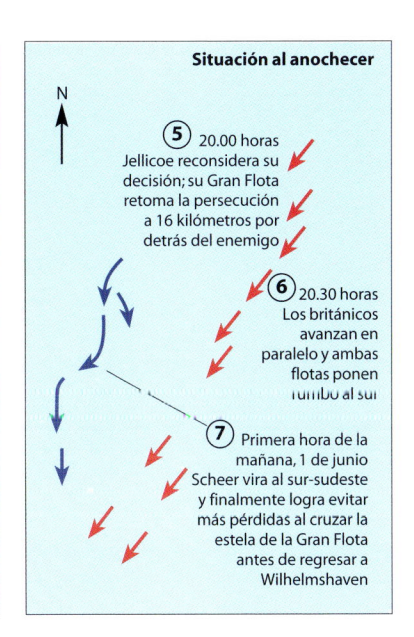

trucción más sólida de los acorazados alemanes, a la manipulación poco segura de suministros de pólvora inestable en los acorazados británicos, más grandes, y al ineficaz control del fuego (especialmente en el bando británico). Los alemanes convirtieron a «Skaggerak» (como llamaron a la batalla) en una gran victoria, aunque los británicos continuaron con el control del mar del Norte. Al darse cuenta de que la batalla no había alterado lo más mínimo la situación estratégica, el 4 de julio de 1916 Scheer sugirió a Guillermo II que la única esperanza de victoria en el mar radicaba en una guerra de submarinos contra el comercio británico. La Flota de Altamar volvió a salir al mar del Norte en agosto, octubre y noviembre de 1916, y una última vez (abril de 1918) antes de poner rumbo a Scapa Flow para quedar internada debido al armisticio.

Repercusiones

Si bien la guerra en el mar del Norte prosiguió después de Jutlandia, los británicos se sintieron profundamente decepcionados con la batalla, ya que esperaban que el encuentro con la Flota de Altamar se convirtiese en un segundo Trafalgar. Jellicoe y Beatty (o, para ser más exactos, sus seguidores del cuerpo de oficiales) se culparon mutuamente por las oportunidades perdidas. A finales de 1916, Beatty se convirtió en comandante de la Gran Flota y Jellicoe fue nombrado primer lord del Almirantazgo. En Alemania, mientras tanto, Guillermo II ascendió a Scheer a almirante de la flota y le premió con la medalla *Pour le Mérite*, la condecoración militar más alta del país. Un cuerpo de oficiales históricamente fragmentado tomó partido por Scheer y excusó sus errores tácticos en Jutlandia. Finalmente, Scheer entregó el mando de la Flota de Altamar a Hipper (en agosto de 1918) y durante los últimos meses de la guerra fue jefe del Estado Mayor General del Almirantazgo.

COMBATIENTES

Alemanes
- Flota de Altamar: 16 acorazados, 5 cruceros de guerra, 6 preacorazados, 11 cruceros ligeros y 61 destructores.
- Mandados por el vicealmirante Reinhard Scheer.
- 2.551 muertos; 1 crucero de guerra, 1 preacorazado, 4 cruceros ligeros y 5 destructores hundidos.

Británicos
- Gran Flota: 28 acorazados, 9 cruceros de guerra, 8 cruceros blindados, 26 cruceros ligeros o cabezas de flotilla, 78 destructores y 1 minador.
- Mandados por el almirante sir John Jellicoe.
- 6.097 muertos, 3 cruceros de guerra, 3 cruceros blindados, 1 cabeza de flotilla y 7 destructores hundidos.

Superior extremo izquierda
La tradición de la pintura de género victoriana utilizada para dar ejemplo y recaudar fondos. John Cornwell, V.C., Boy First Class de 16 años a bordo del crucero ligero Chester *en Jutlandia, recibió una Cruz Victoria póstuma por servir un cañón durante toda la batalla a pesar de quedar mortalmente herido.*

Superior centro y derecha *Acción vespertina y nocturna, respectivamente, en Jutlandia. Después de las pasadas iniciales al sur y al norte, el movimiento de Beatty hacia el noroeste a las 17.30 horas atrajo a Scheer hacia la Gran Flota.*

235

57 Verdún

Fecha: 21 de febrero-mediados de diciembre de 1916
Lugar: Lorena, nordeste de Francia

Regimientos enteros desaparecieron en minutos, pero otros ocuparon sus posiciones para acabar pereciendo del mismo modo. «Es una batalla de locos en medio de una erupción volcánica», fue la descripción de un capitán... Al oeste del Mosa, los hombres murieron al aire libre, pero en Douaumont lucharon en túneles, en el horror de la oscuridad, gritando con el ansia de una matanza, ensordecidos por los proyectiles y las granadas, asfixiados por el humo.
GEORGE LA HIR, *NEW YORK TIMES*, 1916

El 16 de enero de 1916, el comandante general en jefe Joseph Joffre dijo estas palabras a un visitante que recibió en su cuartel general, en el lujoso Château de Chantilly: «Sólo pido una cosa: que los alemanes ataquen y que lo hagan en Verdún. Informad al gobierno». Joffre respondía así a los que le acusaban de haber dejado Verdún relativamente desprotegida al retirar a los hombres y las armas pesadas de la guarnición. El teniente coronel Emile Driant, miembro de la cámara de diputados de Francia y comandante de un batallón en el Bois de Caures (en la línea defensiva exterior de Verdún), había escrito a sus colegas de París advirtiéndoles de los impresionantes preparativos de los alemanes apostados frente a su posición. Driant creía que Joffre y sus hombres habían abandonado de Verdún por ser incapaces de soportar un ataque alemán contundente. El ministro de guerra, el general Joseph Galliéni, informó a Joffre de la carta de Driant a mediados de diciembre de 1915. Los comentarios del confidente de Joffre, un mes más tarde, tenían como fin dar por zanjado el tema de Verdún.

El anillo de fortalezas de Verdún protegía el río Mosa, importante desde el punto de vista estratégico, y los accesos orientales a París. Sin embargo, Verdún tenía una importancia desproporcionada en comparación con su valor militar. Era un símbolo nacional de resistencia, ya que había resistido ataques prusianos y alemanes durante siglos. Las naciones francesa y alemana de entonces (y el territorio medio que incluye Alsacia y Lorena) debían sus nacimientos al Tratado de Verdún, de 843. La caída de la ciudad supondría un golpe espectacular contra la moral francesa.

En consecuencia, Francia fortificó Verdún en los años anteriores a la primera guerra mundial. En 1912, Verdún estaba defendida por 60 fuertes independientes y numerosos nuevos exteriores. Era uno de los lugares más fuertes y mejor protegidos del mundo. Había resistido los ataques alemanes de 1914 que llevaron a Joffre a retirar 4.000 piezas de artillería pesada para utilizar en otros frentes. Estas retiradas, con la correspondiente reducción de personal, fueron el motivo de las cartas de Driant.

Planes alemanes

El jefe del Estado Mayor alemán, el general Erich von Falkenhayn, creía haber encontrado un modo de ganar la guerra en el oeste en 1916. Sus observaciones de los dos primeros años de guerra le llevaron a concluir que los defensores disfrutaban de una gran ven-

Soldados de infantería alemanes preparados para avanzar hacia el sector de Verdún. Su comandante, Erich von Falkenhayn, esperaba que sus técnicas acabasen con los soldados franceses en una proporción aceptable con respecto a las pérdidas alemanas.

Esta famosa fotografía de Verdún transmite la desesperación de los asaltos de infantería. Estos hombres avanzan frente a las ametralladoras y fusiles alemanes.

taja táctica y que la adquisición de territorio importaba muy poco. Por ello creó un plan de batalla que, esperaba, obligaría a sus enemigos a enviar oleadas de soldados para atacar un lugar con un gran significado para ellos, pero no tanto para Alemania. Así podría utilizar de forma metódica la ventaja táctica de la defensiva para repeler los contraataques enemigos.

Verdún estaba hecho a medida del objetivo de Falkenhayn. Las líneas de comunicación alemanas con el sector de Verdún eran suficientes para emprender una gran ofensiva, mientras que Francia sólo podía abastecer a la ciudad a través de una carretera. Si los alemanes lograban reunir una gran fuerza sin ser descubiertos y tomaban Verdún con rapidez, la importancia estratégica y simbólica de la ciudad para Francia empujaría a los galos a dedicar unos recursos militares enormes para recuperarla. Falkenhayn creía que una vez comenzada la batalla, podría controlar

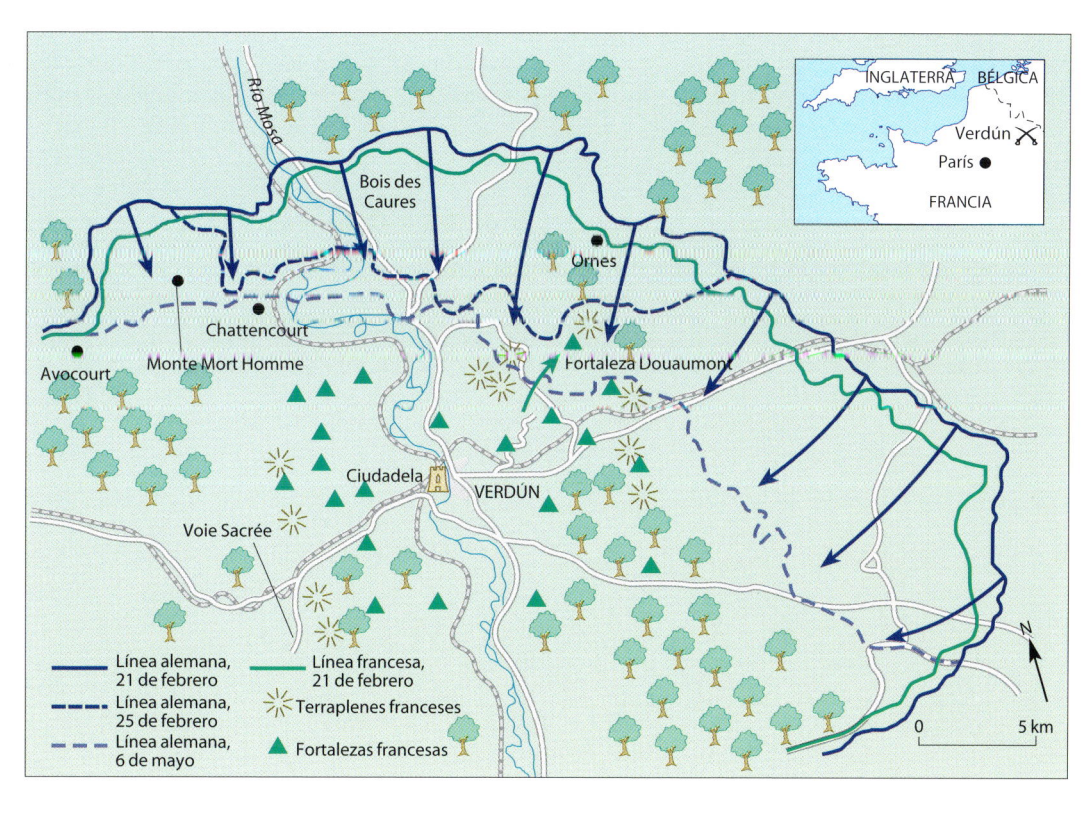

A diferencia de la mayoría de batallas tratadas en este libro, el objetivo alemán en Verdún no era la captura de territorio, sino la eliminación de las fuerzas enemigas en una lucha cruel de desgaste.

la matanza de manera que Francia se quedase sin recursos y desgastar a las fuerzas francesas más rápidamente que las suyas. Con el ejército francés derrotado, Inglaterra aceptaría unas condiciones de paz favorables y Alemania quedaría libre para centrarse en el frente oriental en 1917.

Los preparativos alemanes para el ataque mostraron grandes ventajas en artillería pesada (1.400 piezas en total) y en efectivos. Cuatro días después de la desafiante afirmación de Joffre, la creciente presión parlamentaria le llevó a pedir al general Edouard de Castelnau que fuese a Verdún para evaluar la gravedad de la situación. Castelnau coincidió con Driant en la inminencia de un ataque y en que Verdún era demasiado débil para defenderse por sí sola, pero su envío de un batallón de ingenieros para mejorar las fortalezas resultó insuficiente para defender la ciudad.

Ataques alemanes

La debilidad de las defensas francesas quedó patente cuando la artillería de Falkenhayn comenzó su ataque, el 21 de febrero. Los alemanes dispararon casi dos millones de proyectiles. La fortaleza de Douaumont, la más fuerte de Verdún, fue el objetivo de 120.000 proyectiles. La infantería alemana avanzó siguiendo la orilla este del río Mosa, marchando directamente a la posición de Driant, en el Bois des Caures. El comandante francés y su batallón estaban en clara desventaja numérica, pero resistieron el tiempo suficiente para que los que les seguían ocupasen posiciones defensivas fuertes. La muerte de Driant, el 22 de febrero, le convirtió en un gran héroe nacional, pero no evitó que los alemanes tomasen la posición.

El lento avance alemán frustró a su ejército y a los mandos del cuerpo, que creían (engañados por Falkenhayn) que su objetivo era conquistar Verdún. Falkenhayn, sin embargo, se mostró satisfecho con las primeras etapas de la campaña. Consiguió el «caldero para la matanza» que había estado buscando. El 25 de febrero, un pequeño grupo de tropas de vanguardia alemanas encontraron una abertura sin vigilancia que daba acceso a la fortaleza de Douaumont; la tomaron sin gastar un solo disparo. Su pérdida supuso un gran trauma para el pueblo francés. Los dos bandos enviaron refuerzos a toda prisa al sector de Verdún con el fin de continuar una batalla que ya había alcanzado una dimensión mítica.

Falkenhayn tenía intención de limitar su ofensiva a la orilla este del Mosa con el fin de controlar la batalla con más precisión. El fuego de artillería pesada francesa desde la orilla oeste, sin embargo, causó numerosas bajas. Gran parte de los disparos procedieron del monte apropiadamente llamado Mort Homme («hombre muerto»). Los alemanes decidieron extender su ofensiva a ambas orillas del río el 6 de marzo. La batalla controlada al milímetro por Falkenhayn comenzó a escapar de su control a pasos agigantados.

Francia contraataca

En abril, bajo las órdenes del nuevo comandante Henri Philippe Pétain, los franceses comenzaron su contraataque. La lucha fue tan feroz como el resto de batallas de la guerra. Un pueblo cambió de manos en quince ocasiones en tres semanas. En un intento por recuperar la fortaleza de Douaumont, los franceses dispararon 1.000 toneladas de proyectiles de artillería al día durante cuatro días en un terreno de sólo 60 hectáreas. A mediados de julio, después de un ataque ruso en el este y de una ofensiva anglofrancesa

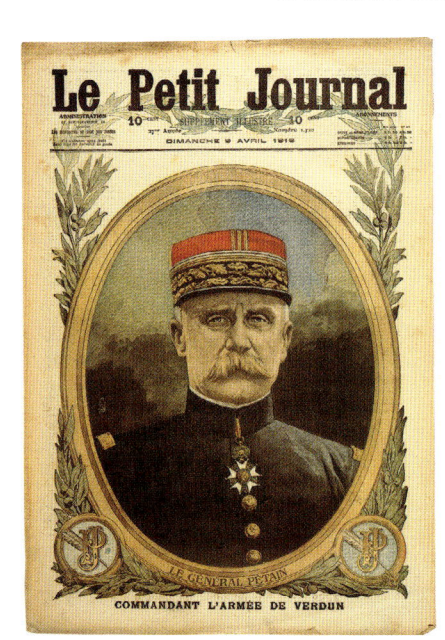

Henri Philippe Pétain fue uno de los pocos defensores de la guerra defensiva en los años previos a la primera guerra mundial. Su cuidadoso y metódico enfoque de la guerra defensiva le convirtió en la elección obvia para comandar el sector de Verdún.

COMBATIENTES

Franceses

- 500.000 hombres, 270 piezas de artillería (Grupo de ejércitos del Centro).
- Mandados por Henri Philippe Pétain (bajo el mando del general Joseph Joffre).
- 61.000 muertos, 101.000 desaparecidos, 216.000 heridos.

Alemanes

- 1.000.000 de hombres, 1.200 piezas de artillería (Quinto Ejército).
- Mandados por el príncipe heredero Guillermo (bajo el mando del general Erich von Falkenhayn, sustituido a finales de agosto por los generales Paul von Hindenburg y Erich von Ludendorff).
- 142.000 muertos y desaparecidos, 187.000 heridos.

en el río Somme, los alemanes decidieron cesar los ataques con el fin de conservar sus efectivos. Por aquel entonces, los dos bandos habían disparado más de 23.000.000 de proyectiles de artillería y bombas de gas.

Los contraataques franceses se prolongaron durante todo el verano y en otoño. Los artilleros galos empezaron a utilizar una técnica llamada «barrera de fuego móvil», que consiste en una cortina de proyectiles de artillería a 90 metros a un avance de infantería. Este sistema suprimió el fuego enemigo de ametralladora, aunque también puso de relieve la falta de suministros de Verdún. Miles de trabajadores repararon la única carretera abierta y transitable de Verdún, carretera que pronto empezó a conocerse como Voie Sacrée («carretera sagrada»).

Las ofensivas francesas de octubre y noviembre estuvieron a punto de devolver la primera línea su situación original de febrero. El 24 de octubre, los franceses recuperaron Douaumont y capturaron a miles de prisioneros de guerra alemanes. La llegada del invierno y el agotamiento en ambos bandos obligó a poner fin a la batalla a mediados de diciembre. Se calcula que los franceses perdieron 61.000 hombres, 101.000 desaparecieron y 216.000 quedaron heridos; se estima que las pérdidas alemanas fueron de 142.000 muertos y desaparecidos, y 187.000 heridos. Las elevadas cifras de desaparecidos reflejan el inmenso poder de la artillería. En la actualidad, un osario situado en Verdún contiene los restos de 130.000 hombres que no pudieron ser identificados.

Verdún provocó la sustitución de Joffre y Falkenhayn a la cabeza de sus respectivos ejércitos. Asimismo, obligó a Gran Bretaña a asumir la carga principal de la batalla del Somme en el verano de 1916. Y, tal vez lo más importante, Verdún creó un mito nacional sobre el heroísmo del soldado francés. La creencia en la superioridad de ese heroísmo llevó a muchos franceses del período de entreguerras a sobreestimar su capacidad para soportar otra ofensiva alemana.

Reconciliaciones en Verdún

Verdún continúa siendo un lugar sagrado en la historia francesa y alemana. En 1963, Charles de Gaulle (veterano de Verdún) y Conrad Adenauer se estrecharon las manos como gesto simbólico ante el osario de Verdún. François Mitterand y Helmuth Kohl repitieron el gesto en 1984, subrayando el significado de Verdún y la importancia de aprender sus terribles lecciones.

La destrucción de Verdún muestra el poder de la artillería moderna. Muchos de los pueblos de los alrededores quedaron tan dañados que el gobierno francés decidió abandonarlos en lugar de reconstruirlos.

58 El frente occidental

Fecha: marzo-noviembre de 1918
Lugar: cerca de Amiens, nordeste de Francia

Estamos librando una «batalla de desgaste»; somos más resistentes y estamos venciendo al enemigo.
MARISCAL DE CAMPO SIR DOUGLAS HAIG, 21 DE AGOSTO DE 1918

Los tanques británicos Mark V que apoyaron al Cuarto Ejército en su ofensiva del 29 de septiembre de 1918 pretendían romper la línea alemana de Hindenburg en la zona de Bellicourt. Los tanques llevan fajinas para facilitar el cruce de las trincheras y del canal de San Quintín.

Cuatro años de guerra destructiva no pusieron fin a la primera guerra mundial a principios del verano de 1918. En el frente occidental, el estancamiento de finales de 1914 y de 1915 quedó confirmado por las terribles batallas de desgaste de Verdún (*véase* pág. 236) y Somme (1916). Al año siguiente, en 1917, se produjeron algunos éxitos de los aliados, pero también otra costosa batalla de desgaste en Passchendaele. El fracaso de una gran ofensiva francesa a principios de 1917 fue motivo de motines aquel mismo año. Sólo la batalla de Cambrai, librada a finales de 1917 y en la que participaron tanques y artillería de precisión contra la artillería alemana (localizada perfectamente en mapas), despertó algunas esperanzas.

En marzo de 1918, animado por la revolución Rusa de 1917 (que eliminó a Rusia del bando aliado), el ejército alemán lanzó su propia ofensiva a gran escala en el frente occidental. Este ataque, en el que se utilizaron nuevas tácticas de infantería y artillería, consiguió 64 kilómetros cuadrados de territorio, estuvo a punto de separar a los ejércitos francés y británico, y casi logró poner punto final a la guerra. Sin embargo, el ataque alemán perdió el impulso y la oportunidad cuando una serie de ofensivas alemanas en la primavera y el verano de 1918 tampoco lograron la victoria. Estas «ofensivas de paz» alemanas supusieron el último intento del ejército alemán, ya que la contraofensiva del Marne (julio de 1918), liderada por los franceses, hundió el frente alemán e inclinó la balanza de la guerra contra Alemania. Visto retrospectivamente, este contraataque francés de dos semanas de duración supuso el momento crucial del frente occidental y permitió a los aliados a pasar a la ofensiva durante el resto de la guerra.

Obertura: batalla de Amiens, 8-11 de agosto

A principios de agosto, el Cuarto Ejército británico se preparó para lanzar un ataque sorpresa contra el ejército germano en la zona de Amiens. La vanguardia del ataque estuvo encabezada por divisiones australianas y canadienses, con apoyo de divisiones británicas y francesas en los flancos. Una de las razones del éxito de esta ofensiva fue la abrumadora ventaja aliada en cuanto a hombres y material: 75.000 soldados aliados frente a 37.000 alemanes; 2.000 piezas de artillería aliadas, 1.900 aviones franceses y británicos, y numerosos tanques aliados (342 tanques pesados Mark V, 72 más ligeros Medium A, 50 blindados de transporte de infantería y 120 de suministros). Estas cifras abrumaron a los defensores alemanes el 8 de agosto: sufrieron 27.000 bajas; la línea aliada, por su parte, avanzó 12,8 kilómetros. Esta escena simboliza el combate:

«*En el valle había un tanque inmóvil con un par de orificios de proyectil en un lado; en su interior yacían los soldados, totalmente destrozados, una visión espantosa. En una ladera, a menos de 180 metros, yacían los otros actores de la escena, dos dotaciones de batería alemanas muertas junto a sus cañones...*».

La batalla de Amiens se prolongó durante tres días más, pero las tropas estaban exhaustas, apenas quedaban tanques en funcionamiento, llegaron las reservas alemanas y las viejas trincheras del Somme entorpecieron el avance. A pesar de todo, el general Erich Ludendorff describió el ataque de Amiens como «el día negro del ejército alemán».

Las ofensivas aliadas de finales de agosto

Los aliados comenzaron su propia serie de ataques en las líneas alemanas, destinados a acabar con esas defensas en lugar de intentar rupturas decisivas. Por ejemplo, los ejércitos franceses Décimo y Tercero participaron en una serie de enfrentamientos a partir del 18 de agosto. Dos días más tarde, comenzaron la batalla de Noyon, con un resultado de 8.000 prisioneros del bando contrario. El 21 de agosto, el Tercer Ejército británico, con el apoyo del Cuarto, lanzó varios ataques que se prolongaron durante los ocho días siguientes y que recibieron el nombre de batalla de Albert. El Primer Ejército británico, por su parte, siguió con ofensivas entre el 26 y el 31 de octubre en la batalla del Scarpe.

Soldados de la Segunda División Americana defienden su posición en las etapas finales de la ofensiva alemana Michael. La acción tiene lugar el 3 de abril de 1918 en un bosque destrozado por los bombardeos.

Los ataques más importantes tuvieron lugar en el centro de la línea británica, donde estaban disponibles las tropas más fuertes. Así, los australianos del Cuarto Ejército protagonizaron un ataque relámpago al amanecer del 31 de agosto en Mont-Saint-Quentin, precedido por un bombardeo de mortero y obús que se prolongó durante media hora. Las tropas utilizaron granadas estriadas y fusiles Lewis, y capturaron rápidamente este importante terreno elevado. Los canadienses del Primer Ejército tomaron la línea Drocourt-Queant el 2 de septiembre con un ataque combinado de artillería, infantería y tanques. Mientras tanto, los ejércitos franceses siguieron atacando durante los últimos días de agosto, mes en el que sufrieron 100.000 bajas (cifra digna de mención porque las fuerzas francesas han sido criticadas en más de una ocasión por no haber contribuido lo suficiente en 1918).

Los avances aliados a finales de agosto y principios de septiembre fueron tan rentables que el 2 de septiembre el general Ludendorff ordenó la retirada del ejército alemán a la línea Hindenburg. Pero, ¿qué propició estos éxitos aliados? En primer lugar, no hay duda de que los aliados poseían una ventaja abrumadora en cuanto a hombres y materiales. Por ejemplo, las pérdidas alemanas entre el 21 de marzo y el final de la guerra ascendieron a 1,76 millones de bajas irrecuperables, mientras que el ejército estadounidense aportaba 250.000 hombres al mes. Y si el número de divisiones alemanas en el frente occidental descendió de 200 en marzo a sólo 47 divisiones «en activo» en septiembre, los aliados man-

Terreno conquistado por las ofensivas aliadas desde agosto de 1918 hasta la línea del Armisticio del 11 de noviembre del mismo año. En lugar de un único intento de ruptura masivo, los aliados avanzaron a través de una serie de ataques y ofensivas «destructores» a lo largo de toda la línea. Resulta interesante que en el Armisticio las tropas alemanas todavía se encontraban repartidas por suelo extranjero, excepto una pequeña zona de Alsacia.

EL FRENTE OCCIDENTAL **58**

tuvieron 211 divisiones en el campo de batalla. Incluso antes de la ofensiva alemana de marzo, el ejército alemán del frente occidental sólo pudo desplegar 14.000 piezas de artillería contra los 18.500 cañones aliados, 3.760 aviones contra los 4.500 aliados, y al final de la guerra tan sólo 45 tanques frente a los 3.500 aliados.

En especial, el arma decisiva del frente occidental, la artillería, dominó a las fuerzas alemanas. Así lo describió un historiador oficial en 1918: «Por cada proyectil que los enemigos disparaban, recibían diez o veinte. En los bombardeos... del verano y el otoño de 1918, la artillería británica dominó hasta tal extremo que las represalias enemigas fueron casi nulas». Además, la contrabatería (destrucción de la artillería enemiga) funcionó muy bien en 1918, lo que permitió el éxito de los ataques aliados de infantería con muchas menos bajas. En segundo lugar, los ejércitos aliados aprendieron en 1918 a combinar de forma adecuada la infantería (armada con fusiles Lewis, granadas estriadas, morteros de trinchera, bombas y rifles) con la artillería, los tanques y la superioridad aérea para lograr un sistema de ataque casi imparable. En tercer lugar, la moral alemana descendió tanto a lo largo de la segunda mitad de 1918 que las deserciones aumentaron rápidamente (en agosto, 110.000 soldados alemanes abandonaron las filas).

Las últimas ofensivas aliadas: septiembre y octubre

No es de extrañar, por tanto, que una serie de ataques aliados ocurridos en septiembre provocasen la retirada del ejército alemán de la línea Hindenburg y otros sistemas defensivos. Comenzando con la primera gran ofensiva americana en Saint-Mihiel (12-18 de septiembre), el mariscal Ferdinand Foch lanzó a continuación varias ofensivas muy separadas diseñadas para aplastar a la línea alemana, desequilibrar al ejército germano y evitar que sus reservas reforzasen alguna zona.

Así, el 26 de septiembre se produjo un ataque francoamericano en la zona del Mosa-Argonne; al día siguiente, un ataque de los ejércitos británicos Primero y Tercero contra Cambrai; el 28 del mismo mes, un ataque en el norte encabezado por el ejército belga y el Segundo Ejército británico; y, por último, el 29 de septiembre en el centro de línea aliada por parte del Cuarto Ejército británico y el Primero francés. En estas zonas se produjeron enfrentamientos cruentos, so-

Inferior izquierda
Un cañón británico realiza fuego apoyo de las tropas de la ofensiva Georgette (abril de 1918).

Inferior
Un soldado estadounidense utiliza un teléfono de campaña en 1918. Esta comunicación cobró importancia cuando la guerra aumentó en movilidad, en 1918.

243

Desmoralizados y exhaustos, los soldados alemanes se retiran a mediados de septiembre de 1918 en Vauxaillon, en la zona de Chemin des Dames del sector del ejército francés. Esta zona fue testigo en 1917 de crueles batallas que convirtieron el terreno en un páramo sin vida.

bre todo contra los ametralladores alemanes. En general, las bajas aliadas fueron muy numerosas (el Cuerpo canadiense sufrió su mayor número de bajas de la guerra: 49.152 en 1918), pero la línea Hindenburg y otros sistemas se rompieron y el ejército alemán se retiró en masa. En determinados lugares, las defensas se reforzaron, pero la retirada alemana fue generalizada, cubierta por su artillería y sus ametralladoras, y con las fuerzas aliadas pisándoles los talones.

El Armisticio, 11 de noviembre de 1918

A principios de octubre, tanto el general Ludendorff como el mariscal de campo Paul von Hindenburg se dieron cuenta de que era necesario poner fin a la guerra. Después de prolongadas discusiones entre generales y políticos alemanes y la monarquía germana, se firmó el armisticio en el vagón de tren de Foch, en el bosque de Compiègne, a primera hora del 11 de noviembre de 1918. Las hostilidades cesaron a las 11.00 horas del citado día, en el quinto año de la guerra. En resumen, durante 1918 el ejército británico capturó a 188.700 prisioneros y 2.840 cañones; los franceses, 139.000 prisioneros y 1.880 cañones; los estadounidenses, 43.300 prisioneros y 1.421 cañones, y los belgas 14.500 prisioneros y 474 cañones. Estas cifras revelan con suficiente precisión la contribución de cada ejército aliado a la derrota de Alemania en el frente occidental en 1918.

COMBATIENTES

Aliados

- Fuerzas de combate estimadas en noviembre de 1918:
  Fuerza Expedicionaria Británica (BEF): 1.202.200; ejército francés: 1.540.912; ejército belga: 115.000; Fuerza Expedicionaria Americana (AEF): 1.078.222.

- Comandante en jefe de todos los ejércitos aliados: mariscal Ferdinand Foch.

  BEF: mariscal de campo sir Douglas Haig (comandante en jefe).

  Franceses: mariscal Henri Philippe Pétain (comandante en jefe).

  Belgas: rey Alberto I (comandante en jefe del grupo del ejército belga).

  AEF: general John Pershing (comandante en jefe); generales de división Hunter Liggett, Robert Bullard y Joseph Dickson.

- Muertos, desaparecidos, heridos y prisioneros: BEF: 852.861 (durante 1918); franceses: 306.000 (marzo-noviembre); belgas: 30.068 (28 septiembre-11 noviembre); AEF: 281.627 (durante 1918).

Alemanes

- Fuerzas de combate estimadas en noviembre de 1918: 2.911.700.

- Káiser Guillermo II (comandante en jefe); mariscal de campo Paul von Hindenburg (jefe del Estado Mayor); general Erich Ludendorff; general Wilhelm Groener (primer oficial general de intendencia); archiduque Albrecht de Wurttemberg; general Hans von Boehn; general Max von Gallwitz; príncipe heredero Rupprecht de Bavaria; príncipe heredero Guillermo.

- Muertos, desaparecidos, heridos, prisioneros y desertores: 1,76 millones (21 marzo-11 noviembre 1918).

Batalla de Inglaterra

Fecha: julio-septiembre de 1940   Lugar: Inglaterra y la costa norte de Francia

59

La batalla de Francia ha terminado... La batalla de Inglaterra está a punto de comenzar... Hitler sabe que tendrá que derrotarnos en esta isla, o perder la guerra... Por tanto, preparémonos para cumplir con nuestro deber, y si el Imperio británico y su Commonwealth existen dentro de mil años, seamos merecedores de que la humanidad siga diciendo: «Éste fue su mejor momento».
WINSTON CHURCHILL, 18 DE JUNIO DE 1940

La batalla de Inglaterra sigue siendo una de las campañas más famosas de la historia militar, y muchos la consideran el momento crucial de la segunda guerra mundial, cuando la oportunidad de ganar de los alemanes se esfumó de forma rápida y decisiva. Apenas existen dudas de que la imposibilidad de derrotar a Inglaterra en el verano y el otoño de 1940 tuvo enormes repercusiones para el régimen de Hitler.

Básicamente, la batalla de Inglaterra fue una campaña de superioridad aérea librada sobre todo en el sur de Inglaterra a finales del verano de 1940 entre el Mando de Caza de la RAF (Fuerzas Aéreas Reales británicas) y la Luftwaffe (Fuerzas Aéreas alemanas). Para el lanzamiento de la *Operation Seelöwe* («operación León Marino»), el plan alemán para invadir Inglaterra, se consideró esencial borrar a la RAF del cielo sobre el canal de la Mancha. Los estrategas alemanes die-

Messerschmitt 109 en formación de «cuatro dedos» sobre la bahía de Saint Margaret.

59 LA ÉPOCA CONTEMPORÁNEA

Londres y el Támesis aparecen vulnerables bajo un bombardero alemán Heinkel He 111, visto desde un avión escolta durante un bombardeo (9 de julio de 1940).

ron por sentado que con la RAF en activo, cualquier intento de invasión sería vulnerable al ataque de la Armada Real, protegida de la terrible Luftwaffe por la fuerza aérea británica.

La Luftwaffe

Con el fin de conseguir su objetivo, los mandos alemanes reconocieron que tendrían que hacer entrar a la RAF en una batalla aérea intensa y prolongada para destruirlo, y para ello sería preciso amenazar a Gran Bretaña con una gran campaña de bombardeos. Los mandos de la Luftwaffe debatieron ampliamente sobre el desarrollo de la operación y los objetivos británicos a los que atacar. Sabían que superaban ampliamente a la RAF en número (2.600 aviones frente a los 640 cazas de los británicos), pero también observaron que la lucha tendría lugar en el espacio aéreo británico y la RAF disfrutaría de considerables ventajas tácticas. Los estrategas alemanes aumentaron sus dificultades sobreestimando la superioridad operativa y táctica de la Luftwaffe e infravalorando la fuerza y la capacidad de la RAF.

En cuanto a equipamientos, los alemanes contaban con diversos bombarderos bimotor, como el Heinkel He 111 y el Dornier Do 17, junto con el bombardero en picado Junkers Ju 87 Stuka para los ataques de precisión. Como protección, la Luftwaffe disponía del caza monomotor Messerschmitt Bf 109 y del caza pesado bimotor de largo alcance Messerschmitt Bf 110. Los bombarderos bimotor resultaban adecuados, pero también eran vulnerables a los cazas enemigos, sobre todo si operaban con pocos o ningún escolta. El Bf 109 era un caza de primera clase, pero con una resistencia limitada, mientras que el Bf 110 tenía la capacidad de operar durante más tiempo y, en cambio, carecía de la capacidad de combate aéreo necesaria para enfrentarse a los cazas británicos. La Luftwaffe, no obstante, era capaz de desplegar tres Luftflottes («flotas aéreas») a lo largo de la costa del noroeste de Europa desde Noruega hasta Bretaña para encabezar el ataque. Las cosas se complicaron más debido a la influencia de Hermann Göring, jefe de la Luftwaffe, que conservó el control de algunas unidades aéreas y cuyo liderazgo perjudicaría a la fuerza aérea alemana durante toda la segunda guerra mundial.

El Mando de Caza de la RAF

La defensa aérea británica giraba en torno al Mando de Caza de la RAF y su red de apoyo de RDF («*radio direction finding*», o radar) y estaciones de observación, además de contar con baterías antiaéreas, globos de barrera y todo un despliegue de medidas de defensa civil. El mando recayó en el teniente general sir Hugh Dowding, una figura decisiva en el desarrollo del Mando de Caza de la RAF a finales de la década de 1930. Además, se mantuvo firme contra la presión que recibió para que enviase más unidades de sus preciados cazas a Francia durante las desesperadas batallas de mayo y junio, lo que le valió algunas críticas. Dowding demostró tener razón al afirmar que los pilotos y las naves del Mando de Caza serían esenciales para salvar a Gran Bretaña, y que malgastarlos en el continente, en una batalla sin esperanza, no suponía un uso eficaz de unos recursos limitados. Gran Bretaña también estaba dividida en cuatro Comandancias de Combate (el Grupo XI, con base en el sudeste de Inglaterra al mando de sir Keith Park, aguantaría lo más recio del ataque).

Los británicos invirtieron mucho en medidas de defensa aérea a finales de la década de 1930, y los aviones del Mando de Caza eran, en general, de alta calidad. El Hawker Hurricane era el caza más numeroso, con un diseño robusto y seguro, capaz de compararse con cualquier otro de la Luftwaffe (con la posible excepción del Bf 109). Además, los británicos desplegaron el Supermarine Spitfire, un caza de última generación y de altas prestaciones que podía equipararse al Bf 109. La RAF poseía la gran ventaja de luchar en su territorio, lo cual le facilitaba considerablemente la recuperación de los pilotos caídos.

La batalla de Inglaterra *(1941)*, de Paul Nash. *El pintor fue artista oficial de guerra durante las dos contiendas mundiales.*

La campaña

La campaña de la Luftwaffe comenzó el 10 de julio con una serie de ataques minuciosos contra los barcos, los convoyes costeros y los puertos. Además, la aviación alemana atacó las estaciones de RDF de la RAF, aunque no consiguió eliminar este importante elemento de la defensa aérea británica.

La Luftwaffe pasó entonces a los ataques directos contra la RAF, en especial contra el Grupo XI. Los ataques aéreos se dirigieron contra los aeródromos y las estaciones de la RAF en un intento de destruir el Mando de Caza y así lograr la superioridad aérea en el sur de Inglaterra. Entre las tácticas de la Luftwaffe se incluían ataques mixtos altos y bajos con el fin de confundir y sorprender a la RDF y las estaciones de observación (y, a ser posible, coger desprevenidas a las defensas de los aeródromos). El Día del águila (o *Adlertag*), el 13 de agosto, dio comienzo este esfuerzo de la Luftwaffe. A principios de septiembre, el Mando de Caza estaba al borde de la derrota, con grandes pérdidas y ya sin apenas apoyo de infraestructuras. Se discutieron los planes de retirar al norte los activos del Mando de Caza para esperar la invasión, pero Dowding y Park decidieron seguir luchando por la superioridad aérea en el sur.

En realidad, la Luftwaffe también soportó un castigo, con numerosas pérdidas de aviones, pilotos y tripulación. El Ju 87 Stuka ya se había retirado debido a las bajas, y se empezaron a cuestionar las tácticas. Göring era muy consciente de que su grupo era mucho más débil de lo que Hitler creía, y de que las pérdidas continuadas no tardarían en terminar con la Luftwaffe.

La batalla

La campaña se inclinó rápidamente del lado de Gran Bretaña. Los alemanes comenzaron con bombardeos nocturnos a las estaciones de la RAF, pero uno de esos ataques alcanzó a una zona civil y provocó la venganza de los británicos, que bombardearon por completo la ciudad de Berlín. Dado que las pérdidas de la Luftwaffe siguieron siendo muy altas y el ataque directo contra la RAF no pareció funcionar, Hitler probó un cambio de dirección: ataques directos contra los civiles a fin de minar la moral de los británicos y provocar una confrontación aérea directa con los cazas de la RAF.

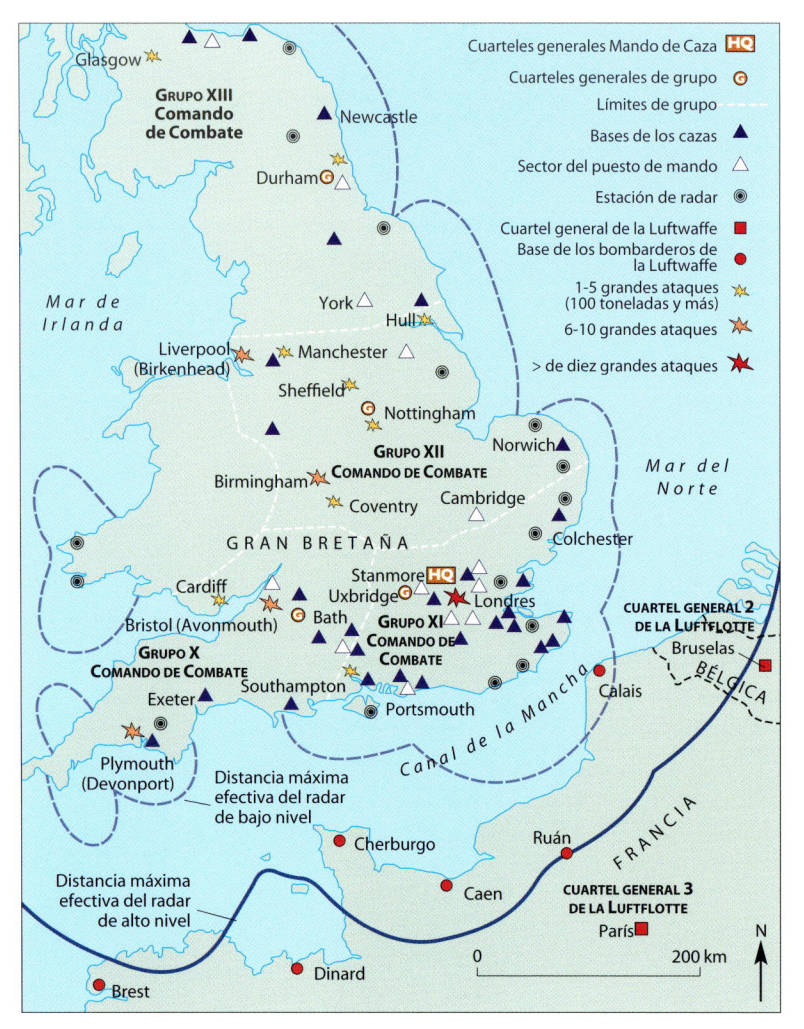

La importancia de la batalla en el cielo del sudeste de Inglaterra queda patente en el mapa inferior. El Grupo XI sufrió las mayores pérdidas, pero la batalla no se ganó ni se perdió.

COMBATIENTES

Aliados

- Mando de Caza de la RAF: 900 aviones, de los cuales, 600 podían volar a la vez.
- Teniente general sir Hugh Dowding.
- 507 muertos, 2.945 heridos y 788 aviones perdidos.

Alemanes

- Luftwaffe: 1.800 aviones (de un total de 2.600) desempeñaron un papel clave, incluidos bombarderos bimotor, bombarderos en picado, cazas monomotor y cazas pesados de largo alcance.
- Mandados por el *Reichmarschall* Hermann Göring.
- 1.294 aviones perdidos.

Izquierda Varios Supermarine Spitfire Mark I del escuadrón de cazas 610 de patrulla durante la batalla de Inglaterra. La velocidad y la maniobrabilidad del Spitfire convirtieron a esta nave en el caza protagonista de la segunda guerra mundial.

Izquierda «Nunca tantos debieron tanto a tan pocos». La famosa cita del homenaje de Churchill a los héroes de la batalla de Inglaterra cobra carácter visual en este fotomontaje, h. 1940.

La Luftwaffe estuvo muy cerca del éxito, pero el cambio de táctica permitió la recuperación del Mando de Caza. Además, Londres se encontraba en el límite del alcance operacional de los Bf 109, lo que provocaba que los bombarderos alemanes volasen sin escolta durante una parte de sus misiones (con el consiguiente aumento de las bajas). A mediados de septiembre se habían esfumado las posibilidades de que la Luftwaffe lograse la superioridad aérea para poner en marcha la *Operación León Marino* antes del invierno, de manera que la batalla llegó a su fin. No obstante, el bombardeo aéreo sobre ciudades británicas continuó durante todo el invierno de los años 1940-1941, pero los alemanes se vieron obligados a pasarse a los ataques nocturnos con el fin de reducir la pérdida de bombarderos. En cualquier caso, la atención de Hitler ya se había desviado por entonces hacia la invasión de la Unión Soviética planificada para 1941 (*véase* batalla de Moscú, pág. 250).

La batalla en retrospectiva

Todavía se discute hasta qué punto el resultado de la batalla fue un producto del fracaso alemán o un éxito británico, pero está claro que lo ocurrido no se debió a un solo factor. El cambio constante de prioridades de los alemanes supuso un gran inconveniente, agravado por el gran número de bajas (casi insostenible) que hizo que la Luftwaffe dejase de estar equipada para una campaña sostenida de superioridad aérea. En cuanto a los británicos, el cambio a los bombardeos urbanos en septiembre supuso un gran alivio, ya que su fuerza estaba a punto de venirse abajo aunque la resistencia frente a la Luftwaffe fue uno de los factores cruciales que impulsaron a los alemanes a cambiar de táctica.

Por último, aunque la rendición de Alemania en la segunda guerra mundial se debió a diversas campañas posteriores, la determinación de Gran Bretaña a continuar la guerra después de la caída de Francia, apuntalada por su éxito en los cielos británicos durante la recién relatada batalla de Inglaterra, iba a sentar las bases de la ofensiva combinada, de bombardeo del éxito en el Mediterráneo, de la liberación de Europa occidental y de la derrota total de Alemania en el año 1945.

60 Batalla de Moscú

Fecha: noviembre-diciembre de 1941   **Lugar: Rusia occidental**

Sólo necesitábamos otros doce kilómetros para tener la capital a tiro, pero no lo conseguimos.
TENIENTE ALEMÁN A LAS PUERTAS DE MOSCÚ, PRINCIPIOS DE DICIEMBRE DE 1941

La invasión alemana de la Unión Soviética en junio de 1941 pilló al Ejército Rojo por sorpresa, sin preparar e incapaz de afrontar lo que se le venía encima. En cuestión de 24 horas, las vanguardias *panzer* (unidades acorazadas alemanas) penetraron hasta 80 kilómetros. A principios de julio, los alemanes habían invadido Letonia y Lituania, cercaron a las tropas soviéticas en la zona de Bialystok (con el resultado de casi 300.000 prisioneros) y empezaron a penetrar en Ucrania por el sur. Stalin, que permaneció en silencio durante las dos primeras semanas de la batalla, exhortó a los soviéticos a luchar hasta el final. Sin embargo, la mayoría de observadores externos creían que los alemanes no tardarían mucho en llegar a las puertas de Moscú.

La capital soviética era inicialmente el principal objetivo alemán, y la idea era tomarla antes de la llegada del invierno. Con este fin, el Grupo de ejércitos del Centro de Fedor von Bock, ocupado en avanzar hacia Moscú, recibió el grueso de las tropas acorazadas con dos grupos *panzer*, mientras que el Grupo Norte, cuyo objetivo era Leningrado (la actual San Petersburgo), y el Grupo Sur (con la misión de invadir Ucrania) contaban con uno cada uno. El 19 de julio, Hitler (cada vez más entrometido en la marcha de las operaciones) anunció una nueva orden: Moscú ya no era el objetivo principal. En su lugar, el Grupo Centro tenía que entregar gran parte de sus fuerzas acorazadas a los otros dos grupos para poder tomar Leningrado rápidamente y asegurar la principal zona agrícola soviética de Ucrania. La operación tendría

Elementos de reconocimiento alemanes avanzan hacia Ucrania en el verano de 1941. Las vanguardias panzer *llevaban varios días de ventaja con respecto al grupo principal de infantería.*

lugar una vez que von Bock se encargase de otro gran cerco alrededor de Smolensk.

El cerco de Smolensk se redujo a su debido tiempo. Además, 310.000 soldados soviéticos más cayeron en manos alemanas. El Grupo Sur de Gerd von Rundstedt avanzó hacia Kiev, la antigua capital de Ucrania (Stalin ordenó que resistiese hasta el último hombre). Cuando cruzó desde los estados bálticos hacia Rusia propiamente dicha, el Grupo Norte avanzó más lentamente debido al cansancio y al terreno densamente boscoso. El sitio de Leningrado no comenzó hasta principios de septiembre. Inmediatamente, Hitler volvió a cambiar de idea. Moscú volvió a ser el principal objetivo y los grupos Norte y Sur recibieron la orden de devolver las fuerzas acorazadas que habían obtenido del Grupo Centro. Para el Grupo Norte, en un período relajado durante un largo asedio (que duraría hasta finales de enero de 1944), la transferencia fue razonablemente sencilla. Por el contrario, el Grupo Sur se encontraba enredado en la toma de Kiev, que no cayó hasta el 19 de septiembre (con un resultado de 600.000 prisioneros). Sólo entonces pudo von Rundstedt devolver el segundo ejército *panzer* de Heinz Guderian a von Bock. El resultado fue que el avance de 320 kilómetros hacia Moscú, la operación Tifón, no pudo comenzar hasta el 30 de septiembre. Teniendo en cuenta que a mediados de octubre comenzaban las lluvias de otoño, seguidas del duro invierno ruso, el tiempo era escaso. En realidad, las lluvias comenzaron tres días antes de la puesta en marcha de la operación Tifón.

En el bando soviético, Stalin y su alto mando siempre habían estado convencidos de que Moscú era el principal objetivo alemán. La idea se reforzó con los ataques aéreos de la Luftwaffe sobre la capital que comenzaron hacia finales de julio. Dichos ataques provocaron una reubicación de la industria armamentística soviética al este de los Urales para evitar que fuese alcanzada por los bombarderos. Al oeste de Moscú se construyeron tres líneas de defensa, en gran parte con mano de obra local. Frente al Grupo Centro

Hitler planificó que los ejércitos panzer Cuarto y Segundo rodeasen Moscú, pero el empeoramiento del tiempo y los refuerzos rusos demostraron que sus planes eran demasiado ambiciosos.

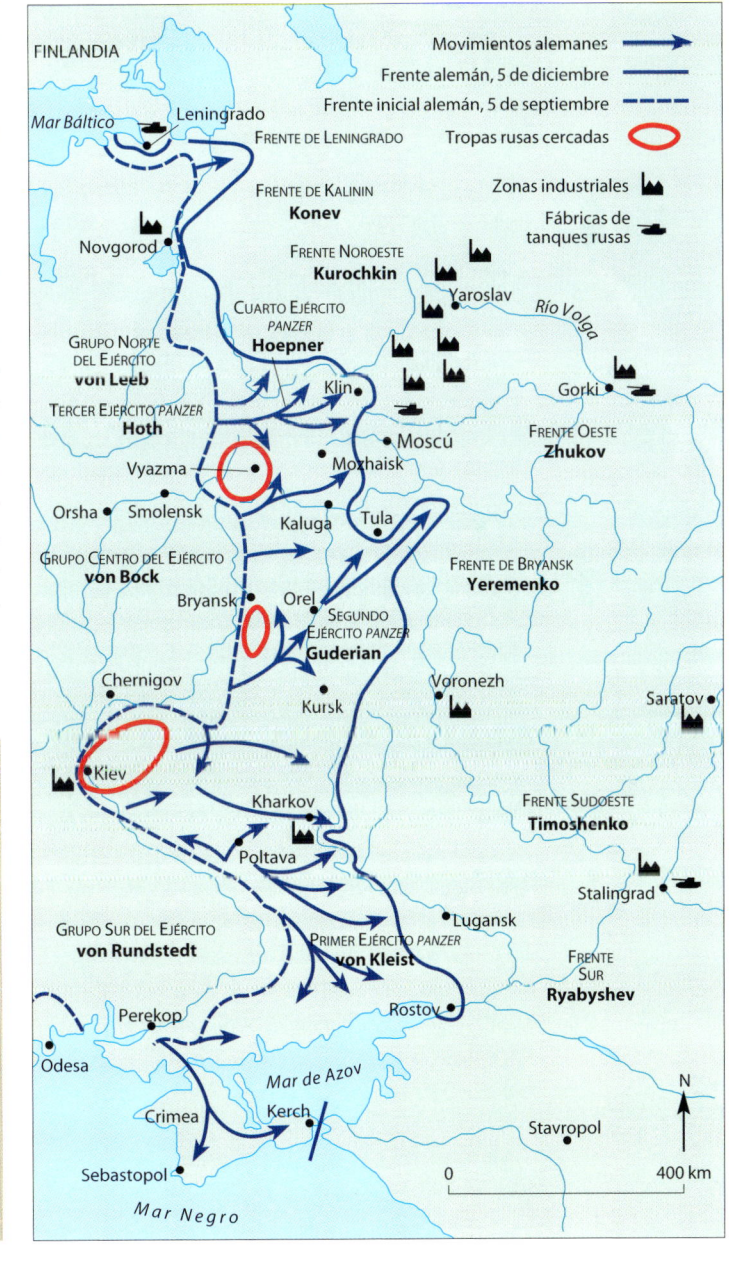

COMBATIENTES

Rusos
- Frentes soviético, de reserva y de Bryansk: 1.250.000 efectivos (30 de septiembre).
- Mandados por Georgi Zhukov.
- 515.000 muertos y prisioneros, 144.000 heridos y enfermos (hasta el 5 de diciembre).

Alemanes
- Grupo Centro del Ejército alemán: 910.000 hombres (30 de septiembre).
- Mandados por el mariscal de campo Fedor von Bock.
- Unas 200.000 bajas (hasta el 5 de diciembre).

Un pueblo ruso arde mientras las tropas alemanas estrechan el cerco a una de las bolsas de tropas rusas rodeadas en octubre de 1941. La tarea de la infantería alemana consistía en reducir las bolsas que los panzers habían formado.

del Ejército había dos frentes soviéticos: el Frente Sudoeste de 55 divisiones de Semyon Timoshenko y el Frente Bryansk con 26 divisiones de Andrei Yeremenko. Stalin ordenó la transferencia de divisiones, acostumbradas al frío, desde Siberia hasta la zona de Moscú.

Operación Tifón

La renovada ofensiva alemana estaba encabezada por el Cuarto Ejército *panzer* de Erich Hoepner, el Tercer Ejército *panzer* de Hermann Hoth y el Segundo Ejército *panzer* de Guderian. Éste rodeó rápidamente el Frente de Bryansk, que quedó totalmente cercado el 6 de octubre. Al día siguiente, Hoth y Hoepner rodearon Timoshenko. Aunque se tardó un tiempo en reducir a las bolsas, ambos frentes soviéticos quedaron totalmente destruidos y parecía que la ruta a Moscú ya estaba abierta. Sin embargo, el clima hizo de las suyas. El 7 de octubre, el mismo día en que los alemanes atraparon al Frente Occidental en Vyazma, comenzaron las lluvias de otoño propiamente dichas. La tierra no tardó en convertirse en un pantano que dificultó los movimientos drásticamente. Para agravar los problemas de los alemanes, Hitler insistió en que los ejércitos *panzer* rodeasen Moscú en lugar de entrar directamente en la ciudad. Pero el avance continuó.

A mediados de octubre, los alemanes se encontraban a 160 kilómetros de su objetivo. El pánico se apoderó de Moscú. Muchos de los órganos de gobierno y las embajadas extranjeras abandonaron la ciudad. Incluso el propio Stalin se preparó para su marcha, pero cambió de opinión cuando su tren estaba a punto de partir. El 18 de octubre, los alemanes avanzaron hasta encontrarse a 130 kilómetros de Moscú. Parecía que iban a llegar a su objetivo en cuestión de días, pero las cosas no salieron como los alemanes habían pensado. En primer lugar, Stalin nombró a un nuevo comandante, Georgi Zhukov, cuyo recién formado Frente Occidental recibió la orden de detener la ofensiva alemana. En segundo lugar, las lluvias (que empezaron a mezclarse con nieve cuando el mes de octubre se convirtió en noviembre) seguían reduciendo la movilidad de las tropas. Todo

BATALLA DE MOSCÚ 60

ello se agravó con las dificultades a que se vieron expuestas las líneas de abastecimiento alemanas. Numerosos soldados seguían llevando el uniforme de verano y empezaron a sufrir las consecuencias del frío. Las unidades se vieron reducidas a la mitad de sus efectivos debido a que el sistema de refuerzos ya no daba más de sí.

La situación llegó a un punto decisivo el 30 de octubre, cuando Guderian intentó tomar Orel, a 110 kilómetros al este de Bryansk. Entre los defensores estaba la primera división siberiana que logró llegar. Guderian, con sus tanques de combustible casi vacíos, quedó sorprendido ante la intensidad de la resistencia. Esta situación, junto a la imposibilidad de atravesar el terreno, obligó a hacer un alto.

Los alemanes son aniquilados

Con el mes de noviembre llegaron las heladas; el terreno empezó a endurecerse una vez más. Los alemanes hicieron acopio de suministros rápidamente para poder retomar el avance. Al mismo tiempo, los trenes cargados de soldados se dirigían al oeste desde Siberia: un total de 40 divisiones para reforzar las defensas de Moscú. Algunas de esas tropas participaron en el desfile anual del día de la Revolución, celebrado en la Plaza Roja el 7 de noviembre en presencia de Stalin, para desplegarse inmediatamente a continuación hacia el frente. El avance alemán sobre Moscú se reanudó el 15 de noviembre. Mientras que el terreno congelado volvía a permitir la movilidad, el frío cada vez más intenso ejerció un efecto debilitador en las tropas. Sumado a la resistencia soviética, cada vez mayor, el progreso se ralentizó considerablemente.

A finales del 4 de diciembre, el Grupo del Norte llegó al canal del Volga, a sólo 32 kilómetros al noroeste de Moscú. Algunas unidades de reconocimiento afirmaron que se veían las agujas del Kremlin. En el sur, Guderian se acercaba al río Oka, al sudeste de la ciudad. Parecía que Moscú acabaría en manos alemanas con un esfuerzo final. Aquella noche, sin embargo, la temperatura descendió a –35 °C. Los motores de los tanque no arrancaron, las armas perdieron operatividad y la congelación hizo estragos entre los soldados alemanes, carentes de prendas de abrigo.

El 5 de diciembre, Zhukov contraatacó. Sus tropas y sus vehículos estaban mejor equipados para combatir el frío. Hitler se vio obligado a permitir algunas retiradas locales, pero cambió de opinión en 48 horas. En el norte, la retirada alemana se llevó a cabo de forma ordenada, aunque fue preciso aban-

Un grupo de batalla alemán se prepara para el avance final sobre Moscú, noviembre de 1941. Aparte del camuflaje blanco improvisado, las tropas carecían de la vestimenta adecuada para afrontar el invierno ruso.

Derecha Este póster soviético reza: «Defenderemos nuestro Moscú». Fue la apelación al patriotismo, más que la ideología, la que impulsó al pueblo ruso a resistir y expulsar al invasor.

Inferior Un T-34 protege a un grupo de infantería ruso en un contraataque, enero de 1942.

donar gran parte del equipo. Guderian, sin embargo, tuvo muchas más dificultades para sacar a sus tropas del estrecho saliente que habían ocupado. Los soldados se encontraron con el paso cortado en repetidas ocasiones y tuvieron que luchar para salir del envolvimiento. La presión soviética fue tal que a finales del mes de diciembre, los alemanes se habían alejado 150 kilómetros de su objetivo principal. El Ejército Rojo, por descontado, continuó con sus ataques hasta finales de febrero del año 1942, hasta el agotamiento.

El fracaso del Grupo Centro del Ejército frente a Moscú marcó el final de las esperanzas alemanas de acelerar la derrota de la Unión Soviética. Los alemanes fracasaron porque comenzaron la invasión demasiado avanzado el año, y el error de Hitler de no atenerse al plan original en el que Moscú era el objetivo principal supuso una pérdida de tiempo aún mayor. En consecuencia, los alemanes se encontraron no sólo frente a un incansable Ejército Rojo que se recuperaba rápidamente, sino además ante la crudeza del invierno ruso, uno de los más devastadores del planeta, para el cual no estaban equipados en absoluto.

Stalingrado

Fecha: septiembre de 1942-2 de febrero de 1943
Lugar: actual Volgogrado, sudoeste de Rusia

Hasta donde alcanza la vista se ven soldados aplastados por tanques, heridos que gimen en vano, cadáveres congelados, vehículos abandonados debido a la falta de combustibles, y armas y equipamientos destruidos.
HANS SCHMEIDER, IX DIVISIÓN DE ARTILLERÍA ANTIAÉREA, STALINGRADO, ENERO DE 1943

Los orígenes de la interminable agonía de Stalingrado durante el invierno de 1942-1943 se remontan a la decisión de Hitler de renovar su ofensiva rusa después del fracaso ante Moscú en 1941 (*véase* pág. 250). En lugar de realizar otro intento sobre la capital, decidió tomar los yacimientos petrolíferos del Cáucaso, plan que deseaba hacer coincidir con la victoria en el norte de África y así dominar todo Oriente Medio.

Este ataque, conocido con el nombre de «Blau», lo iba a conducir el Grupo de ejércitos del sur al mando de Fedor von Bock, dividido en dos grupos: A y B. El asalto principal estaría protagonizado por el grupo A, mientras que el B avanzaría hacia la línea del río Don, después giraría al sudeste con dirección a Stalingrado para asegurar el flanco oriental del grupo A en el Volga en su avance hacia el Cáucaso. Se organizó una complicada operación de engaño de manera que Moscú pareciese el objetivo principal. A pesar de que los planes sobre la ofensiva del Cáucaso cayeron en sus manos, los rusos continuaron convencidos de que se trataba simplemente de un ataque sin importancia.

La operación Blau da comienzo

El 30 de junio de 1942, el grupo B del ejército comenzó su avance hacia el Don con la esperanza de atrapar en una bolsa a las fuerzas que inicialmente se oponían. Los rusos, que ya se habían dado cuenta de esta táctica, se retiraron antes de ser cercados, pero ello permitió a los alemanes llegar al Don en una semana. El 7 de julio, el grupo A lanzó su asalto contra la cuenca del Donets. De nuevo, el Ejército Rojo se retiró, pero la lluvia intensa y la escasez de combustible retrasaron el avance alemán. Hitler se impacientó y ordenó la transferencia de las formaciones *panzer* y los efectivos aéreos del grupo B del ejército al general Siegmund List (comandante del grupo A), dejando al VI Ejército de Friedrich Paulus, con el apoyo de algunos elementos *panzer*, que siguiese el avance hacia Stalingrado. Frustrado ante lo que con-

Soldados soviéticos en una acción de retaguardia durante el avance alemán hacia el río Don, julio de 1942.

255

sideraba un progreso demasiado lento, Hitler destituyó a von Bock y disolvió sus cuarteles generales. Al mismo tiempo, los dos grupos del ejército se encontraban en caminos divergentes: el grupo B se dirigía al este, hacia Stalingrado; el grupo A, hacia el Cáucaso, en dirección sur. A mediados de agosto, el grupo A había invadido los campos petrolíferos de Maykop (a pesar de que Rusia había destruido gran parte de la maquinaria) y llegó a las estribaciones del Cáucaso, mientras que Paulus luchaba en las afueras de Stalingrado y sometía a la ciudad a un intenso bombardeo. Resulta significativo que el IV Ejército *panzer* de Hermann Hoth se encontraba de camino para unirse a él después de ser trasladado del grupo A, que además se había desprendido de una de sus flotas aéreas. Todo esto hizo que la ofensiva contra el Cáucaso empezase a perder fuerza cuando ambos bandos centraron su atención en Stalingrado.

En la parte rusa, el frente de Stalingrado al mando de Vasily Gordov era el responsable de la zona. El 24 de agosto, Stalin hizo saber a Gordov que había que mantener la ciudad a toda costa y envió a su principal recurso, Georgi Zhukov, para supervisar las operaciones. El LXII Ejército de Vasily Chuikov fue nombrado responsable de la ciudad propiamente dicha,

Soldados rusos armados con ametralladoras PPSh de 7,62 milímetros durante la difícil lucha en las calles de Stalingrado.

y Zhukov era consciente de que los flancos de Paulus eran vulnerables, por lo que comenzó a organizar fuerzas de contraataque. Mientras tanto, los alemanes lograron presionar a Chuikov hasta situarlo en un estrecho saliente en la orilla oeste del Volga, pero las bajas aumentaron. Los hombres de Chuikov también empezaron a manifestar agotamiento y falta de refuerzos. El único camino para poder llegar hasta él era cruzando el Volga, pero el río se hallaba sujeto a un constante fuego de artillería y se perdieron muchos hombres. A finales de septiembre se llegó a un punto muerto.

Zhukov planea una contraofensiva

Zhukov ya había organizado innumerables contraataques contra los flancos del VI Ejército alemán, lo que había obligado a Paulus a desviar efectivos para afrontarlos. El 12 de septiembre ideó un ambicioso plan para un envolvimiento doble de las fuerzas alemanas en la zona de Stalingrado lanzando ataques contra las alas del saliente en el que se encontraban. Le llevó un tiempo prepararlo, en gran parte porque Stalin tardó en reconocer que los refuerzos necesarios tendrían que pasar de Moscú a la zona de Stalingrado. Además, se decidió esperar a la llegada de las nieves invernales, momento en que el terreno volvería a estar helado. Una ventaja de los rusos, sin embargo, era que los alemanes se habían visto obligados a desplegar dos ejércitos rumanos de baja calidad para proteger sus flancos.

La discreción en torno al plan ruso (llamado operación Urano) fue muy estricta. Sólo se informó del plan a los comandantes implicados (Nikolai Vatutin para el frente sudoeste, Konstantin Rokossovsky para el frente del Don –surgido del frente de Stalingrado de Gordov– y Andrei Yeremenko en un recién creado frente de Stalingrado). Mientras que Vatutin atacó el III Ejército rumano, al oeste de Stalingrado, y Rokossovsky mantuvo a Paulus a raya mediante ataques contra el flanco de las fuerzas alemanas, elementos del frente de Stalingrado asaltaron el IV Ejército rumano, al sur de la ciudad. La operación Urano se pondría en marcha el 9 de noviembre; las órdenes detalladas se harían saber únicamente el día anterior. El ataque, sin embargo, se pospuso diez días debido a los retrasos en el despliegue de tropas. Durante este tiempo, la situación de Chuikov en la ciudad se tornó cada vez más desesperada.

El 19 de noviembre de 1942, Vatutin y Rokossovsky lanzaron sus ataques. Yeremenko se unió a la ofensiva al día siguiente. Los rumanos, sorprendidos, cayeron enseguida, y los flancos de la ofensiva se extendieron al sudeste y al noroeste. El 23 de noviembre se unieron en Kalach, a unos 80 kilómetros al oeste de Stalingrado. Aquello significaba que el VI Ejército alemán, junto con elementos del IV Ejército *panzer*, había sido cercado. La acción lógica de Paulus habría sido la de salir del envolvimiento antes de que el terreno se helase, pero Hermann Göring declaró que su Luftwaffe podría reabastecer a los alemanes rodeados. En consecuencia, Hitler ordenó a Paulus que permaneciese en su puesto. Por su parte, Erich von Manstein, uno de los comandantes alemanes más hábiles, en aquel momento a la cabeza del recién formado grupo Don, recibió la orden de organizar una operación de socorro.

A principios de diciembre, los rusos lanzaron más ataques diseñados para dividir en dos la bolsa de Stalingrado. Apenas avanzaron, y unos días más tarde se dieron por terminados. El 12 de diciembre, von Manstein organizó su operación de socorro. Al prin-

Un pelotón alemán recupera el aliento junto a la fábrica de tractores de Stalingrado, uno de las zonas de la ciudad que más sufrió los ataques.

61 LA ÉPOCA CONTEMPORÁNEA

La obsesión creciente de Hitler por Stalingrado tuvo como resultado el avance inoportuno del grupo A del Ejército hacia el Cáucaso. La ciudad atrajo a las fuerzas alemanas como un imán, dejando sus flancos cada vez más vulnerables a un ataque ruso.

cipio progresó bastante, pero la resistencia rusa creció y también se produjo un ataque más al norte con el fin de amenazar las líneas de comunicación de von Manstein. Con todo, sus hombres siguieron avanzando hasta llegar al río Myshkova, situado a tan sólo 50 kilómetros del cerco, el 19 de diciembre. Sin embargo, los rusos, anticipándose a la acción, ya habían preparado defensas a lo largo del río Myshkova para impedir el paso de los soldados alemanes. El comandante alemán von Manstein sugirió a Paulus que atravesase esas defensas, pero éste había recibido órdenes estrictas directamente del más alto mando, el propio Hitler, de mantenerse en Stalingrado y desobedecer órdenes tan importantes y no creía tener fuerzas suficientes para romper el cerco.

El destino alemán está decidido

La ofensiva rusa en el norte continuó y fue acompañada por la que lanzó el frente de Stalingrado el 24 de diciembre. Estos dos ataques simultáneos amenazaron con impedir el paso de una parte significativa de las fuerzas de von Manstein. El 28 de diciembre, Hitler le dio permiso (igual que al Grupo A del Ejército, al mando de Maximilian von Weichs) para que se retirase. De este modo, las tropas se alejaron a más de 200 kilómetros del cerco. Los sucesivos intentos de socorrer al ejército de Paulus pasaron a ser casi imposibles y también creaciones sus problemas de abastecimiento. Los alemanes en Stalingrado necesitaban 750 toneladas diarias de suministros, y lo máximo que la Luftwaffe había conseguido hasta el momento eran 250 toneladas. La distancia mayor que los aviones tenían que recorrer significaría un descenso de los suministros (que quedarían reducidos a 90 toneladas diarias, en el mejor de los casos).

Una vez eliminada la amenaza que suponía von Manstein, los rusos pudieron mover ficha. El 10 de enero de 1943, Rokossovsky asaltó la bolsa desde el oeste. En cuestión de una semana, los rusos destruyeron todos los aeródromos excepto uno, y la Luftwaffe se vio obligada a lanzar los suministros en lugar de aterrizar con ellos, de manera que en su mayoría cayeron en manos rusas. Rokossovsky hizo un alto para reagruparse y retomó los ataques el 22 de enero. Al día siguiente se produjo la salida del foco del último avión alemán.

COMBATIENTES

Rusos

- Frentes del Sudoeste, Don y Stalingrado: 1.143.500 hombres (19 de noviembre).
- Comandante general: Georgi Zhukov.
- 486.000 muertos y prisioneros; 614.000 heridos y enfermos.

Alemanes

- VI Ejército alemán: 290.000 hombres (22 de noviembre)
- Comandante general: Friedrich Paulus.
- 265.000 muertos y prisioneros; 23.000 heridos y evacuados.

258

Paulus se encontraba desesperadamente escaso de comida y munición, hasta el punto de que sus 30.000 hombres enfermos y heridos no recibieron sus raciones. Los efectivos de Rokossovsky se unieron con los de Chuikov en el propio Stalingrado y los alemanes se vieron reducidos a dos pequeñas zonas. Hitler se negó a autorizar cualquier forma de fuga y ordenó a Paulus que defendiese su posición hasta las últimas consecuencias. El 30 de enero, Hermann Göring emitió un programa de radio sobre el aniversario de la ascensión de Hitler al poder en el que declaró que «mil años más tarde los alemanes hablarán de esta batalla con respeto y admiración». El propio Hitler ascendió a Paulus a mariscal de campo con todos los honores.

Al día siguiente, por la tarde, Paulus (que se encontraba en la bolsa sur) se rindió. La bolsa norte resistió durante 48 horas más, pero al verse sujeta a un devastador bombardeo final, también se rindió (el 2 de febrero). De los 90.000 hombres hechos prisioneros durante la batalla, sólo 5.000 sobrevivirían para regresar por fin a Alemania. Mientras los rusos expresaban su alegría, Hitler declaró cuatro días de luto. Reconoció, igual que Stalin, que Stalingrado supuso un gran punto de inflexión en la guerra en el Este. Desde entonces, fueron los rusos quienes tomaron la iniciativa al comenzar un avance que finalmente les llevaría hasta Berlín.

El ojeroso Paulus, recién ascendido a mariscal de campo, avanza hacia su cautividad. Nunca perdonó a Hitler por haber abandonado al VI Ejército y emitió propaganda antinazi para los soviéticos.

62 Midway

Fecha: 4-6 de junio de 1942   Lugar: Océano Pacífico Norte

Esta memorable victoria americana fue de capital importancia, no sólo para Estados Unidos, sino también para toda la causa aliada. El efecto moral fue enorme e instantáneo. De un solo golpe, la posición dominante de Japón en el Pacífico dio un vuelco.
WINSTON CHURCHILL, THE HINGE OF FATE, 1950

El plan del almirante Isoroku Yamamoto para la campaña de Midway exigió a las fuerzas japonesas asegurarse la isla de Midway, en el extremo occidental de la cadena hawaiana y a 1.930 kilómetros de Pearl Harbor, con el fin de atraer a la Flota del Pacífico estadounidense para una batalla decisiva. Los americanos todavía no se habían recuperado del ataque sorpresa japonés que dio comienzo a la guerra. De los ocho acorazados de Pearl Harbor (7 de diciembre de 1941), cuatro se hundieron y los otros cuatro quedaron tan dañados que seis meses más tarde seguían fuera de servicio. Ninguno de los portaaviones de la Flota del Pacífico estuvo en Pearl Harbor durante el ataque, pero en la batalla del mar del Coral (7-8 de mayo de 1942), el *Lexington* se hundió y el *Yorktown* sufrió daños tan graves que los japoneses creyeron que también lo habían destruido. El del mar del Coral fue el primer revés de la guerra para los japoneses, que se vieron obligados a cancelar una invasión anfibia de la costa sur de Nueva Guinea. Con anterioridad, después de Pearl Harbor, los japoneses arrebataron Guam y gran parte de las Filipinas a los americanos, Singapur y Malaya a los británicos, y las Indias Orientales a los holandeses. Después utilizaron portaaviones en los ataques contra Darwin, Australia (19 de febrero de 1942), y en el océano Índico (en Colombo y Trincomalee, Ceilán, entre el 5 y el 9 de abril de 1942).

Después de su salida al océano Índico, la principal fuerza de portaaviones japonesa (bajo el mando directo del vicealmirante Chuichi Nagumo) regresó a casa para unas reparaciones antes de la campaña de Midway. Los portaaviones *Shokaku* y *Zuikaku*, que participaron en Pearl Harbor y Ceilán, se destacaron con el portaaviones más ligero *Shoho* para encabezar la fuerza interceptada en el mar del Coral. Si la batalla costó a los americanos el *Lexington*, mucho más grande, los japoneses perdieron el *Shoho*, su primera baja material de consideración en la guerra. El *Shokaku* quedó dañado sin posibilidad de reparación para la siguiente campaña; el *Zuikaku* salió de la batalla ileso, pero perdió suficientes aeronaves y pilotos para tener que quedar inmovilizado. Mientras tanto, y gracias a un esfuerzo hercúleo en el astillero de Pearl Harbor, los americanos repararon el *Yorktown* y volvieron con la flota a tiempo para participar en Midway.

En contraste con el ataque contra Pearl Harbor, protagonizado por la Primera Flota aérea de Nagumo

El almirante de flota Isoroku Yamamoto (1884-1943), de la Armada Imperial, y comandante de la Flota Combinada japonesa en Midway.

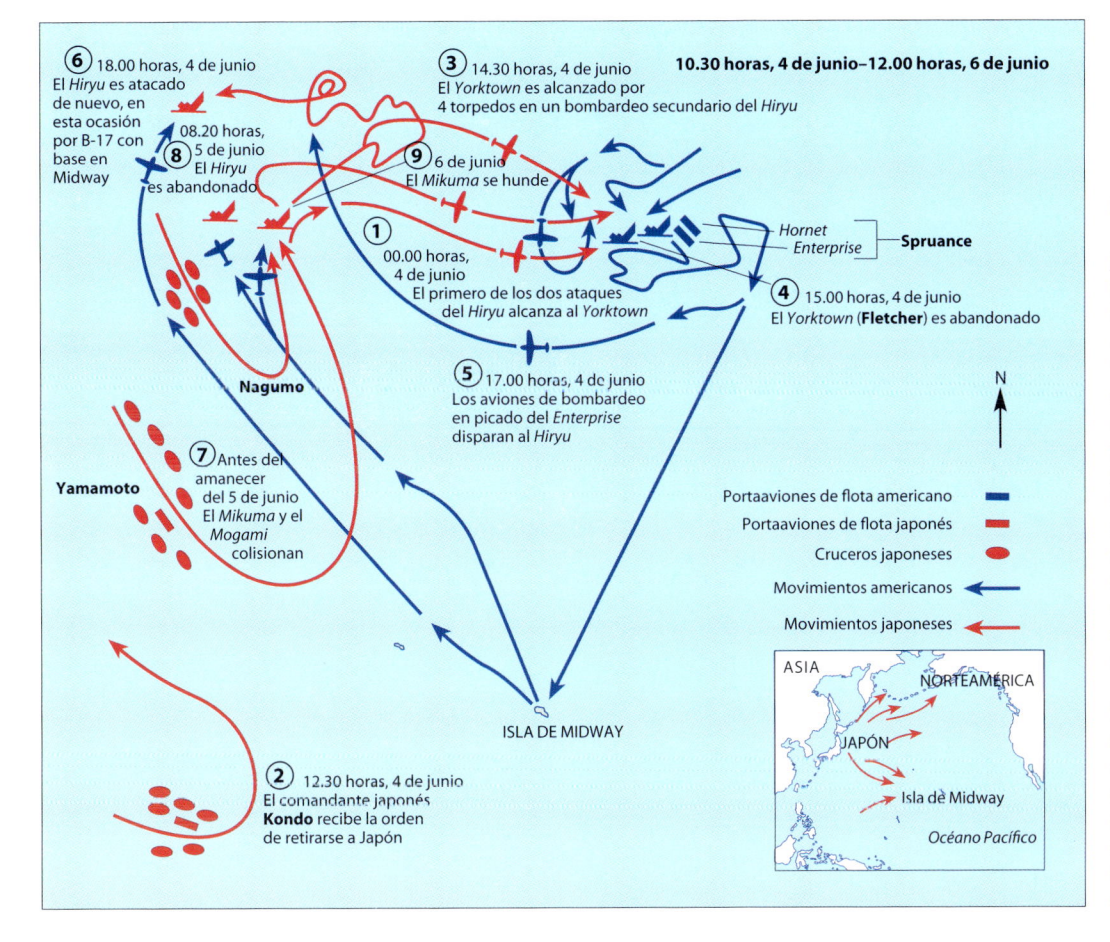

MIDWAY

10.30 horas, 4 de junio–12.00 horas, 6 de junio

⑥ 18.00 horas, 4 de junio
El *Hiryu* es atacado de nuevo, en esta ocasión por B-17 con base en Midway

⑧ 08.20 horas, 5 de junio
El *Hiryu* es abandonado

⑨ 6 de junio
El *Mikuma* se hunde

③ 14.30 horas, 4 de junio
El *Yorktown* es alcanzado por 4 torpedos en un bombardeo secundario del *Hiryu*

① 00.00 horas, 4 de junio
El primero de los dos ataques del *Hiryu* alcanza al *Yorktown*

④ 15.00 horas, 4 de junio
El *Yorktown* (**Fletcher**) es abandonado

⑤ 17.00 horas, 4 de junio
Los aviones de bombardeo en picado del *Enterprise* disparan al *Hiryu*

Hornet / Enterprise — **Spruance**

Nagumo

⑦ Antes del amanecer del 5 de junio El *Mikuma* y el *Mogami* colisionan

Yamamoto

② 12.30 horas, 4 de junio
El comandante japonés **Kondo** recibe la orden de retirarse a Japón

ISLA DE MIDWAY

Portaaviones de flota americano ▬
Portaaviones de flota japonés ▬
Cruceros japoneses ●
Movimientos americanos ⟶
Movimientos japoneses ⟶

ASIA / NORTEAMÉRICA / JAPÓN / Isla de Midway / Océano Pacífico

Izquierda *A las 10.30 horas del 4 de junio, el* US Enterprise *ya había bombardeado el Akagi y el Kaga, y el Yorktown había alcanzado al Soryu. Así, los tres portaaviones japoneses quedaron fuera de combate para el resto de la batalla. Este plano muestra la evolución del conflicto durante los dos días siguientes.*

Inferior
El almirante Chester Nimitz, de la Marina de Estados Unidos. Nimitz (1885-1966) comandó a las fuerzas americanas en Midway.

mientras Yamamoto se quedaba en Japón coordinando las múltiples ofensivas de la armada (diciembre de 1941), en esta ocasión salió toda la flota combinada, incluyendo a Yamamoto en el buque insignia *Yamato* al mando de toda la operación. Nagumo abrió el camino con una fuerza que incluía los portaaviones *Kaga, Akagi, Hiryu* y *Soryu*, dos acorazados, dos cruceros pesados y un crucero ligero, apoyados con los portaaviones ligeros *Hosho* y *Zuiho*, cuatro acorazados, ocho cruceros pesados y tres cruceros ligeros. Al mismo tiempo, el vicealmirante Boshiro Hosogawa dirigió un ataque de diversión contra las islas Aleutianas con la V Flota (los portaaviones ligeros *Ryujo* y *Junyo*, tres cruceros pesados y cuatro ligeros).

La batalla

Nagumo inició la batalla a las 04.30 horas del 4 de junio de 1942 lanzando 108 de sus 234 aviones contra Midway. Cuando esta primera oleada realizó el bombardeo, dos horas más tarde, los cañones antiaéreos

Ataque aéreo contra portaaviones japoneses, de Griffith Baily Coale, h. 1942.

de la isla derribaron a todos los aviones menos a 41, de manera que los cuatro portaaviones de Nagumo vieron reducido su poder de forma considerable y Yamamoto se pensó dos veces el despliegue de los cuatro portaaviones ligeros, ninguno de los cuales participaría en la batalla que siguió. La fuerza americana, bajo el mando del almirante Chester Nimitz, puso rumbo a Midway desde Pearl Harbor. Sus barcos se subdividieron entre el destacamento de fuerzas XVI (contraalmirante Raymond Spruance), incluyendo los portaaviones *Hornet* y *Enterprise*, cinco cruceros pesados, un crucero ligero y 11 destructores, y el destacamento de fuerzas XVII (contraalmirante Frank Fletcher), incluyendo el recién reparado *Yorktown*, dos cruceros pesados y seis destructores. En total, los tres portaaviones americanos transportaron 233 aviones.

Los portaaviones de Nimitz lanzaron sus primeros aviones entre las 07.00 y las 08.00 horas. Su primer contacto con la flota japonesa tuvo lugar después de las 09.00 horas, justo en el momento en que Nagumo dudaba entre armar sus aviones para un segundo ataque contra Midway o para la batalla contra la fuerza americana que se aproximaba. Algunos de los torpederos del *Hornet* localizaron al *Kaga* después de las 09.00, pero no lograron dañarlo. Entre las 10.20 y las 10.30 horas, bombarderos en picado del *Enterprise* dispararon contra el *Akagi* y el *Kaga*, mientras que los del *Yorktown* provocaron el incendio del *Soryu*. Los intensos disparos dejaron inservibles a estos tres portaaviones japoneses para el resto de la batalla; el *Kaga* y el *Soryu* siguieron a flote durante nueve horas más antes de hundirse, mientras que Yamamoto ordenó a los destructores que torpedeasen el casco en llamas del *Akagi* a las 05.00 horas de la mañana siguiente.

COMBATIENTES

Americanos

- Flota del Pacífico, destacamentos de fuerzas XVI y XVII, 3 portaaviones de flota, 7 cruceros pesados, 1 crucero ligero, varias unidades más pequeñas de apoyo, incluyendo 17 destructores y 19 submarinos.
- Comandante general almirante Chester Nimitz, contraalmirante Raymond Spruance (destacamento de fuerzas XVI), contraalmirante Frank Fletcher (destacamento de fuerzas XVII).
- 307 muertos, 1 portaaviones y 1 destructor hundidos.

Japoneses

- Flota Combinada: 4 portaaviones de flota, 2 portaaviones ligeros, 6 acorazados, 10 cruceros pesados, 4 cruceros ligeros, varias unidades de apoyo más pequeñas, incluyendo 34 destructores y 15 submarinos (los totales no incluyen las unidades de la Quinta Flota desplegadas contra las islas Aleutianas).
- Comandante general almirante Isoroku Yamamoto; vicealmirante Chuichi Nagumo.
- Alrededor de 4.800 muertos, 4 portaaviones y 1 crucero pesado hundidos.

El *Hiryu*, que se desvió al norte de los otros portaaviones japoneses, permaneció ileso y lanzó un ataque contra el *Yorktown* hacia las 11.00 horas y un segundo intento a las 13.20. La primera oleada tardó una hora en llegar a su objetivo; la segunda, en torno a 90 minutos, pero ambas dieron en el blanco y el *Yorktown* tuvo que ser abandonado antes de las 15.00 horas. Los pilotos del *Hiryu*, convencidos de que habían hundido el portaaviones americano al primer golpe, creyeron que habían hundido un segundo portaaviones en el segundo ataque. En cualquier caso, poco después de que la tripulación del *Yorktown* abandonase el barco, los aviones americanos localizaron al *Hiryu*. En torno a las 15.50 horas, el *Hornet* y el *Enterprise* lanzaron el resto de sus aviones para atacarlo. Encontraron a su presa unos minutos después de las 17.00 horas, mientras la tripulación comía sin ninguna conciencia de peligro. Cuatro bombas destrozaron la cubierta de aterrizaje del *Hiryu*, que quedó fuera de combate e incendiado. El barco se hundió finalmente a las 08.20 horas del 5 de junio.

Ese mismo día, pero más temprano, poco después de que Yamamoto ordenase la retirada del resto de barcos, los cruceros pesados *Mikuma* y *Mogami* chocaron debido a la oscuridad. Ambos quedaron dañados y con la velocidad muy reducida. El 6 de junio, aviones procedentes del *Hornet* y del *Enterprise* atacaron a los dos barcos que se esforzaban por seguir al resto de la flota japonesa que se batía en retirada. El *Mikuma* se hundió aquella misma tarde-noche y el *Mogami* logró escapar con numerosas bajas. El *Yorktown*, abandonado dos días y medio más tarde, permaneció a flote hasta la mañana del 7 de junio, cuando un submarino japonés lo torpedeó y lo hundió. Mientras tanto, la Quinta Flota de Hosogawa tomó tierra con tropas que ocuparon las islas de Attu (5 de junio) y Kiska (7 de junio), en las Aleutianas. Este caro movimiento de diversión no logró alejar a las considerables fuerzas americanas del grueso de la flota en Midway.

Clave: la información

La información superior fue la clave de la victoria americana en Midway. Gracias al notable esfuerzo realizado en las semanas previas a la batalla por parte de un equipo de descodificadores (encabezados por el comandante Joseph Rochefort), Nimitz supo exactamente dónde y cuándo iban a atacar los japoneses. Por el contrario, Yamamoto envió sus fuerzas a la batalla pensando que el *Yorktown* se había hundido en el mar del Coral, y la confusión en torno al número de portaaviones americanos con los que se iba a enfrentar rondó a Nagumo durante toda la batalla. Ante el doble objetivo de atacar Midway y destruir a la flota americana, Nagumo perdió un tiempo valioso pensando si armaba sus aviones con bombas y torpedos y cuándo iba a hacerlo. Los ataques fatales contra el *Akagi*, el *Kaga* y el *Soryu* se produjeron cuando el trío se encontraba especialmente vulnerable debido a esas dudas. El superior de Yamamoto, el vicealmirante Matome Ugaki, atribuyó la derrota a la arrogancia: «hemos pecado de vanidosos debido a éxitos pasados».

Consecuencias

La batalla de Midway, seis meses después de Pearl Harbor, representó el punto de inflexión del panorama en el Pacífico en la segunda guerra mundial. Yamamoto no logró aniquilar a la flota estadounidense, negando así a Japón la guerra breve que necesitaba tan desesperadamente. El poder industrial de Estados Unidos pronto dio un giro a las cosas: entre 1942 y 1945, los astilleros japoneses terminaron un acorazado, 10 portaaviones, cinco cruceros, 61 destructores y 121 submarinos, frente a los ocho acorazados, 20 portaaviones de flota y 82 de escolta, 48 cruceros, 354 destructores y 203 submarinos de los astilleros americanos. A pesar de las dificultades crecientes, la marina japonesa continuó luchando. Al final de la guerra, sólo las bajas navales japonesas ascendieron a 300.386, unos miles menos que la cifra total para todas las ramas de las fuerzas armadas estadounidenses en todos los frentes. Tanto en vidas como en material destruido, ninguna otra derrota naval resultó tan aplastante.

Los bombarderos en picado SBD Dauntless de la Armada estadounidense sobrevuelan un barco japonés en llamas durante el ataque contra la flota japonesa junto a Midway, 4-6 de junio de 1942.

63 Batalla del Atlántico

Fecha: 1940-1943   Lugar: océano Atlántico

Lo único que de verdad me asustó durante la guerra fue el peligro de los U-boats.
WINSTON CHURCHILL, LA SEGUNDA GUERRA MUNDIAL, 1950.

Durante la segunda guerra mundial, Gran Bretaña se acercó más a la derrota no en los cielos del sur de Inglaterra en 1940 (*véase* batalla de Inglaterra, pág. 245), sino en la inmensidad oceánica del Atlántico durante 1940-1941. Aquel invierno, los submarinos alemanes (*U-boot*) intentaron imponer un bloqueo a Gran Bretaña exigiendo un peaje abrumador de buques mercantes aliados con el objetivo último de obligar a los británicos a salir de la guerra sin necesidad de una invasión directa.

Guerra de defensa del comercio

La batalla del Atlántico fue en esencia una campaña centrada en torno a los esfuerzos de los aliados por introducir y sacar recursos de las islas Británicas a través de las autopistas marítimas del Atlántico (para lo cual confiaron principalmente en los 3.000 barcos de la marina mercante británica). Los alemanes intentaron evitar este movimiento utilizando unidades navales de superficie, como el *Bismarck*, la fuerza aérea alemana y, lo más importante, su flota de *U-boot* (submarinos). Para combatirlos, los aliados desplegaron fuerzas defensivas para mantener los lazos marítimos británicos con el mundo exterior. Participaron la Armada británica, la Armada Real canadiense y la Marina estadounidense, además de grupos aéreos como el mando costero de la RAF.

La campaña también se vio afectada por los servicios de información, situados por el bando aliado en Bletchley Park (Inglaterra). En este aspecto de la batalla, los británicos disfrutaron de una ventaja considerable, ya que pudieron poner en peligro la seguridad de las máquinas codificadoras *Enigma*, utilizadas por las comunicaciones militares alemanas y parte esencial de las operaciones de los submarinos. La información obtenida de estas fuentes se conocía como *Ultra*, aunque el proceso por el cual se consiguió se guardó como un secreto durante toda la guerra y hasta muchos años después.

Los *U-boot* de la batalla del Atlántico todavía eran torpederos sumergibles más que verdaderos submarinos. Alcanzaban velocidades submarinas muy limitadas y requerían mucho tiempo en la superficie para recargar las baterías diesel y rellenar los suministros de aire. Los *U-boot* se sumergían sólo para evitar su detección, ya que una vez bajo el agua la velocidad pasaba de unos 17 nudos a menos de 10, y la capacidad de llevar a cabo ataques disminuía considerablemente.

Con la aparición de los convoyes, en 1917, mediante los cuales los aliados comenzaron a agrupar sus buques mercantes y protegerlos con escoltas navales y aviones, y con el posterior desarrollo de equipos de detección submarina como el sónar, la amenaza de los *U-boot* pareció llegar a su fin en los últimos años de la década de 1930. Ésta era la opinión de la Armada británica, compartida por algunos miembros de la Kriegsmarine (Armada) alemana.

En realidad, a pesar de algunos éxitos después del estallido de la guerra, en 1939, la amenaza de los *U-boot* pareció estar bajo control en 1940.

Un destructor (el barco más pequeño que aparece solo en la parte posterior, derecha) vigila a los cargueros que cruzan el Atlántico en un convoy durante la batalla del Atlántico (junio de 1943).

Avistando el objetivo. Acuarela de Georges Schreiber pintada en 1943.

La campaña de 1940-1941: el primer «Momento feliz»

A pesar de todo, diversos factores abocaron a Gran Bretaña a una grave crisis de defensa del comercio en otoño de aquel mismo año. En primer lugar, después de la caída de Francia en junio, los *U-boot* empezaron a operar desde puertos atlánticos, de manera que recortaron considerablemente el tiempo de entrada y salida de los accesos a las Islas británicas. Esto les permitió pasar mucho más tiempo apostados buscando navegación comercial. En segundo lugar, las necesidades de los aliados crecieron debido a los diferentes desastres militares que azotaron a Gran Bretaña en 1940: se produjo escasez de escoltas navales y de equipo aéreo y técnico, como radares y sonares. Por último, la flota alemana de *U-boot*, bajo la dirección de Karl Dönitz, adoptó tácticas y métodos operativos totalmente nuevos. Para evitar la detección por medio de sonar, los *U-boot* empezaron a atacar en la superficie y por la noche, cuando sus siluetas bajas resultaban mucho más difíciles de localizar. Además, en un esfuerzo por hundir a las escoltas que acompañaban a cada convoy, los *U-boot* atacaban en grupos (conocidos como «*wolfpacks*», que significa «manada de lobos» pero también «flotilla de submarinos»). En cuanto un convoy era localizado por los alemanes (ya fuese por avión, por un *U-boot* individual o por la información derivada de las intercepciones y las descodificaciones), Dönitz, desde su base en Europa, dirigía a las flotillas hacia el objetivo. El resultado habitual eran batallas que podían durar varios días.

En el otoño y el invierno de 1940-1941, las pérdidas de embarcaciones mercantes escaparon del control, aunque todavía se discute hasta qué punto estuvo Gran Bretaña al borde del desastre. La época, no obstante, pasó a ser conocida para la flota de *U-boot* como «Momento feliz», lo cual da una idea de sus éxitos. A pesar de todo, los aliados introdujeron rápidamente una serie de contramedidas para afrontar el reto. Se aumentó progresivamente el número de escoltas; mejoró el nivel de apoyo del radar para vigilar los convoyes, con lo que se pudo responder a la táctica de ataques nocturnos y en la superficie de los *U-boot*; la cobertura aérea alrededor de Gran Bretaña y en el Atlántico mejoró considerablemente, y la información proporcionada al Almirantazgo y al mando costero de la RAF recibió el apoyo cada vez más eficaz de la información *Ultra*. De hecho, durante algunas fases de la campaña, los convoyes aliados escaparon a las flotillas de submarinos gracias a *Ultra*. Por si fuera poco para los alemanes, los *U-boot* empezaron a ser redirigidos hacia el Mediterráneo con el fin de colaborar en la guerra de Italia. A finales del verano de 1941, aunque las pérdidas de la marina mercante británica seguían siendo elevadas, al menos eran asumibles.

Operación Drumroll: el segundo «Momento feliz»

La campaña volvió a dar un giro con la entrada de Estados Unidos en la guerra, en diciembre de 1941. Dönitz y su personal supusieron acertadamente que los americanos no estarían bien preparados para las complejidades de una campaña antisubmarinos moderna. Así, pusieron a algunos de sus mejores hombres a patrullar junto a la costa oriental estadounidense en busca de presas fáciles. Su éxito fue tan asombroso que precipitó un segundo «Momento feliz». Hasta que la Marina estadounidense finalmente aceptó que estaba lista para emplear convoyes y otras contramedidas, las pérdidas de buques mercantes aliados fueron prohibitivas. Muchos son los que han afirmado que la Marina norteamericana no estaba dispuesta a escuchar los consejos británicos o a adaptar sus prácticas operativas a las realidades de la campaña que se desarrolló ante su costa. Sin embargo, las nuevas medidas, tácticas y equipo acabaron por introducirse y las pérdidas volvieron a quedar bajo control.

La campaña de 1942-1943

En el verano de 1942, los aliados creyeron que estaban empezando a ganar la batalla, cuando en realidad entraron en otra crisis. Como ocurrió con la operación Drumroll, en parte la provocaron ellos mismos. Los *U-boot* de Dönitz se encontraban operando principalmente en medio del Atlántico, lo más lejos posible del azote del poder aéreo aliado. Dönitz disponía de más *U-boot*, y sus planificadores asegura-

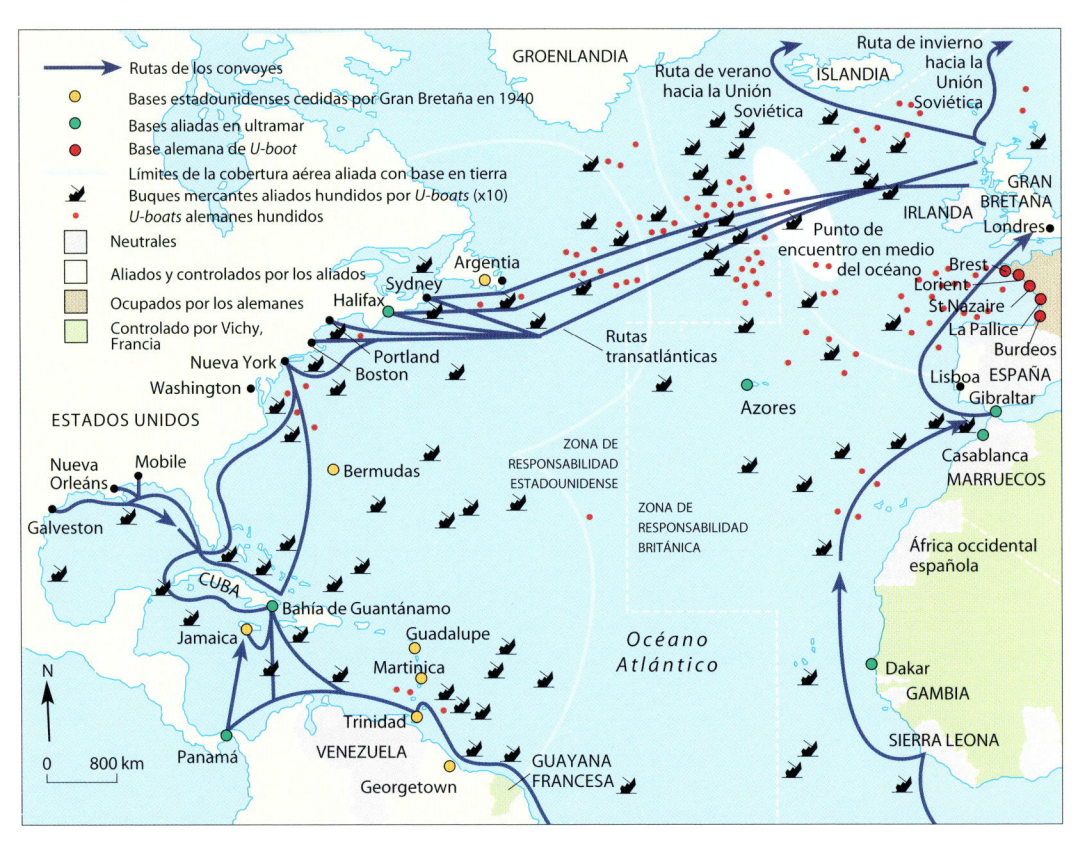

Buques mercantes aliados hundidos entre diciembre de 1941 y mayo de 1943. La zona crucial de la campaña se situó en el área central del Atlántico Norte. Las pérdidas en ese punto fueron las más numerosas, pero cuando se aplicó la cobertura aérea en todo el océano, en la primavera de 1943, la campaña terminó y los aliados salieron vencedores.

ron que un período de éxito sostenido contra los británicos podría acabar con la guerra. Además, los esfuerzos alemanes se beneficiaron de la falta de información *Ultra* durante una parte considerable de 1942 (aunque, por supuesto, Dönitz y su equipo no fueron conscientes de ello).

Las pérdidas de los aliados aumentaron de forma dramática, sobre todo en el invierno de 1942-1943, pero en la primavera de 1943 la batalla giró definitivamente a su favor. Recuperaron la iniciativa en la guerra de información al descifrar *Enigma* de nuevo y, lo que es más importante, empezaron a desplegar suficientes aviones con el radio de acción necesario para cubrir el hueco aéreo del Atlántico, de manera que todo el océano quedó protegido por aire. Resulta sorprendente y desconcertante que tuviese que desencadenarse una crisis tan profunda como la del invierno anterior para que el alto mando aliado se viese obligado a aceptar la necesidad de destinar suficientes aviones adecuados para cerrar el vacío aéreo. Con esta medida, sin embargo, y con la mejora en la calidad y la cantidad de escoltas de superficie, las pérdidas de *U-boats* aumentaron, los hundimientos de buques mercantes descendieron y Dönitz se vio obligado a retirar sus fuerzas. La batalla del Atlántico llegó así a su fin.

Consecuencias

Con la victoria en el Atlántico, los aliados se vieron libres para aumentar las tropas y el equipo en Gran Bretaña con vistas a la liberación de Europa en 1944-1945. Si no se hubiese acabado con la amenaza de los *U-boats*, este éxito habría sido inconcebible. Las pérdidas marítimas aliadas fueron numerosas en diversas fases de la campaña, pero en realidad los alemanes sólo se acercaron a la victoria en una ocasión, en el invierno de 1940-1941. Incluso en 1942-1943, cuando las pérdidas aumentaron de forma espectacular (en algunas ocasiones, por encima de los objetivos alemanes), la marina aliada disfrutó de suficiente tranquilidad para capear el temporal. Cuando Estados Unidos se implicó en la guerra, la producción naval aliada siempre tuvo ocasión de neutralizar todos los esfuerzos de la flota de submarinos alemanes. Las pérdidas en ambos bandos fueron muy numerosas durante la batalla del Atlántico, pero la cifra de muertos entre las tripulaciones de los *U-boot* alemanes se aproximó al 75 % (alrededor de 28.000 hombres en un número aproximado de 800 *U-boot*).

Superior izquierda
El artista americano Georges Schreiber capta la situación bajo la cubierta de un submarino antes del lanzamiento de un torpedo en esta obra titulada Stand by to Fire, *1943.*

Superior
Guardacostas en la cubierta del patrullero Spencer *observan la explosión de una carga profunda que acabó con la esperanza de los U-boot nazis de romper el centro de un gran convoy. Hundimiento del U-175, 17 de abril de 1943.*

COMBATIENTES

Aliados
- Marina mercante británica (3.000), Royal Navy (Marina Real británica), Marina Real canadiense, Marina estadounidense, mando costero de la RAF.
- 11.905.000 toneladas en embarcaciones y 2.000 aviones perdidos; 25.000 marineros muertos.

Alemanes
- Flota alemana de *U-boats*.
- Dirigidos por Karl Dönitz.
- 783 *U-boot* perdidos; 28.000 hombres desaparecidos/muertos.

64 Batalla de Normandía

Fecha: 6 de junio-20 de agosto de 1944   Lugar: costa norte de Francia

Hoy indescriptible fuego de mortero y lucha en los bosques. Muchas bajas. Gracias a Dios, he sobrevivido un día más.
CABO G. E. HUGHES, I HAMPSHIRES, ENTRADA DE DIARIO, 12 DE JUNIO DE 1944

El mariscal de campo Erwin Rommel inspecciona las defensas costeras antes de la invasión de Normandía.

El 6 de junio de 1944, los aliados tomaron por asalto cinco playas de Normandía en la que todavía constituye la operación anfibia más grande jamás organizada. Con casi 6.500 barcos y más de 11.500 aviones, 150.000 hombres (de los cuales 9.000 causarían baja) tomaron tierra. Sólo la playa de Omaha experimentó verdaderos problemas, aunque se superaron al anochecer del Día D. Fue un oportuno homenaje a los muchos meses, incluso años, de planificación y preparación dedicados a la operación Overlord. Así comenzó la liberación de Francia, aunque todavía quedaba una dura lucha por delante.

El general Bernard Montgomery, al mando de las fuerzas terrestres aliadas en Normandía, tenía un plan global que consistía en atraer al grueso de las fuerzas blindadas alemanas hacia los británicos y los canadienses, en el este, para permitir la irrupción de los americanos en el oeste. Mientras tanto, el I Ejército estadounidense (al mando del general Omar Bradley) tomaría el puerto de Cherburgo. La invasión sorprendió a los alemanes, que eran muy conscientes de la abrumadora supremacía aérea de los aliados. Debido a los planes engañosos de éstos, no sabían con seguridad si el desembarco principal todavía debía producirse en el Paso de Calais. Por ello, las divisiones desplegadas en otros puntos de la costa del canal de la Mancha no se trasladaron inmediatamente a Normandía. Las que se hallaban en otros lugares de Francia no pudieron avanzar hacia la zona de la batalla debido a los resultados de la ofensiva aérea aliada anterior al Día D contra las comunicaciones y por las actividades de la resistencia francesa.

Primeros pasos hacia el interior

Las cinco cabezas de playa se conectaron finalmente el 13 de junio, aunque los aliados ya avanzaban hacia el interior, Bayeux, un objetivo del Día D, fue liberada el 7 de junio, pero los esfuerzos para entrar en Caen, capital regional y otro de los objetivos, se estancaron debido a la resistencia alemana. En realidad, los alemanes estaban intentando hacer retroceder a los británicos y a los canadienses hacia las playas con un contraataque blindado, pero la lenta llegada de las divisiones *panzer* y la destrucción provocada por la artillería y el fuego naval aliados hicieron que apenas pudieran hacer nada más que detener temporalmente el avance aliado. Las cosas fueron a peor el 10 de junio, cuando los cuarteles generales del grupo oeste *panzer* (que coordinaba las operaciones blindadas) fueron alcanzados por bombarderos aliados y murió casi todo el personal.

Los alemanes continuaron frustrando los esfuerzos de Montgomery por tomar Caen, aunque una parte significativa del problema radicaba en la naturaleza del terreno de Normandía. Gran parte de este *bocage* consistía en pequeños campos rodeados de lomas coronadas por setos y con carreteras estrechas y serpenteantes, un escenario claustrofóbico nada adecuado para los tanques y los ataques. Sin embargo, la presión aliada era tal que los alemanes tuvieron que dedicar sus divisiones *panzer* a proteger la línea y no pudieron organizar un contraataque concertado. Tan preocupados estaban Gerd von Runstedt, comandante, y Erwin Rommel, su subordinado y jefe del Grupo B del ejército, que convencieron a Hitler de que se acercase a observar el panorama por sí mismo. Pidieron refuerzos de infantería y permiso para retirarse del alcance del fuego naval aliado. Hitler les aseguró que les enviaría refuerzos, pero se negó a aprobar la retirada.

El día después del encuentro de Hitler con sus comandantes, el 18 de junio, los americanos pasaron junto a la península de Cotentin. Giraron al norte y pusieron rumbo a Cherburgo, ciudad que Hitler ordenó defender hasta el final. La guarnición se rindió el 28 de junio y los aliados pasaron a disponer de un puerto grande, aunque el daño infligido por los alemanes a los muelles no permitiría su uso durante varias semanas. Mientras tanto, los aliados tuvieron que seguir utilizando los puertos artificiales Mulberry, construidos junto a las playas originales del desembarco. Mulberry A, del sector americano, quedó seriamente dañado por una tormenta ocurrida del 19 al 21 de junio que obligó a Montgomery a retrasar otro ataque para capturar Caen. La operación Epsom se diseñó para tomar el terreno elevado al sur de la ciudad a través de otra arremetida desde el oeste.

Después de un comienzo prometedor, la operación se atascó en el *bocage* y quedó paralizada tras

Los generales Eisenhower (izquierda) y Montgomery (derecha) observan las maniobras en Gran Bretaña, a principios de 1944. A pesar de su rigurosa formación, las tropas aliadas no estaban preparadas para las dificultades de la lucha en el «bocage» de Normandía.

enfrentarse a los decididos contraataques alemanes.

Hacia la ruptura

Sin dejarse intimidar por el fracaso de Epsom, el 30 de junio Montgomery anunció su estrategia para la ruptura. Mientras los británicos y los canadienses continuarían frenando a los alemanes, los americanos avanzarían hacia el sur y el este con el fin de atrapar a las fuerzas alemanas que se retirasen de Normandía. Mientras tanto, se mantendría la presión en la zona de Caen. Después de un ataque preliminar protagonizado por los canadienses para tomar el aeródromo de Carpiquet, al oeste de la ciudad, el asalto principal se lanzó el 8 de julio, precedido por un ataque del mando de bombarderos de la RAF y por un intenso bombardeo de artillería que redujeron a escombros a gran parte de Caen. Las tropas británicas entraron y se abrieron paso hasta el río Odon, pero los alemanes habían volado los puentes que permitían alcanzar la parte sur de la ciudad. Los americanos también empezaron a avanzar hacia el sur. Su principal objetivo era el centro de comunicaciones de Saint-Lô. Se encontraron avanzando a través de algunos de los peores tramos de *bocage*, y el proceso fue lento y costoso en cuanto a bajas. La confianza entre los aliados empezó a flaquear.

Sin embargo, los alemanes estaban presionados al máximo. Hitler seguía mostrándose frontalmente contrario a cualquier retirada. Von Rundstedt fue destituido a principios de julio y sustituido por Günther von Kluge, cuya confianza inicial pronto se vio sacudida por la noticia que le dio Rommel: sólo habían llegado 10.000 hombres para cubrir las 120.000 bajas ocurridas desde el Día D. La perspectiva de que esta situación mejorase era muy poco probable teniendo en cuenta que una gran ofensiva rusa estaba amenazando con destruir al grupo centro del Ejército alemán (*véase* operación Bagration, pág. 273). Los aliados, en realidad, estaban ganando cómodamente la carrera de refuerzos.

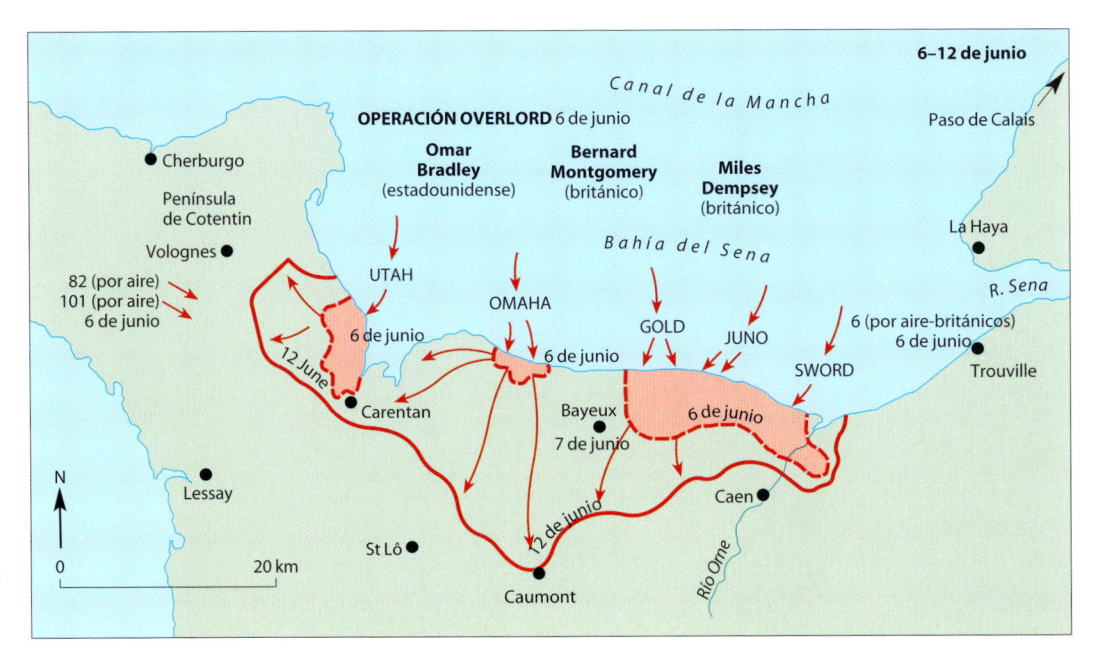

Superior derecha
Un soldado de infantería británico durante las duras batallas para hacerse con Caen, julio de 1944.

Derecha *Cuando los aliados desembarcaron en Normandía, su primera tarea consistió en unir las playas y comenzar a avanzar hacia el interior.*

Un tanque Churchill británico se enfrenta a una típica loma en Normandía. Así expuesto constituye una panza acorazada relativamente débil para los cañones antitanques alemanes.

Montgomery, sin embargo, se vió presionado por el primer ministro Winston Churchill y por el alto mando aliado, Dwight D. Eisenhower. Sin alterarse por los rumores de su inminente destitución, Montgomery aprobó un plan propuesto por el general Miles Dempsey, al mando del II Ejército británico, para realizar un asalto blindado al este de Caen, en un terreno más adecuado para los tanques. Dempsey pensó que por aquí podría realizarse la ruptura aliada, igual que Eisenhower (que veía pocas posibilidades de un golpe temprano decisivo en el *bocage* usando a los americanos). Montgomery, sin embargo, lo veía más como un esfuerzo final para fijar al grupo acorazado alemán en el sector británico, lo que permitiría que los americanos rompiesen el cerco en Saint-Lô.

La operación Goodwood comenzó el 18 de julio, el día después de que Rommel resultase gravemente herido, precedida por otro bombardeo masivo de la RAF. Tres divisiones acorazadas británicas lideraron el ataque principal y realizaron un gran avance contra la defensa estática. Sin embargo, los alemanes se recuperaron rápidamente y desplegaron tanques en las montañas de Bourguébus, que dominaban el eje

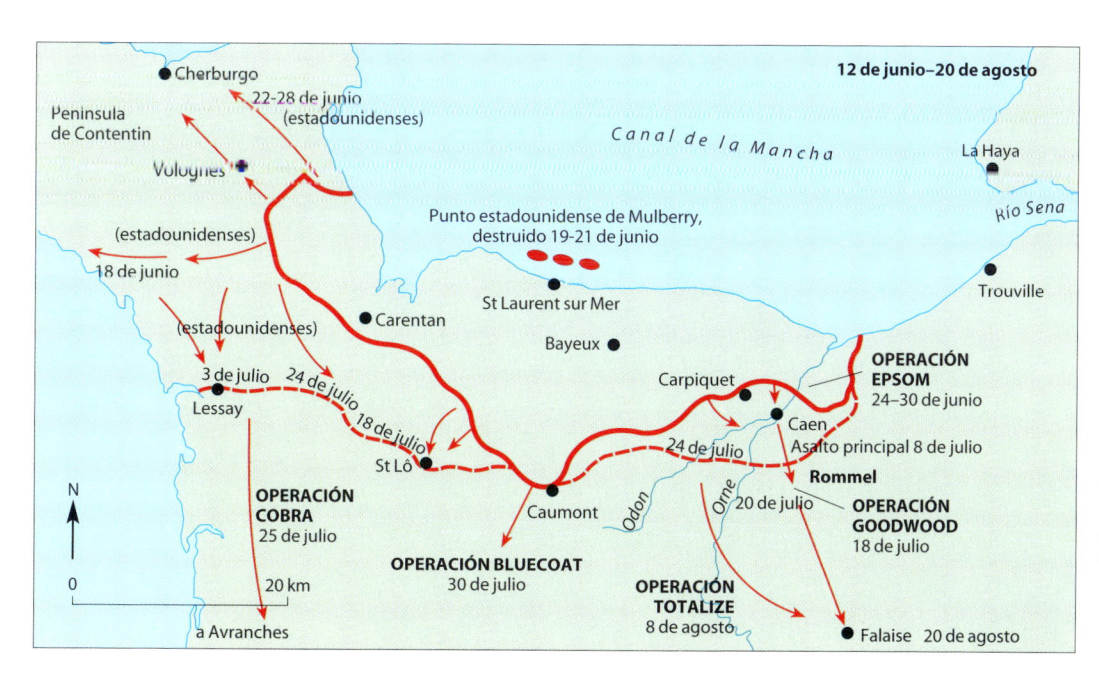

Mientras que los americanos despejaron la península de Cotentin, los británicos y los canadienses lucharon en el este por salvar Caen. Intentaron frenar a los alemanes para que los americanos pudiesen abrirse paso hacia el sur.

271

Infantería estadounidense al asalto durante la toma de Saint-Lô, a finales de julio de 1944. El hombre del primer plano está a punto de disparar un lanzagranadas.

COMBATIENTES

Aliados

- Grupo XXI del Ejército británico; Grupo XII del Ejército estadounidense; unos 900.000 hombres (25 de julio).
- Dirigidos por el mariscal de campo Bernard Montgomery.
- 45.000 muertos, 173.000 heridos o desaparecidos.

Alemanes

- Grupo B del Ejército alemán: unos 500.000 hombres (25 de julio).
- Dirigidos por el mariscal de campo Erwin Rommel, el mariscal de campo Guenther von Kluge (desde el 17 de julio) y el mariscal de campo Walter Model (desde el 17 de agosto).
- 30.000 muertos, 210.000 desaparecidos/prisioneros y 80.000 heridos.

del avance. Los británicos se vieron obligados a detenerse, lo que les supuso grandes pérdidas de tanques, y, por otro lado, las tormentas pusieron fin a la operación.

La ruptura

La toma de Saint-Lô (la operación Cobra) encabezada por Bradley, pospuesta cinco días debido al mal tiempo, tuvo lugar el 25 de julio. En cuestión de días, la resistencia alemana empezó a desintegrarse. Las cosas no mejoraron ante el hecho de que von Kluge creía que la principal ofensiva tendría lugar en el sector británico y su negativa a dirigir las divisiones *panzer* hacia el oeste. Además, la operación Bluecoat (un ataque británico lanzado el 30 de julio cerca del límite con los americanos) se diseñó para actuar como una puerta de batiente que se cerraría ante los tanques alemanes.

Aquel mismo día, el 30 de julio, los americanos entraron en Avranches y von Kluge se vio obligado a admitir que su flanco izquierdo había caído. Una nueva fuerza, el III Ejército estadounidense al mando de George S. Patton, había desembarcado durante las dos semanas anteriores. Su papel consistía en aprovechar la ruptura. La fuerza acorazada de Patton atravesó Avranches y puso rumbo al oeste, a Bretaña; al sur, hacia Nantes y Angers, y al este, hacia Le Mans. Von Kluge se dio cuenta rápidamente de la maniobra e intentó retirarse hacia el Sena, pero Hitler insistió en que atacase el flanco americano y restableciese la situación de inmediato. Cuatro divisiones *panzer* atraparon a los americanos por sorpresa en la zona de Mortain la noche del 6 al 7 de agosto, pero los numerosos cazabombarderos no tardaron en detener el ataque en seco.

La noche siguiente, el recién creado I Ejército canadiense lanzó un ataque, la operación Totalize, contra Falaise. El objetivo era cercar a los ejércitos *panzer* alemanes V y VII en colaboración con el ejército estadounidense de Patton. Si bien la operación no alcanzó a la propia Falaise, las fuerzas alemanas en Normandía se vieron cada vez más arrinconadas, aunque en ningún momento cesó la presión de Hitler para contraatacar.

Los canadienses retomaron su avance y entraron en Falaise el 17 de agosto. Para entonces, los hombres de Patton ya habían llegado a Argentan, dejando un pasillo de sólo 19 kilómetros a través del cual podrían escapar los alemanes. Aquel mismo día, Walter Model llegó para ocupar el puesto de von Kluge y sólo entonces pudieron retirarse las fuerzas alemanas. Los que pudieron iniciaron la retirada por el río Sena, dejando atrás 10.000 muertos y 50.000 prisioneros en una bolsa que finalmente se cerró el 20 de agosto. Cinco días antes, el 15 de agosto desembarcaron más fuerzas aliadas en el sur de Francia, de manera que pudo comenzar la liberación del resto del país.

Operación Bagration

65

Fecha: 22 de junio de 1944   Lugar: Bielorrusia

El IX Ejército resiste en vísperas de otra batalla, cuya escala y duración sólo se pueden conjeturar.
ENTRADA DEL DIARIO DE GUERRA DEL IX EJÉRCITO ALEMÁN, 22 DE JUNIO DE 1944

El 1 de mayo de 1944, Stalin informó a los miembros superiores de su gabinete, el Stavka, de sus intenciones para el verano. Por aquel entonces, los rusos habían liberado gran parte de su tierra, bajo ocupación alemana. En el norte se habían acercado a las fronteras con Estonia y Letonia; en el sur recuperaron Ucrania y empezaron a amenazar a Hungría y Rumania. Sólo en el centro permaneció en manos alemanas una parte significativa de territorio ruso. El principal objetivo de Stalin era liberar Bielorrusia, en manos del grupo Centro del Ejército alemán. La ofensiva se lanzaría en junio, coincidiendo con los desembarcos en Normandía de los aliados occidentales. Las operaciones de diversión tenían un papel muy importante. En el extremo norte, los rusos iban a organizar un ataque para obligar a Finlandia, aliada de Alemania, a abandonar la guerra y para evitar que el grupo Norte del Ejército alemán acudiese en ayuda de su vecino del sur cuando se lanzase la operación Bagration (como se bautizó a la ofensiva bielorrusa). Asimismo, gran parte del esfuerzo iba destinado a que los alemanes creyesen que el asalto principal tendría lugar en el sur y se dirigiría contra Rumania y Hungría.

En el bando alemán, el mariscal de campo Ernst Busch, al mando del grupo Centro del Ejército, se convenció todavía más de que los rusos estaban preparando una ofensiva contra él. Además, era muy consciente de que sus fuerzas se encontraban en un saliente enorme con base en Minsk y que habían sido

Tanques soviéticos a toda marcha. En 1944, los rusos disponían de tácticas de asalto muy eficaces basadas en la penetración profunda del frente enemigo.

obligadas a transferir tropas del grupo Norte, al sur, donde Hitler (entre otros militares) creía que recaería el ataque principal. Todo ello provocó que sus defensas quedasen muy extendidas, pero su petición de acortar la línea mediante una retirada hacia el río Berezina fue rechazada por Hitler. Busch se sintió todavía más frustrado por el hecho de que los rusos eran superiores en el aire. En los días anteriores al asalto, los rusos impusieron un estricto silencio de radio que negó a Busch otra importante y vital fuente de información.

Comienza la operación Bagration

Al amanecer del 22 de junio de 1944, el tercer aniversario de la invasión alemana de Rusia y después de un breve pero intenso bombardeo, el I Frente Báltico atacó al norte de Vitebsk. Los alemanes recibieron dicho ataque por sorpresa, y al anochecer los rusos habían logrado penetrar más de 11 kilómetros. Al día siguiente, el III Frente Bielorruso atacó al sur de Vitebsk, poniendo a la ciudad en peligro de quedar aislada. El II Frente Bielorruso atacó en la zona de Orsha, pero apenas logró avanzar. El 24 de junio se sumó el I Frente Bielorruso, que golpeó en la parte sur del saliente.

Ante estas múltiples amenazas, Busch suplicó que se le permitiese retirarse, pero Hitler sólo autorizó a regañadientes al III Ejército *panzer*, en el norte, aunque ordenó que parte del mismo continuase en Vitebsk (que cayó en un par de días). La retirada llegó demasiado tarde. El 28 de junio, el III Ejército *panzer* fue destruido, mientras que el IV Ejército, más al sur, intentó regresar a Minsk a la desesperada antes de ser atrapado, un destino que ya había recaído en el IX Ejército. En poco tiempo, el Grupo Centro del Ejército también se desintegró (en parte gracias a los ataques de los partisanos contra sus comunicaciones).

Hitler, horrorizado ante lo que estaba ocurriendo, sustituyó a Busch por Walter Model, que mandaba el Grupo Norte del Ejército de Ucrania. También destituyó a Georg Lindemann, que estaba al mando del Grupo Norte y deseaba retirarse debido al crecimiento de la amenaza contra la parte sur de su sector. Lo peor estaba por llegar. Los rusos lograron rodear a

En el verano de 1944, las ofensivas expulsaron a los alemanes de Rusia y pusieron bajo amenaza a la propia Alemania.

COMBATIENTES

Rusos
- 2.330.000 hombres: I Frente Báltico ruso y I, II y III Frentes Bielorrusos
- Mandados por el mariscal Georgi Zhukov.
- 178.000 muertos y prisioneros; 587.000 heridos y enfermos.

Alemanes
- 500.000 hombres: Grupo Centro del Ejército alemán.
- Mandados por el mariscal de campo Ernst Busch (hasta el 3 de julio), y después por el mariscal de campo Walter Model.
- 250.000 muertos, heridos y desaparecidos.

La infantería soviética avanza hacia el río Vístula y pasa junto a un PzKw V Panther derribado.

casi todo el IV Ejército y entraron en Minsk el 7 de julio. Sólo las alas del Grupo Centro conservaron su cohesión. Seis días más tarde, los frentes I Ucraniano y I Bielorruso comenzaron a atacar conjuntamente el sector norte del grupo Norte del Ejército de Ucrania con la intención de separarlo de su vecino, que se afanaba por luchar desesperadamente. Crearon una bolsa en la zona de Brody que tuvo como resultado la pérdida de otros 42.000 soldados alemanes.

Hacia Polonia

Mientras el Grupo Centro del Ejército continuaba desintegrándose, elementos del III Frente Bielorruso de Ivan Chernyakovsky llegaron a la frontera este de 1939 de Polonia, en el río Bug. Ocurrió el 20 de julio, el mismo día en que explotó una bomba durante una conferencia de Hitler en su cuartel general situado en Rastenburg, en Prusia oriental. Tres días más tarde, el I Frente Bielorruso liberó Lublin y el campo de exterminio de Maidenek, y los frentes del norte de Rusia incrementaron la presión mediante ataques contra el Grupo Norte del Ejército. Hitler exigió a sus altos mandos que ambos grupos se mantuviesen en sus puestos a pesar de la liberación de más ciudades a su alrededor.

Con todo, después de un avance de 300 kilómetros, los rusos empezaron a dejar atrás sus suministros y el progreso se hizo más y más lento. Ello permitió a Model restaurar cierto orden e incluso organizar contraataques locales. Sin embargo, no pudo impedir que el III Frente Bielorruso girase hacia el nordeste, en dirección al puerto báltico de Riga, y amenazase con impedir el paso de todo el Grupo Norte. Cuando el mes de julio llegó a su fin, los habitantes de la zona este de las afueras de Varsovia, la capital polaca, escucharon los sonidos de la batalla a lo lejos y empezaron a creer que la liberación del yugo nazi por fin estaba cerca. El 29 de julio, una emisora de radio polaca tutelada por los rusos emitió una repetitiva y constante llamada a las armas. Sin embargo, la lucha que los polacos oyeron al este del Vístula era en realidad el enfrentamiento del I Frente Bielorruso con los fieros contraataques de tres divisiones *panzer* que allí se encontraban. Fue una clara señal de que la ofensiva rusa había perdido su ocasión y que los soldados alemanes se estaban recuperando a pasos agigantados. En consecuencia, la noche del 31 de julio al 1 de agosto, los rusos pasaron a la defensiva, pero no informaron de ello a los polacos, que, por su parte, empezaron una rebelión en la capital al día siguiente.

El levantamiento de Varsovia se prolongaría hasta principios de octubre de 1944, cuando los alemanes acabaron con los últimos coletazos de la resistencia. Durante todo el alzamiento, las fuerzas rusas al este del Vístula permanecieron como meras espectadoras. No liberarían Varsovia hasta el siguiente enero. La operación Bagration, a pesar de todo, representó una gran victoria rusa y, con los aliados occidentales avanzando hacia las fronteras occidentales de Alemania, se podía llegar a decir que los días del Tercer Reich estaban contados.

66 Ataque aéreo norteamericano sobre Japón

Fecha: marzo-agosto de 1945   Lugar: el cielo de Japón

Íbamos tras objetivos militares. Nada de matar civiles por el mero hecho de matar… Sabíamos que íbamos a matar a muchas mujeres y niños cuando quemamos aquella ciudad [Tokio]. Había que hacerlo.
GENERAL DE DIVISIÓN CURTIS LeMAY, 1965

En el último año de la segunda guerra mundial, las fuerzas aéreas estratégicas de Estados Unidos se embarcaron en una larga campaña de bombardeos contra ciudades japonesas, una campaña que llegó a alcanzar una intensidad y un nivel de destrucción sin igual en ninguna guerra anterior o posterior, y que culminó con las bombas atómicas de Hiroshima y Nagasaki. En el espacio de unos cuantos meses, en especial entre marzo y agosto de 1945, la XX Fuerza Aérea norteamericana destruyó de forma sistemática decenas de ciudades japonesas y acabó con las vidas de miles de civiles en una serie de bombardeos brutales. A pesar de los esfuerzos de las fuerzas aéreas americanas, esta campaña no forzó la rendición de Japón y tuvo que ser complementada con las bombas atómicas y otras medidas.

Planificación y ataques iniciales

La planificación a largo plazo por parte de las Fuerzas Aéreas del Ejército de Estados Unidos (USAAF) de una campaña de bombardeos contra Japón databa de la década de 1930, cuando se trazaron los detalles para construir un bombardero estratégico cuatrimotor de largo alcance capaz de operar en zonas oceánicas. El programa tuvo como resultado el B-29 Superfortress. Los planificadores americanos, además, calcularon que las zonas urbanas japonesas, construidas con un elevado porcentaje de materiales combustibles, serían objetivos adecuados a las bombas incendiarias.

Sin embargo, durante las primeras etapas de la guerra del Pacífico (1941-1945), el bombardeo de Japón parecía una posibilidad remota, con la excepción del truco publicitario de un ataque sobre Tokio en 1942 llevado a cabo por el coronel Doolittle. Los primeros esfuerzos de largo alcance lanzados desde China y la India apenas tuvieron resultados. Con la captura de las islas Marianas, en junio de 1944,

Una imagen americana anticipa la esperada invasión de Japón en 1945. La invasión demostró ser innecesaria debido a la rendición de Japón en agosto, poco después de las bombas atómicas y de la declaración de guerra de los soviéticos.

una base adecuada de operaciones, al alcance de las principales ciudades japonesas, cayó en manos americanas. Sin embargo, el B-29, aunque muy avanzado y, sin duda, el bombardero más sofisticado que existía por entonces, se había puesto en servicio de forma precipitada y mostró toda una serie de inconvenientes: motores sin probar correctamente, falta de instrucción, el clima y los fuertes vientos dominantes de cola. Los primeros resultados fueron decepcionantes y, a finales de 1944, la USAAF empezó a recibir presiones para obtener resultados satisfactorios.

En enero de 1945, el general Curtis LeMay fue designado para reorganizar la campaña de bombardeos y se esforzó por superar las dificultades. Su incansable y resuelta actuación mejoró la moral, pero los resultados continuaron siendo pobres.

La quema de Japón

A partir del mes de marzo, sin embargo, la campaña tomó otro rumbo. LeMay, decidido a demostrar que sus fuerzas podían lograr los objetivos si les dejaban (y basándose sobre todo en su propio juicio), cambió de táctica. En esencia, dejó atrás los bombardeos a gran altura, de precisión y diurnos y adoptó métodos de poca altura, nocturnos y de bombardeo de zonas concretas. Así solucionó numerosas dificultades tácticas y meteorológicas y redujo el esfuerzo de los motores de los B-29. Además, dado que las defensas aéreas japonesas estaban pensadas principalmente para operaciones diurnas, la resistencia ya limitada desapareció casi por completo. De este modo, se pudo reducir el armamento defensivo de los B-29, lo que permitió aumentar la carga útil de bombas.

Los primeros resultados fueron espectaculares, igual que el uso de bombas incendiarias, que resultaron especialmente efectivas contra las ciudades combustibles japonesas. Para la operación Meetinghouse, un ataque contra Tokio en marzo de 1945, el mando de LeMay adoptó la nueva táctica y los resultados fueron espantosos y espectaculares a un tiempo. El abundante uso de bombas incendiarias contribuyó a provocar una tormenta de fuego en la que las temperaturas en el centro de la conflagración alcanzaron una intensidad inusitada (cerca de 1.000 °C). En el ataque murieron 100.000 personas, y más de un millón quedaron sin hogar. Las propias tripulaciones aéreas estadounidenses quedaron impresionadas y asqueadas por los efectos del bombardeo, y emplearon máscaras de oxígeno para filtrar el hedor de la carne quemada.

Bajo la tutela de LeMay siguieron varios bombardeos similares. Ciudades como Nagoya, Kobe, Osaka, Yokohama y Kawasaki recibieron ataques devastadores. A pesar de las reservas de algunos comandantes veteranos, el programa de LeMay no se sometió a control alguno, lo que reflejaba la creciente desesperación de los americanos por poner fin a la guerra.

Los bombardeos atómicos

El aspecto más controvertido de la campaña aérea, sin embargo, fue el uso de bombas atómicas contra Hiroshima y Nagasaki. Las primeras armas nucleares se desarrollaron en Estados Unidos en el Proyecto Manhattan, y la primera bomba la lanzó el B-29 *Enola Gay* a las 08.15 horas del 6 de agosto. Se cree que 100.000 personas murieron al instante. Así comenzó una nueva era en el ámbito de la guerra. En marzo, decenas de bombarderos tuvieron que invertir varias horas para destruir Tokio; en Hiroshima, una sola bomba provocó la destrucción en unos segundos. Tres días más tarde se lanzó una segunda bomba atómica sobre la ciudad de Nagasaki, donde murieron otras 35.000 personas. En ambas ciudades, varios miles de personas más murieron posteriormente debi-

B-29 Superfortresses descargan bombas incendiarias sobre Japón en junio de 1945.

El bloqueo de Japón en 1944-1945 fue casi total y, en consecuencia, devastador.
La pérdida de fuerza aérea y naval del país a partir de finales de 1944 despejó el terreno a las fuerzas estadounidenses en las islas japonesas.

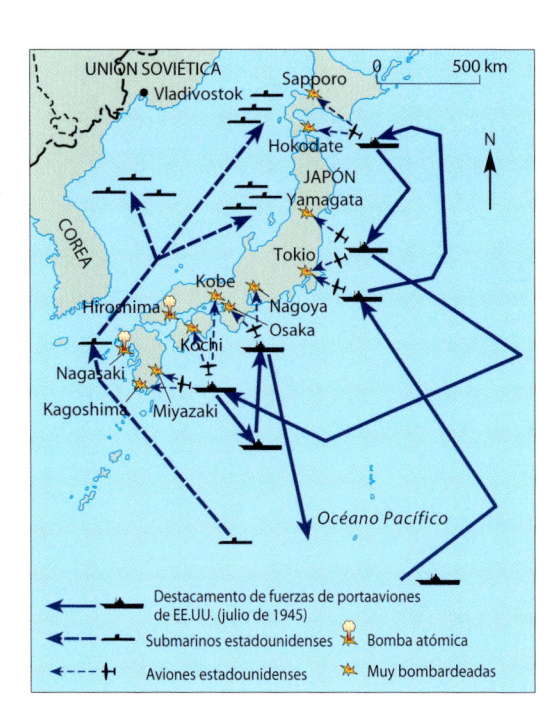

CAMPAÑA AÉREA

Operaciones del XXI Comando de Bombarderos Noviembre de 1944–agosto de 1945

	Salidas	Tonelaje de las bombas
Nov. 1944	175	459
Dic. 1944	492	1.759
Ene. 1945	454	1.180
Feb. 1945	732	1.854
Mar. 1945	2.520	13.681
Abr. 1945	3.246	16.383
May. 1945	4.226	24.812
Jun. 1945	5.243	32.524
Jul. 1945	6.168	42.733
Ago. 1945	3.145	20.936

Inferior
Un desagradable recordatorio de las repercusiones del bombardeo atómico de Nagasaki, 9 de agosto de 1945.

do a enfermedades provocadas por las radiaciones y muchas más sufrirían los efectos durante el resto de sus vidas. Los efectos prolongados de la campaña aérea y el bloqueo, sumados a las bombas atómicas, la declaración de guerra contra Japón por parte de los soviéticos (8 de agosto) y el creciente realismo en el ámbito militar japonés provocaron la rendición del país el 15 de agosto.

Repercusiones

Debido a las bombas atómicas, la campaña aérea convencional contra Japón se pasó por alto. Sin embargo, conviene apuntar que murieron más personas en el ataque inicial de marzo de 1945 contra Tokio que en las ciudades víctimas de las bombas atómicas en agosto. No obstante, esos dos últimos bombardeos provocaron el cambio de concepto de la guerra. Algunos historiadores afirman que las bombas atómicas no se lanzaron por razones militares, sino para lograr concesiones por parte de la cada vez más recalcitrante Unión Soviética, y que como tal deberían considerarse parte de la primera gran operación de la Guerra Fría y la última de la segunda guerra mundial. Sin embargo, no está nada claro si Japón estaba dispuesto a rendirse en unos términos aceptables para los aliados antes de las bombas atómicas. En el mejor de los casos, podría decirse que fue una combinación de factores la que obligó a Japón a capitular. En realidad, las bombas atómicas reflejaron la creciente frustración y desesperación de Estados Unidos por poner fin a la guerra con la mayor rapidez posible y por cualquier medio. El significado político y diplomático implicado en este acto final de la campaña aérea contra Japón seguiría siendo tema de intensos y amargos debates.

El última instancia, y aunque la efectividad estratégica y política de la campaña de bombardeos sigue siendo una cuestión de conjetura, no hay duda de que los ataques (convencionales y nucleares) provocaron toda una serie de cuestiones políticas, morales y éticas sobre el exceso de muertes de civiles, cuestiones que todavía hoy resultan válidas.

Huai-Hai

67

Fecha: 1948-1949   Lugar: actual Xuzhou, nordeste de China

Vais a terminar la campaña de Huai-Hai en dos meses, noviembre y diciembre [de 1948]. Descansareis y consolidaréis vuestras fuerzas en el mes de enero siguiente [1949]. De marzo a julio lucharéis en coordinación con Liu Bocheng y Deng Xiaoping para conducir al enemigo a puntos situados junto al río Yangtzé, donde seré enterrado. En otoño, vuestra fuerza principal probablemente estará luchando para cruzar el Yangtzé.
MAO TSE TUNG, THE CONCEPT OF OPERATIONS FOR THE HUAI-HAI CAMPAIGN, 11 DE OCTUBRE DE 1948

La campaña de la China comunista de Huai-Hai (1948-1949) tuvo como resultado la retirada nacionalista a Taiwan y la fundación de la República Popular China (RPC) el 1 de octubre de 1949. La «pérdida» de China demostró que el comunismo soviético representaba un serio peligro, y para muchos americanos marcó el auténtico comienzo de la Guerra Fría. La intervención soviética, sobre todo al negar a los nacionalistas el acceso por mar a Manchuria, resultó decisiva al permitir que los comunistas pasasen rápidamente de las tácticas de guerrilla a la guerra convencional.

Antecedentes de la guerra civil china

El Partido Comunista Chino (PCCh) se fundó en julio de 1921. Después de un breve período de cooperación con el Partido Nacionalista, el PCCh se opuso abiertamente a Jiang Jieshi (Chiang Kai shek) desde abril de 1927 hasta finales de 1936. Después de la «Larga Marcha» de 9.000 kilómetros desde el sudeste de China hasta la zona de Yan'an, al noroeste, Mao Tse Tung se hizo cargo del PCCh. En el incidente de Xi'an (diciembre de 1936), Jiang fue secuestrado por el general Zhang Xueliang y obligado a formar un segundo frente unido con los comunistas con vistas a Japón.

A mediados de la década de 1930, la obra de Mao *La guerra prolongada* dividió la guerra en tres fases. En primer lugar, los comunistas estarían a la defensiva utilizando tácticas de guerrilla; en segundo lugar, podrían pasar a la guerra móvil, y en una tercera fase que representaría la victoria para el PCCh, el Ejército de Liberación Popular (ELP) adoptaría una guerra de posiciones. En aquella fase, el objetivo estratégico de Mao consistía en expulsar a Japón de China luchando sólo hasta el río Yalu (frontera de Manchuria y Corea).

Mientras las fuerzas norteamericanas avanzaban hacia Japón, y con el fin de la guerra a la vista, el ELP

En noviembre de 1948, la comisión militar del comité central del PCCh decidió establecer el comité del Frente General, de cinco miembros, para crear un mando conjunto sobre los ejércitos de las llanuras centrales y China oriental. De izquierda a derecha: Su Yu, Deng Xiaoping, Liu Bocheng, Chen Yi y Tan Zhenlin.

279

67 LA ÉPOCA CONTEMPORÁNEA

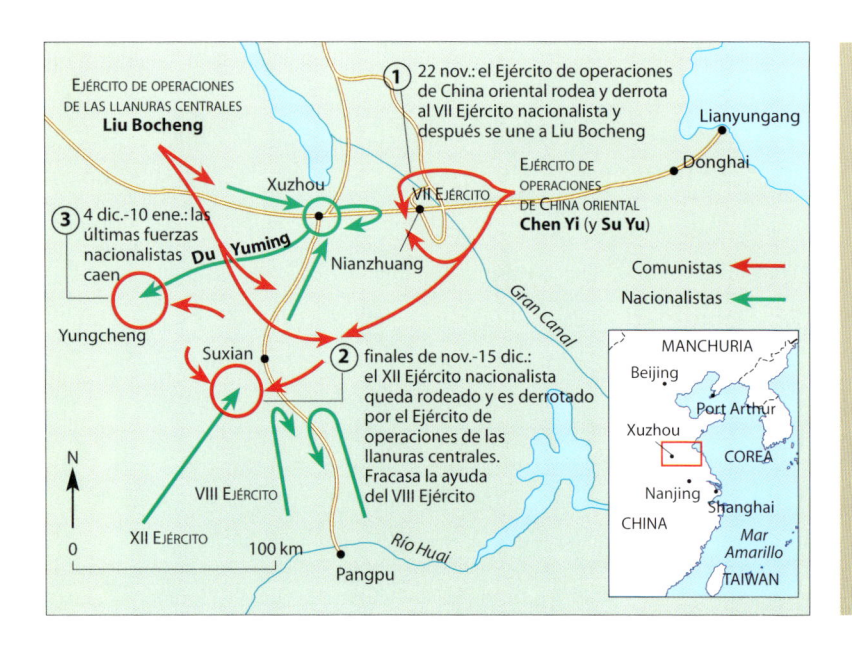

COMBATIENTES

Comunistas

- 600.000 hombres del Ejército de operaciones de las llanuras centrales (más tarde Segundo Ejército de operaciones) y Ejército de operaciones de China oriental (más tarde Tercer Ejército de operaciones).
- Dirigidos por el secretario del comité general de primera línea, Deng Xiaoping.
- Número desconocido de bajas.

Nacionalistas

- Se calcula en 500.000 hombres, con el apoyo de 70.000 del VII Ejército; 80.000 del XII Ejército y 120.000 en Pangpu, además de otras tropas regionales que sumarían casi 800.000 efectivos.
- Dirigidos por el general Liu Zhi.
- 550.000 muertos, heridos y huidos.

La victoria comunista en Xuzhou fue la batalla decisiva de la guerra civil. Con el éxito de la campaña de Huai-Hai se abrió la carretera al sur del río Yangtzé. Después de que las fuerzas comunistas cruzasen el río, tomaron rápidamente Nanjing y Shanghai y obligaron a las fuerzas nacionalistas a pasar a Taiwan.

puso en marcha una ofensiva antijaponesa. El verdadero objetivo de Mao era invadir Manchuria como preparativo para la fase final de la guerra civil entre comunistas y nacionalistas. Después de la entrada de los soviéticos en la guerra, a principios de agosto de 1945, los barcos rusos ayudaron a los comunistas a moverse por mar y les dieron armas de las reservas japonesas. Una vez en Manchuria, el ELP utilizó ferrocarriles controlados por los soviéticos para trasladarse rápidamente a los centros metropolitanos de Shenyang, Changchun y Harbin.

Reanudación de la guerra civil china

Inmediatamente después de la rendición de Japón, la guerra civil entre nacionalistas y comunistas se puso de nuevo en marcha. Representantes americanos como George C. Marshall intentaron en vano formar un gobierno de coalición, pero en 1947 ambos bandos luchaban por la provincia de Manchuria, rica en recursos e industrializada.

Los esfuerzos nacionalistas por consolidar su poder en Manchuria fueron desbaratados por el control soviético sobre los puertos manchúes de Port Arthur y Dalian (antiguo Dairen). En concreto, a la Armada nacionalista, con más de 800 embarcaciones y 40.000 hombres en octubre de 1948, se le denegó el acceso. Según el *China White Paper*, los nacionalistas se quejaron enérgicamente en noviembre de 1948 de que «el factor fundamental en el deterioro general de la situación militar era la no observancia por parte de la Unión Soviética del Tratado sinosoviético de amistad y alianza» de agosto de 1945.

Los escritores chinos comunistas quitan importancia a la ayuda soviética, ya que choca con la afirmación de Mao de que el PCCh ganó sin ayuda. Sin embargo, nuevos documentos revelan el importante papel desempeñado por la URSS. En 1958, Khrushchev recordó a Mao: «[…] para ti fue beneficioso que el Ejército soviético estuviese en Port Arthur y Manchuria».

La batalla de Huai-Hai

Después de Manchuria, las campañas finales más importantes de la guerra civil se centraron en torno a Beiping (más tarde Beijing) y Tianjin, conocida como la campaña «Ping-Jin», y la campaña de «Huai-Hai», cerca de Xuzhou (en la mitad norte de las provincias de Jiangsu y Anhui). Si el ELP tomaba Xuzhou, la carretera hacia la capital nacionalista de Nanjing se abriría, con lo que se facilitaría la invasión de Shanghai y el control sobre los enormes recursos agrícolas del sur de China.

Los nacionalistas reunieron cinco ejércitos y tropas de tres zonas de pacificación, con un total de 800.000 hombres al mando del general Liu Zhi. En el bando del ELP, el Ejército de operaciones de las llanuras centrales (más tarde Segundo Ejército de operaciones), al mando de Liu Bocheng, y el Ejército de operaciones de China oriental (más tarde Tercer Ejército de operaciones), a cargo de Chen Yi pero mandado en el campo de batalla por el comandante suplente Su Yu, sumaban un total de 600.000 hombres. Deng Xiaoping fue nombrado secretario del comité general de primera línea, del que también formaban parte Liu Bocheng, Chen Yi, Su Yu y Tan Zhenlin.

El objetivo final de la campaña de Huai-Hai consistía en utilizar el Ejército de operaciones de China oriental para rodear al VII Ejército nacionalista (con 100.000 efectivos) al este de Xuzhou. Mientras tanto, el Ejército de operaciones de las llanuras centrales iba a evitar cualquier intento de rescate por parte de las fuerzas nacionalistas al oeste de Xuzhou. La deserción de las divisiones nacionalistas, pasadas a los comunistas y preparada con antelación al nordeste de Xuzhou el 8 de noviembre también contribuyó en gran medida a la derrota del VII Ejército en Nianzhuang, a unos 48 kilómetros al este de Xuzhou. Despues de casi dos semanas de lucha, el Ejército nacionalista se desintegró el 22 de noviembre y su comandante, Huang Baitao, fue asesinado.

Mientras el Ejército de operaciones de China oriental luchaba al este de Xuzhou, el de las llanuras centrales puso rumbo al sur y al este para tomar el ferrocarril de Tianjin-Pukou y aislar a Xuzhou desde el sur. A finales de noviembre, los nacionalistas intentaron reestablecer la comunicación con Xuzhou atacando con sus ejércitos II, XIII y XVI al sur mientras sus ejércitos VI, VIII y XII se desplazaban hacia el norte. Este plan no dio resultado, y el 1 de diciembre el ejército mandando por Du Yuming en Xuzhou abandonó la ciudad y puso rumbo al sudoeste. Por entonces, el Ejército de operaciones de las llanuras centrales ya había rodeado al XII Ejército nacionalista entre los ríos Hui y Guo, al sudoeste de Suxian. El 4 de diciembre, el Ejército de operaciones de China oriental, al mando de Su Yu, alcanzó y cercó a los tres ejércitos de Du Yuming. El XII Ejército fue derrotado el 15 de diciembre y los últimos restos de la fuerza de Du Yuming cayeron el 10 de enero de 1949.

En una campaña que duró 63 días, los comunistas aniquilaron a 550.000 soldados nacionalistas y abrieron la carretera hacia el valle del río Yangtzé. En abril de 1949, los comunistas cruzaron dicho río y tomaron Nanjing. En el mes de mayo, las fuerzas del ELP llegaron a Shanghai e intentaron seguir avanzando hacia el sudoeste de China. Jiang y sus seguidores no tardaron en verse obligados a retirarse a la isla de Taiwan.

Conclusiones

Sin la ayuda de la URSS, el PCCh se habría enfrentado a un ataque combinado mar-tierra por parte del Ejército y de la Armada nacionalistas. Cuando las fuerzas soviéticas cortaron el acceso a Manchuria, el ELP pasó rápidamente a la guerra de posiciones. La victoria de Huai-Hai no sólo contribuyó a establecer la reputación de Mao Tse Tung como el líder imbatible de la RPC, sino también más tarde, la de Deng Xiaoping (en parte, debido a las cualidades de liderazgo que demostró en Huai-Hai).

Reconstrucción moderna de la batalla en la que las fuerzas nacionalistas resultaron derrotadas en la China continental. Pintada por Wei Chuyu, esta obra ganó un premio del Ejército de Liberación Popular en 1983.

68 Dien Bien Phu

Fecha: 20 de noviembre de 1953-7 de mayo de 1954
Lugar: noroeste de Vietnam

Ocupar Dien Bien Phu y aceptar la batalla me pareció la única solución, la que me daba la oportunidad, con las fuerzas de que disponía, de salvar Laos.
GENERAL HENRI NAVARRE, *AGONIE DE L'INDOCHINE*, 1953-1954

La batalla de Dien Bien Phu fue una de las más importantes de todo el siglo XX, ya que señaló el fin de la guerra de Indochina y del colonialismo occidental en Asia. La lucha comenzó en diciembre de 1946 entre los franceses y los nacionalistas vietnamitas, conocidos como Vietminh, liderados por el veterano comunista Ho Chi Minh. A pesar de la enorme ayuda norteamericana recibida por los franceses, la victoria comunista de 1949 en China proporcionó al Vietminh un santuario y una base de intendencia. Además, los franceses no lograron ganarse al pueblo en absoluto, ya que fracasaron en su intento de garantizar una autoridad genuina al Estado de Vietnam.

A principios de 1954, el comandante del Vietminh, el general Vô Nguyên Giap, se preparó para invadir Laos. El comandante francés en Indochina, el general Henri Navarre, respondió con la operación Castor: estableció una base en la ciudad de Dien Bien Phu, en el extremo noroeste de Vietnam, a modo de posición de bloqueo en medio de la ruta de invasión hacia el norte de Laos. Esperaba utilizarlo como cebo para atraer a las fuerzas Vietminh a la batalla y derrotarlas con su evidente superioridad tanto en artillería como en poder aéreo.

Situada en un oscuro valle, a 321 kilómetros por aire de Hanoi, Dien Bien Phu contaba con una pequeña pista de aterrizaje. El 20 de noviembre de 1953, 2.200 paracaidistas aterrizaron en el valle, donde derrotaron fácilmente a la fuerza Vietminh. Navarre pensó que Giap podría como máximo reunir a una división, pero si no era así confiaba en que la guarnición pudiese ser evacuada. Sin embargo, dejar al Vietminh en poder del terreno elevado que rodeaba a la base sería desastroso.

El coronel (ascendido a general de brigada durante la batalla) Christian de Castries estuvo al mando de las fuerzas francesas en Dien Bien Phu. Dependían totalmente del suministro por aire realizado por 75 C-47 Dakotas. Los franceses, además, podían recurrir a 48 B-26 y bombardeos Privateer, 112 cazabombarderos Bearcat y Hellcat, y algunos helicópteros. De Castries ordenó construir alrededor del puesto de mando central de los franceses en la ciudad una serie de plazas fuertes: Béatrice, Gabrielle, Anne-Marie,

Los franceses confiaron casi por completo en la ayuda aérea y sus suministros se vieron seriamente reducidos por la destrucción de su pista de aterrizaje y de sus aviones. Henri Navarre, comandante francés, infravaloró las fuerzas de los Vietminh, cuyo persistente bombardeo provocó la caída de todas las plazas fuertes francesas.

282

COMBATIENTES

Viet minh

- 49.500 efectivos; 20-24 obuses de 105 mm; 15-20 obuses de 75 mm; 20 morteros de 120 mm; al menos 40 morteros de 82 mm; 80 cañones antiaéreos chinos de 37 mm; 100 ametralladoras antiaéreas; 12-16 lanzacohetes Katyusha de 6 tubos.
- Dirigidos por el general Vô Nguyên Giap.
- 22.900 bajas (7.900 muertos y 15.000 heridos).

Franceses

- 16.500 hombres; 4 obuses de 155 mm; 24 obuses de 105 mm; 4 morteros de 120 mm.
- Dirigidos por el coronel Christian Marie Ferdinand de la Croix de Castries.
- 20.000 bajas (2.242 muertos, 3.711 desaparecidos, 6.463 heridos, 6.500 prisioneros, más los efectivos que causaron baja en las operaciones de socorro).

Dominique, Huguette, Françoise, Elaine e Isabelle. Este último puesto estaba separado del resto, a 4,8 kilómetros al sur, y no sólo se podía aislar fácilmente, sino que además albergaba a un tercio de las fuerzas francesas. A mediados de marzo de 1954, los franceses tenían casi 11.000 hombres en el valle, un tercio de los cuales eran vietnamitas. Llegaron a contar con 16.544 soldados. Las fortificaciones eran inadecuadas y los franceses dieron por sentado que su artillería podría neutralizar rápidamente a la del enemigo.

Giap aceptó el reto, pero debido a presiones políticas. Se organizó una conferencia diplomática entre las grandes potencias que tendría lugar en Ginebra, y una gran victoria militar del Vietminh podría poner fin a la guerra. Giap dedicó cuatro divisiones para esta tarea, reuniendo a 49.500 soldados de combate y 31.500 de apoyo.

La batalla

El asedio comenzó el 13 de marzo con un intenso bombardeo del Vietminh. Aunque los franceses incrementaron en 4.000 sus efectivos durante la batalla, Giap superó esa cifra ampliamente y mejoró su artillería. Miles de porteadores arrastraron literalmente los cañones hasta el campo de batalla. Al final, el Vietminh desplegó más piezas de artillería y disparó más veces que los franceses.

La primera noche del asedio, la del 13 al 14 de marzo, el Vietminh tomó Béatrice. Gabrielle cayó dos días más tarde. Asimismo, el Vietminh bombardeó la pista de aterrizaje y destruyó o alejó los aviones, además de derribar la torre de control. Los C-47 siguieron aportando suministros y llevándose heridos, pero con gran riesgo. El último vuelo de los aviones C-47 tuvo lugar el 27 de marzo. Durante la batalla, el Vietminh derribó 48 aviones franceses y destruyó otros 16 en tierra.

Las numerosas bajas obligaron a Giap a pasar de las tácticas de ataque en masa, demasiado costosas, a la clásica guerra de asedio con trincheras cada vez más cercanas a las líneas francesas. El asalto final tuvo lugar el 6 de mayo, y las últimas tropas francesas se rindieron al anochecer del día 7. El plan para rescatar a la guarnición o escapar llegó demasiado tarde. El Vietminh envió inmediatamente a los 6.500 capturados a prisiones situadas a 800 kilómetros, a pie, de las que regresaron menos de la mitad de los hombres que hacia que ellas marcharon.

Repercusiones

El final de la batalla permitió a los políticos galos culpar al Ejército francés de la derrota en Indochina y así sacar a Francia de la guerra. La Conferencia de Ginebra acordó crear un estado para Indochina, pero sólo fue una tregua.

Soldados del Vietminh avanzando por el puente de Muong Thanh hacia el puesto de mando central francés. Muong Thanh era el nombre de la ciudad en el dialecto tribal t'ai. Dien Bien Phu es el apelativo vietnamita para el nombre francés de «Sede de la prefectura del condado de la frontera».

69 La ofensiva del Têt

Fecha: 30 de enero-24 de febrero de 1968   Lugar: Vietnam

Con el año 1968 comienza una nueva fase. Hemos alcanzado un punto importante en el que empezamos a vislumbrar el final […] las esperanzas del enemigo se han esfumado. Con vuestro apoyo os ofreceremos una victoria que impactará no sólo en el sur de Vietnam, sino en todas las naciones emergentes del mundo.
DISCURSO DEL GENERAL WILLIAM WESTMORELAND ANTE EL NATIONAL PRESS CLUB,
WASHINGTON D. C., 21 DE NOVIEMBRE DE 1987

Helicópteros Bell UH-1 «Huey» de transporte de tropas llevan a los soldados a la zona de combate durante la ofensiva del Têt. Cada Huey es capaz de transportar seis soldados totalmente equipados.

La ofensiva comunista del Têt, ocurrida en enero de 1968, supuso un gran punto de inflexión en la guerra de Vietnam. Desde Dien Bien Phu (*véase* pág. 282), la guerra en Indochina se retomó a finales de la década de 1950 con Estados Unidos defendiendo la República de Vietnam contra una insurrección comunista dirigida por la República Democrática de Vietnam, en el norte. Cuando las tropas del Ejército de la República de Vietnam, sin apenas entrenamiento y con falta de liderazgo, fueron derrotadas sistemáticamente por las fuerzas comunistas locales (Vietcong), Washington envió tropas estadounidenses. Se produjo un estancamiento sangriento a raíz de la infiltración en el sur del ejército regular comunista, el Ejército Popular de Vietnam.

No obstante, en noviembre de 1967, el general William Westmoreland, comandante del grupo de asistencia militar estadounidense en Vietnam, regresó a su país y elogió el progreso en el campo de batalla. Incluso llegó a explicar a un reportero: «Espero que intenten algo, porque están buscando luchar». En Vietnam del Sur, la atención estadounidense se centró en una serie de misiones fronterizas; por su parte, las tropas del Ejército Popular de Vietnam y del Vietcong se prepararon para su mayor operación militar hasta la fecha. El comandante general del Ejército Popular, Vô Nguyên Giap, planificó expulsar a las fuerzas estadounidenses de las zonas pobladas para organizar una ofensiva militar general que culminase en un levantamiento popular contra el gobierno de la República de Vietnam del Sur y los estadounidenses.

La cúpula de la República democrática de Vietnam del Norte eligió las celebraciones del Año Nuevo lunar de Têt, que suponían un alto el fuego por tradición. Las unidades del Ejército de la República de Vietnam no estaban en su mejor momento, la seguridad se relajaba e incluso las guerrillas uniformadas lograban viajar sin ser detectadas.

Contrariamente a la creencia popular, la ofensiva no sorprendió del todo a los americanos. Diversas fuentes indicaron que las unidades del Ejército Popular y del Vietcong se estaban concentrando en torno a las ciudades. El 10 de enero, el encargado de la II Fuerza de tierra, el teniente general Frederick C. Weyand, convenció a Westmoreland de situar más batallones de combate norteamericanos alrededor de la capital, disponiendo así de 27 batallones en lugar de los 14 para la zona de Saigón. Sería una de las decisiones críticas de la guerra.

El jefe de Información de Westmoreland, el general de brigada Philip B. Davidson, no creía que los comunistas arriesgasen su popularidad atacando durante el Têt. Sin embargo, su principal error fue infravalorar la escala de la ofensiva y la tenacidad de los comunistas.

Con la tensión en aumento, Westmoreland intentó convencer al presidente de la República de Vietnam del Sur, Nguyên Van Thieu, y al general Cao Van Vien de poner fin al alto el fuego con motivo del Têt. Sólo consiguió una reducción de 36 horas y la garantía de mantener al menos el 50 % de las tropas del Ejército de la República de Vietnam en alerta máxima.

La ofensiva del Têt

A primera hora del 30 de enero de 1968, las fuerzas del Ejército Popular de Vietnam y del Vietcong ata-

Marines estadounidenses heridos son trasladados a un puesto de socorro en un tanque M-48 durante la batalla por la ciudad de Hue.

285

69 LA ÉPOCA CONTEMPORÁNEA

COMBATIENTES

Fuerzas de ayuda militar estadounidense y ejército de la República de Vietnam

- 85.000 hombres (281 batallones de maniobras, con una superioridad abrumadora en cuanto a tanques y otros vehículos blindados, artillería, aviones y helicópteros).
- Mandados por el general William Westmoreland.
- Fuertes estadounidenses: 1.829 muertos, 7.746 heridos, 11 desaparecidos; ejército vietnamita: 2.788 muertos, 8.299 heridos, 578 desaparecidos; civiles vietnamitas: unos 12.600 muertos.

Ejército Popular de Vietnam y Vietcong

- 197 batallones de maniobras (99 del Ejército popular y 98 del Vietcong; algunos tanques PT-76, artillería y cohetes de 122 mm; ningún avión).
- Mandados por el general Vô Nguyên Giap.
- 45.000 muertos y 5.800 prisioneros.

En Huê, los comunistas emplearon numerosos recursos. La lucha fue intensa. En los 25 días que las fuerzas estadounidenses y vietnamitas del sur tardaron en recuperar Huê, la mitad de la ciudad fue destruida y 116.000 de un total de 140.000 civiles se quedaron sin hogar.

Repercusiones

La ofensiva del Têt supuso una gran derrota militar comunista. Aunque las bajas de los aliados fueron las más numerosas en la guerra, las pérdidas del Ejército Popular de Vietnam y del Vietcong ascendieron a la mitad de las tropas implicadas. Además, la población civil no se unió a los comunistas. El apoyo al gobierno de la República de Vietnam del Sur aumentó a medida que llegaban las noticias desde Hue de que los comunistas habían ejecutado a 5.000 «enemigos del pueblo». Sin embargo, el gobierno de la República también se enfrentó a otros problemas, sobre todo cuando tuvo que ocuparse de 627.000 personas sin hogar, y la pacificación sufrió un duro golpe.

Lo más importante es que la población americana percibió Têt como una derrota. La ofensiva supuso un gran impacto, y la oposición a la guerra creció a la guerra de manera contundente. Antes de la ofensiva del Têt, Washington intentaba ganar la guerra por medios militares; después, se limitó a buscar una salida.

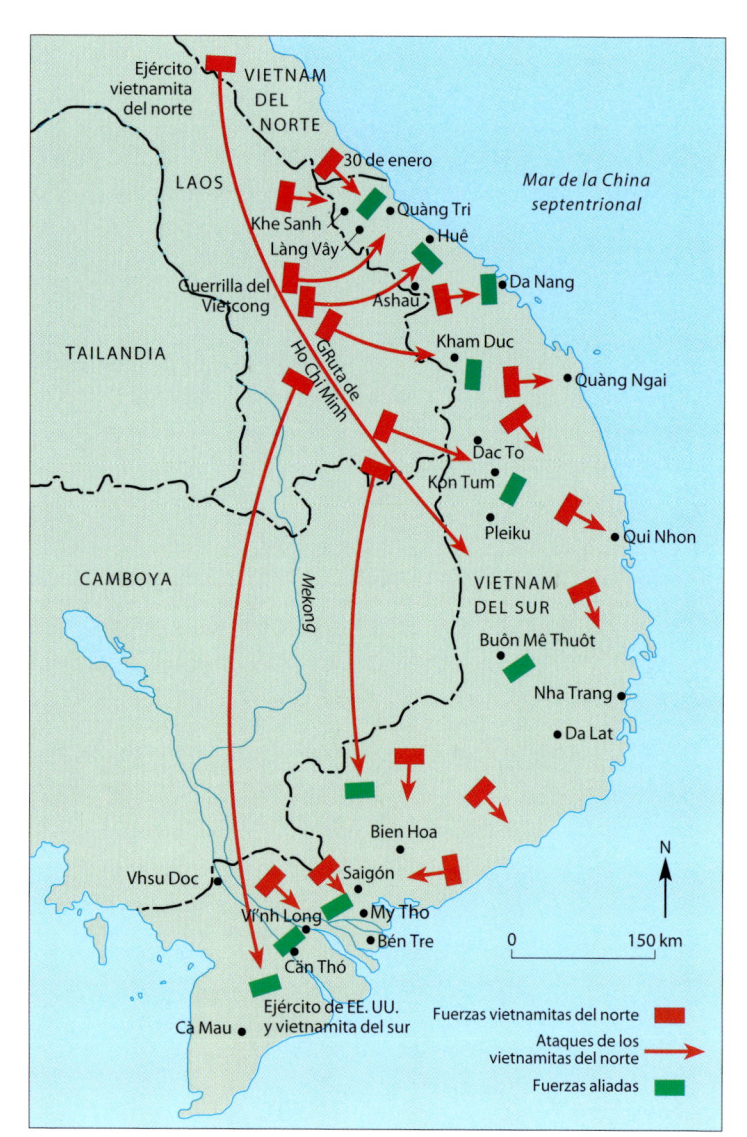

Lo inesperado del momento y la crueldad del asalto comunista sorprendió a Estados Unidos, que apenas logró reunir a tiempo suficientes hombres. A pesar de la derrota final de las fuerzas vietnamitas del norte, la población americana percibió Têt como una derrota más que como una victoria.

caron varios puntos en el centro de Vietnam del Sur, aunque el grueso de las operaciones comenzó por la noche. Las fuerzas comunistas atacaron 36 de las 44 capitales de provincia, 5 de las 6 ciudades autónomas, 64 de las 242 capitales de distrito y alrededor de 50 aldeas. Asimismo, alcanzaron a numerosas instalaciones militares, incluyendo 23 aeródromos, y destruyeron 58 aviones (además de dañar 280).

En la zona vital en torno a Saigón, los comunistas emplearon más de dos divisiones. Los zapadores comunistas entraron en la embajada estadounidense, volaron parte del gran almacén de munición de Long Binh y capturaron toda la ciudad de Bien Hoa. La contienda en el interior de Saigón terminó en cuestión de días, a excepción del distrito chino de Cho Lon.

La guerra de Iraq

Fecha: 19 de marzo-14 de abril de 2003   **Lugar:** Iraq

70

El combate decisivo en Iraq fue testigo del desarrollo de operaciones conjuntas en muchos aspectos. Algunas competencias alcanzaron nuevos niveles de rendimiento... Nuestras fuerzas lograron sus objetivos operativos integrando maniobras terrestres, operaciones especiales, fuego de precisión letal y efectos no letales.
GENERAL TOMMY FRANKS ANTE EL CONGRESO DE ESTADOS UNIDOS, 9 DE JULIO DE 2003

En agosto de 1990, el dictador y presidente de Iraq, Saddam Hussein, invadió y se anexionó Kuwait. En respuesta, el presidente norteamericano George H. W. Bush reunió una coalición mundial contra Iraq y puso en marcha la llamada Operación Tormenta del Desierto el 17 de enero de 1991 (un ataque aéreo masivo seguido de un asalto terrestre el 24 de febrero que liberó Kuwait en sólo 100 horas). Todavía en el poder, Saddam desafió a las Naciones Unidas al no dar cuenta (y negarse a destruir) de las llamadas «armas de destrucción masiva». Frustrados, los inspectores de la ONU abandonaron Iraq, la organización continuó con sus sanciones económicas y Gran Bretaña y Estados Unidos impusieron zonas de exclusión aérea para las aviones iraquíes.

La nueva administración Bush

El presidente George W. Bush, elegido en 2000, adoptó una actitud cada vez más dura contra Iraq, sobre todo después de los ataques terroristas del 11 de septiembre perpetrados por al-Qaeda contra el World Trade Center de Nueva York y el Pentágono, en Washington. Después de la negativa del gobierno talibán de Afganistán a entregar a los miembros de al-Qaeda a Washington (y en especial a su líder, Osama bin Laden), las fuerzas estadounidenses invadieron Afganistán y derrocaron a los talibanes.

El presidente Bush anunció su intención de erradicar el terrorismo y castigar a los estados que lo apoyasen, mencionando específicamente un «eje del mal» compuesto por Iraq, Irán y Corea del Norte. Estados Unidos, con el apoyo del gobierno británico y de su primer ministro, Tony Blair, propuso una resolución del Consejo de Seguridad de la ONU amenazando con el uso de la fuerza a menos que Iraq se deshiciese completamente de sus armas de destrucción masiva, y enviando a inspectores de la ONU de forma regular para informar de su progreso al Consejo de Seguridad. Además, la administración Bush sugirió la existencia de relaciones entre el gobierno iraquí y al-Qaeda (no demostradas hasta la fecha).

Iraq afirmó que no tenía nada que ocultar, pero los inspectores informaron de un éxito a medias y la administración Bush defendió el uso de la fuerza. Después de una coalición entre Francia, Alemania y Rusia que bloqueó esa resolución en la ONU, Bush y Blair decidieron seguir adelante virtualmente en

Un soldado estadounidense salta sobre el norte de Iraq. El control de esta zona se facilitó considerablemente gracias al amplio apoyo de los kurdos.

solitario. Bush obtuvo un mandato del Congreso. El presidente exigió con insistencia que Saddam y su familia fuesen retirados del poder con el fin de llevar la democracia a Iraq. Más tarde, cuando no se encontraron las armas de destrucción masiva, Bush convirtió la democracia en su principal justificación de la guerra.

Durante un tiempo, en Kuwait se mantuvo un grupo aliado bajo el mando del general estadounidense Tommy Franks, pero en esta guerra con Iraq, Arabia Saudí se negó a permitir el uso de sus bases y no se produjo una amplia coalición de naciones que apoyasen a Estados Unidos. Algunos estados del Golfo, en especial Kuwait y Qatar, colaboraron, pero el gobierno turco se negó a permitir a las fuerzas estadounidenses el uso de su territorio para organizar un frente septentrional, un componente clave en el plan militar de Estados Unidos.

Operación Libertad iraquí

La guerra, conocida como operación Libertad iraquí, comenzó la noche del 19 de marzo, pocas horas después de que terminase el ultimátum de Bush a Saddam Hussein. Iba a ser una guerra novedosa, de alta tecnología, con el mínimo necesario de tropas y un planteamiento de tipo «estocada», en lugar del estilo de cerco que caracterizó a la anterior guerra del Golfo. Durante las noches siguientes, Bagdad fue atacada repetidamente con misiles teledirigidos e incursiones aéreas de bombarderos B-1, B-2 y B-52 cuyos objetivos eran los cuarteles generales y los puestos de mando y control. En total, la coalición realizó alrededor de 41.404 salidas durante la guerra, mientras que los iraquíes no pusieron en el aire ni un solo avión. De las municiones aéreas empleadas, alrededor del 70 % fueron «inteligentes» (armas guiadas), frente al 30 % de armas sin guiar. En 1991, sólo el 10 % de las armas empleadas eran «inteligentes».

La noche del 22 al 23 de marzo de 2003, aviones aliados aterrizaron en el norte de Iraq con hombres y suministros para la zona de control kurdo y para abrir un frente septentrional (no sólo contra el ejército iraquí, sino también contra Ansar al-Islam, un grupo islámico con instalaciones de entrenamiento en Kalak, en la frontera con Irán). Esta base fue destruida más tarde por las fuerzas especiales estadounidenses y tropas kurdas. Los ataques aéreos también llegaron a las ciudades de Mosul y Kirkuk.

Mientras tanto, una coalición terrestre de 100.000 hombres se trasladó desde Kuwait a Iraq en tres ejes con el fin de recorrer los 482 kilómetros hasta Bagdad. En la zona oeste, la III División de infantería, con su III Escuadrón al frente, realizó el progreso más rápido; en el centro, la I Fuerza Expedicionaria de Marines atravesó Nasiriya y llegó hasta Najaf y Karbala. En cuanto a la zona este del frente, los británicos se enfrentaron a la difícil tarea de proteger el puerto de Umm Qasr y la segunda ciudad más grande de Iraq, Basora.

La VII Brigada Acorazada británica cubrió los 112 kilómetros desde la frontera entre Iraq y Kuwait hasta las afueras de Basora en poco más de un día. Sin embargo, el esperado levantamiento de la población chiita no se produjo gracias al recuerdo de la frustrada y costosa rebelión de 1991. Mientras los acti-

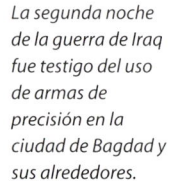

La segunda noche de la guerra de Iraq fue testigo del uso de armas de precisión en la ciudad de Bagdad y sus alrededores.

LA GUERRA DE IRAQ   70

COMBATIENTES

Fuerzas estadounidenses y de coalición

- *Efectivos*: 466.985 estadounidenses desplegados en la zona de operaciones (el despliegue real en el terreno fue de aprox. 130.000 en Kuwait); fuerzas de coalición: 42.987 británicos, 2.050 australianos y 180 polacos.
Aire: 1.663 aeronaves estadounidenses y 115 británicas; casi 400 helicópteros entre americanos y británicos.
Tierra: 1.000 tanques de batalla y otros 1.000 vehículos blindados.
Mar: h. 150 barcos, incluyendo 47 embarcaciones de superficie de la Marina estadounidense (5 portaaviones, 2 fuerzas anfibias, 12 submarinos y numerosos barcos de asistencia); en total, alrededor de un tercio de la Marina estadounidense; 1 portaaviones de la Armada británica, 1 portahelicópteros, 1 submarino y barcos anfibios de asistencia; 3 barcos australianos.

- Mandados por el general del ejército estadounidense Tommy Franks.

- 119 americanos y 31 británicos muertos.

Iraquíes

- *Hombres*: unos 400.000 efectivos con diferente formación.
Aire: alrededor de 255 aviones de combate, que permanecieron en tierra durante el conflicto; tal vez 100 helicópteros de ataque.
Tierra: 1.000 misiles tierra-aire; alrededor de 1.400 armas de artillería pesada; 6.000 cañones antiaéreos; alrededor de 2.200 tanques y 3.700 vehículos blindados.
Mar: sin Marina oficial.

- Mandados por el presidente Saddam Hussein.

- Más de 2.400 muertos y 7.000 prisioneros de guerra.

Operación Libertad iraquí

① Paracaidistas británicos y americanos toman los aeródromos
② Las tropas aliadas toman Basora y Umm Qasr, y queman el campo petrolífero de Rumaila
③ 22–23 de marzo: tropas aéreas aliadas
④ 3 de abril en adelante: las fuerzas estadounidenses protegen el aeropuerto internacional de Bagdad y entran en la ciudad

Mosul (rendición 11 de abril), Kálak, Kirkuk (cae el 10 de abril), Tikrit (cae el 14 de abril), Bagdad, Karbala, Najaf, Nasiriya, Rumaila, Basra, Umm Qasr

Zona de exclusión aérea desde el alto el fuego de 1991

---

vistas del partido Baas y los «fedayines» (con atuendo civil, que atacaban desde vehículos civiles con ametralladoras y lanzagranadas) permaneciesen atrincherados en la ciudad, los chiitas no se rebelarían.

En Basora, los británicos empezaron a infiltrar poco a poco sus propias unidades especializadas en y fuera de la ciudad. Posteriormente organizaron incursiones rápidas más numerosas y, en abril, la población local colaboró en la erradicación de los últimos baasistas. Mientras tanto, los aliados tomaron los campos de petróleo y las refinerías más importantes al norte de Basora. Las Fuerzas Especiales estadounidenses protegieron los aeródromos del oeste de Iraq, y la noche del 26 de marzo, 1.000 miembros de la CLXXIII Brigada aerotransportada aterrizaron en el norte de Iraq para trabajar en colaboración con las fuerzas kurdas, apenas armadas, contra Mosul, un importante centro productor de petróleo.

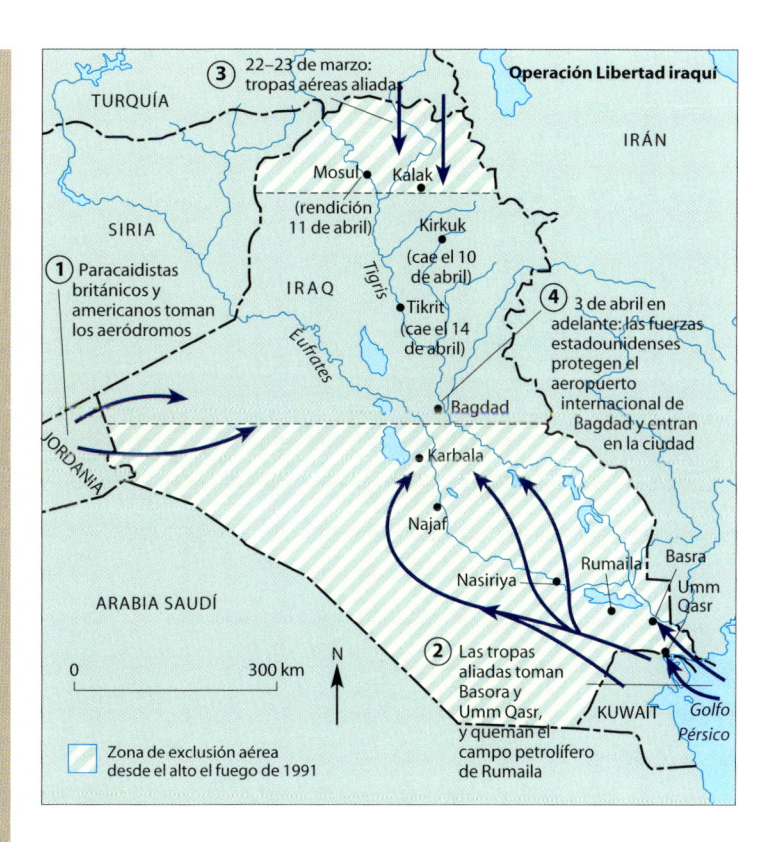

Una intensa tormenta de arena ocurrida el 25 y el 26 de marzo, problemas logísticos y los llamados «fedayines de Saddam» retrasaron el avance hacia el norte. El 26 de marzo, elementos del III Escuadrón estadounidense, del VII Regimiento de Caballería y de otra III División de infantería derrotaron a una fuerza iraquí cerca de Najaf en la batalla más importante de la guerra hasta el momento (murieron en torno a 450 iraquíes). Con algunas unidades faltas de munición y de comida, y con un avance de 320 kilómetros, las fuerzas estadounidenses invirtieron una semana en una «pausa operativa». Saddam, mientras tanto, recolocó las seis divisiones de la Guardia Republicana alrededor de Bagdad para defender la capital. Cuando las divisiones de Bagdad y Medina se trasladaron a nuevas posiciones al sur de la ciudad, el intenso ataque aéreo de la coalición destruyó su equipo.

El 3 de abril, las fuerzas estadounidenses llegaron a las afueras de Bagdad y comenzaron a blindar el aeropuerto internacional. El 5 de abril, Bagdad se encontraba sometida a todos los efectos a un bloqueo relajado. La III División de infantería se acercaba desde el sudoeste, los Marines desde el sudeste y una

Los aliados se centraron en capturar zonas específicas y ciudades clave en Iraq después de conseguir el apoyo de una coalición de 100.000 soldados. A pesar del éxito de su misión de deponer a Saddam Hussein, el conflicto provocó una enorme controversia en todo el mundo y despertó un desasosiego generalizado entre la población iraquí.

En una de las imágenes más memorables de la guerra, un soldado estadounidense observa cómo cae una gran estatua del presidente Saddam Hussein en el centro de Bagdad, el 9 de abril de 2003.

brigada de la CI División aerotransportada desde el norte. Aquel mismo día, una brigada de la III División de infantería penetró en Bagdad y provocó alrededor de 1.000 bajas entre los iraquíes. Bajo el concepto de que la guerra es más un enfrentamiento de voluntades que de armas, este golpe demostró que las fuerzas norteamericanas podían moverse a voluntad. El 6 y el 7 de abril se repitió el proceso. Se calcula que el día 6 las fuerzas estadounidenses acabaron con 2.000-3.000 soldados iraquíes frente a un solo soldado estadounidense. El siguiente paso fue ocupar uno de los palacios presidenciales.

El 7 de abril, la coalición anunció que a Iraq sólo le quedaban 19 tanques y 40 piezas de artillería. Las fuerzas de coalición contaban con 7.000 prisioneros de guerra iraquíes. El círculo se había cerrado.

El 8 de abril había al menos una brigada estadounidense en Bagdad. Al día siguiente, la resistencia se vino abajo en la capital cuando un grupo de civiles iraquíes, con la ayuda de marines estadounidenses, derribó una gran estatua de Saddam. Todavía se seguía luchando en diversos puntos de la ciudad, ya que los seguidores intransigentes de Saddam continuaban disparando a las tropas estadounidenses, pero el gobierno iraquí ya se había desmoronado. El 10 de abril, un pequeño número de combatientes kurdos, las Fuerzas Especiales norteamericanas y la CLXXIII Brigada aerotransportada ocuparon Kirkuk. Al día siguiente, la tercera ciudad más grande de Iraq, Mosul, cayó cuando el mando del V Cuerpo iraquí se rindió junto a 30.000 hombres. Aparte de disparos esporádicos en Bagdad y saqueos masivos en esta y otras ciudades, el único centro de resistencia que permanecía en pie era el pueblo natal de Saddam Hussein, Tikrit.

El 12 de abril, la CI aerotransportada relevó a los marines y a la III División de infantería en Bagdad para que pudieran desplegarse al noroeste de Tikrit. Por su parte, la CLXXIII Brigada tomó el control de los campos petrolíferos del norte a fin de evitar cualquier posibilidad de una intervención kurda. La batalla por Tikrit no llegó a materializarse, y el 14 de abril las fuerzas aliadas entraron en la ciudad. El Pentágono anunció que las operaciones militares a gran escala en Iraq habían terminado; sólo faltaba limpiar.

Repercusiones

La potencia aérea de los aliados, la rapidez del avance terrestre de los mismo (el mayor en la historia del cuerpo de marines) y la capacidad de las tropas para luchar por la noche resultaron decisivas para el éxito de la coalición. Además, durante todo el conflicto las fuerzas de coalición se esforzaron por convencer al pueblo iraquí de que llegaban como liberadores y no como conquistadores. Sin embargo, aunque la coalición ganase la guerra, lograr la paz está resultando mucho más difícil de lo que se esperaba. La seguridad y el restablecimiento de los servicios públicos resultaron ser dos grandes obstáculos, ya que la administración Bush no había tenido en cuenta las operaciones de posguerra. Los leales a Saddam que organizaron ataques terroristas para desalojar a los ocupantes, las animosidades entre musulmanes chiitas y suníes, y los clérigos radicales amenazan con minar la victoria militar de la coalición.

Lecturas adicionales

El mundo antiguo

1 Maratón
Davis Hanson, V., *The Western Way of War: Infantry Battle in Classical Greece*, Berkeley, 2000.
Doenges, N., «The campaign and the battle of Marathon», *Historia*, 47, 1998, págs. 1-27.
Gomme, A. W., «Herodotus and Marathon», *Phoenix*, 6, 1952, pág. 79.
Hammond, N. G. L., «The Campaign and Battle of Marathon», *Journal of Hebrew Studies*, 88, 1968, págs. 13-57.
Lloyd, A., *Marathon: The Story of Civilizations on Collision Course*, Londres, 1973.
Sekunda, N., *Marathon 490 BC*, Oxford, 2002.
Wees, H. V., *Greek Warfare: Myth and Realities*, Londres, 2002.

2 Salamina
de Souza, P., *The Greek and Persian Wars*, Oxford, 2003.
Green, P., *The Greco-Persian Wars*, Berkeley, 1996.
Heródoto, *Los nueve libros de la historia*, Barcelona, Océano, 1999.
Lazenby, J., *The Defence of Greece 490-479 BC*, Warminster, 1993.

3 Gaugamela
Cohen, A., *The Alexander Mosaic: Stories of Victory and Defeat*, Cambridge, 1997.
Cummings, L. V., *Alexander the Great*, Nueva York, 2004.
Fildes, A., y Fletcher, J., *Alejandro Magno: hijo de los dioses*, Barcelona, Art Blume, 2002.
Fuller, J. V. C., *Generalship of Alexander the Great*, Collingdale, 1998.
Marsden, E. W., *The Campaign of Gaugamela*, Liverpool, 1964.
Rufus, Q. C., *Historia de Alejandro Magno*, Barcelona, Gredos, 1986.
Sekunda, N., *El ejército persa, 560-330 a. C.*, Madrid, Ediciones del Prado, 1994.

4 Cannas
Daly, G. *Cannae. The Experience of Battle in the Second Punic War*, Oxford, 2001.
Goldsworthy, A., *Cannae*, Londres, 2001.
Livy, T. L., *The War With Hannibal*, libros XXI-XXX de *The History of Rome from its Foundation*, Londres, 1965.
Rosenstein, N. S., *Imperatores Victi. Military Defeat and Aristocratic Competition in the Middle and Late Republic*, Berkeley, 1990.
Shean, J. F., «Hannibal's mules: the logistical limitations of Hannibal's army and the battle of Cannae, 216 BC», *Historia*, 45, 1996, págs. 159-187.

5 Gaixian
Nienhauser, W. H. Jr. (ed.), Sima Qian, *The Grand Scribe's Records*, vol. 1: *The Basic Annals of Pre-Han China*, Bloomington e Indianapolis, 1994, y vol. 2: *The Basic Annals of Han China*, Bloomington e Indianapolis, 2002.
Pan, Ku, *The History of the Former Han Dynasty* (trad. de H. H. Dubs), Baltimore, 1938.
Sima, Qian, *Records of the Grand Historian: Han Dynasty I* (trad. de B. Watson), Hong Kong y Nueva York, ed. revisada 1993.
Twitchett, D., y Loewe, M. (eds.), *The Cambridge History of China, vol. I: The Ch'in and Han Empires, 221 BC-AD 220*, Cambridge, 1986.

6 Actium
Carter, J. M., *The Battle of Actium. The Rise and Triumph of Augustus Caesar*, Londres, 1970.
Dio, C., *The Roman History: The Reign of Augustus* (trad. de I. Scott-Kilvert e introd. de J. Carter), Londres, 1987.
Morrison, J. S., *Greek and Roman Oared Warships 399-30 BC*, Oxford, 1996.
Virgilio, *Églogas. Geórgicas*, Madrid, Espasa-Calpe, 1982.

7 Bosques de Teutoburgo
«Battle of the Teutoburg Forest», *Archaeology*, septiembre-octubre 1992, págs. 26-32.
Goldsworthy, A., *El ejército romano*, Madrid, Akal, 2005.
Schlüter, W., «The Battle of the Teutoburg Forest: Archaeological Research at Kalkriese near Osnabrück», en *Roman Germany. Studies in Cultural Interaction, Journal of Roman Archaeology*, serie suplementaria núm. 32, Portsmouth/Rhode Island, 1999, págs. 125-159.
Todd, M., *The Early Germans*, Oxford, 1992.
Wells, P. S., *The Battle That Stopped Rome: Emperor Augustus, Arminius, and the Slaughter of the Legions in the Teutoburg Forest*, Nueva York, 2003.
Whittaker, C. R., *Frontiers of the Roman Empire*, Baltimore, 1994.

8 Adrianópolis
Ammianus Marcellinus (Loeb Classical Library), trad. de J. C. Rolfe, Harvard, 1940.
Elton, H. W., *Warfare in Roman Europe: AD 350-425*, Oxford, 1996.
Hagith, S., «On Foederati, Hospitalitas, and the settlement of the Goths in AD 418», *American Journal of Philology*, 108, núm. 4, 1987, págs. 759-772.
MacDowall, S., *Adrianople AD 378: The Goths Crush Rome's Legions*, Oxford, 2001.
Wolfram, H., *History of the Goths*, Berkeley, 1988.

El mundo medieval

9 Poitiers
Brunner, H., «Der Reiterdienst und die Anfänge des Lehnwesens», *Zeitschrift der Savigny-Stiftung für Rechtsgeschichte, Germanistische Abteilung*, 8, 1887, págs. 1-38.
Collins, R., *The Arab Conquest of Spain*, Oxford, 1989.
Fouracre, P., *The Age of Charles Martel*, Londres, 2000.
France, J., «The military history of the Carolingian period», *Revue Belge d'Histoire Militaire*, 26, 1985, págs. 81-99.
France, J., «Recent writing on medieval warfare: from the fall of Rome to c. 1300», *Journal of Military History*, 65, 2001, págs. 441-473.
Treadgold, W., *Breve historia de Bizancio*, Barcelona, Paidós, 2001.
Wallace-Hadrill, J. M. (ed.), *The Fourth Book of the Chronicle of Fredegar*, Edimburgo, 1960.

10 Lechfeld
Bachrach, B. S., «Magyar – Ottonian warfare. Apropos a new minimalist interpretation», *Francia*, 27, 2000, págs. 211-230.
Bowlus, C. R., «Der Weg vom Lechfeld. Die Kriegführung der Magyaren: Überlegungen zur Vernictung der Ungarn im August 955 anhand ihrer Kriegführung», en Worster, H. (ed.), *Tagungsband: Ausstellung Bayern und Ungarn*, Passau, 2001, págs. 77-90.

Eberl, B., *Die Ungarnschlacht auf dem Lechfeld (Gunzele) im Jahre 955*, Augsburg, 1955.
Leyser, K., «The battle at the Lech, 955. A study in tenth-century warfare», en *Medieval Germany and Its Neighbours 900-1250*, Londres, 1982, págs. 11-42.
Lindner, R. P., «Nomadism, horses and Huns», *Past and Present*, 92, 1981, págs. 3 y 19.
Sinor, D., «Horse and pasture in inner Asian History», *Oriens Extremus*, 19, 1972, págs. 171-184.

11 Hastings
Bates, D., *William the Conqueror*, Stroud, 2001.
Bradbury, J., *The Battle of Hastings*, Stroud, 1998.
Guillermo de Poitiers, *Historia de Guillermo, duque de Normandía y rey de Inglaterra*, en *Testimonios del mundo de los vikingos*, Barcelona, Orbis, 1986.
Higham, N. J., *The Death of Anglo-Saxon England*, Stroud, 1997.
Morillo, S., *The Battle of Hastings. Sources and Interpretations*, Woodbridge, 1996.
Walker, I. W., *Harold, the Last Anglo-Saxon King*, Strould, 1997.

12 Manzikert
Cahen, C., «La campagne de Mantzikert d'après les sources Mussulmanes», *Byzantion*, 9, 1934, págs. 613-642.
France, J., *Victory in the East. A Military History of the First Crusade*, Cambridge, 1994.
Friendly, A., *The Dreadful Day. The Battle of Manzikert, 1701*, Londres, 1981.
Haldon, J., *Warfare, State and Society in the Byzantine World 565-1204*, Londres, 1999.
Pselo, Miguel, *Cronografía*, en *Vidas de los emperadores de Bizancio*, Madrid, Gredos, 2005.
Vryonis, S., *The Decline of Medieval Hellenism in Asia Minor and the Process of Islamization from the Eleventh through the Fifteenth Century*, Berkeley, 1971.

13 Hattin
Billings, M., *The Cross and the Crescent. A History of the Crusades*, Londres, 1987.
Edbury, P. W. (ed.), *The Conquest of Jerusalem and the Third Crusade. Sources in Translation,* Aldershot, 1996.
Hamilton, B., *The Leper King and his Heirs. Baldwin IV and the Crusader Kingdom of Jerusalem*, Cambridge, 2000.
Kedar, B. Z., «The battle of Hattin revisited», en Kedar, B. Z. (ed.), *The Horns of Hattin*, Londres, 1992.
Lyons, M. C., y Jackson, D. E. P., *Saladin. The Politics of Holy War*, Cambridge, 1982.
Riley-Smith, J., *The Atlas of the Crusades*, Londres, 1991.
Smail, R. C., *Crusading Warfare 1097-1193*, Cambridge, 1956 (2.ª ed. 1995).

14 Liegnitz
Brent, P., *The Mongol Empire*, Londres, 1976.
Chambers, J., *The Devil's Horsemen. The Mongol Invasion of Europe*, Londres, 2001.
de Hartog, L, *Genghis Khan, Conqueror of the World*, Londres, 1989.
Marshall, R., *Storm from the East. From Genghis Khan to Khubilai Khan*, Londres, 1993.
Paris, M., *The English History*, ed. J. A. Giles, Londres, 1852-1854.
Morgan, D., *Los mongoles*, Madrid, Alianza, 1990.
Saunders, J. J., *The History of the Mongol Conquests*, Londres, 1971.
Smith, J. M., «Mongol society and military in the Middle East: antecedents and adaptations», en Y. Lev (ed.), *War and Society in the Eastern Mediterranean, 7th-15th Centuries*, Leiden, 1997, págs. 249-266.

15 Bahía de Hakata
Delgado, J. P., «Relics of the Kamikaze», *Archaeology*, 56/1, enero-febrero, 2003, págs. 36-41.
Friday, K. F., *Hired Swords. The Rise of Private Warrior Power in Early Japan*, Stanford, California, 1992.
Farris, W. W., *Heavenly Warriors. The Evolution of Japan's Military 500-1700*, Cambridge, Massachusetts y Londres, 1992.

16 Bannockburn
Barrow, G. W. S., *Robert Bruce and the Community of the Realm of Scotland*, Londres, 1965.
Barbour, J., *La gesta de Roberto de Bruce*, Salamanca, Colegio de España, 1998.
DeVries, K., *Infantry Warfare in the Early Fourteenth Century*, Woodbridge, 1996.
Nusbacher, A., *The Battle of Bannockburn 1314*, Stroud, 2000.

17 Crécy
Ayton, A., y Preston, P. (eds.), *The Battle of Crecy 1346*, Woodbridge, 2005.
Burne, A. H., *The Crécy War*, Londres, 1955.
DeVries, K., *Infantry Warfare in the Early Fourteenth Century*, Woodbridge, 1996.
Rogers, C. J., *War Cruel and Sharp. English Strategy under Edward III*, Woodbridge, 2000.
Rogers, C. J. (ed.), *The Wars of Edward III*, Woodbridge, 1999.
Sumption, J., *The Hundred Years War. Trial by Battle*, Londres, 1990.

18 Ankara
Ahmad Ibn Muhammad (Ibn Arabshah), *Tamerlane, or Timur the Great Amir*, trad. de J. Herne Sanders, Londres, 1936.
Alexandresco-Dresca, M. M., *La Campagne de Timur en Anatolie*, 1402, reimpreso en Londres, 1977.
González de Clavijo, R., *Embajada a Tamerlán*, Madrid, Miraguano, 1984.
Hookham, H., *Tamburlaine the Conqueror*, Londres, 1962.
Imber, C., *El imperio otomano: 1300-1650*, Barcelona, Ediciones B, 2004.
Morgan, D., *Medieval Persia, 1040-1797*, Londres, 1988.
Nizameddin, S., *Zafername*, trad. de N. Lugal, Ankara, 1949.

19 Agincourt
Allmand, C., *Henry V*, Londres, 1992.
Barker, J., *Agincourt*, Londres, 2005.
Curry, A., *The Battle of Agincourt. Sources and Interpretations*, Woodbridge, 2000.
Curry, A. (ed.), *Agincourt 1415*, Stroud, 2000.
Curry, A., *Agincourt: A New History*, Stroud, 2005.
Hibbert, C., *Agincourt*, Londres, 1964.
Keegan, J., *El rostro de la batalla*, Madrid, Ejército de Tierra. Estado Mayor. Servicio de Publicaciones, 1990.
Nicolas, N. H., *The History of the Battle of Agincourt*, Londres, 1832.

20 Caída de Constantinopla
Babinger, F., *Mehmed the Conqueror and His Time*, trad. de R. Manheim y ed. de W. C. Hickman, Princeton, Nueva Jersey, 1992.
Imber, C., *El imperio otomano: 1300-1650*, Barcelona, Ediciones B, 2004.
Kritovoulos, *History of Mehmed the Conqueror*, trad. de C. T. Riggs, Westport, Connecticut, 1954.
Melville Jones, J. R. (trad.), *The Siege of Constantinople 1453: Seven Contemporary Accounts*, Amsterdam, 1972.
Nicol, D. M., *The Immortal Emperor. The Life and Legend of Constantine Palaiologos, Last Emperor of the Romans*, Cambridge, 1994.
Runciman, S., *La caída de Constantinopla*, Madrid, Espasa-Calpe, 1998.
Sphrantzes, G., *The Fall of the Byzantine Empire*, trad. de M. Philippides, Amherst, 1980.

21 Bosworth
Bennett, M., *The Battle of Bosworth*, Gloucester, 1985.
Foss, P. J., *The Field of Redemore: The Battle of Bosworth, 1485*, Headingley, 1990.
Goodman, A., *The Wars of the Roses*, Londres, 1981.
Gravett, C., *Bosworth 1485*, Londres, 2000.
Jones, M. K., *Bosworth 1485: Psychology of a Battle*, Gloucester, 2002.
Ross, C., *Richard III*, Londres, 1981.
Vergil, P., *Three Books of Polydore Vergil's English History*, ed. de H. Ellis, Londres, 1844.

El siglo XVI

22 Flodden
Barr, N., *Flodden 1513*, Stroud, 2001.
Elliot, F., *The Battle of Flodden and the Raids of 1513*, Edimburgo, 1911.
Leather, G. F. T., *New Light on Flodden*, Berwick, 1937.
Kightly, C., *Flodden: The Anglo-Scots War of 1513*, Londres, 1975.
MacDougall, N., *James IV*, Edimburgo, 1989.
Phillips, G., *The Anglo-Scots Wars 1513-1550*, Woodbridge, 1999.

23 Tenochtitlán
Cortés, H., *Cartas de relación de la conquista de México*, Madrid, Espasa-Calpe, 1982.
Durán, D., *The Aztecs: The History of the Indies of New Spain*, trad. de D. Heyden, Norman, 1994.
Gardiner, C. H., *Naval Power in the Conquest of Mexico*, Austin, 1959.
Hassig, R., *Aztec Warfare: Political Expansion and Imperial Control*, Norman, 1988.
Hassig, R., *Mexico and the Spanish Conquest*, Londres, 1994.
Ixtlilxochitl, F. de A., *Ally of Cortes: Account 13: Of the Coming of the Spaniards and the Beginning of the Evangelical Law*, trad. de D. K. Ballentine, El Paso, 1969.
Sahagún, B. de, *Historia general de las cosas de Nueva España. Libro XII: La conquista de México*, Madrid, Historia 16. Historia Viva, 1990.
Sahagún, B. de, *The War of Conquest: How It Was Waged Here in Mexico: The Aztecs' Own Story*, Salt Lake City, 1978.

24 Pavía
Giona, J., *The Battle of Pavia, 24 February 1525*, Londres, 1965.
Knecht, R. J., *Renaissance Warrior and Patron: The Reign of Francis I*, Cambridge, 1994.
Konstam, A., *Pavía, 1525*, Madrid, Ediciones del Prado, 1999.
Oman, C., *A History of the Art of War in the Sixteenth Century*, Londres, 1937.
Taylor, F. L., *The Art of War in Italy 1494-1529*, Cambridge, 1921.

25 Panipat 1526
Irvine, W., *The Army of the Indian Moghuls*, Nueva Delhi, 1962.
Lane-Poole, S., *Bábar*, Oxford, 1999.
Powell-Price, J. C., *A History of India*, Londres, 1955.
Prasad, I., *The Mughal Empire*, Allahabad, 1974.
Richards, J. F., *The Mughal Empire*, Cambridge, 1993.

26 Mohács
Fodor, P., «Ottoman policy towards Hungary, 1520-1541», *Acta Orientalia Academiae Scientiarum Hungaricae*, 45, 2-3 (1991), págs. 271-345.
Murphey, R., «Süleyman I and the conquest of Hungary: Ottoman manifest destiny or delayed reaction to Charles V's universal vision», *Journal of Early Modern History*, 5, 3 (2001), págs. 197-221.
Perjés, G., «The fall of the medieval kingdom of Hungary: Mohács 1526-Buda 1541», en *War and Society in East Central Europe*, vol. XXVI, Boulder, Co., 1989.
Szakály, F., «Nándorfehérvár, 1521: the beginning of the end of the Medieval Hungarian kingdom», en Dávid, G., y Fodor, P. (eds.), *Hungarian-Ottoman Military and Diplomatic Relations in the Age of Süleyman the Magnificent*, Budapest, 1994, págs. 47-76.
Veszprémy, L., y Király, B. K. (eds.), *A Millennium of Hungarian Military History*, Boulder, Co., 2002.

27 Lepanto
Bicheno, H., *La batalla de Lepanto, 1571*, Barcelona, Ariel, 2005.
Hess, A., «The battle of Lepanto and its place in Mediterranean history», *Past and Present*, 57, 1972, págs. 53-73.
Imber, C., «The reconstruction of the Ottoman fleet after the battle of Lepanto, 1571-1572», en *Studies in Ottoman History and Law*, Estambul, 1996, págs. 85-101.
Guilmartin, J. F., *Galleons and Galleys*, Londres, 2002.
Konstam, A., *Lepanto 1571: The Greatest Naval Battle of the Renaissance*, Oxford, 2003.

28 La Armada
Fernández-Armesto, F., *The Spanish Armada: The Experience of War in 1588*, Oxford, 1988.
Martin, C., y Parker, G., *La gran Armada: 1588*, Madrid, Alianza, 1988.
Mattingly, G., *La derrota de la Armada Invencible*, Madrid, Turner, 1985.
Pierson, P., *Commander of the Armada: The Seventh Duke of Medina Sidonia*, New Haven y Londres, 1989.
Rodger, N. A. M., «The development of broadside gunnery, 1450-1650», *The Mariner's Mirror*, vol. 82, núm. 3, 1996, págs. 301-324.
Rodríguez-Salgado, M. J. y personal del National Maritime Museum, *Armada 1588-1988: An International Exhibition to Commemorate the Spanish Armada*, Londres, 1988.

El siglo XVII

29 Sekigahara
Bryant, A. J., *Sekigahara 1600*, Madrid, Ediciones del Prado, 2000.
Friday, K. F., «Beyond valor and bloodshed. The arts of war as a path to serenity», en Deist, R. (ed.), *Knight and Samurai*, Goeppingen, 2003, págs. 1-13.
Hurst III, G. C., *Armed Martial Arts of Japan. Swordsmanchip and Archery*, New Haven y Londres, 1998.
Scott Wilson, W. (trad.), *Ideals of the Samurai: Writings of Japanese Warriors*, Santa Clarita, 1982.

30 Breitenfeld y 31 Nördlingen
Asch, R. G., *The Thirty Years War. The Holy Roman Empire 1618-1648*, Basingstoke, 1997.
Guthrie, W. P., *Battles of the Thirty Years War from White Mountain to Nordlingen 1618-1635*, Westport, 2002.
Lundkvist, S., «Slaget vid Breitenfeld 1631», *Historisk Tidskrift*, 83, 1963, págs. 1-38.
Munro, R., *Munro: His Expedition with the Worthy Scots Regiment Called Mac-Keys* (ed. de W. S. Brockington), Westport, 1999.
Parker, G. (ed.), *La Guerra de los Treinta Años*, Barcelona, Crítica, 1988.
Redlich, F., *The German Military Enterprizer and his Workforce*, vol. 1, Wiesbaden, 1964.
Wedgwood, C. V., *The Thirty Years War*, Londres, 1938.

32 Shanhaiguan
Mote, F. W., *Imperial China, 900-1800*, Cambridge, Massachusetts, 1999.
Spence, J., y Willis, J. (eds.), *From Ming to Ch'ing: Conquest, Region and Continuity in Seventeenth Century China*, New Haven, 1979.
Wakeman, F., *The Great Enterprise*, Berkeley, Los Ángeles y Londres, 1985.

33 Naseby
Carlton, C., *Going to the Wars: The Experience of the British Civil Wars, 1638-1651*, Londres, 1992.
Gentles, I., *The New Model Army: In England, Scotland and Ireland, 1645-1653*, Oxford y Malden, Massachusetts, 1991.
Kenyon, J., y Ohlmeyer, J. (eds.), *The Civil Wars. A Military History of England, Scotland and Ireland, 1638-1660*, Oxford, 1998.

34 Viena
Kriegsarchiv [Archivo de guerra de Viena], *Das Kriegsjahr 1683*, Viena, 1883.
Barker, T. M., *Double Eagle and Crescent: Vienna's Second Turkish Siege and its Historical Setting*, Albany, Nueva York, 1967.
Broucek, P., Hillbrand, E., y Vesely, F., *Historischer Atlas zur Zweiten Türkenbelagerung: Wien 1683*, Viena, 1983.
Kreutel, R. F. (ed.), *Kara Mustafa vor Wien*, Graz, 1982.
Parvev, I., *Habsburgs and Ottomans between Vienna and Belgrade 1683-1739*, Boulder, Colorado, 1995.
Stoye, J., *The Siege of Vienna*, nueva edición, Edimburgo, 2000.

El siglo XVIII

35 Bleinheim
Chandler, D., *Marlborough as Military Commander*, Londres, 1973.
Chandler, D., *The Art of Warfare in the Age of Marlbourough*, Londres, 1976.
Jones, J. R., *Marlborough*, Cambridge, 1993.

36 Poltava
Duffy, C., *Russia's Military Way to the West. Origins and Nature of Russian Military Power 1700-1800*, Londres, 1981.
Englund, P., *The Battle of Poltava. The birth of the Russian Empire*, Londres, 1992.
Frost, R. I., *The Northern Wars 1558-1721*, Harlow, 2000.
Hatton, R. M., *Charles XII of Sweden*, Londres, 1968.
Massie, R. K., *Pedro el Grande*, Madrid, Alianza, 1987.

37 Belgrado
Braubach, M., *Prinz Eugen von Savoyen. Eine Biographie. Band III, Zum Gipfel des Ruhmes*, Múnich, 1964.
Gutkas, K., *Prinz Eugen und das barocke Österreich*, Salzburgo y Viena, 1985.
Henderson, N., *Prince Eugen of Savoy*, Nueva York, 1965.
Hochendlinger, M., *Austria's Wars of Emergence. War, State and Society in the Habsburg Monarchy, 1683-1797*, Londres y Nueva York, 2003.
McKay, D., *Prince Eugene of Savoy*, Londres, 1977.
Mraz, G., *Prinz Eugen. Ein Leben in Bildern und Dokumenten*, Múnich, 1985.
Parvev, I., *Habsburgs and Ottomans between Vienna and Belgrade 1683-1739*, Boulder, Colorado, 1995.

38 Rossbach
Duffy, C., *Frederick the Great. A Military Life*, Londres, 1985.
Duffy, C., *The Army of Frederick the Great*, segunda edición, Chicago, 1996.
Nosworthy, B., *The Anatomy of Victory. Battle Tactics 1689-1763*, Nueva York, 1992.
Showalter, D., *The Wars of Frederick the Great*, Harlow, 1996.
Wilson, P. H., *German Armies: War and German Politics 1648-1806*, Londres, 1998.

39 Plassey
Edwardes, M., *The Battle of Plassey and the Conquest of Bengal*, Londres, 1963.
Spear, P., *Master of Bengal: Clive and his India*, Londres, 1976.

40 Quebec
Frégault, G., *La Guerre de la Conquête*, Montreal, 1955.
Stacey, C. P., *Quebec 1759: The Siege and the Battle*, Toronto, 1959.

41 Saratoga
Mintz, M., *The Generals of Saratoga. John Burgoyne and Horatio Gates*, New Haven, 1990.
Mackesy, P., *The War of America 1775-1783*, Londres, 1964.
Higginbotham, D., *George Washington and the American Military Tradition*, Athens, Georgia, 1985.

42 Yorktown
Black, J., *War for America. The Fight for Independence 1775-1783*, Stroud, 1991.
Black, J., *Britain as a Military Poser, 1688-1815*, Londres, 1999.
Wickwire, F. B., y Wickwire, M. B., *Cornwallis and the War of Independence*, Londres, 1971.

43 Jemappes
Blanning, T. C. W., *The French Revolutionary Wars 1787-1802*, Londres, 1996.
Forrest, A., *Soldiers of the French Revolution*, Durham, Carolina del Norte, 1990.
Griffith, P., *The Art of War of Revolutionary France 1789-1802*, Londres, 1998.
Lynn, J. A., *Bayonets of the Republic. Motivation and Tactics in the Army of Revolutionary France 1791-1794*, Boulder, Colorado, 1996.
Rothenberg, G. E., *Napoleon's Great Adversaries. The Archduke Charles and the Austrian Army 1792-1814*, Londres, 1982.
Scott, S. F., *The Response of the Royal Army to the French Revolution. The Role and Development of the Line Army 1787-1793*, Oxford, 1978.

El siglo XIX

44 Trafalgar
Corbett, J. S., *The Campaign of Trafalgar*, Londres, 1910.
Desbrière, E., *The Naval Campaign of 1805: Trafalgar*, trad. y ed. de C. Eastwick, Oxford, 1933.
Gardiner, R. (ed.), *The Campaign of Trafalgar, 1803-1805*, Londres, 1997.
Harbron, J. D., *Trafalgar and the Spanish Navy*, Londres, 1988.
Sturges Jackson, T. (ed.), *Logs of the Great Sea Fights 1794-1805*, vol. 2, Londres, 1990, reimpreso en 2004.
Tracy, N., *Nelson's Battles. The Art of Victory in the Age of Sail*, Londres, 1996.

45 Leipzig
Chandler, D., *Las campañas de Napoleón*, Madrid, La Esfera de los Libros, 2005.
Esdaile, C., *The Wars of Napoleon*, Londres, 1995.
Leggiere, M. V., *Napoleon and Berlin: The Franco-Prussian War in North Germany, 1813*, Norman, 2002.
Nafziger, G., *Imperial Bayonets. Tactics of the Napoleonic Battery, Battalion and Brigade*, Londres, 1996.
Petre, F. L., *Napoleon's Last Campaign in Germany, 1813*, Nueva York, 1974, 1.ª ed. 1912.
Rothenberg, G. E., *The Art of War in the Age of Napoleon*, Londres, 1978.

46 Waterloo
Britten Austin, P., *1815: The Return of Napoleon*, Londres, 2002.
Chandler, D. G., *Waterloo: The Hundred Days*, Oxford, 1980.
Chalfont, A. G. J., *Waterloo: Battle of the Three Armies*, Londres, 1979.
Hofschroer, P., *1815 – The Waterloo Campaign: The German Victory*, Londres, 1998.
Howarth, D., *A Near-Run Thing: The Day of Waterloo*, Londres, 1968.

Schom, A., *One Hundred Days: Napoleon's Road to Waterloo*, Londres, 1994.

47 Ayacucho
Anna, T., *The Fall of the Royal Government in Peru*, Lincoln, 1979.
Archer, C. (ed.), *The Wars of Independence in Spanish America*, Wilmington, Delaware, 2000.
Scheina, R., *Latin America's Wars: The Age of Caudillo, 1791-1899*, Dulles, 2003.

48 Ciudad de México
DePalo Jr., W. A., *The Mexican National Army, 1822-1852*, College Station, 1997.
Johnson, T. D., *Winfield Scott: The Quest for Military Glory*, Lawrence, 1990.
Singletary, O. A., *The Mexican War*, Chicago, 1960.
Webster, C. L., *The Personal Memoirs of Ulysses S. Grant*, 2 vols., Nueva York, 1885-1886.
Winders, R. B., *Mr Polk's Army: The American Military Experience in the Mexican War*, College Station, 1997.

49 Inkerman
Baumgart, W., *The Crimean War 1853-1856*, Londres, 1999.
Hibbert, C., *The Destructions of Lord Raglan. A Tragedy of the Crimean War 1854-1855*, Londres, 1961.
Kinglake, A. W., *The Invasion of the Crimea. Vol. III: Battle of Inkerman*, Nueva York, 1875.
Massie, A., *The National Army Museum Book of the Crimean War. The Untold Stories*, Londres, 2004.
Royle, T., *Crimea. The Great Crimean War 1854-1856*, Londres, 1999.
Seaton, A., *The Crimean War. A Russian Chronicle*, Londres, 1977.
Warner, P., *The Crimean War. A Reappraisal*, Londres, 2001.

50 Antietam
Sears, S. W., *Landscape Turned Red: The Battle of Antietam*, Nueva York, 1983.
Harsh, J. L., *Taken and the Flood: Robert E. Lee and Confederate Strategy in the Maryland Campaign of 1862*, Kent, Ohio, 1999.
Gallagher, G. W. (ed.), *The Antietam Campaign*, Chapel Hill, 1999.

51 Gettysburg
Coddington, E. B., *The Gettysburg Campaign: A Study in Command*, Nueva York, 1984.
Hess, E. J., *Pickett's Charge: The Last Attack at Gettysburg*, Chapel Hill, 2001.
Pfanz, H. W., *Gettysburg: Culp's Hill and Cemetery Hill*, Chapel Hill, 1993.
Pfanz, H. W., *Gettysburg: The Second Day*, Chapel Hill, 1987.
Woodworth, S. E., *Beneath a Northern Sky: A Short History of the Gettysburg Campaign*, Wilmington, Delaware, 2003.

52 Sadowa
Addington, L., *The Blitzkrieg Era and the German General Staff, 1865-1941*, New Brunswick, 1971.
Craig, G., *The Battle of Königgrätz*, Filadelfia, 1964.
Showalter, D., *Railroads and Rifles: Soldiers, Technology, and the Unification of Germany*, Hamden, Connecticut, 1975.
Showalter, D., *The Wars of German Unification*, Londres, 2004.
Strachan, H., *Ejércitos europeos y la conducción de la guerra*, Madrid, Ejército de Tierra. Estado Mayor. Servicio de Publicaciones, 1985.
Wawro, G., *The Austro-Prussian War: Austria's War with Prussia and Italy in 1866*, Cambridge, 1996.

53 Omdurman
Arthur, G., *Life of Lord Kitchener*, vol. I, Londres, 1920.
Churchill, W. S., *La guerra del Nilo: crónica de la reconquista del Sudán*, Madrid, Turner, 2003.
Pollock, J., *Kitchener. The Road to Omdurman*, Londres, 1998.
Spiers, E. M. (ed.), *Sudan. The Reconquest Reappraised*, Londres, 1998.
Steevens, G. W., *With Kitchener to Khartum*, Londres, 1898.

La época moderna

54 Tsushima
Evans, D., y Peattie, M., *Kaigum: Strategy, Tactics, and Technology in the Imperial Japanese Navy, 1887-1941*, Annapolis, Maryland, 1997.
Hough, R., *The Fleet That Had To Die*, Londres, 1958.
Pleshakov, C., *La última armada del zar: el épico viaje a la batalla de Tsushima*, Madrid, Turner, 2003.
Watts, A., *The Imperial Rusian Navy*, Londres, 1990.
Woodward, D., *The Russians at Sea: A History of the Russian Navy*, Nueva York, 1966.

55 Tannenberg
Ironside, E., *Tannenberg: The First Thirty Days in East Prussia*, Londres, 1928.
Showalter, D., *Tannenberg: Clash of Empires,* ed. original de 1991, reimpreso en Dulles, 2003.
Stone, N., *The Eastern Front*, Londres, 1975.

56 Jutlandia
Fawcett, H. W., y Hooper, G. W. W. (eds.), *The Fighting at Jutland: The Personal Experiences of Sixty Officers and Men of the British Fleet*, Annapolis, Maryland, 2002.
Gordon, A., *The Rules of the Game: Jutland and British Naval Command*, Annapolis, Maryland, 1996.
Halpern, P., *A Naval History of World War*, Annapolis, Maryland, 1994.
Tarrant, V. E., *Jutland: The German Perspective*, Annapolis, Maryland, 1995.
Yates, K., *Flawed Victory: Jutland 1916*, Londres, 2000.

57 Verdún
Asprey, R., *The German High Command at War*, Nueva York, 1991.
Audoin-Rouzeau, S., *Men at War, 1914-1918*, Oxford, 1992.
Brown, M., *Verdun, 1916*, Londres, 1999.
Horne, A., *The Price of Glory*, Londres, 1962.
Martin, W., *Verdun, 1916: They Shall Not Pass*, Oxford, 2001.
Ousby, I., *The Road to Verdun*, Nueva York, 2002.
Whiting Halsey, F., *The Literary Digest History of the World War*, Nueva York, 1919.

58 El Frente occidental
Doughty, R., *Phyrric Victory: French Strategy and Operations in the Great War*, Cambridge, Massachusetts, 2005.
Grotelueschen, M., *Doctrine Under Trial: American Artillery Emplyment in World War*, Westport, Connecticut, 2001.
Terraine, J., *To Win A War: 1918, The Year of Victory*, Londres, 1978.
Travers, T., *How the War Was Won: Command and Technology in the British Army on the Western Front, 1917-1918*, Londres, 1992.
Travers, T. «The Allied victories, 1918», en Strachan, H. (ed.), *The Oxford Illustrated History of the First World War*, Oxford, 1998.

59 Batalla de Inglaterra
Hough, R., y Richards, D., *The Battle of Britain: The Jubilee History*, Londres, 1989.
Murray, W., *Luftwaffe: Strategy for Defeat*, Londres, 1985.
Overy, R., *The Battle of Britain: The Myth and the Reality*, Londres, 2001.

60 Batalla de Moscú
Carell, P., *Hitler's War on Russia*, Londres y Boston, 1964.
Erickson, J., *The Road to Stalingrad*, Londres y Nueva York, 1975.
Glantz, D. M., *When Titans Clashed: How the Red Army Stopped Hitler*, Lawrence, 1995.

LECTURAS ADICIONALES

Seaton, A., *The Russo-German War 1941-1945*, Londres y Nueva York, 1970.

61 Stalingrado
Beevor, A., *Stalingrado*, Barcelona, Crítica, 2004.
Craig, W., *La batalla por Stalingrado*, Barcelona, Noguer Ediciones, 2005.
Erickson, J., *The Road to Stalingrad*, Londres y Nueva York, 1975.
Glantz, D. M. (ed.), *From the Don to the Dnepr: Soviet Offensive Operations December 1942-August 1943*, Londres, 1990.
Goerlitz, W., *Paulus and Stalingrad*, Londres, 1963.
Kerr, W., *The Secret of Stalingrad*, Nueva York, 1978; Londres, 1979.

62 Midway
Bicheno, H., *Midway*, Londres, 2001.
Fuchida, M., y Kkumiya, M., *Midway: The Japanese Story*, Londres, 2002.
Healy, M., *Midway, 1942: momento crucial en el Pacífico*, Madrid, Ediciones del Prado, 1994.
Prange, G., *et al.*, *Miracle at Midway*, Nueva York, 1982.
Ugaki, M., *Fading Victory: The Diary of Admiral Matome Ugaki, 1941-1945*, trad. de M. Chihaya, Pittsburgh, 1991.

63 Batalla del Atlántico
Buckley, J., *The RAF and Trade Defence 1919-1945*, Keele, 1995.
Hinsley, F. H., *Codebreakers: The Inside Story of Bletchley Park*, Oxford, 1993.
Milner, M., *The U-boat Hunters: The Royal Canadian Navy and the Offensive Against Germany's Submarines*, Annapolis, Maryland, 1994.
Milner, M., *The Battle of the Atlantic*, Londres, 2003.
Terraine, J., *Business in Great Waters: The U-boat Wars 1916-1945*, Londres, 1989.
van der Vat, D., *The Atlantic Campaign*, Londres, 1988.

64 Batalla por Normandía
Chandler, D. G., y Collins Jr., J. L., *The D-Day Encyclopedia*, Oxford y Nueva York, 1994.
D'Este, C., *Decision in Normandy*, Londres y Nueva York, 1983.
Keegan, J., *Seis ejércitos en Normandía*, Madrid, Ejército de Tierra. Estado Mayor. Servicio de Publicaciones, 1990.
Messenger, C., *The D-Day Atlas: Anatomy of the Normandy Campaign*, Londres y Nueva York, 2004.
Weigley, R. F., *Eisenhower's Lieutenants: The Campaigns of France and Germany 1944-1945*, Londres y Bloomington, 1981.
Wilmot, C., *The Struggle for Europe*, Londres y Nueva York, 1952.

65 Operación Bagration
Adair, P., *Hitler's Greatest Defeat: The Collapse of Army Group Centre, June 1944*, Londres, 1994.
Erickson, J., *The Road to Berlin*, Londres y Boulder, Colorado, 1983.
Niepold, G., *The Battle for White Russia: The Destruction of Army Group Centre, June 1944*, Londres y Washington DC, 1987.

66 Ataque aéreo norteamericano sobre Japón
Alperovitz, G., *The Decision to Use the Atomic Bomb and the Architecture of an American Myth*, Londres, 1995.
Crane, C. C., *Bombs, Cities and Civilians: American Air Strategy in World War Two*, Kansas, 1993.
Hansell, H., *Strategic Air War Against Japan*, Maxwell, Alabama, 1980.
LeMay, C., con Kantor, M., *Mission with LeMay*, Nueva York, 1965.
Schaffer, R., *Wings of Judgment*, Nueva York, 1985.
Sherry, M., *The Rise of American Air Power*, New Haven, Connecticut, 1987.
Werrell, K. P., *Blankets of Fire: US Bombers over Japan during World War Two*, Washington, 1996.

67 Huai-Hai
Bjorge, G. J., *Moving the Enemy: Operational Art in the Chinese PLA's Huai Hai Campaign*, Kansas, 2004.
Chassin, L. M., *The Communist Conquest of China: A History of the Civil War, 1945-1949*, Cambridge, Massachusetts, 1965.
Dryer, E., *China at War, 1901-1949*, Londres, 1995.
Jowett, P. S., *Chinese Civil War Armies 1911-1949*, Nueva York, 1997.
Levine, S. I., *Anvil of Victory: The Communist Revolution in Manchuria, 1945-1948*, Nueva York, 1987.
Morwood, W., *Duel for the Middle Kingdom: The Struggle Between Chiang Kai-shek and Mao Tse-tung for Control of China*, Nueva York, 1980.
Pepper, S., *Civil War in China: The Political Struggle, 1945-1949*, Berkeley, 1978.
Westad, O. A., *Cold War and Revolution: Soviet-American Rivalry and the Origins of the Chinese Civil War, 1944-1946*, Nueva York, 1993.
Yick, J. K. S., *Making Urban Revolution in China: The CCP-GMD Struggle for Beijing-Tianjin, 1945-1949*, Armonk, Nueva York, 1995.

68 Bien Bien Phu
Fall, B. B., *Hell in a Very Small Place: The Siege of Dienbienphu*, Filadelfia, 1966.
Jules, R., *The Battle of Dienbienphu*, Nueva York, 1965.
Simpson, H. R., *Dien Bien Phu: The Epic Battle America Forgot*, Washington, D. C., 1994.

69 La ofensiva del Têt
Oberdorfer, D., *Tet!*, Nueva York, 1971.
Smith, G. W., *The Siege at Hue*, Boulder, Colorado, 1999.
Westmoreland, W. C., *A Soldier Reports*, Garden City, Nueva York, 1976.
Wirtz, J. J., *The Tet Offensive: Intelligence Failure in War*, Ithaca, Nueva York, 1991.
Tucker, S. C. (ed.), *Encyclopedia of the Vietnam War: A Political, Social, and Military History, vol. 3*, Santa Bárbara, California, 1968, págs. 1029-1030.

70 La guerra de Iraq
Boyne, W., *Operation Iraqi Freedom: What Went Right, What Went Wrong and Why*, Nueva York, 2003.
Cordesman, A. H., *The Iraq War: Strategy, Tactics, and Military Lessons*, Nueva York, 2003.
Williamson, M., y Scales Jr., R. H., *The Iraq War*, Cambridge, Massachusetts, 2003.
Purdum, T. S., y personal de *The New York Times*, *A Time of Our Choosing: America's War in Iraq*, Nueva York, 2003.
West, B., y Smith, R. L., *The March Up: Taking Baghdad with the 1st Marine Division*, Nueva York, 2003.

Fuentes de las ilustraciones

s: superior; i: inferior; c: centro; iz: izquierda; d: derecha;
CL: Cartographica Ltd; ML: ML Design
(los títulos mencionados únicamente por autor y fecha se detallan en Lecturas adicionales, pág. 291)

1 Photo akg-images; 2 V & A Picture Library; 4iz © Peter Turnley/CORBIS; 4d Photo akg-images/Erich Lessing; 5iz Bibliothèque Nationale, París, MS Fr. 2643, f. 165v; 5d V & A Picture Library; 6iz Photo akg-images; 6d Photo akg-images; 7iz Photo akg-images; 7d Peter Newark's Military Pictures; 10-11 ML; 12 Deutsche Historisches Museen, Berlín; 13 © National Maritime Museum, Londres; 14-15 Photo akg-images; 15 Getty Images; 16-17 Louvre, París. Photo RMN-Chuzeville; 18 © Mike Andrew/Ancient Art & Architecture Library; 19 Photo Will Pryce www.willpryce.com; 20s Staatliche Museen, Berlín; 20i y 21i CL; 22s Museum Narodowe, Varsovia; 22i Roger Wilson; 23 Museo arqueológico, Teherán; 24 Werner Forman Archive/Museo Ostia, Italia; 24-25 Photo akg-images/Peter Connolly; 26 ML; 27 Photo akg-images; 28 y 29i CL; 29s Photo akg-images/Peter Connolly; 30-31 Museo Nacional de Turquía, Estambul; 32 Museo Nazionale Archaelogico, Nápoles; 33 Roger Wilson; 34s Ashmolean Museum, Oxford; 34i y 35 CL; 36s Museo Nacional de Historia de China, Beijing; 36i ML según *Zhongguo gudai zhanzhong zhan li xuan bi'an* (1981), vol. 1, pág. 19; 37 Museo Nacional de Historia de China, Beijing; 38 British Museum, Londres, GR1888.10-12.1; 39iz The Bankes Collection, National Trust; 39d Staatliche Museen Antikensammlung, Berlín, 1976.10; 40s Staatliche Munzsammlungen, Múnich; 40i Gregoriano Profano Museum, Museos del Vaticano, Vaticano; 41 ML; 42s Photo akg-images/Museum Kalkriese; 42i Roger Wilson; 43s Photo akg-images/Museum Kalkriese; 43i y 44 ML; 45iz British Museum, Londres; 45d Museo Nazionale in Palazzo Altemps, Roma; 46-47 Musée de la Tapisserie de Bayeux, Francia; 48 Stadtbibliothek, Trier Cod. 31, f. 63; 49 Photo David Nicolle; 50 ML; 51iz Photo akg-images/Schutze/Rodemann; 51d Magyar Nemzeti Museum, Budapest; 52 ML; 53 Wuttembergische Landesbibliothek, Cod. Bibl 2 23; 54 British Library, Londres Seal XXXIX.8; 55s Consejo de administración de Armouries; 55i ML según *Collins Atlas of Military History* (2004), pág. 41; 56-57 Musée de la Tapisserie de Bayeux, Francia; 58 Photo David Nicolle; 59 Werner Forman Archive/Biblioteca Nacional, Madrid; 60 ML; 61 British Library, Londres Yates Thompson 12 f.161; 62s The Masters and Fellows of Corpus Christi College, Cambridge, MS 26 279; 62i ML según *The Cambridge Illustrated Atlas of Warfare* (1996); 63 Musée Nationale, Damasco; 64 British Library, Londres Roy.2 A XXII f. 220; 65 The Master and Fellows of Corpus Christi College, Cambridge MS 16, f.166d; 66 Bibliothèque Nationale, París, MS lat 10136 Annales Geneunses f.141; 67 Topkapi Saray Museum, Estambul; 68 ML según *The Cambridge Illustrated Atlas of Warfare* (1996), pág. 62; 69iz Museum of the Imperial Collections (Sannomaru Shozokan) Fotografía cortesía de la International Society for Educational Information, Inc.; 69d © James P. Delgado; 70 ML; 71 Photo akg-images/Torquil Cramer; 72iz Trumpington, Cambridgeshire; 72d Photo akg-images; 73 ML; 74 Bodleian Library, Oxford; 75 Christ Church Oxford, MS 92, f.3; 76s Consejo de administración de Armouries; 76i ML; 77 British Library, Londres, MS. Cotton Nero E.II.f. 152 v; 78 Reproducido con permiso de la Edinburgh University Library, Special Collections Departament, Or Ms 20.f. 119R; 79 ML según Alexandrescu-Dresca (1977); 80 British Library, Londres, Johnson Album 1, núm. 2; 81 Royal Collection, Windsor; 82s ML; 82i Consejo de administración de Armouries; 83 Consejo de aministración de Armouries; 84 British Library, Londres, MS. Royal 14 E.IV, f. 201.v; 85 National Gallery, Londres; 86s Photo Heidi Grassley, © Thames & Hudson Ltd, Londres; 86i ML; 87 Bibliothèque Nationale, París, MS Fr 9087 f. 207v; 88 Colección privada; 89iz V & A Picture Library; 89d The Society of Antiquaries of London; 90 ML según Foss (1990); 91 Fotografía cortesía del ayuntamiento de Leicestershire; 92-93 Codex Duran, cap. LXXV; 94 Photo akg-images/Erich Lessing; 95 Bridgeman Art Library/Archives Charmet; 96 ML según Hodgkin, T., «The Battle of Flodden», *Archaeologia Aeliana* (1982), vol. 16; 97s British Library, Londres; 97i Consejo de administración de Armouries; 98 © Archivo Iconográfico, S. A./Corbis; 99 Newberry Library, Chicago; 100s e i ML según Sanders, Parsons & Stanley, *The Basin of Mexico* (1979); 101 Embajada británica, Ciudad de México/Bridgeman Art Library; 102 Codex Duran, cap. LXXVI; 03 Louvre, París; 104 ML según *Collins Atlas of Military History* (2004), pág. 47; 105 Bridgeman Art Library/National Museum, Estocolmo; 106 Photo akg-images/Erich Lessing; 107 ML, 108 Photo akg-images; 109 Consejo de administración de Armouries; 110s Topkapi Saray Museum, Estambul; 110i Photo akg-images/Erich Lessing; 111iz y d ML según Perjés (1989), mapas 6 y 9s; 112 Topkapi Saray Museum, Estambul, f. 219i-220s; 114-115 Photo akg-images/Cameraphoto; 116 ML según Davis, P. K., *100 Decisive Battles* (2001), pág. 197; 117 V & A Picture Library; 118 Museo del Prado, Madrid; 119 Colección privada; 120 ML según Martin & Parker (1988) y Pierson (1989), pág. 110; 121 Photo akg-images/Erich Lessing; 122-123 Photo akg-images/Erich Lessing; 124 Theatrum Europaeum; 125 Fukuoka Art Museum, prefectura de Fukuoka, Japón; 126-127 Colección privada; 126 Specer Collection Japanese M553, New York Public Library; 128 ML según Sadler, A. L., *The Maker of Modern Japan* (1979), pág. 194; 129 Musée Historique de Strasbourg – Photo A. Plisson; 130s e i ML; 131 Consejo de administración de Armouries; 132 Photo akg-images; 133 Photo akg-images; 134 National Museum, Estocolmo; 135s e i ML; 136 Consejo de Administración de Armouries; 137s Ming Shilu; 137i M.L. según Wakeman (1985); 138 Her Majesty the Queen; 139s The Cromwell Museum, Huntingdon; 139i ML; 140 Consejo de administración de Armouries; 141 Anon, Battle of Naseby adquirido por el ayuntamiento de Daventry con la colaboración de la National Art Collection Fund y el Purchase Grant Scheme administrado por el Victoria & Albert Museum. Prestado por el ayuntamiento de Daventry al Harborough Museum. Fotografía cortesía del ayuntamiento de Leicestershire; 142s Historisches Museum der Stadt, Viena. Inv. núm. 31.033; 142i Photo akg-images/Erich Lessing; 143 Rustkammer, Dresde; 144 ML según Barker (1967), pág. 331; 145 Photo akg-images/Erich Lessing; 146-147 Photo akg-images; 148 Bridgeman Art Library/Peterhof Palace, Petrodvorets, San Petersburgo, Rusia; 149 Cortesía del director, National Army Museum, Londres; 150 ML; 151 Cortesía del director, National Army Museum, Londres; 152 Cortesía de Jeremy Whitaker; 153 Bridgeman Art Library/Tretyakov Gallery, Moscú; 154iz y d ML; 155 Consejo de administración de Armouries; 156-157 Photo akg-images; 158s ML según Braubach (1964); 158i Colección privada; 159 Photo akg-images/Erich Lessign; 160 Archiv Gerstenberg; 161s, iiz e id ML; 162 Stadtmuseum Bautzen, Alemania; 163 ML; 164s National Portrait Gallery, Londres; 164i Consejo de administración de Armouries; 165 National Archives of Canada, Toronto, Acc. núm. 1991-209-1; 166s e i ML; 167 Library and Archives of Canada, Toronto, C-146340; 168 The Ashmolean Museum, Oxford; 169 Independence National Historical Park, Filadelfia; 170 Colección privada; 171s e i ML según Bradford, J. C. (ed.), *Oxford Atlas of American Military History*, 2003, pág. 22; 172 Yale University Art Gallery; 173 Cortesía de Anne S. K. Brown Military Collection, Brown University Library; 174 Independence National Historical Park, Filadelfia; 174-175 Fotografía RMN – Philippe Bernard; 175 National Portrait Gallery, Londres; 176 ML según Bradford, J. C. (ed.), *Oxford Atlas of American Military History*, 2003, pág. 30, 177 Photo akg-images; 178 Photo akg-images; 179 ML; 180-181 Photo akg-images; 182 Cortesía del director, National Army Museum, Londres; 183iz © National Maritime Museum, Londres, Greenwich Hospital Collection; 183d © National Maritime Museum, Londres; 184 © National Maritime Museum, Londres; 185iz y d ML según Taylor, A. H., *Marine's Mirror*, vol. 36, núm. 4 (oct. 1940); 186 Colección privada; 187 © National Maritime Museum, Londres; 188 Colección privada; 190-191 Bibliothèque Marmotton, Boulogne-Billancourt, París, Photo Giraudon/Bridgeman Art Library; 192 Corbis/Archivo Iconografica; 193iz National Gallery, Londres; 193c National Gallery of Art, Washington, Samuel H. Kress Collection; 193d Wellington Museum, Apsley House, Londres; 194s e i ML según Chandler, D. G., *Waterloo: The Hundred Days* (2001), pág. 129; 194-195 Bridgeman Art Library; 196-197 Photo akg-images; 198 ML; 199 The Art Archive/Museo Nacional de Historia Lima/Mireille Vautier; 200s Biblioteca del Congreso, Washington; 200i Biblioteca del Congreso, Washington; 201 Biblioteca del Congreso Washington; 202 ML según Bradford, J. C. (ed.), *Oxford Atlas of American Military History*, 2003, pág. 59; 203 Biblioteca del Congreso, Washington; 204 ML según Royle (1999), pág. 285; 205 Cortesía del director, National Army Museum, Londres; 206 Corbis; 207 Ridge Press, Nueva York; 208 ML según McPherson, J., *Crossroads of Freedom: Antietam*, 2002; 209 Biblioteca del Congreso, Washington; 210 Biblioteca del Congreso, Washington; 212 ML según Hess (2001), pág. 8; 213iz Biblioteca del Congreso, Washington; 213d Biblioteca del Congreso, Washington; 213i Gettysburg Convention & Visitors Bureau. Photo Paul Witt; 214 Biblioteca del Congreso, Washington; 215iz Colección privada; 215d Colección privada; 216 ML; 217 Photo akg-images; 218 Consejo de administración del Imperial War Museum, Londres; 219s de Blanck and White, 1 de octubre de 1898; 219i ML según Churchill (1899); 220-221 Bridgeman Art Library/Walker Art Gallery, Liverpool, Merseyside; 222 © Jacques Langevin/Corbis Sygma; 224 Consejo de administración del Imperial War Museum, Londres; 225iz de *The War in the East*, de Repington, 1905, John Murray, Londres; 225d de *With Togo*, de H. C. Seppings Wright, 1905, Hurst and Blackett Limited; 226 ML según Evans & Peattie (1997), pág. 123; 227 Peter Newark's Military Pictures; 228 Cortesía de Vickers Ltd; 229 Photo akg-images; 230s Ullstein Bilderdienst, Berlín, 00487531; 230i ML según *Collins Atlas of Military History*, 2004, pág. 110; 231 The Art Archive/Bayer Army Museum Ingoldstadt; 232 Consejo de administración del Imperial War Museum, Londres; 233 Consejo de administración del Imperial War Museum, Londres; 234 Photo akg-images; 235iz Collection Imperial War Museum; 235c y d ML; 236 Hulton Archive/Getty Images; 237s Hulton Archive/Getty Images; 237i ML; 238 Photo akg-images; 239 Roger-Viollet, París; 240 Photo akg-images; 241 © Bettmann/Corbis; 242 ML según Edmonds, J. E., *Military Operations, France and Belgium, 1918*, vols. II-v, 1937-1947, Endpaper A; 243iz Consejo de administración del Imperial War Museum, Londres; 243d Photo akg-images; 244 Consejo de administración del Imperial War Museum, Londres; 245 Robert Hunt Library, Londres; 246 Consejo de administración del Imperial War Museum, Londres; 247 Consejo de administración del Imperial War Museum, Londres; 248 ML según *Collins Atlas of Military History*, 2004, pág. 134; 249s Consejo de administración del Imperial War Museum, Londres; 249i Hoover Institution on War, Revolution and Peace, Universidad de Stanford; 250 Consejo de administración del Imperial War Museum, Londres; 251 ML según Messenger, C., *World War Two: Chronological Atlas*, 1989, pág. 65; 252 © Bettmann/Corbis; 253 Photo akg-images; 254s Hoover Institution on War, Revolution and Peace, Universidad de Stanford; 254i Consejo de administración del Imperial War Museum, Londres; 255 Photo akg-images; 256 Photo akg-images; 257 Photo akg-images; 258 ML según Newark, T., *Turning the Tide of War*, 2001, pág. 117; 259 Photo akg-images; 260 US Naval Historical Centre; 261s ML según Bradford, J. C. (ed.), *Oxford Atlas of American Military History*, 2003, pág. 138; 261i © Bettmann/Corbis; 262 Naval Historial Foundation, Washington, 88-188-AE; 263 Biblioteca del Congreso, Washington; 264 The Mariners' Museum/Corbis; 265 Naval Historical Foundation, Washington, 88-159ji; 266 ML según Bradford, J. C. (ed.), *Oxford Atlas of American Military History*, 2003, pág. 159; 267iz Naval Historical Foundation, Washington, 88-159-jj; 267d © Corbis; 268 © Bettmann/Corbis; 269 © Bettmann/Corbis; 270s Consejo de administración del Imperial War Museum, Londres, B6725; 279i y 271i ML según Messenger, 2004; 271 Consejo de administración del Imperial War Museum, Londres, B6122; 272 Getty Images; 273 Photo akg-images; 274 ML según Messenger, C., *World War Two: Chronological Atlas*, 1989, pág. 191; 275 Photo akg-images; 276 Hoover Institution on War, Revolution and Peace, Universidad de Stanford; 277 © Bettmann/Corbis; 278s ML según Bradford, J. C. (ed.), *Oxford Atlas of American Military History*, 2003, pág. 155; 278i Photo akg-images; 279 Colección privada; 280 ML según Davis, P. K., *100 Decisive Battles*, 2001, pág. 418; 281 International Instituut voor Sociale Geschiedenis, Amsterdam Collection S. Landsberger; 282 ML según Newark, T., *Turning the Tide of War*, 2001, pág. 171; 283 Rex Features; 284 Ullstein Bilderdienst, Berlín, 00054437; 285 Fotografía de John Olson/Time & Life Pictures/Getty Images; 286 ML según Newark, T., *Turning the Tide of War*, 2001, pág. 177; 287 Defense Picture Library; 288 © Olivier Coret/In Visu/Corbis; 289 ML; 290 © Reuters/Corbis.

Fuentes de las citas

Los números en **negrita** hacen referencia a la página donde aparece una cita; s: superior; i: inferior.

pág. 19 Heródoto, Libro 5.105; **pág. 30s** Plutarco, *Alejandro* 33.63; **pág. 30i** Diodoro Sículo, *Biblioteca histórica*, 17.60.1; **pág. 33** Polibio 3.116; **pág. 36** trad. y ed. Nienhauser, Jr. (Bloomington e Indianápolis, 1994, pág. 202); **pág. 38** trad. Day Lewis (Oxford, 1996, págs. 373-374); **pág. 45** Amiano Marcelino, 31.13; **págs. 85 y 86** Kritovoulos, *History of Mehmed the Conqueror*, trad. Riggs (Connecticut, 1954, pág. 51); **pág. 91** Polydore Vergil, *Three Books of Polydore Vergil's English History*, ed. H. Ellis (Londres, 1844, págs. 224-226); **pág. 98** *Cortés: vida del conquistador*, por su secretario Francisco López de Gomara, trad. Byrd Simpson (Berkeley y Los Ángeles, 1964, pág. 285); **pág. 107** Lane-Poole, *Bábar* (Oxford, 1999, pág. 165); **pág. 118** Martin y Parker, *The Spanish Armada* (Londres, 1988, pág. 268); **pág. 136** Wakeman, *The Great Enterprise* (Berkeley, Los Ángeles y Londres, 1985)/Kai-fu Tsao (disertación de 1965); **pág. 156** McKay, *Prince Eugene of Savoy* (Londres, 1977, pág. 164 según una fuente contemporánea); **pág. 169** de la correspondencia de Schuyler con Washington; **págs. 174 y 175** de la correspondencia personal de Cornwallis; **pág. 179** Lefebvre, *The History of the French Revolution* (París, 1924); **pág. 200** Webster, *The Personal Memoirs of Ulysses S. Grant* (Nueva York, 1885-1886, vol. I, pág. 53); **pág. 210** Woodworth, *Beneath a Northern Sky: a Short History of the Gettysburg Campaign* (Detroit, 2003); **pág. 215** Wawro, *The Austro-Prussian War: Austria's War with Prussia and Italy in 1866* (Cambridge, 1996, pág. 267); **págs. 218, 219 y 220** Churchill, *The River War: an Account of the Reconquest of the Sudan* (Londres, edición de 1933, págs. 163, 273 y 300, respectivamente); **pág. 236** Whiting Halsey, *The Literary Digest of the World War* (Nueva York, 1919, vol. 3, pág. 119); **pág. 278** Army Air Forces Statistical Digest: World War Two (1945); **pág. 282** Navarre, *Agonie de l'Indochine* (París, 1956, págs. 199-200).

Índice

Los números de páginas en *cursiva* hacen referencia a ilustraciones; los números en **negrita** se refieren al apartado principal.

abatis 21, 108, 109
Abd al-Rahman al Gafiqi 49, 50
Abisinia 218
Abraham, llanuras de 167
Abu Bakr 79
acorazados 185, 186, 225, 226, 228, 233, 234, 260, 261, 263
Acre 64
Actium, batalla de 17, 18, **38-41**
Adimanto 25, 26
Adenauer, Conrad 239
Adlertag (Día del águila) 248
Admiral Ushakov 226
Adowa 218, 220
Adrianópolis, batalla 18, **44-45**
Adriático, mar 19, 38, 114
Afganistán 27, 124, 287
África 35, 94, 124, 147, 181, 182, 221, 224; norte de 33, 47, 114, 255
Agincourt, batalla de 47, 48, **81-84**
Agripa, Marco Vipsanio 39, 40
Ahmed III, sultán 156
aillettes 75
Ain Jalut 47
Akagi 261-263
Akbar el Grande *108*
Aksehir 80, 85
Albany, John Estuardo, duque de 104
Albany, Nueva York 169-172
Albert, batalla de 241
Alemania 42-43, 48, 51-53, 103, 129-132, 133-135, 149-152, 159-162, 188-192, 216, 217, 224, 225, 229, 231, 237, 238, 240, 287
Alençon, Carlos de Valois, duque de 106
Aleppo 47, 78
Aleutianas, islas 261, 263
Alejandro Magno 18, 27-31
Alejandro, zar 188, *192*
alianza dual 217
Alí Pasha, Damad 156
Alí Pasha, Müezzinzade 115
Alí Pasha, Silahdar 156
Alí Pasha, Uluc *114*, 115-116
Allan, William 206

Alma, batalla del río 203
Almaz 228
Alp Arslan 58-60
Alpes 32, 103
al-Qaeda 287
Alsacia 178, 236, 243
Alvarado, Pedro de 98-102
Alyattes 60
Amalrico I 61
Amarillo, batalla del mar 225, 227, 228
Amarillo, río 37
Amasya 80
Ambion Hill 89, 90
Ambracia, golfo de 39, 40
Ambrosio, san 45
ametralladoras 238, 244, *256*, 289
Amiens, batalla de 241
Anatolia 23, 26, 58, 60, 78, 79, 80, 85, 110, 111, 113
Andrónico Ducas 60
Angers 272
Anhui, provincia de 36, 37, 280
Aníbal 17, 18, *32*, 32-35
Ankara, batalla de 47, **78-80**
Ansar al-Islam 288
Ansbach-Bayreuth, fuerzas de 176
Anse-au-Foulon 166
Antietam, batalla de 181, 182, 200, **206-209**, 210
Antioquía 61
Apocalipsis de Tréveris 48
Aquino, Avolos d', marqués de Vasto 105
Aquitania 49, 50
Arabia Saudí 288
Aragón 85
Arbela 31
arcabuces, arcabuceros 93, 100, *105*, 106, 117
arcos *19*, 21, *27*, 49, 50, *51*, 53, 53, 56, 74, 82, 83, 89, 100, 109, 127
Argentan 272
Argentine, Giles de 73
Argonne 243
Argyll, Archibald Campbell, conde de 96, 97
Arístides 24
Armada *13*, 93, **118-121**
Armada Real 246, 264
canadiense 264
armadura *12*, 27, 42, 55, 64, *72*, 73; coracero *131*; laminar 58, 67; elefante mogol *109*; *Tosei gusoku 125*
armas de fuego 94, 127, 128, 163, 181
Armée du Nord 178
Arminio 17, 18, 42-43
Armisticio 235, 242, 244
Arnim, Georg von 130, 131
Arnold, Benedict 169, *179*, 172
Arnulfo, familia 49, 50
arqueros 44, 47, 48, 53, 63, 75, 77, 78, 82, *82*, 83, 93, 94, 117
Arras 81
Arriano 27, 30
Arruncio, Lucio 40
Artajerjes I 26
Artemisia 25
Artemision 23
artillería 90, 96, 100, 107, 110, 140, 143, 150, 152, 155, 157, 158, 163, 164, 175, 178, 181, 182, 189, 204, 208, 216, 219, 223, 227, 238-243, 268, 283
Arundel, conde de 75
Ascalón 64
Asia 12, 102, 147, 164, 228, 282; central 12, 18, 44, 47, 65, 68, 94, 147, 181; oriental 124, 182, 224; sur 12, 164, 182
Asia Menor 19, 79, 80, 85, 88, 110, 142
Atbara 218
Atenas 9, 19, 20, 21, 22, 23, 26
Atlántico, batalla del 223, **264-267**
Atlántico, océano 120, 202, 264-267
Atlántico sur 206
atómicos, bombardeos 276-278
Attu 263
Aufidus, río 33
Augsburgo 51, 52
Augusto, emperador 17, 38, *38*, 40, 41, 42
Austerlitz, batalla de 186
Australia 12
Austria 142-145, 149, 159, 178, 188, 193, 217, 231
Autun 49
auxiliares 32, *33*, 110, 118, 156
ávaros 51, 65
Avars 51, 65
aviones 15, 241, 243, 262, 268, 286, 287
Avranches 272
Ayacucho, batalla de 181, **198-199**
Azerbaiyán 79

azteca, imperio 15
aztecas 92-93, 94, 98-101

B-29 Superfortress 276, 277, *277*
Baat, partido 289
Babur (Zadir al-Din Muhammad) 94, 107-109
bactrios 27
Bagdad 47, 58, 60, 66, 78, 288, 289, 290, *290*
Baidar 67, 68
Balaklava 203, *203*, 205
balas 94; Minié 181
Balcanes 58, 85, 110, 113, 217
Balduino IV 61
Balduino V 61
Balian de Ibelin 63, 64
ballestas/ballesteros 76, 77, *82*, 84, 90, 100, 127
Balliol, rey John 71
báltica, flota 225
Báltico, I Frente 274
báltico, Imperio 129, 155
Báltico, mar 129, 133, 225
Baltimore 211, 213
«banda negra» 106
Baner, general Johann 131
Bannockburn, batalla de 47, 48, **71-73**
Barbarigo, Agostino 116
Barbour, John 71, 73
Basilio II 58
Basora 288, 289
«batalla de las naciones» *véase* Leipzig
Battle Hill 55
Bavaria 51, 52, 129, 134, 135, 143, 144, 145, 148, 149, 150, 152, 158, 188, 215
Bayeux 268; tapiz de *46-47, 56-57*, 57
Bayezid I 78-80, *80*, 85
bayonetas 151, 162, 163, 182, 204
Bazán, don Álvaro de 116, 117
Beatty, David 232, 233, 235
Beaufort, Margaret 89
Beauregard, P. G. T. 200
Bedra 160
Beijing 69, 123, 136, 137, 280
Beirut 64
Bela IV 67
belga, Ejército 244
Bélgica 148, 177-179, 193, 197, 229
Belgrado 110, 142; batalla de 147, **156-158**

ÍNDICE

Bellicourt 240
Bielorrusia 224, 273-275; frente de 274, 275
Bemis Heights 169, 170
Benedek, Ludwig von 181, *215*, 215-217
Bengala 163-164
Bennington 169, 172
Berezina, río 153, 274
bergantines 100, *101*
Berlín 249, 259
Bernadotte, Jean-Baptiste 188-189, 191
Bernhard de Weimar, duque 133-135
Bialystok 250
Bicocca 103
Bien Hoa 286
Bihar 109, 164
bills/billmen 90, 91, 93, 96, 97, *97*
Birmingham, Inglaterra 168
Bismarck 264
Bismarck, Otto von 217
Bizancio 48, 58, 59, 80, 85
bizantino, Imperio 58, 60, 85
Black Prince 234
Blair, Tony 287-288
Blanquetaque 74
Blarenberghe, Louis Nicolas van *174-175*
Bleinheim, batalla de 148, **149-152**; tapiz *152*
Bletchley Park 264
Blitz 249
Blood, Holcroft 151
Blücher 232
Blücher, Gebhard von 188-191, 193, 195-196, *197*
Blue Ridge 210
Bobadilla, don Francisco de 118
Bock, Fedor von 250, 251, 255
Bóer, guerra 221
Bohemia 68, 129, 215
Bohun, Enrique de 71-72
Bolívar, Simón 198, 199
Bolivia 199
bombas *69*, 243, 276-278
Bonnivet, Guillaume Gouffier, señor de 103, 106
Böpfingen 133
Borbón, Carlos duque de 103-105
borderers 95, 96
Borgoña 49, 89, 106
Borodino, acorazados 226, 227
Bósforo, río 85, 86
Bosquet, general P. F. J. 203
Bosworth, batalla de 48, **89-91**, 95
Bothwell, Adam Hepburn, conde de 94
Boulemus, río 28
Bradley, Omar 268, 272
Bragadino, gobernador 113, 115
Brandon, William 90
Branxton Hill 95-97
Breitenfeld, batalla de 123, **129-132**, 133
Breslau 67
Brest 165, 183
Bretaña 89, 247, 272
Brienio, Nicéforo 60
Bristol 139, 141
Brody 275
Broquière, Bertrandon de la 86
Bruce, Roberto *véase* Roberto I de Escocia
Brunner 50
Bruselas 178, 193-197, 194, 195
Bryansk, Frente de 252, 253
Bucentaure 185, 186
Buckingham, duque de 89
Buda 112, 143
Budyszenski, bosque de 154, 155
Buena Esperanza, cabo de 225
Buford, John 212
Bug, río 275
Bulgaria 48
Bulksu 51
buques de guerra 39, *40*, 118, 226, 228

Burg, bastión 143, 144
Burgoyne, John 169, 171-172, *172*, 176
Burg Ravelin 144
Burnside, Ambrose Everett 209
Bursa 79
Busch, Ernst 273-275
Bush, George H. W. 287
Bush, George W. 287-288
Buxar 164

caballería *12*, 18, 21, 22, *22*, 27, 28, 29, 31-35, *36*, 48, *55*, 59, *59*, 64, 66, 71, 72, 78, 80, 82-83, *83*, 93, 105, 108, 109, 110, 111, 112, 124, 131, 132, 134, 139, 140, 141, 142, 145, 150, 151, 154, 155, 159, 161, 162, 164, 178, 189, 190, 192, 199, 212, 213, 214, 219, 230; derviche 219; ligera *49*, 50, 59, 62, 111, 114, 130, 134; otomana 143; pesada 44, 48, 50, 52, *53*, 59, 63, 66, 68, 94, 199
caballeros 5, 48, 55, 62, *66*, 71, *72*, 75, 76, 77, 83, *97*, 125, de Malta 114; Teutónicos 67, 231
cabo Bretón, isla de 165
cabo San Vicente, batalla de 184
Cádiz 183, 186
Caen 74, 268-271, *271*
Calais 77, 81, 120, *121*
Calcuta 163-164
Calder, almirante 183
califa 218-221
California 202
Callao 199
calvinistas 129
Cambrai 244; batalla de 240
Camden 169
camellos, cuerpo de 219
Camoys, Thomas Lord 83
Campbell, Archibald, conde de Argyll 96, 97
Cam Ranh, bahía de 226
Canadá 165-168, 170
Cannas, batalla de 17, 18, **32-35**, 45
canoas 101, 102
Canrobert, general F. C. 203
Canuto, rey 54
Cao Van Vien 185
cañoneros (embarcaciones) 204, 219, 220
cañones y armas 75, 81, 85, 86, *88*, 89, 93, 94, 95, 100, 105, *105*, 109, 111, 112, 116, 129, 130, 134, 143, 144, 151, 154, 155, 163, 175, 178, 182, 186, 201, 204, 207, 214, 219, 225, 231, 243, 243, 244; ánima lisa 94; antiaéreos *247*, 261; campo de batalla 143, 157; fusil de aguja 216; fusil de chispa 107, 109; fusil de pistón 181; pistolas 131, *151*; popa 119; proa 119; *véanse también* ametralladoras; pistolas; rifles
Caprara, Albert 142
Capua, busto de *32*
Carcasona 49
Carlomagno 49
Carlos I *138*, 138-141
Carlos IV, duque de Lorena 133, 143, 144, 145
Carlos V, Sacro Emperador Romano 103, 112
Carlos VI de Francia 84
Carlos IX 113
Carlos XII de Suecia 147, 153-155, *155*
Carlos, duque de Borbón 103-105
Cárpatos, cuenca de los 51, 53
Carpiquet, aeródromo 270
carros 28, 30; protección 44, 45
Cartago 18, 32, 35
cascos 27, *34*, 64, 83, *97*, 143, 230; «beocios» *34*; Pembridge *76*
Castello Mirabello, Pavía 104-105
Castelnau, Edouard de 238
Castilla 98

Castries, Christian de 282
Catalina de Valois 84
Cathcart, sir George *205*
Cáucaso 79, 225, 256
Caures, Bois des 236, 238
Cefalonia 115
celtíberos 33
Cerro Gordo 201
Chabannes, Jacques de, seigneur de la Palice 103
Chaghatay 78
Chaldiran 107, 108
Chamberlain, Joshua 213
Champlain, lago 165, 169
Chancellorsville 210, 212
Chandée, Filiberto de 89
Chandernagore 164
Chandiri 109
Changchun 280
Chantilly, Château de 236
Chapoltepec 100, 201
Charleroi 195
Charleston 176
Checa, república 215-217
Chemin des Dames 244
Chen Yi *279*, 280-281
Cheng-gao 37
Cherburgo 268, 269
Chernyakovsky, Ivan 275
Chesapeake Bay 173, 176
Cheshire 89, 95, 97
Chester 141
Chiang Kai-shek *véase* Jiang Jieshi
Chikuzen, provincia de 125
China 12, 17, 18, 36-37, 47, 65, 66, 68, 69, 70, 93, 94, 124, 136-137, 182, 276, 282; Gran Muralla 65, *137*; llanura central *137*; República Popular 279
Chipre 113, 114, 117
Chliat 59, 60
Cho Lon 286
Chu 36-37
Chuikov, Vasily 256, 257, 259
Chuquisaca 199
Churchill, John, primer duque de Marlborough 148, *149*, 149-152
Churchill, Winston 218, 219, 220, 245, 260, 264, 271
Cien Años, guerra de los 74, 81
cipayos 163
Cirenaica 39
Clarendon, conde de 138
Clausewitz, Carl von 192
Clavijo, Ruy González de 78, 80
Clemente VII, papa 104
Cleopatra VII 17, 38-41, *39*
Clifford, Robert 72
Clinton, general sir Henry 170-171
Clive, Robert 163-164, *164*
Clouet, Jean *103*
Clunn, Tony 43
Coale, Griffith Baily 262
Coldstream, Guardia de 204
Collingwood, sir Cuthbert 184-186
Colonia 179
Colombo 260
comando de asistencia estadounidense en Vietnam 284
Comnemo, Alexis 60
«Compañeros» 27, 30
Compañía de las Indias Orientales 163, 164
Compiège, bosque de 244
comunismo 224, 279-281
Confederación de Alemania del Norte 217
confederados 209, 210, 214; ejército 206-208, 211-214
Connewitz 189, 191
Conrad 52
Consejo imperial de guerra vienés 156
Constable, Marmaduke 95

Constantino X Ducas 59
Constatino XI Palaiologos 85
Constantinopla 48, 50, 59, 80, 203; caída de **85-88**
continental, Ejército 140, 172, *173*
contravalación 157, *158*
Contreras 201
Convención Nacional 177-179
Cook, James 166
coraceros 131, *131*, 143
Coral, batalla del mar del 260, 263
Córdoba, José María 198, 199
Corea 12, 69, 225, 228, 279; del Norte 287; estrecho de 225-228; guerra de 224
Corinto, golfo de 38, 113-117; istmo de 23
Cornualles 138
Cornwallis, charkes 173-176, *175*
Cornwell, John 235
Cortés, Hernán 98, 98-102, *102*
Coruña, La 118
cosacos 154, 155
cota de malla 33, *33*, 54, *64*, 72, 143
Cotentin, península de 269
Coyohuacán 100, *100*, 101
Cracovia 67, 143
Craso, Publio Canidio 41
Crawford, conde de 96
Crécy, batalla de 47, 48, **74-77**, 82
Cresson, fuentes de 62
Creta 114, 142, 156
Crimea 203-205
Croacia 111
Cromer, lord 218
Cromwell, Oliver 124, *139*, 139-141
cruceros 225, 226, 228, 232, 234, 261-263
Cruzadas: Primera 58, 60, 61; Séptima 64
Cuarto (IV) Ejército británico 240-242, 244
Cuarto (IV) Ejército *panzer* 252, 256, 257, 274, 275
Cuarto (IV) Ejército rumano 257
Cuauhtemoc 98-102
Cuba 98
Çubuk: llanura 79; río 79, *79*
Cuerno de Oro 86, 88
Cuerpo canadiense 244
Cuitlahua 99
Culp's Hill 212, 213
cumanas, tribus 67
Cumberland, valle de 214
Curcio Rufo 30
Currier & Ives 211, 212

Dacre, lord Thomas 95, 96
Dahl, Michael *149*
Dalian 280
Damasco 47, 61-64, 79
Dampierre, marqués de 178
Danhauer, Gottfried *153*
Danishmends 60
Dannenberg, general P. A. 203-205
Danubio, río 44, 51, 53, 110, 111, 143, 148, 150, 156, 157, 158, 203
Darío I 19, 23
Darío III 27-31
Datis 21
Davidson, Phillip B. 285
Davis, Jefferson 206, 207, 210
Décimo (X) Ejército francés 241
Decio 45
Defence 233
Delbrück, Hans 14
Delhi 47, 108, 109
Demetrio 85
Dempsey, Miles 271
Deng Xiaoping *279*, 281
Derfflinger 233
Destacamento de fuerza XVI 262
Destacamento de fuerza XXVII 262

299

ÍNDICE

destructores 234, 262, 263, *264*
Detmold 43
Devil's Den 213
Devon 141
Día D 268, 270
Dien Bien Phu, batalla de **282-283**, 284
Digby, almirante 174
Dighton, Dennis *195*
Dinamarca 153, 215
División Ligera *203*
Dniéper, río 154, 155
Dogger Bank, batalla de 232; incidente de 225
Döhla, Johann Conrad 173, 176
Don, Frente del 152
Don, río 255
Donauwörth 149-152
Donets, cuenca del 255
Dongola 218
Dönitz, Karl 265-267
Don-Volga, canal 113
Doolittle, coronel 276
Dorgon 137
Doria, Gian Andrea 117
Dornbach 145
Dornier Do 17 246
Dowding, sir Hugh 247, 248
dragones 131, 134, 145, 155
Drake, sir Francis 119
Dreadnought 228, 233
Dresde 188
Driant, Emile 236, 237
Drocourt-Queant, línea 242
Düben 131, 132
Dumanoir, almirante 185, 186
Dumouriez, Charles François 177-179
Dunbar 71, 141
Dunker, iglesia de 208, 209
Dupplin Moor 73
Du Yuming 281
dzhungars 124

Ederheim, río 135
Edesa 61
Edgehill, batalla de 138
Edimburgo 95
Edirne 44, 85, 142
Edo (Tokio) 128
Eduardo, duque de York 83
Eduardo I 71
Eduardo II 48, 71-73
Eduardo III 74-77, 81, 82
Eduardo IV 89
Eduardo el Confesor 54
Eduardo, príncipe de Gales 75, 76
Éfeso 60
Effingham, Charles Howard 119
Eger, río 133
Egipto 38, 39, 40, 47, 48, 59, 61, 113, 218
Eisenhower, Dwight D. *269*
ejército
    de Flandes 118
    de la República de Vietnam 284, 285
    del Norte 188
    del Potomac 206, 209, 211-214
    de operaciones de China oriental 279-281
    de operaciones de las llanuras centrales (China) 279-281
    de Silesia 188, 190
    de Virginia del Norte 206, 210, 211
    egipcio 218
    Imperial (Reichsarmee) 159-162
    oriental (Japón, Sekigahara) 126, 127
    Popular de Liberación (China) 279-281
    Popular de Vietnam 284-286
    Rojo 140, 250, 254, 255
Elba 193; río 42, 224
elefantes de guerra 78, 94, 107, 109, *109*
Eleusis, bahía de 24, 25
El Peñón 201

Elster, río 188, 192
Elve, río 215
empalizada *42*
Enigma, máquinas codificadoras 264, 267
Enola Gay 277
Enrique II de Silesia 67, 68
Enrique IV 121
Enrique V 48, *81*, 81-84
Enrique VII *89*, 89-91
Enrique VIII 95, 103
Enterprise 262, 263
envolvimiento 157, 158, *158*
Errol, conde de 96
Érsekújvár/Neuhäsel 142, 143
Erwitte, coronel 130, 132
Erzincan 60, 79
Erzurum 60, 79
Escandinavia 54
Escipión el Africano 33
Escipión, Publio 33
escitas 27
Escocia 71-73, 89, 95, 141
Escuadrón ruso del Pacífico 225
escudos 20, 21, 33, *33*, 76, *143*
Esmirna 60
espadas 42, 48, 50, 55, 71, 94, *136*
España 32, 33, 47, 49, 50, 51, 98, 102, 103, 114, 121, 135, 174, 183-187, 198, 199, 225
Esparta 17, 20, 22, 23
Esquilo 23
Essex, conde de 139
Estados Unidos 147, 224, 228, 263, 266, *267*, 284, 285
Estambul 13, 85, 113, 117, 142, 156
Estonia 273
Estuardo, John, duque de Albany 104
Etereldo el Iletrado 54
Eudo, duque 49, 50
Eugenio de Saboya, príncipe 6, 150, 156-158, *156-157*
Éufrates, río 27, 79
Eurasia 18, 69, 78, 224
Euribíades 23, 26
Ewell, Richard 210, 213
Eyüb 86

Fabio Máximo 32
Fairfax, sir Thomas 139
Falaise 272
falange 28, 29, *29*, 30
falangistas 28
Falerón, bahía de 26
Falkenhayn, Erich von 236-239
Falkirk 71
Famagusta 113, 114
Fashoda 221
Federico el Grande 148, *159*, 159-162
Federico Guillermo III *192*
Federico II, emperador 67
Fedípides 22
Felipe II de España 15, 114, 118, *118*, 119-121
Felipe IV de España 133
Felipe V de España 149
Felipe VI de Francia 74-75, 77
fenicios 24
Fenton, Roger *203*
Fernando, príncipe 133
Fernando, rey de Hungría 133
Fernando II, Sacro Emperador Romano 123, 129
Fernando de Habsburgo, archiduque 112
Ferrand, general 178, 179
Ferrol 183
Filadelfia 172
Filipinas 15, 260
Finlandia 273
Flandes 120
flechas 28, 66, *74*, 96

Fletcher, Frank 262
Fleurus 179
Flodden, batalla de 93, **95-97**
Florencia 106
Flota combinada (japonesa) 225, *225*, 261
Flota de Altamar (alemana) 232-234, *234*, 235
Flota del Norte (mongol) 70
Flota del Sur (mongol) 70
flotillas 24
Foch, Ferdinand 243, 244
Formidable 185
fortaleza de Douaumont 238
fortalezas 128, 236
Fort Carillon (más tarde Ticonderoga) 165, 167, 168, 169
Fort Duquesne 165
Fort Edward 170
Forth, río 71
fortificaciones 108, 113, 143, 175
fragatas 184, 226
framea 42
Frameries 178
Francia 47, 49-50, 51, 74-77, 81-84, 90, 95, 103, 148, 149, 159, 165, 172, 174, 177, 178, 192, 193, 205, 209, 216, 218, 224, 225, 229, 230, 231, 236-239, 240-244, 268-272; caída de 265; liberación de 168
Francisco I de Austria 188, *192*
Francisco I de Francia *103*, 103-106
François, Herman von 230
Franconia 144
francoprusiana, guerra 217
francos 48, 49-50, 60-62
Franks, Tommy 287, 288
Fraser, Simon 171
Fredegario, Crónica de 49, 50
Frederick, Maryland 207, 211
Frente oriental 223, 228, **240-244**
Frente sudoeste (Stalingrado) 257
Fritigern 44-45
Froissart 75, 76
Frunsberg, Georg von 105, 106
fuerte
    Clinton 170
    Constitution 170
    George 165
    Montgomery 170
    Niágara 167
    Ontario 165
    Oswego 165
    William (Calcuta) 163
    William Henry 165
Fuerzas especiales estadounidenses 289, 290
Fukien 70
Fürstenberg, conde 130, 131
fustas 115

Gainsborough, Thomas 175
Gaixian, batalla de 17, **36-37**
galeazas 116
galeotes 115
galeras 18, 85, 114, 116-117
Gales 89, 91, 138, 139, 141
Galilea, mar de 61
Galliéni, Joseph 236
Gallípoli 85
Gallas, conde Matteo 133
galos 32-34
Gascuña 74
Gates, Horatio 169, *169*, 170-171
Gaugamela, batalla de 18, **27-31**
Gaulle, Charles de 239
Geffels, Franz 145
generales, batalla de los *véase* Ayacucho
Gengis Kan 65, 66, 107
Génova 85, 114
George, lago 165

Georgette, ofensiva (abril de 1918) *243*
Gerard de Ridefort 63
Gerhard de Augsburgo 51-53
Gettysburg, batalla de 181, **210-214**
ghulams 63
Gibraltar 183
Gifu, prefectura de 125-127
Ginebra 283; conferencia de 283
Giustiniani Longo, Giovanni 86, 88
Gloucester, conde de 71, 73
Gloucester (Inglaterra), asedio de 139
Gloucester (Nueva Jersey) 176
Gneisenau, general conde 188
godos 44, 45
Godwin de Wessex 54
Goleta, La 117
Golfo, guerra del 223, 288
Gomarra, Francisco López de 98
Gongxian 37
Gorchakov, general 205
Gordon, Charles 218
Gordov, Vasily 256, 257
Göring, Hermann 247, 248, 257, 258
Gorlice-Tarnów, campaña 231
Gouffier, Guillaume, seigneur de Bonnivet 103, 106
Graciano 44
Graham, William, conde de Montrose 96
granadas 242, 243, 289; rifle *272*
Gran Bretaña 32, 149, 160, 163, 188, 193, 209, 218, 225, 230, 231, 245-249, 264, 265, 266; batalla de Inglaterra **245-249**, 264
Gran Colombia 198
Gran Flota británica 232, 234-235
Grande Armée 188
grandes guerras italianas 103
gran guerra del Norte 153
Grant, Ulysses S. 200
Gravelines 121, *121*
Graves, almirante Thomas 174
Gravina, almirante don Federico 185, 186
Grecia 18, 19-22, 23-26, 38-41, 48, 113
Greene, Nathanael 169
Grouchy, Emmanuel de 196, 197
Grupo A del Ejército 255, 256, 258
Grupo B del Ejército 255, 256, 269
Grupo Centro del Ejército 250, 251, 252, 254, 270, 273, 274, *275*
Grupo Centro del Ejército alemán 224
Grupo Don del Ejército 257
Grupo Norte del Ejército 250, 251, 273, 275
Grupo Norte del Ejército de Ucrania 274, 275
Grupo Sur del Ejército 250, 252, 255
Guadalupe Hidalgo 202; tratado de 202
Guam 260
Guardia Imperial francesa 194, 197
Guderian, Heinz 251-254
guerra
    americana de Independencia 140, 173
    civil
        americana 181, 182, 206, 209, 210
        china 224, 279-280
        francesa 118
        inglesa 138
        rusa 140
    de Independencia (Perú) 199
    de religión 106
    de sucesión austríaca 151
    de sucesión española 149, 156, *157*
    Guerra Fría 278, 279
    guerras de independencia Inglaterra-Escocia 71
guerrilla 224, 279
Guillermo de Poitiers 54
Guillermo de Tiro 61, *61*, 64
Guillermo el Conquistador *54*, 54-57
Guillermo II, káiser 232, 235

Guling 37
Gumbinne, batalla de 229
Gustavo Adolfo, rey 123, 129, *129*, 131-133, 151
Guthrie, William P. 129
Guy de Lusiñán 61-64
Guzhen 36, 37
Guzmán, Gaspar de 133
Győr (Raab) 142, 143

Habsburgo, dinastía 103, 106, 110, 112, 129, 142, 143, 145, 148, 149, 156-158
Habsburgo-otomanos, guerra 158
hachas 71, 72
Haig, Douglas 240
Haití 148
Hakata, batalla de la bahía de 12, 47, **69-70**
Hale, Edward Matthew *182*
Halicarnaso 25
Halidon Hill 73
Halifax 165
Hall, Edward *95*
Han 36-37
Han, Imperio 17, 18
Han Xin 37
Hanau 192
Hancock, Winfield Scott 213
Hanoi 282
Hannover 215
«Happy Time», primero/segundo 265-266
Harald de Noruega, rey 54, 55
Harbin 280
Harfleur 81
Harlech, Castle 141
Harold, rey *46*, 47, 48, 54-57
Harper's Ferry 207
Harrisonburg 210
Haryana, región de 107-109
Hastings, batalla de *46*, 47, 48, **54-57**
Hatfield, Thomas 76
Hattin, batalla de 48, **61-64**
Hawker Hurricane 247
Haye Sainte, La 196, 197
Hayman, Francis *164*
Hebei, provincia 136-137
Heilbronn, Liga de 133
Heinkel He 111 246, *246*
Heller, Rupert *105*
Hepburn, Adam, conde de Bothwell 96
Hereford, conde de 71, 73
Heródoto 19. 23, 24, 25
Hessen Darmstadt, regimiento 162
Hiddesen 43
Hideaki, Kobayakawa 126
Hideie, Ukita 126
Hideyoshi, Hidetada 126
Hideyoshi, Toyotomi 126
highlanders 96, 97
Hill, A. P. 207, 209, 211, 212
Hill, D. H. 207, 208
Himalaya 27, 31
Himeji, castillo de 128
Hindenburg, línea de 240, 242, 244
Hindenburg, Paul von *229*, 229-231, 244
Hipias 19, 20
Hipper, Franz 232, 233
Hiroshima 276, 277-278
Hiryu 261, 262, 263
Hitler, Adolf 174, 224, 245, 248, 249, 250, 254, 256, 257, 258, 269, 270, 272, 275
Ho Chi Minh 282
Hoepner, Erich 252
Hokkaido 126
Holowczyn 153
Holstein 215; regimiento de infantería 130, 131
Holzhausen 191
hombres de armas 75, 76, 77, 82, 90, 106
Home, lord Alexander 96-97
Home Ridge 204

Hooghly, río 164
Hooker, Joseph 208, 210, 212
hoplitas *4*, 16-17, *20*, 21
Horacio 41
Horda de Oro 78
Horn, conde Gustav 131-134
Hornet 262, 263
Horsfall, C. M. *218*
Hosho 261
Hosogawa, Boshiro 261
Hospitalarios 62, 64, 67
Hostiliano *45*
Hoth, Hermann 252, 256
Hougoumont 196
Howard de Effingham, lord Charles 119
Howard, Edmund 95, 96
Howard, Oliver 212
Howard, sir Thomas 95
Howard, Thomas, conde de Surrey 95-97
Howard, Thomas, duque de Norfolk 90-91
Hual-Hal, batalla de 224, **279-281**
Huai, río 280
Hudson, río 169, 170, 172
Hue *285*, 286
Hughes, G. E. 268
Hull, asedio de 139
Humphrey de Gloucester 83
Hungría 51, 65, 67, 68, 85, 93, 110-112, 123, 129, 142, 149, 157, 231, 273
Hungerford, Walter 82
hunos 44, 51, 65
Huntingdon, conde de 75
Huntley, conde de 96
húsares 160
Husayn, sultán 79
hypaspists 28

Iconium 60
Idiáquez, don Juan de 118
Idiáquez, regimiento 134
Ieyasu, Tokugawa 125, 126, 128
Îles des Saintes 176
Iller, río 51
Imperio romano oriental 48
inca, Imperio 15, 94
Indefatigable 233
India 12, 15, 78, 94, 107-109, 124, 147, 163-164, 175
Índico, océano 113, 225, 260
Indochina 226, 283, 284; guerra 282
Indo, río 19
Indostán 12, 93
infantería *16-17*, *19*, 21, 22, 27, 28, 32, 34, 35, *37*, 44, 45, 48, *51*, 53, *58*, 62, 64, 66, 68, 71, 80, 83, 90, 94, 103, 107, 110, 112, 114, 130, 131, 134, 139, 140, 143, 150, 151, *154*, 155, 159, 160, 162, 164, *182*, 190, 199, 212, 220, 223, *230*, 236, 237, 238, 242, 250, 269
Inglaterra 54-57, 71, 74, 88-91, 95-97, 118-121, 123, 138-141, 238, 248
Inglaterra, batalla de 15, 223, **245-249**, 264
Ingolstadt 152
Inkerman, batalla de 181, 182, **203-205**
«inmortales, los» 27
Inocencio XI, papa 143
Invincible 233
Irán *19*, 27, 78, 80, **287-290**
Iraq, guerra de 15, 224, **287-290**
Irbil 27
Ireton, Henry 140
Irlanda 172, 175
Isabel de Francia 75
Isabel I 118, *119*
Isa, príncipe 80
Isolano, conde 130
Italia 32-35, 38, 42, 51, 103-106, 183; unificación 217
Ixtlapalapan 99, *100*, 101
Ixtlilxochitl 99

jabalina 28, 30
Jackson, Thomas «Stonewall» 207
jacobinos 179
Jacobo IV de Escocia *95*, 95-97, *97*
Jafar, Mir 164, *164*
Jalair, Ahmed 79
James, río 174
Jan III Sobieski *142*, 143, 144
Japón 12, 24, 47, 69-70, 123, 125-127, 182, 223, 225, 228, 263, 276-278, 279, 280; ataque aéreo norteamericano **276-278**
Jartum 218-221
Jean le Bel 74
Jellicoe, sir John *232*, 232-235
Jemappes, batalla de 148, **177-179**, 193
Jena, batalla de 162
jenízaros 80, 88, *88*, 110, 111, 112, *112*, 142, 144, 156
Jerjes I *23*, 23-26
Jerusalén 61, *62*, 64
Jiang Jieshi (Chiang Kai-shek) 279
Jiangsu, provincia 37, 280
Joffre, Joseph 236-239
Johann Georg III 143
John de Luxemburgo, rey de Bohemia 76
John George, elector de Sajonia 129
Jomini, Antoine Henri 192
Jordán, río 62
Juan de Austria, don 94, 114-117, *115*
Julio César 38
Junín 198
Junkers Ju 87 Stuka 246, 248
Junyo 261
Jutlandia, batalla de 187, 223, **232-235**

Kabul 107, 109
Kadan 67, 68
Kaga 261-263
Kagekatsu, Uesugi 126
Kahlenberg 142, 144
Kalach 257
Kalak 288
Kalkriese 42
Kamakura 70
Kanawha, valle de 206
Kanto, llanura de 126, 128
Kanua 109
Kara (negros), tártaros 80
Karabagh 79
Karakoram 66, 68
Karakonyulu, turkmenos 79
Karaman 85
Karbala 288
Kawasaki 277
Keedysville 207
Keith, sir Robert 77
Kelly, Robert *221*
Kemah, fortaleza de 79
Kenshin, Uesugi 126
Keza, Simón de 53
Khrushchev, Nikita 280
Kiev 251
Kirkuk 288, 290
Kiska 263
Kitchener, Herbert *218*, 218-221, *219*
Kizilirmak, río 79
Kluge, Günther von 270, 272
Kobe 277
Kohl, Helmut 239
Kolmberg 189
Komárom 142
König 233
Königgrätz 215
Kriegsmarine 264
Kubilai Kan 69-70
kurdos 287, 290
Kuwae, isla de 86
Kuwait 287, 288
Kyoto 126, 128
Kyushu 69, 70

La Hir, George 236
Lahore 164
Lancashire 89, 95, 97
lanceros 100; XXI 220
Landau 152
Landsknechts 103-105, 106, *106*
Langdale, sir Marmaduke 140
Langport, batalla de 141
Lannoy, Charles de 103-105
lanzas 27, 33, 42, *42*, 50, 55, 73, 89, 94
Laos 292
Lara, general 199
Larga Marcha 279
Latinoamérica 148; guerras de independencia en 181
Le Mans 272
Lech, río 51
Lechfeld, batalla de 48, **51-53**
Lee, Robert E. 200, 201, 206 212, *213*, 214
Lefebvre, Georges 179
Leganés, marqués de 133
legiones romanas *32*, *42*
legitimistas 173
Legnica *véase* Liegnitz, batalla de
Leicester 140
Leicestershire 89-91
Leipzig *14-15*, 129-132, 159; batalla de 181, **188-192**, 193
Lethen 162
Lel 51
LeMay, Curtis 276, 277
Leningrado 250
Lennox, Matthew Stuart, conde de 96, 97
Leopoldo, emperador 142, 143
Lepanto, batalla de 93, 94, **113-117**
Leslie, Alexander 139
Lesnaia 154
Letonia 250, 273
Levkas 38
Lexington 260
Leya, Antonio de 104
Liaotung, península de 228
Libia 33, 34
libios 33, 35
Lichfield, guarnición de 89
Liddell Hart, capitán Basil 14
Lidia 19
Liebertwolkwitz 189
Liegnitz, batalla de 47, **65-68**
Liga Católica 129, 130, 132
Liga Santa 113, 114-117, 145
Ligny 195, *196*
Lima 198
Lincoln, Abraham 206, *206*, 209, 212
Lindemann, Georg 274
Lindenau 189-191
Linz 143
Lisboa 118
List, Siegmund 255
Lituania 142, 250
Little Round Top 213
Liu Bang 36-37
Liu Bocheng *279*, 280, 281
Liu Zhi 280
Li Zicheng 136-137
Löbl, bastión 143
Loderbach, río 130, 131
Lodi 103; dinastía 107
Lodi, Daulat Kan 107
Lodi, Ibrahim 107-109
Loira, río 49
Lombardía 103-106
Londres 55, 138, 187, *246*, 249
Long Binh 286
Longstreet, James 211, 213
Lorena 178, 236-239
lorica hamata 33
lorica segmentata 33
Lostwithiel, batalla de 139
Loudon, Gideon Ernst von 161, 162

ÍNDICE

Louisbourg 165
Lublin 275
Ludendorff, Erich 229, 229-231, 241, 242, 244
Ludovisi, sarcófago 45
Luftwaffe 245, 246-247, 248, 249, 251, 257, 258
Luis II de Jagiello 110, 110-112
Luis XIV 142, 149, 157
Luis XVI 178, 179
Luis XVIII 193
Luis de Francia, san 64
Luis Felipe, rey 179
Luis Napoleón 205
Luoyang 136
lusitanos 33
luteranos 129
Lützen 132
Lützow 233, 234
Luxemburgo 177

Macdonald, Hector 220
Macedonia 27, 39, 41, 27, 58
Madagascar 225
Magdeburgo 51
Magnesia 26
Mago 33
magiares 48, 51, 53
Mahan, Alfred Thayer 182, 227
Maharbal 33, 35
Mahdiyya 218
Maidenek 275
Maine, XX Regimiento del 213
Malatya 58
Malazgirt 58
Malplaquet 151
Malta, Caballeros de 114
mamelucos 47
Manassas, segunda batalla de 206
Mancha, Canal de la 55, 103, 118-121, 245, 268
Manchester, Inglaterra 138
Manchú, dinastía 123, 124, 134, 136, 137
Manchuria 225, 228, 279-281
Manhattan, Proyecto 277
Manila 102, 228
Mansfield, Joseph 208
Manstein, Erich von 257, 258
Manzikert, batalla de 48, **58-60**
Mao Tse Tung 279-281
Maratha 164
Maratón 22; batalla de 12, 17, **19-22**
Marcelino, Amiano 44, 45
Marchand, Jean-Baptiste 221
Marco Antonio 17, 38-41, 39
mar de Japón, batalla del 225
Mardonio, general 26
Marianas, islas 276
Marignano 103
Marina estadounidense 264, 266
Markleeberg 189
Marlborough, John Churchill, primer duque de 148, 149, 149-152
Mármara, mar de 86, 88
Marmont, Auguste de 190
Marne, río 231, 240
Marshall, George C. 280
Marston Moor, batalla de 139, 140-141
Martel, Carlos 49-50
Maryland 206-210
Maskana 63
Masurianos, batalla de los lagos 231
Mauronto, duque de Marsella 50
Max Emanuel de Baviera 149-152
Maximiliano II Emanuel 143
McClellan, George B. 200, 206-209
Meade, George Gordon 211-213, 213, 214
Meandro, río 26
Medina 289
Medina Sidonia, duque de 118-121
Mediterráneo 27, 47, 49, 93, 94, 110, 113, 117, 183, 184, 225, 249, 266

Mehmet I, sultán 80
Mehmet II, sultán 85, 85-88
Mehmet IV, sultán 142, 145
Melitene 58
Menguchekids 60
Menshikov, príncipe Alexander Danilovitch 154, 155, 203, 204
Merian el Joven, Matthaeus 124
Mérode-Westerloo, conde de 149
merovingia, casa real 49
Mesopotamia 27-31, 32, 47
Messerschmitt Bf 109 245, 246, 247, 248, 249
Messerschmitt Bf 110 246
Messina 114
Meulener, Pieter 134
mexicana, guerra 202
México 93, 98-102, 200, 202; batalla de 181, **200**-202; ciudad de 98, 102
Michael, ofensiva 241
Midlands 89, 139, 141
Midway, batalla de 223, **260-263**
Miguel VII Ducas 60
Mikasa 225, 227, 228
Mikuma 263
Milán, captura de 103
Milcíades 21
Ming, dinastía 70, 124, 136
Minsk 274, 275
Miran Shah, príncipe 79
Mitsunari, Ishida 126-128
Mitsuyoshi, Tosa 127
Mitterand, François 239
Möckern 189, 190
Moctezuma, rey véase Moteuczoma Xocoyotl
Model, Walter 272, 274, 275
Mogami 263
mogol, Imperio 93, 94, 107, 124, 163
Mohács, batalla de 93, 94, **110-112**
Mohi 67
Molino del Rey 201
Molony, general de brigada C. J. C. 14
Moltke, Helmuth von 181, 215, 215-217
monarquía dual 217
Monet, Antonio 198, 199
mongoles 12, 47, 51, 65, 66, 67, 67, 68, 69, 70, 94, 112, 123
Mongolia 65, 124
Mons 177-179
Montcalm, Louis-Joseph, marqués de 165, 165-168
Montgomery, general Bernard 268-272, 269
Montmorency, campamento, Quebec 166
Montreal 168
Montrose, William Graham, conde de 96
Mont-Saint-Jean 194, 196
Mont-Saint-Quentin 242
Moray, conde de véase Randolf, Thomas
Morea (Peloponeso) 85, 156
Morgan, Daniel 169, 171, 172
Mortain 272
morteros 86, 143, 242, 243
Mort Homme, monte 238
Mosa, río 236, 238
Moscú 154, 255, 257, 258; batalla de 224, **250-254**
mosqueteros 130-131, 134, 140
mosquetes 140, 155, 182; de mecha 94; torador 164
Mosul 288-290
Moteuczoma Xocoyotl 98-102
Muhi, batalla de 112
Mulberry, puertos artificiales 269
Munnuza 49
Muong Thanh, puente 283
murallas 48, 55, 56, 56
Murat, Joachim, rey de Nápoles 189, 190
Murshidabad 164
Musa, príncipe 80

Mustafa, príncipe 80
Myshkova, río 257

Nacionalista, XII Ejército (chino) 281
Naciones Unidas 287
Nagamasa, Kuroda 125
Nagasaki 276, 277-278, 278
Nagoya 126, 277
Nagumo 262
Magumo, Chuichi 260, 261
Najaf 288, 289
Nanjing 280, 281
Nantes 32, 104, 186, 188, 272
Napoleón 152, 162, 181, 183, 184, 187-192, 193, 193-197
napoleónicas, guerras 188, 193, 199
Narbona 50
Narva 153
Narváez, Pánfilo de 98, 99
Naseby, batalla de 123, 124, **138-141**
Nash, Paul 247
Nasiriya 288
nativos americanos 148, 165
Naupactus 113-117
Navarre, Henri 282
navegación comercial 264-266
Nazaret 47
Nebogatov, N. I. 225
Negro, mar 27, 88, 110, 113, 203, 205
Nelson, Horatio 168, 183, 183-187, 187
Neresheim 133, 135
Newbury, segunda batalla de 139
New Model Army 139-141
New, Michel 190, 195
Nicea 60
Nicodemus Hill 208
Nicópolis 48
Nicosia 113
Nikópolis 41
Nilo, batalla del 183, 185; río 218; valle del 218, 221
Nimes 49
Nimitz, Chester 261, 262-263
Niš 158
Noailles, François de 113
Nobunaga, Oda 126
Nördlingen, batalla de 123, 124, **133-135**
Norfolk, Thomas Howard, duque de 90-91
Normandía 54, 74-77, 81, 268-272; batalla 224, **268-272**, 273
normandos 47, 48, 54-57, 60
Noroeste, Frente del 229
Norteamérica 13, 124, 148, 165, 177
Norte, mar del 225, 232-235
North, Lord 176
Northampton 138-141
Northampton, conde de 75
Northumberland 95-97
Northumberland, Henry Percy, conde de 90
Noruega 247
Noyon, batalla de 241
Nueva Inglaterra 172
Nueva Guinea 260
Nueva Jersey 173-176
Nuevo México 202
Nueva York 169, 170, 173, 174, 176
Numidia 33
Nussberg 145

Oberglau 150
obús 242
Oceanía 181
Octavio, Marco 41
Octavio véase Augusto
Octavo (VIII) Ejército alemán 229, 230
Odon, río 270
Ofanto, río 33
ofensivas de paz alemanas 240

Ogoday, kan 68
Oka, río 253
Olid, Cristóbal de 100
Olympias 18
Omaha, playa de 268
Omdurman, batalla de 181, 182, **218-221**
Ontario, lago 165, 168
operación
  Bagration 224, **273-275**
  Blue 255-256
  Bluecoat 272
  Castor 282
  Cobra 272
  Drumroll 266
  Epson 269, 270
  Libertad iraquí 288-290
  Meetinghouse 277
  Overlord 268
  Tifón 251, 252-253
  Tormenta del desierto 287
  Totalize 272
  Urano 257
Operation Seelöwe 245, 249
Oppeln 67
Orban 85
Orden Perdida 207
Orel 227
Orhan 85, 86
Oriente Medio 68, 78, 110, 113, 255
Oriflamme 76
Orsha 274
Orsova 110
Osaka 127, 128, 277; castillo 126; batalla de 128
Osama bin Laden 287
Osliabia 226, 227
Osman, casa de 80
Osnabrück 43
otomano, Imperio 110, 112, 113
otomanos 47, 79, 80, 85, 86, 88, 93, 94, 107, 108, 111, 113, 123, 142, 145, 156, 158
otomano-veneciana, guerra 142
Otón I 51-53, 51
Oxenstierna, canciller 133
Oxford 138, 141
Oxford, John de Vere, conde de 89-91

Pacífico, Flota del (EE. UU.) 260, 263
Pacífico, guerra del 276
Pacífico, océano 18, 69, 124, 128, 166, 202, 223, 224, 260-263
Países Bajos 74, 79, 103, 117, 118, 148, 149, 177
Palestina 48, 64
Palmerston, lord 205
Pančeva 157
pandours 159, 160
Panipat, primera batalla de 9, 12, 93, **107-109**; tercera batalla de 164
panzer, divisiones 268, 272, 275; grupo oeste 269
Papelotte 196
Pappenheim, conde 130-132
París 177, 178, 193, 221, 231, 236
Paris, Matthew 65
Park, sir Keith 247, 248
parlamentarios 139-141
Parlamento Largo 138
Parma 114, 120
Parma, duque de 118-121
Parmenión, general 27, 28, 29, 30, 31
Parthe, río 191
Partido Comunista (chino) 278-281
Partido Nacionalista (chino) 279
Paso de Calais 268
Pasha, Hai Halil 157
Pasha, Ibrahim 143, 145
Pasha, Ishak 86
Pasha, Kara Mehmet 145
Pasha, Kara Mustafá 142, 142-145

302

ÍNDICE

Pasha, Karaca 86
Pasha, Köprülü Mehmet 142
Pasha, Köprülüzade Fazil Ahmed 142
Pasha, Pertev 115
Pasha, Sari Mustafá 157
Pasha, Sokullu Mehmet 113
Passarowitz, tratado de paz de 158
Passau 53, 143
Passchendaele 240
Pastenburg 275
Patras 38; golfo de 114, 115
Patton, George S. 272
Patzinacks 58
Paulo, Emilio 33, 35
Paulus, Friedrich 255-259, *259*
Pausanias 26
Pavía 33; batalla de 93, *94*, **103-106**
pavises 76
Pavlov, teniente general 204
Paz de Praga 135
Peach Orchard 213
Peale, Charles Wilson *169*, *174*
Pearl Harbor 260, 262, 263
Pedro el Grande 147, 153, *153*, 155
Peloponeso 23-26, 39, 40, 85, 156
Pembridge, casco *76*
Pembrokeshire 89
Pengcheng 37
Peng Yue 37
peninsular, guerra 187
Pennefather, general de brigada 204
Pensilvania 206, 210-214
Penny, Edward *168*
Pera 86
Percy, Henry, conde de Northumberland 90
Perevolochna 155
persa, Imperio 31
Persia 19, 23, 24, 47, 66, 78, 94
Perú 102, 198-199
Pescara, Fernando Francesco d'Avolos, marqués de 103, 106
Pétain, Henri Philippe 238, *238*
Péterxárad (Peterwardein) 156
picas/piqueros 28, 48, 71, 89, 93, 96, 105, 106, *141*
Pickett, George 214
Pillow, Gideon J. 201
pilum 33
«Ping-Jin», campaña 280
pistolas 131
Pitt el Viejo, William 165
Pittsburg 165
Plassey, batalla de 15, 147, **163-164**
Platea 20, 26
Pleisse, río 188, 189
Plutarco 27, 30
Plymouth, Inglaterra 118, 119
Pocock, Nicholas *184*
Podelwitz 131
Pohl, Hugo von 232
Poissy 74, 75
Poitiers, batalla de 47, **49-50**
Pole, Richard de la, duque de Suffolk 106
Polibio 18, 33
Polk, presidente James K. 200
Polo, Marco 68, 69
Polonia 65-68, 142, 153, 229-231, 275
Poltava, batalla de *146-147*, 148, *148*, **153-155**
pólvora, armas de 93, *105*, 107, 108
Pommern 234
Ponthieu 74
portaaviones 262, 263
Port Arthur 225, 227, 228, 280
Portland Bill 119
portugueses 113
potencia de fuego 93, 108, 151, 153, 159, 162, 181
Potomac, ejército del 206
Potomac, río 206-210

Praeneste *40*
Praga 217; paz de 135; tratado de 217
Preston 141
Prigny, comandante J. B. 183
Primera (I) Flota aérea japonesa 260
primera (I) guerra mundial 223, 232-235, 236-239, 240-244
Primer (I) Ejército
    británico 241, 244
    canadiense 272
    estadounidense 268
    francés 244
    ruso 229, 230, 231
Primer (I) Frente ucraniano 275
Primer (I) Regimiento de Rhode Island *173*
Principados de Hungría media 142
Príncipe de Asturias 185
Prittwitz, Max von 229
Probstheida 191
Provenza 50
proyectiles y granadas 182, 238, 239
Prusia 148, 159, 162, 177, 178, 188, 193, 215, 216, 217, 229, 231, 275
Pselo, Miguel 58
Psitaleia 24, 25, 26
Publicola, Lucio Gelio 41
Puebla 201
púnicas, guerras 32
Punjab 107, 109

Qatar 288
Qin, dinastía 36
Quaregnon 178, 179
Quatre Bras 195
Quebec, batalla de 13, 147, **165-168**
Queen Elizabeth, acorazados 233
Queen Mary 232, 233
queruscos, tribu 42
Quinta (V) Flota japonesa 261, 263
Quinto (V) Ejército *panzer* 272
Quinua 199
Quitman, John A. 201-202

Raab 142
radar 265, 266
RAF 249; comando costero 266; comando de bombarderos 270; comando de cazas 245, 246, 247-249
Raglan, general lord 203, 204
Raimundo III de Trípoli 61, 63
rajputos 109
Rákóczi II, Ferenc 156
Ramezay, comandante de 167
Ramillies 151
Randolf, Thomas 72
Ranthambhor 109
Reul 116
realistas 138-141
Redoubtable 185, 187
reductos 154, 155, 169
Rehnskold, conde Carl Gunther 154, 155
Reichardtswerben 161-162
Reichsarmee *véase* Ejército Imperial
remeros 20, 39, 100
Rennenkampf, Pavel 229, 230
resistencia francesa 268
Revolución francesa 140, 177, 179, 193
Revolución rusa 240
Reynald de Châtillon 61-63
Reynolds, Joseph 212
Rezen 133, 134
Rhineland 149, 178
Ricardo III 48, *89*, 89-91, 95
Richmond, Henry Tudor, conde de 89
Riedesel, Frederick 169, 170-171
rifles 163, 182, 216, 219, 243; Enfield 182; Lee-Metford 219; Martini-Henry 219; Minié 204
Rin, río 42, 49, 152

Rio Grande 200, 202
Roberto I de Escocia (Roberto Bruce) *71*, 71-73
Rochefort, Joseph 263
Rockingham, marqués de 176
Rocroi, batalla de 141
Rodney, almirante 174, 176
Rojo, mar 113
Rokossovsky, Konstantin 257-259
Roma 17, 32, 35, 41, 42, 114
romano, Imperio 18, 38, 44; de Oriente 48
Romano IV Diógenes 58-60
Rommel, Erwin *268*, 269-272
Roos, general mayor 155
Rosily, almirante 183
Rossbach, batalla de 148, **159-162**
Rosyth 232
Round Tops 212-213
Royal Sovereign 186
Rowton Heath 141
Rozhestvensky, Zinovy *225*, 225-228
Ruán 84
Rumanía 273
Rumelia 79, 110, 111
Rumeli Hisari 85
Rundstedt, Gerd von 251, 269, 270
Ruperto del Rin, príncipe 139, 140
Rusia 47, 66-68, 147, 148, 153, 159, 177, 188, 203, 224, 225, 228, 231, 240, 250-254, 274, 287
ruso-japonesa, guerra 224, 225, 228
Ryujo 261

Saale, río 160
Saboya 114
Sabres 143
Sajonia-Hildburghausen, príncipe de 160, 162
Sajonia-Teschen, Alberto duque de 178-179
Sacro Imperio romano 129, 132, 159
Saddan Hussein 287-290
Sadowa, batalla de 181, *181*, 182, **215-217**
safávidas 110, 113
Saffuriyah 62, 63, 64
Saigón 285
Sainte-Foy, batalla de 168
Saint-Lô 270, 271, 272
Saint Margaret, bahía de *245*
Saint-Mihiel 243
Sajonia 129, 133, 143, 144, 153, 159-162, 160, 188, 215
Sakhalin, isla 228
Saladino 48, *61*, 61-64
Salamina, batalla de 17, 18, **23-26**
Salisbury, lord 218
Samarcanda 78, 80, 107
samnitas 32
Samsonov, Alexander 229-231
Sandoval, Gonzalo de 100-101
San Quintín, canal de 249
Santa Anna, Antonio López de *200*, 200-202
Santa Cruz, marqués de 118
Santa Helena 197
Santísima Trinidad 185
Saratoga, batalla de 147, **169-172**, 176
Sardes 19
sarissae 27
Sava, río 157
Savannah 176
Scapa Flow 235
Scarpe, batalla del 242
Scheer, Reinhard 232-235
Schellenberg Heights 150, 152
Scheider, Hans 255
Schleswig 215, 234
Schlieffen, plan 231
Schmeider, Hans 255
Schortauer, montañas 161

Schreiber, Georges *265*, 267
Schut, Cornelius *133*
Schuyler, Philip 169
Schwarzenberg, príncipe Karl Philipp von 188-190
Scott, Winfield *200*, 200-202
Sebasteia 58
Sebastian, general 44, 45
Sebastopol 203-205
Segeste 42
Segunda División americana *241*
segunda guerra mundial 14, 223, 245-249, 250-254, 255-259, 260-263, 264-267, 268-272, 273-275, 276-278
Segundo (II) Ejército británico 244, 271
Segundo (II) Ejército *panzer* 251, 252
Segundo (II) Ejército prusiano 216
Segundo (II) Ejército ruso 229, 230, 231
Segundo Escuadrón del Pacífico (ruso) 225, 226
Seifertshain 190
Sena, río 74, 75, 272
Sekigahara, batalla de 12, 123, **125-128**
Selim el Severo 107
selyúcidas 48, 60
Seminary Ridge 212-214
Senlac, ladera de *55*
Séptimo (VII) Ejército alemán 272
Serbia 48, 85
Serna, José de La 198, 199
Sesenta y dos (LXII) Ejército ruso 256
Seton, Alexander 72
Sevilla 98, 102
Sexto (VI) Ejército alemán 255, 256, 257, 259
Seydlitz, general Friedrich Wilhelm 161-162
Sforza, Francesco 106
Sha, río 137
Shah Rukh 79
Shanghai 280, 281
Shanghaihuan, batalla de 123, 134, **136-137**
Sharpsburg 206-209
Shenandoah, valle de 210
Shenyang 280
Shingen, Takeda 126
Shoho 260
Siberia 124, 147, 252, 253
Sickles, Daniel 213
Sículo, Diodoro 27, 30
Siete años, guerra de los 162
Siete días, batallas de los 206
Silesia 159, 160, 162; Ejército de 188, 190
Sima Qian 36
Singapur 260
sinahis 143, 156
Siray al Dawla, Nabab de Bengala 163-164
Siria 39, 42, 47, 48, 59, 60, 61, 78, 80
Sivas 58, 79, 80
Skagerak, estrecho de 232-235
Skaraborg, batallón 148
Smolensk 251
Soimonov, teniente general 204
Solferino 215, 216, 217
Solimán I, sultán (el Magnífico) 110-112, 145
Somme, batalla del 239, 244
Somme, río 74, 82, 239
sonar, equipo de detección 264
Soryu 261-263
Sosio, Cayo 39, 41
Soubise, príncipe de 160-161
South Mountain, batalla de 207
Spencer 267
Spitfire *15*, 247, *249*
Spruance, Raymond 262
Stalin 250, 252, 256, 259, 273
Stalingrado, batalla de 12, 224, *224*, **255-259**

303

ÍNDICE

Stamford Bridge 55
Stanley, lord Thomas 89, 90
Stanley, sir Edward 95
Stanley, sir William 89, 90, 91
Starhemberg, conde Ernst Rüdiger von 143
Stavka 273
Steevens, G. W. 218
Stephen Lazarevich de Serbia 80
St. Germain, conde de 161, 162
Stillwater 169
Stirling 71
St. Lawrence, río 165, 166, 168
Stoke-by-Newark 91
Strachan, sir Richard 186
Stuart, J. E. B. («Jeb») 207, 211
Stuart, Matthew, conde de Lennox 96, 97
Suabia 51, 133, 144
Sübedei 66, 67, 68
submarinos 228, 263
Sucre, Antonio José de 198-199, *199*
Sudamérica 199
Sudán 48, 218-221; ferrocarril militar 218
Suecia 131, 132, 133, 148, 153, 155, 159, 188
Suenaga, Takezaki *69*
Suez, canal de 113, 225
Suffolk, duque de 83
Suffolk, Richard de la Pole, duque de 106
Süleyman, príncipe 79
Sultana 114, 116
Suluk, Mehmet 116
Sumner, Edwin W. 208, 209
Surrey, Thomas Howard, conde de 95-97
Susa *19*
Sussex 54-57
Suxian 281
Su Yu *279*, 281
Swiepwald 216
Szapolyai, János 112
Székesfehérvár 142
Szentgotthárd 142
Szörény 110

Tácito 42
Taharten 79
Taiwan 279, 281
Talbot, sir Gilbert 89
talibanes 287
Tallard, Camille de 150
Tamerlán *véase* Timur el Cojo
Támesis, estuario del 118
Támesis, río *246*
Tannenberg, batalla de 223, 224, **229-231**
tanques *7, 223, 240,* 241-243, *271, 272, 273,* 275
Tan Zhenlin *279*, 281
Tarchaniotes, general Joseph 59
Tarento 32
tártaros 66, 80, 143, 145, 154, 156
Taupadel, coronel 134
Tchernaya, río 204
Tebas 23, 34
técnicas/guerra de asedio 48, 81, 175, 283
Temesvár 156, 158
Temístocles 23, 24, *24,* 26
Templarios 62, 64, 67
Tenochtitlán, batalla de 15, 93, **98-102**, 202
Teodorico IV 49
Tepeyacac *99,* 101
Tercer (III) Ejército británico 241, 244
Tercer (III) Ejército estadounidense 272
Tercer (III) Ejército francés 241
Tercer (III) Ejército *panzer* 252, 274
Tercer (III) Ejército rumano 257

Tercer (III) Escuadrón ruso del Pacífico 225, 226
Termópilas 17, 23
Terumoto, Mori 126
Tesalia 31
Têt, ofensiva del 224, **284-286**
tetshuhau 69
Tetzcoco 99, 100
Teutoburgo, batalla de los bosques de 17, 18, **42-43**
Teutónicos, Caballeros 67, 231
thegns 55, 56
Thérounne 95
Thököly, Imre 142
Thomas de Elmham 81
Thurn, general 134
Tianjin 280
Tianjin-Pukou, ferrocarril 281
Tiberias 62, 63, 64
Ticinus/Ticino, río 33, 104
Tierra Santa 61, *61, 64,* 114
tifus 113
Tikrit 290
Tilly, conde (Jean Tzerclaes) 129-132
Timoshenko, Semyon 252
Timur el Cojo 47, 70, 78-80, *80,* 107
Tlacopan *99,* 100, *100*
Tlaxcala 98, *99*
tlaxcaltecas 100
Togo, Heihachiro *225,* 225-228
Tokat 79, 80
Tokio 70, 126, 128, 276-278
Tokugawa 128
Tomás Palaiologos 85
Tomori, arzobispo Pál 110
Topkapi, palacio de 88
Toscana 114
Toshiie, Maeda 126
Tostig 54, 55
Toulon 183
Toulouse, batalla de 49
Tours 49
Tracia 44
Trafalgar, batalla de 168, 181, **183-187**, 228, 235
Transoxiana 78, 107
Transilvania 111, 142
Trasimeno, lago 32, 35
tratados: Allahabad 164; Cateau-Cambrésis 106; Guadalupe Hidalgo 201; Karlowitz 145, 156; Madrid 106; París 205; Portsmouth 228; Praga 217; Sinosoviético de amistad y alianza 280; Vasvár 142; Verdún 236
Trebbia 32
trece colonias 147, 169
Treinta Años, guerra de los 123, 124, 129, 133, 142, 151
Tremouille, Louis de la 103, 106
tres emperadores, batalla de los *véase* Leipzig
Tréveris *45,* 48
Trincomalee 260
Trípoli 61
trirremes *18,* 23, 26, 40
Trois-Rivières 168
Trumpington, Roger de *72*
Tsushima, batalla de 15, 223, 224, **225-228**
Tudor, dinastía 91, 95
Tudor, Enrique, conde de Richmond *véase* Enrique VII
tulughma 108, 109
tümen 66
Túnez 48, 117
Turán 63
Turingia 160
Turquía 44-45, 58-60, 78-80, 85-88, 154, 155, 203, 205
Turnham Green, batalla de 138
Tweed, río 95

U-boot 264, 266, *266, 267*
Ucrania 153-155, 203-205, 250, 251, 273
Ugaki, Matome 263
Ulm 51, 152; batalla de 186
Ulrich, obispo 51
Ultra, inteligencia 264, 266, 267
Umm Qasr 288
Unión 206, 207, 208, 210-214
Unión Soviética 249, 254, 278, 280, 281
Uppland, regimiento 148
Urales 251
Urbano II, papa 60
Urbino 114
USAAF 276, 277
Uzbekistán 78

Valaquia 110, 156
Valente, emperador 18, 44-45, *45*
Valentiniano I 45
Valmy 178
Valois, Charles de, duque d'Alençon 106
Valois, dinastía 106
Van Dyck, Anthony *138*
Várad 142
varangianos, guardas 59
Varna 48
Varo, Quintilio 42, 43
Varrón, Terencio 33, 34, 35
Varsovia 224, 275; levantamiento 275
vasallos 48, 80
Vasto, Avolos d'Aquino, marqués de 105
Vatutin, Nikolai 257
Vauxaillon *244*
Veinte (XX) Fuerza aérea norteamericana 276
Velásquez, Diego 98
Venecia 85, 106, 113, 114, 117, 156, 217
Véneto 217
Veracruz 200
Verdún 239; batalla de 223, **236-239**, 244; tratado de 236
Vere, John de 89-91
Verger, Jean-Baptiste-Antoine de 173
Vicentino *114*
Vicksburg, Mississippi 214
Victory 185, 186
Viena 53, 123, *123,* 144, 156; batalla de **142-145**
Vietcong 284-286
Vietminh 282-283
Vietnam 224, 282-283, 284-286
Vigo 183
Villeneuve, Pierre, conde de 183, 185, *186,* 186-187
Virgilio 38, 41
Virginia 171, 173, 174, 209, 210, 214; batalla de los cabos de 174
visigodos 18
Vístula, río 229, 275
Vitebsk 274
Vladivostok 225-228
Voie Sacrée 239
Volga, canal del 253
Volga, río 224, 255
Volgogrado 255-259
Von der Tann 233
Vô Nguyên Giap 282-283, 285
Vorskal, río 154
Vrana 21
Vyazma 252

Wachau 189
Wadicourt 74, 77
Walder, D. *228*
Walker, Robert *139*
Wallenstein, Albrecht Wenzel von 129, 132
Walter, Jean-Jacques *129*
Wangler, regimiento de infantería 130
Warrior 233
Warwick, conde de 75

Washington 206, 211, 213, 284, 286, 287, 288
Washington, George 172, 174, *174*
Waterloo, batalla de 12, 149, 181, 182, **193-197**
Watson, Charles 163
Watteglise 77
Wavre 196
Weichs, Maximilian von 258
Wellington, duque de *193,* 193-197
Wenceslao de Bohemia 67
Westfalia 135
Westmoreland, William 284, 285
Weyand, Frederick C. 285
Wheatfield 213
White Mountain, batalla de 135
Widukind de Corvey 51-53
Wilhelmshaven 232, 234
Williamsburg, península de 174
Wolfe, James 165-168
«*wolfpacks*» 265
Wooton, John *151*
Worcester 141
Worth, William J. 201
Württemberg 133, 135
Wu Sangui 136-137

Xi'an, incidente de 279
Xiang Yu 36-37
Xianyang 36, 37
Xinjiang 124
Xochimilco *99,* 100
Xueliang, Zhang 279
Xuzhou 280, 281

Yakovetski, bosque de 154, 155
Yalu, río 279
Yamamoto, Isoroku *260,* 260-263
Yamato 261
Yan'an 279
Yangtzé, río 37, 281
Yemen 48
Yeremenko, Andrei 257
Yokohama 277
York, Eduardo duque de 83
York 55; asedio de 139
York, río 176
Yorktown 260, 262, 263
Yorktown, batalla de 147, **173-176**
Yuan, dinastía 69, 70
Yugoslavia 111, 156-158
Yusuf, Kara 79

Zahir al-Din Muhammad *véase* Babur
Zama, batalla de 35
zaribas 219
Zhilinski, Yakov 229
Zhukov, Georgi 252-253, 256
Zimona 110
Zouaves 205
Zuiho 261